Zur Differenzierung
marktwirtschaftlicher Systeme

Europäische Hochschulschriften

Publications Universitaires Européennes
European University Studies

Reihe V
Volks- und Betriebswirtschaft

Série V Series V
Sciences économiques, gestion d'entreprise
Economics and Management

Bd./Vol. 2572

PETER LANG
Frankfurt am Main · Berlin · Bern · Bruxelles · New York · Wien

Alexandra Lang

Zur Differenzierung marktwirtschaftlicher Systeme

Eine ökonomische Analyse am Beispiel der Veränderungen des Wirtschaftssystems in Südafrika

PETER LANG
Europäischer Verlag der Wissenschaften

Die Deutsche Bibliothek - CIP-Einheitsaufnahme

Lang, Alexandra:

Zur Differenzierung marktwirtschaftlicher Systeme : eine ökonomische Analyse am Beispiel der Veränderungen des Wirtschaftssystems in Südafrika / Alexandra Lang. - Frankfurt am Main ; Berlin ; Bern ; Bruxelles ; New York ; Wien : Lang, 2000

(Europäische Hochschulschriften : Reihe 5, Volks- und Betriebswirtschaft ; Bd. 2572)
Zugl.: Passau, Univ., Diss., 1999
ISBN 3-631-35835-0

D 739
ISSN 0531-7339
ISBN 3-631-35835-0

Meinen Eltern

Danksagung

Die vorliegende Arbeit entstand während meiner Tätigkeit als wissenschaftliche Mitarbeiterin am Lehrstuhl für Volkswirtschaftslehre mit Schwerpunkt Wirtschaftspolitik der Universität Passau. Sie wurde im November 1998 abgeschlossen und beim Promotionsausschuß der Wirtschaftlichen Fakultät der Universität Passau eingereicht, der sie im Juni 1999 als Dissertation annahm.

Mein erster Dank gilt meinem Doktorvater, Herrn Prof. Dr. Gerhard Kleinhenz für die Betreuung der Arbeit sowie wertvolle Anregungen. Herrn Prof. Dr. Gerhard Rübel danke ich für die Übernahme des Zweitgutachtens.

Die vorliegende Arbeit wäre nicht möglich gewesen, ohne die außergewöhnliche Gastfreundschaft und Unterstützung der Universität Stellenbosch. Mein besonderer Dank gilt hierbei Herrn Prof. Servaas van der Berg, dessen ständige Diskussionsbereitschaft und konstruktive Kritik maßgeblich zum Gelingen dieser Arbeit beigetragen hat.

Finanziell wurde das Entstehen der Arbeit von der MTU Motoren- und Turbinen-Union GmbH sowie dem Freistaat Bayern durch großzügige Stipendien unterstützt.

Frankfurt, im Oktober 1999 Alexandra Lang

Vorbemerkung

Zur ethnischen Fragmentarisierung der südafrikanischen Gesellschaft

Die ethnische Fragmentarisierung der südafrikanischen Gesellschaft geht weit über das gängige „Schwarz-Weiß-Klischee" hinaus: Zum einen läßt sich sowohl die schwarze wie auch die weiße Bevölkerungsgruppe anhand von Sprache, Sitten und Wertvorstellungen in einzelne Volksgruppen untergliedern. Zum anderen existieren mit Farbigen und Asiaten zwei weitere eigenständige Bevölkerungsgruppen.

Die schwarze Bevölkerung, die insgesamt etwa 76% der Gesamtbevölkerung Südafrikas ausmacht,[1] gliedert sich in mehrere eigenständige Volksgruppen, die zumeist entlang ihrer Sprachzugehörigkeit voneinander abgegrenzt werden.[2] Innerhalb jeder dieser Volksgruppen ist eine erneute Gliederung in einzelne Stammesgruppen möglich. Auch die mit etwa 12,5% zweitgrößte Bevölkerungsgruppe der Weißen läßt sich anhand der Sprachzugehörigkeit in afrikaans-[3] und englischsprachig untergliedern.[4] Die Gruppe der Farbigen, die etwa 9% der Gesamtbevölkerung ausmacht, umfaßt sowohl Nachkommen aus Verbindungen zwischen Weißen und

---

1 Für die nachfolgenden Zahlenangaben vgl. CSS (1996a), Tabelle 1 sowie Abb. 3 im Anhang dieser Arbeit.

2 Dominierend sind hierbei Zulu, das von etwa 22% der Bevölkerung gesprochen wird und Xhosa, die Muttersprache von etwa 17,5% der Bevölkerung. Der Anteil aller anderen afrikanischen Sprachen liegt jeweils unter 10% (vgl. auch CSS (1996b), Tabelle 3.10. sowie Abb. 4 im Anhang dieser Arbeit).

3 Afrikaans hat sich aus dem Niederländischen des 17. Jh. entwickelt.
Die korrekte sprachwissenschaftliche Bezeichnung der afrikaans-sprachigen Bevölkerung ist umstritten. Im folgenden werden in Anlehnung an die selbstgewählten Bezeichnungen dieser Bevölkerungsgruppe die Begriffe Afrikaner und Bure synonym verwendet.

4 Darüber hinaus existieren verschiedene kleinere Gruppen europäischer Einwanderer, die zumeist jedoch in den beiden genannten Gruppen assimiliert sind.

Schwarzen, wie auch zwischen Weißen und Khoisan.[1] Darüber hinaus werden zu dieser Bevölkerungsgruppe die Kap-Malaien[2] gezählt. Als kleinste eigenständige Gruppe sind die Asiaten mit einem Bevölkerungsanteil von etwa 2,5% zu nennen, die sich nach ihrer Herkunft vorrangig in Inder und Chinesen gliedern.

Die vorliegende Arbeit bezieht sich teilweise auf die im Rahmen der Apartheidspolitik[3] eingeführte Gliederung der Bevölkerung in Schwarze, Weiße, Farbige und Asiaten. Wie die obige Darstellung zeigt, ist auch dies lediglich eine Grobgliederung, die der tatsächlichen Fragmentarisierung der Gesellschaft nicht gerecht wird. Zudem ist sich die Verfasserin bewußt, daß diese begriffliche Orientierung angesichts der während der Apartheid mit ihr verbundenen Diskriminierung problematisch ist. Dennoch erscheint eine Differenzierung anhand der genannten Gruppen sinnvoll, da die im Rahmen einer Post Apartheid Analyse zu berücksichtigenden Folgen der Diskriminierung entprechend dieser Gruppenzugehörigkeit variieren. Aufgrund der Tatsache, daß die begriffliche Differenzierung in Schwarze, Weiße, Farbige und Asiaten auch nach 1994 in offiziellen Statistiken sowie der politischen Debatte aller Parteien weitgehend beibehalten wurde, kann zudem davon ausgegangen werden, daß diese in Südafrika selbst nicht als problematisch

---

1 Als Ureinwohner Südafrikas werden die beiden Volksgruppen der San und der Khoikhoi hier unter dem in Südafrika gängigen Begriff Khoisan zusammengefaßt.

2 Die Kap-Malaien stammen von Sklaven ab, die von der VOC aus Asien ans Kap gebracht wurden.

3 Der Begriff Apartheid, der sich aus dem Englischen „apart-ness“ entwickelt haben dürfte, fand ab 1943 Eingang in die politische Diskussion und wurde während der Parlamentswahlen 1948 zum zentralen Wahlkampfslogan der NP. Zwar stand der Begriff von Anfang an für eine deutlichere Abgrenzung der einzelnen Bevölkerungsgruppen, blieb zunächst jedoch relativ vage. Erst nach 1950 wurde er vom damaligen Minister für „Native Affairs“ Henrik Verwoerd zu einem umfassenden Konzept ausgearbeitet. Kerngedanke der sog. „großen“ Apartheid war eine geographische Trennung der in Schwarze, Weiße, Farbige und Asiaten gegliederten Bevölkerung. Schwarze konnten hierbei nur noch Bürger, sog. Homelands werden, für alle übrigen Regionen Südafrikas dagegen lediglich ein befristetes Aufenthaltsrecht erhalten. Verbunden mit dieser Politik waren umfangreiche Enteignungs- und Umsiedlungsmaßnahmen der Regierung für alle nicht-weißen Bevölkerungsgruppen. Im Rahmen der „kleinen“ Apartheid wurde die ethnische Trennung im Alltag institutionalisiert.
Die rassische Diskriminierung in Südafrika setzte nicht mit der Apartheidspolitik ein, sondern läßt sich vielmehr bis ins 17. Jh. zurückverfolgen. Sie gewann im Rahmen der Apartheid jedoch eine neue Qualität, da diese ethnische Diskriminierung zum zentralen Konzept staatlicher Politik erklärte (vgl. ausführlich zur Entwicklung der Apartheidskonzeption Posel (1991)).

erachtet wird. Ausdrücklich soll hier dennoch betont werden, daß den in der Arbeit verwendeten Bezeichnungen für einzelne Bevölkerungsgruppen sowie der vorgenommenen Klassifizierung keine diskriminierende Intention der Verfasserin zugrundeliegt. Sollten einzelne Formulierungen für Leser dennoch verletzend sein, soll dies hier ausdrücklich entschuldigt werden.

Inhaltsverzeichnis

Kapitel 4

Abkürzungsverzeichnis

Abs.	Absatz
AER	American economic review
Alexkor	staatliche Diamantenmine
ANC	African National Congress
Armscor	Armaments Development and Production Corporation
Art.	Artikel
Autonet	staatliches Straßenbau- und Straßentransportunternehmen; in Transnet eingegliedert
Aventura	staatliche Unternehmenskette von Ferienanlagen
Bd.	Band
BCEA	Basic Conditions of Employment Act
BMI	Business & Marketing Intelligence
bn.	billion
BSA	Business South Africa
B.S.P.	Bruttosozialprodukt
bspw.	beispielsweise
BTI	Board of Trade an Industry
bzgl.	bezüglich
bzw.	beziehungsweise
c. p.	ceteris paribus
ca.	circa
CCMA	Commission for Conciliation, Mediation and Arbitration
Chap.	Chapter
Cmbu	Confederation of Mining and Building Unions
Codesa	Convention for a Democratic South Africa
Conn.	Conneticut

Cosatu	Congress of South African Trade Unions
CSS	Cental Statistical Services
d. h.	das heißt
DBSA	Development Bank of South Africa
Denel	Rüstungsunternehmen
ders.	derselbe
DLA	Department of Land Affairs
DP	Democratic Party
DTI	Department of Trade and Industry
Eskom	Electricity Supply Commission
et al.	et alii
EU	Europäische Union
f.	folgende
F&E	Forschung & Entwicklung
Fedsal	Federation of South African Labour
Fitu	Federation of Independent Trade Unions
Foskor	Phosphate Development Corporation
GATT	General Agreement on Tariffs and Trade
Gear	Growth, Employment and Redistribution
GEIS	General Export Incentive Scheme
h.	hour
Hg.	Herausgeber
hg.	herausgegeben
H. H.	Haushalt
HSRC	Human Sciences Research Council
i. d. R.	in der Regel
i. e. S.	im engeren Sinn
i. w. S.	im weiteren Sinn
IDC	Industrial Development Corporation of South Africa

IFP	Inkatha Freedom Party
ILO	International Labour Organization
IMF	International Monetary Fund
IMSSA	Independent Mediation Services of South Africa
Ips	Institute of Public Servants
Iscor	South African Iron and Steel Industrial Corporation
Jh.	Jahrhundert
KMU	Kleine und Mittlere Unternehmen
L.B.	Leistungsbilanz
LRA	Labour Relations Act
Mass.	Massachusetts
max.	maximal
Mio.	Million
Mrd.	Milliarde
Nactu	National Council of Trade Unions
Nedlac	National Economic Development and Labour Council
NEF	National Empowerment Fund
N. F.	Neue Folge
NFA	National Framework Agreement
NGO	Non-governmental organization
NP	National Party
Nr.	Nummer
NSBA	National Small Business Act
OECD	Organisation for Economic Co-operation and Development
o. J.	ohne Jahrgang
Ordo	Jahrbuch für die Ordnung von Wirtschaft und Gesellschaft
o. V.	ohne Verfasser

PAC	PanAfricanist Congress
Petronet	staatliche Pipelinegesellschaft; in Transnet eingegliedert
Popcru	Police and Prisons Civil Rights Union
Portnet	staatliche Hafengesellschaft; in Transnet eingegliedert
PWV-Region	Pretoria-Witwatersrand-Vereeniging
PX	Parcel Express; in Transnet eingegliedert
R	Rand
RDP	Reconstruction and Development Programme
RIDP	Regional Industrial Development Programme
RSA	Republic of South Africa
S.	Seite
SA	South Africa
SAA	South African Airways
SABC	South African Broadcasting Corporation
Sacol	South African Confederation of Labour
Sacob	South African Chamber of Business
SACP	South African Communist Party
SADWU	South African Domestic Workers' Union
Safcol	South African Forestry Company Limited
Safmarine	Schiffbauunternehmen
Saldru	South African Labour and Research Development Unit
SAR	South African Railways
SARB	South African Reserve Bank
Sasbo	South African Society of Bank Officials
Sasol	South African Coal Oil and Gas Corporation
Satra	South African Telecommunications Regulatory Authority
SATS	South African Transport Services

SBDC	Small Business Development Corporation
Sec.	Section
SMME	Small, Medium and Micro Enterprises
Soekor	staatliches Unternehmen zur Ölförderung
sog.	sogenannt
Sp.	Spalte
Spoornet	staatliches Eisenbahnunternehmen; eingegliedert in Transnet
TBVC-Staaten	Transkei, Bophuthatswana, Venda, Ciskei
Telkom	Telekommunikationsunternehmen
Transnet	aktuelle Bezeichnung der South African Transport Services
u. a.	unter anderem
UdSSR	Union der Sozialistischen Sowjetrepubliken
UN	United Nations
USA	United States of America
vgl.	vergleiche
VOC	Vereenigde Nederlandsche Ge-Octroeerde Oost-Indische Compagnie (Vereinigte Niederländische Ostindische Aktiengesellschaft)
WTO	World Trade Organization
z. B.	zum Beispiel

Einleitung

„The white monopoly of political power must be ended and we need a fundamental restructuring of our political and economic system to address the inequality of apartheid and to create a genuine and democratic South Africa".[1] Diese von Nelson Mandela bei seiner Freilassung am 11. 2. 1990 aufgestellte Forderung beschrieb die Erwartungshaltung der nicht-weißen Bevölkerung Südafrikas gegenüber dem von F. W. de Klerk mit seiner Parlamentseröffnungsrede vom 2. 2. 1990[2] in Gang gesetzten Transformationsprozeß des südafrikanischen Gesellschaftssystems. Allerdings war die Gestalt, die dieser Umstrukturierungsprozeß letztlich annehmen würde, im Februar 1990 noch weitgehend unklar.

Die Veränderung des politischen Teilsystems wurde nachfolgend maßgeblich im Rahmen der Codesa-Verhandlungen bestimmt, die im Dezember 1991 einsetzten und im November 1993 mit der Verabschiedung einer Übergangsverfassung für Südafrika erfolgreich abgeschlossen wurden.[3] Als vorläufiger Höhepunkt der demokratischen Entwicklung des Landes konnten die ersten uneingeschränkt demokratischen Wahlen im April 1994 sowie die Vereidigung Nelson Mandelas als Staatspräsident am 10. 5. 1994 gesehen werden.

Während die neuen Strukturen des politischen Systems somit zwischen 1990 und 1994 gelegt wurden, erfolgte in diesem Zeitraum jedoch keine grundlegende Veränderung des Wirtschaftssystems. Da die wirtschaftspoli-

---

1 Zitiert nach Terreblanche (1997), S. 1.

2 In dieser Rubicon-Rede kündigte der im September 1989 neu gewählte Staatspräsident de Klerk zur Überraschung aller politischen Beobachter u. a. die bedingungslose Freilassung Nelson Mandelas, die Wiederzulassung von ANC, PAC und SACP, die Abschaffung der Todesstrafe, die Aufhebung des Ausnahmezustandes sowie einen allgemeinen Verhandlungs- und Reformprozeß an.

3 Die am 20. 12. 1991 einberufene Codesa stellte das erste formale Verhandlungsforum zwischen der Regierung und dem ANC sowie weiteren Parteien dar. Ziel dieses Verhandlungsforums waren eine Einigung über die Art des politischen Wandels sowie Verfassungsfragen.

tischen Forderungen des ANC vor 1994 zudem wenig detailliert und widersprüchlich erschienen,[1] konnte zum Zeitpunkt der Wahlen zwar die Beibehaltung eines prinzipiell marktwirtschaftlich orientierten Systems angenommen werden,[2] dessen konkrete zukünftige Ausgestaltung blieb jedoch weitgehend unklar. Das Ende der ersten Wahlperiode erscheint daher als geeigneter Zeitpunkt, um eine erste Bilanz bisheriger wirtschaftspolitischer Veränderungen zu ziehen. Die vorliegende Arbeit geht deshalb den Fragen nach, ob bzw. in welcher Form sich das Wirtschaftssystem Südafrikas seit 1994 verändert hat und inwiefern eine Konkretisierung bzw. Weiterentwicklung der ANC-Wirtschaftskonzeption erfolgt ist.

Notwendige Voraussetzung eines solchen vertikalen System- bzw. Konzeptionsvergleichs ist ein theoretischer Ansatz, der eine differenzierte Einordnung und Abgrenzung verschiedener Formen marktwirtschaftlicher Systeme ermöglicht. Aufgrund der in der Systemtheorie dominierenden dichotomischen Gegenüberstellung markt- und planwirtschaftlicher Systeme kann hierbei nicht auf einen in der Literatur vorhandenen Ansatz zurückgegriffen werden,[3] weshalb im Rahmen der vorliegenden Arbeit zunächst die Entwicklung eines möglichen Differenzierungsansatzes marktwirtschaftlicher Systeme erfolgt. Dabei erscheint die Ausarbeitung eines derartigen Ansatzes nicht allein in Hinblick auf Südafrika von Interesse, da die dichotomische Ausrichtung der Systemtheorie angesichts des fast vollständigen Zusammenbruchs planwirtschaftlicher Systeme seit Ende der 80er Jahre[4] sowie der erkennbaren Vielfalt marktwirtschaftlicher Systeme über einen nur noch begrenzten Erklärungsgehalt verfügt und die Differenzierung marktwirt-

---

[1] Zum einen ist hierbei anzumerken, daß das Wahlprogramm des ANC wenig konkrete wirtschaftspolitische Handlungsvorgaben setzte. Zum anderen war und ist die ANC-interne Diskussion um die Form des angestrebten Wirtschaftssystems durch begriffliche Unklarheit charakterisiert. So werden abwechselnd die Begriffe „Soziale Marktwirtschaft", „Demokratische Marktwirtschaft" und „mixed economy" verwendet, wobei voneinander abweichende Interpretationen dieser Begriffe die systempolitische Unsicherheit weiter verstärken.

[2] Eine detaillierte Begründung für diese These erfolgt im Rahmen der Arbeit.

[3] Zwar existieren in der Systemtheorie vereinzelt Differenzierungsansätze, auf die im Rahmen von Kapitel 1 eingegangen wird, allerdings sind diese Ansätze zumeist nur wenig entwickelt und stellten i. d. R. keinen detailliert erarbeiteten Katalog an Unterscheidungskriterien auf.

[4] Ausnahmen von dieser weltweiten Entwicklung sind nach wie vor Kuba und Nord-Korea.

schaftlicher Systeme im Rahmen der Systemtheorie in den Vordergrund des Interesses rückt.

Als Ausgangspunkt für die nachfolgenden Abschnitte gibt Kapitel 1 der vorliegenden Arbeit - neben der begrifflichen Abgrenzung und Definition der für die Arbeit relevanten Termini - deshalb zunächst einen Überblick über bereits existierende Differenzierungsansätze im Rahmen der Systemtheorie. Ausgehend von dieser Darstellung werden die zentralen Strukturen des im folgenden zugrundegelegten Ansatzes entwickelt. Im wesentlichen werden marktwirtschaftliche Systeme hierbei anhand der Bedeutung allokativer und distributiver Elemente sowie der gesellschaftlichen Einschätzung von Markt- und Staatversagen auf einzelnen Teilmärkten unterschieden. Durch die Anwendung dieser zentralen Überlegung auf ausgewählte konstituierende und akzidentielle Systemelemente wird in Kapitel 2 eine Vielzahl konkreter Differenzierungskriterien erarbeitet, welche als Grundlage für die nachfolgende Länderanalyse dienen.

Im Rahmen des Länderabschnittes (Kapitel 3) wird die Ausgestaltung der in Kapitel 2 herausgestellten Systemelemente für Südafrika untersucht. Um Veränderungen des südafrikanischen Wirtschaftssystems im Zeitablauf verdeutlichen zu können, ist hierbei auch eine Darstellung und Analyse des Wirtschaftssystems in seiner Ausprägung vor 1994 erforderlich. Darüber hinaus erfolgt eine Analyse der wirtschaftspolitischen Forderungen des ANC hinsichtlich der Ausgestaltung der betrachteten Systemelemente.

Für die Analyse der wirtschaftspolitischen Forderungen des ANC wird insbesondere auf eine Vielzahl politischer Grundsatzprogramme zurückgegriffen. Für Aussagen vor 1990 wird hierbei wiederholt auf die 1955 verfaßte Freedom Charta verwiesen, da diese die wirtschaftspolitischen Vorstellungen des ANC bis in die 80er Jahre dominierte.[1] Darüber hinaus werden insbesondere das Discussion Document on Economic Policy (1991), als erstes

---

1 Die jahrzehntelange Dominanz der in der Freedom Charta getroffenen wirtschaftspolitischen Forderungen kann insbesondere aufgrund der hohen Priorität des politischen Kampfes bis Ende 1990 erklärt werden, angesichts dessen der Ausarbeitung wirtschaftspolitischer Programme nur nachrangige Bedeutung zukommt.

wirtschaftspolitisches Programm nach der Legalisierung sowie das Reconstruction and Development Programme (RDP) von 1994, das Weißbuch zum RDP (1994) und das Growth, Employment and Redistribution Programme (Gear) von 1996 für die Analyse herangezogen. Dabei spiegeln die einzelnen Programme unterschiedliche Entwicklungsphasen wider: Während das RDP zentraler Bestandteil des ANC-Wahlprogrammes war, stellte das Weißbuch den Versuch einer Umsetzung der im Rahmen des RDP aufgestellten Forderungen vor dem Hintergrund der zwischenzeitlich erlangten Regierungsverantwortung dar. Im Gegensatz zum Weißbuch ist das Gear-Pogramm ein eigenständiges wirtschaftspolitisches Grundsatzprogramm und als solches von besonderem Interesse im Rahmen der vorliegenden Arbeit, da es im Vergleich mit dem RDP eine Analyse der Veränderungen in der wirtschaftspolitischen Konzeption des ANC seit 1994 ermöglicht.

Abschließend werden die gewonnenen Erkenntnisse hinsichtlich der Entwicklung des Wirtschaftssystems in Südafrika sowie der wirtschaftspolitischen Konzeption des ANC in Kapitel 4 zusammengefaßt, wodurch eine Einordnung des Wirtschaftssystems bzw. der Wirtschaftskonzeption vor dem Hintergrund des in den Kapiteln 1 und 2 entwickelten Differenzierungsansatzes möglich wird.

Primäres Ziel der vorliegenden Arbeit ist es, durch die Gewinnung neuer Erkenntnisse hinsichtlich der Veränderungen im Wirtschaftssystem Südafrikas und deren Ursachen zu einem verbesserten Verständnis des südafrikanischen Transformationsprozesses beizutragen. Dabei stellt die vorliegende Analyse insofern einen neuen Ansatz dar, als bisherige Arbeiten lediglich ökonomische Teilaspekte dieses Prozesses herausgreifen, nach Kenntnissen der Verfasserin in der Literatur jedoch keine umfassende Analyse des Wirtschaftssystems und seiner Veränderungen seit 1994 existiert.[1] Angesichts der von Nelson Mandela bereits 1990 geforderten und aufgrund des politischen Wandels zu erwartenden grundlegenden Umstrukturierung des Wirtschaftssystems in Südafrika erscheint dies jedoch als Defizit, auf dessen Überwindung die vorliegende Arbeit ausgerichtet ist.

---

1 Dieses Defizit dürfte insofern zu erklären sein, als der ordungs- und systemtheoretische Ansatz in der angelsächsischen Literatur von eher untergeordneter Bedeutung ist.

Kapitel 1

Grundlagen der ökonomischen Systemtheorie

Grundlegendes Ziel der Wirtschaftssystemtheorie ist es, die Vielfalt möglicher volkswirtschaftlicher Systemformen herauszuarbeiten und ihre jeweilige Wirkungsweise zu analysieren. Aufgrund der Vielzahl systemtheoretischer Einzelfragestellungen, die sich aus dieser generellen Zielsetzung ableiten lassen, aber auch aufgrund der dogmengeschichtlichen Entwicklung innerhalb der Nationalökonomie,[1] existieren in der Literatur eine Reihe systemtheoretischer Ansätze, die bisher jedoch nicht zu einer einheitlichen Systemtheorie zusammengeführt werden konnten. Daher kann für eine systemtheoretische Analyse auf kein einheitliches Theoriegefüge, sondern lediglich auf einzelne, inhaltlich weitgehend isolierte Theorieansätze zurückgegriffen werden.[2] Aufgrund der hiermit verbundenen Definitionsvielfalt ist als Grundlage für die nachfolgende Analyse zunächst eine begriffliche Abgrenzung der für die Arbeit relevanten Termini notwendig. Um den wirtschaftstheoretischen Bezugsrahmen der vorliegenden Arbeit zu verdeutlichen, enthält Kapitel 1 darüber hinaus eine Übersicht zu existierenden Differenzierungsansätzen in der ökonomischen Systemtheorie. Auf deren Grundlage werden die Grundgedanken des in der vorliegenden Arbeit zugrundegelegten Ansatzes zur Differenzierung marktwirtschaftlicher Systeme entwickelt. Eine detaillierte Ausarbeitung dieses Ansatzes erfolgt nachfolgend in Kapitel 2 dieser Arbeit.

---

[1] Erste systemtheoretische Ansätze gehen bis auf Aristoteles zurück (vgl. hierzu Hartwig (1988), S. 33). Für einen dogmengeschichtlichen Gesamtüberblick vgl. Ritschl (1954), S. 106-115, Spengler (1960), Ritschl (1965), S. 190-192 sowie Hartwig (1988).

[2] Vgl. auch Conn (1977), S. 326 sowie Bohnet (1987), S. 91. Nach Haffner kann die Entwicklung einer einheitlichen Systemtheorie auch kein Ziel sein, da diese der Komplexität systemtheoretischer Fragestellungen nicht gerecht werden könnte (vgl. Haffner (1986), S. 84 f. und 88). Anders Lösch, der das Fehlen eines einheitlichen Theorieansatzes als wesentlichen Mangel der Systemtheorie bezeichnet (vgl. Lösch (1978a), S. 28).

I. Begriffliche Einordnung

1. Begriffsabgrenzung: Wirtschaftsordnung, Wirtschaftssystem und Wirtschaftskonzeption[1]

Entsprechend dem Fehlen einer einheitlichen Systemtheorie wird auch die systemtheoretische Terminologie in der Literatur sehr unterschiedlich interpretiert. Daher sollen zunächst die für die Arbeit relevanten systemtheoretischen Begriffe Wirtschaftsordnung, Wirtschaftssystem und Wirtschaftskonzeption definiert und voneinander abgegrenzt werden, wobei der Schwerpunkt der Untersuchung auf den Interpretationsansätzen von Historischer Schule und Ordoliberalismus liegt, da diese die begriffliche Entwicklung der Systemtheorie stark beeinflußt haben.

Der Begriff der Wirtschaftsordnung wurde entscheidend durch Walter Eucken geprägt, der ihn definiert als die „Gesamtheit der jeweils realisierten Formen, in denen Betriebe und Haushalte miteinander verbunden sind, in denen also der Wirtschaftsprozeß in concreto abläuft".[2] Für Eucken stellt die Wirtschaftsordnung somit die in der Realität zu beobachtende Ordnungsform dar, die er gegenüber dem Idealtypus[3] abgrenzt. Die Bezeichnung „realisierte Formen" kann hierbei als die Gesamtheit der Rahmenbedingungen interpretiert werden, innerhalb derer die Wirtschaftssubjekte ihre Entscheidungen treffen. Diese Ordnungselemente muß der einzelne bei der Maximierung seines Nutzens als Nebenbedingung berücksichtigen, da sie seinen Entscheidungsspielraum einschränken und ihre Nichtbeachtung Sanktionen nach sich zieht.[4]

---

1 Als weiterer Begriff der Systemtheorie kann die „Wirtschaftsverfassung" angeführt werden, die zumeist als Summe aller wirtschaftsrelevanten Normen definiert wird. Die Wirtschaftsverfassung ist somit ein relativ eng gefaßter Begriff, der für die nachfolgende Länderanalyse nicht weiter zugrundegelegt und daher auch nicht näher diskutiert wird (ausführlich zum Begriff der Wirtschaftsverfassung vgl. Donner (1980), S. 1686-1705).

2 Eucken (1990, zuerst: 1952), S. 23. Vgl. ähnlich Eucken (1948), S. 62 und 71.

3 Die Begriffe Real- und Idealtypus werden in der Literatur nicht einheitlich verwendet. Einen Überblick zur Entwicklung des Typenbegriffs in den Sozialwissenschaften gibt Machlup (1960/61), S. 23-50. Zum Begriff des Idealtypus bei Eucken vgl. Eucken (1940), S. 83 f. und 257.

4 Vgl. ähnlich Grossekettler (1987), S. 7 sowie Gäfgen (1990), S. 2 f.

Eine ähnliche Interpretation des Begriffs zeigt die Definition von Paul Hensel „Wirtschaftsordnungen sind sittliche, rechtliche und morphologische Gebilde".[1] Während Eucken jedoch pauschal von „realisierten Formen" spricht, findet bei Hensel eine Konkretisierung statt, die neben dem von Eucken in den Vordergrund gestellten morphologischen Aspekt explizit auf die Bedeutung kultureller und insbesondere rechtlicher Elemente verweist.[2] Somit betont die Definition Hensels in stärkerer Weise als die von Eucken den Einfluß von Faktoren, die im engen Sinn als außerökonomisch bezeichnet werden können, wodurch bereits in der Definition des Begriffs Wirtschaftsordnung der Interdependenzgedanke anklingt.[3]

Für die vorliegende Arbeit soll unter Wirtschaftsordnung - in Anlehnung an Thieme - die „Gesamtheit aller Regeln, Normen und Institutionen, die als Rahmenbedingungen die wirtschaftlichen Verhaltensspielräume von Wirtschaftseinheiten abgrenzen und festlegen"[4] verstanden werden. Damit wird eine Definition gewählt, die sich eng an die von Paul Hensel anlehnt und versucht, die für die Ausgestaltung der Allokations- und Distributionsmechanismen relevanten Ordnungselemente möglichst umfassend abzudecken. Die gewählte Definition hebt sich hierbei insbesondere durch den expliziten Hinweis auf die Bedeutung juristischer Normen, aber auch durch den Begriff der Regel, der in einer weiten Interpretation gesellschaftliche und kulturelle Sitten einschließt, von der Interpretation Euckens ab. Analog zur ordoliberalen Definition wird der Terminus Wirtschaftsordnung im folgenden lediglich für Realtypen verwendet.[5]

---

1 Hensel (1974), S. 18. Für weitere definitorische Erläuterungen vgl. ebenda S. 18-20.

2 Vgl. Hensel (1974), S. 19, dagegen Eucken (1940), S. 65 f.

3 Vgl. zur Interdependenzthese Abschnitt I.2. dieses Kapitels.

4 Thieme (1993), S. 2376.

5 Der Begriff der Wirtschaftsordnung hat keinen Eingang in die angelsächsische Literatur gefunden. Inhaltlich haben sich jedoch auch angelsächsische Autoren mit Wirtschaftsordnungsfragen beschäftigt, wobei dies meist unter dem Oberbegriff der (vergleichenden) Systemtheorie (economic systems oder comparative economics) geschieht. Allerdings handelt es sich bei diesen Arbeiten primär um Fallstudien und konkrete Ländervergleiche; die Frage nach einer Theorie der Systeme spielt in der angelsächsischen Literatur eine untergeordnete Rolle. Eine explizite Unterscheidung zwischen Wirtschaftsordnung und Wirtschaftssystem wie in der deutschen Literatur erfolgt nicht. Allerdings wird auch im Angelsächsischen häufig eine begriffliche Unterscheidung von Real- und Idealtypen wirtschaftlicher Systeme vorgenommen, wobei erstere i. d. R. als Wirtschaftssystem (economic system) bezeichnet werden, wohingegen letz-

Auch für den Begriff des Wirtschaftssystems weichen die Definitionen in der Literatur entsprechend dem dogmengeschichtlichen Hintergrund der jeweiligen Autoren stark voneinander ab. Für die ordoliberalen Ökonomen umfaßt der Terminus des Wirtschaftssystems - in Anlehnung an Eucken - die beiden einander entgegenstehenden Idealtypen der Verkehrswirtschaft und der zentralgeleiteten Wirtschaft.[1] Diese stellen, im Gegensatz zu den realen Wirtschaftsordnungen, gedankliche Konzeptionen dar, die mittels „pointierend hervorhebender Abstraktion",[2] also durch das Herausarbeiten und Abstrahieren der wesentlichen Ordnungselemente realer Wirtschaftsordnungen gebildet werden. Die Idealtypen Verkehrswirtschaft und zentralgeleitete Wirtschaft existieren in der Realität nicht, ermöglichen jedoch eine Analyse und Einordnung aller realen Wirtschaftsordnungen, da jede Form von Wirtschaftsordnung - nach Ansicht Euckens - eine Kombination aus Elementen der beiden reinen Wirtschaftssysteme ist.[3]

In Abweichung hierzu verwendet Werner Sombart den Begriff des Wirtschaftssystems sowohl in einem idealtypischen als auch realtypischen Sinn.[4] Für Sombart ist der Begriff des Wirtschaftssystems durch drei Elemente - Geist, Form und Technik - definiert.[5] Die unterschiedlichen Ausgestaltungsmöglichkeiten dieser Elemente bewirken in der Kombination eine Vielzahl von Wirtschaftssystemen, wobei die Menge der theoretisch möglichen Wirtschaftssysteme größer ist als die der tatsächlich realisierten. Die Wirtschaftsordnung, die bei Sombart unter den Begriff Form fällt, wird bei

---

tere unter den Begriff Wirtschaftsmodell (models (of economic systems)) fallen. Soweit die vorliegende Arbeit im folgenden auf Idealtypen Bezug nimmt, erfolgt dies in Anlehnung an die angelsächsische Terminologie unter dem Begriff des Wirtschaftsmodells.

1 Vgl. Eucken (1940), S. 94.

2 Eucken (1940), S. 193 f.

3 Vgl. Eucken (1940), S. 144 f. und 194.

4 Während der Begriff der Wirtschaftsordnung wesentlich durch Walter Eucken bestimmt wurde, prägte Werner Sombart den Begriff des Wirtschaftssystems. Zu den unterschiedlichen Begriffsinterpretationen bei Eucken und Sombart vgl. ausführlich Möller (1940), insbesondere S. 470-475.

5 Für eine ausführliche Begriffserläuterung vgl. Sombart (1925), S. 14-20, ders. (1929), S. 178-185 und S. 206-208 sowie ders. (1969), S. 14-16. Spiethoff hat das Element des Wirtschaftsgeistes ausführlicher untersucht und in den Vordergrund seiner Theorie der Wirtschaftsstile gestellt (vgl. Spiethoff (1932), insbesondere S. 916). Da sich der Begriff des Wirtschaftsstils in der Literatur nicht durchgesetzt hat und daher auch im folgenden nicht mehr aufgegriffen wird, mag dieser Hinweis genügen.

dieser Interpretation lediglich als Komponente des Wirtschaftssystems verstanden[1] und somit deutlich enger gefaßt als bei Eucken. Die Interpretationen von Eucken und Sombart entsprechen sich jedoch insoweit, als beide die dichotomische Gegenüberstellung von privatwirtschaftlich und gemeinwirtschaftlich organisierten Wirtschaftssystemen vornehmen.[2]

Für die vorliegende Arbeit wird der Begriff des Wirtschaftssystems - in Anlehnung an Leipold[3] - als Oberbegriff interpretiert, der sowohl den Bereich der Wirtschaftsordnung als auch den des Wirtschaftsprozesses umfaßt. In Übereinstimmung mit Sombart wird die Wirtschaftsordnung somit als Teilelement des Wirtschaftssystems definiert. Mit dieser Interpretation soll der Interdependenz zwischen Wirtschaftsordnung und -prozeß Rechnung getragen werden. Einerseits ist es nämlich explizites Ziel der Wirtschaftsordnung, den Rahmen des Wirtschaftsprozesses und damit diesen selbst zu beeinflussen; andererseits verändert aber auch der tatsächliche Wirtschaftsprozeß durch seinen Einfluß auf die makroökonomischen Gesamtgrößen einer Volkswirtschaft die Rahmendaten der Wirtschaftsordnung.[4] Im Gegensatz zum ordnungstheoretischen Ansatz beschränkt sich eine systemtheoretische Arbeit somit nicht auf die Analyse von Regeln, Normen und Institutionen, sondern bezieht darüber hinaus prozeßpolitische Handlungen des Staates, also staatliche Maßnahmen, die direkt an den Preis-Mengen-Relationen einer Volkswirtschaft ansetzen,[5] mit ein. Dieser umfassende Ansatz erscheint für Länderanalysen insofern sinnvoll, als eine strikte Trennung von Ordnungs- und Prozeßpolitik aufgrund der gegebenen Interdependenz in der Praxis oftmals nur schwer möglich ist.[6]

---

1 Vgl. Sombart (1929), S. 184.

2 Vgl. Sombart (1925), S. 17.

3 Vgl. Leipold (1991a), S. 11 sowie ders. (1993), S. 2392.

4 Vgl. in diesem Sinn Cassel (1988), S. 318 sowie Leipold (1988), S. 2.

5 Vgl. Tuchtfeld (1957), S. 55. Der Unterscheidung zwischen Wirtschaftsordnungs- und Wirtschaftsprozeßpolitik entspricht in der angelsächsischen Literatur weitgehend die auf Tinbergen zurückgehende Unterscheidung zwischen qualitativer und quantitativer Wirtschaftspolitik (vgl. Tinbergen (1977), S. 2 und 70 f.).

6 Vgl. ähnlich Cassel (1988), S. 318 f., Hartwig (1988), S. 31 f. sowie Gäfgen (1990), S. 6.

Neben den Begriffen der Wirtschaftsordnung und des Wirtschaftssystems soll für die vorliegende Arbeit der vor allem durch Pütz geprägte Terminus der Wirtschaftskonzeption[1] eingeführt werden. Dieser wird verstanden als das langfristige gesellschaftliche Leitbild, das den Trägern der Wirtschaftspolitik als Orientierung für ihre Handlungen dient. Die Wirtschaftskonzeption ist Resultat eines politischen Willensbildungsprozesses, wobei sie die Vorstellungen von Parteien, Interessenverbänden, Regierungen oder einzelnen Politikern widerspiegelt.[2] Wesentliches konstituierendes Element der Wirtschaftskonzeption ist die systempolitische Grundsatzentscheidung dieser Akteure, so daß die Wirtschaftskonzeption Aufschluß darüber gibt, welches Wirtschaftssystem ihre Befürworter langfristig anstreben. Letztlich stellt die Wirtschaftskonzeption einen Sollzustand dar, der mit dem realisierten Wirtschaftssystem übereinstimmen oder von diesem abweichen kann. Sie ist jedoch grundsätzlich vom Begriff des Wirtschaftsmodells zu unterscheiden, da sie auf eine praktische Umsetzung hin angelegt ist. Aus diesem Grund stellt die konkrete historische Situation einer Volkswirtschaft eine wesentliche Determinante für die Wirtschaftskonzeption dar, weshalb diese - im Gegensatz zum Wirtschaftsmodell - i. d. R.auf ein Mischsystem, d. h. insbesondere auf die Kombination verschiedener Koordinationsmechanismen und Eigentumsformen zielt.

2. Das Wirtschaftssystem als Element des gesellschaftlichen Systems: zur Interdependenzthese

Die bisherigen Ausführungen waren auf den ökonomischen Sektor begrenzt. Im folgenden soll darüber hinausgehend die Stellung des Wirtschaftssystems im Rahmen des gesamten Gesellschaftssystems betrachtet werden. Neben dem Wirtschaftssystem werden in systemtheoretischen Ansätzen zumeist das politisch-rechtliche sowie das kulturelle System als weitere Elemente des gesellschaftlichen Gesamtsystems unterschieden.[3] Dabei steht

---

[1] Der Begriff wird hier im Sinn einer praktischen Wirtschaftskonzeption verstanden (vgl. Pütz (1960), S. 13). Zum Begriff der Wirtschaftskonzeption vgl. Pütz (1960), insbesondere S. 11, ders. (1979), S. 224 sowie ergänzend Peters (1973a), S. 398.

[2] Vgl. Pütz (1960), S. 17.

[3] Vgl. Hensel (1965), S. 74, Leipold (1988), S. 10 oder 59 sowie Thieme (1993), S. 2376. Manche Autoren nehmen zudem eine Trennung von rechtlichem und politischem System vor (vgl. bspw. Eucken (1990, zuerst: 1952), S. 182 oder Thieme

insbesondere die Frage nach den Wechselwirkungen dieser Subsysteme im Vordergrund. Die These von der „Interdependenz der Ordnungen", die im wesentlichen auf Eucken zurückgeht,[1] besagt, daß sich alle gesellschaftlichen Teilsysteme gegenseitig beeinflussen.[2] Sie umfaßt zwei Aspekte, die auf verschiedene Ebenen der gesellschaftlichen Subsysteme abstellen: Zum einen können die Strukturen des wirtschaftlichen, politisch-rechtlichen und kulturellen Systems nicht isoliert gestaltet werden, sondern müssen in Hinblick auf ein konsistentes Gesamtsystem harmonieren. Zum anderen existiert ein Wirkungszusammenhang der einzelnen Elemente innerhalb der jeweiligen Subsysteme. Für das Wirtschaftssystem bedeutet dies wiederum, daß dessen Systemelemente - wie bspw. Eigentums- und Koordinationsordnung - im Sinn einer für die Funktionsfähigkeit des Wirtschaftssystems notwendigen Konsistenz aufeinander abgestimmt sein sollten.[3]

Im Vordergrund der Literatur steht zumeist die These einer Interdependenz zwischen dem politisch-rechtlichen, wirtschaftlichen und kulturellen System, die wiederum durch zwei Interpretationsrichtungen geprägt ist. Im

---

(1993), S. 2376), meist - so auch im folgenden - werden diese jedoch zu einem Teilsystem zusammengefaßt.

1 Vgl. Eucken (1948), S. 68-73, ders. (1949), S. 84-88 sowie ders. (1990, zuerst: 1952), insbesondere S. 180-184. Neben Eucken hat sich auch von Hayek mit der Frage der Interdependenz beschäftigt (vgl. in diesem Sinn von Hayek (o. J.), S. 31, 99 und 123). Eucken formuliert die Interdependenzthese für den Begriff der Ordnung, aufgrund der von Eucken abweichenden Begriffsdefinition der vorliegenden Arbeit läßt sich diese These nachfolgend jedoch auch auf den Begriff des Systems anwenden.

2 Die Idee der Interdependenz, besonders zwischen politischem und wirtschaftlichem System, wurde in neuerer Zeit im Rahmen der Neuen Politischen Ökonomie wiederaufgegriffen. Dieser Ansatz steht ebenso wie der (ordo)liberale Ansatz in der Tradition der klassischen Vorstellung, daß Wirtschaft und Staat als Einheit zu betrachten sind. Allerdings gehen die Arbeiten der Neuen Politischen Ökonomie über die (ordo)liberale Argumentation hinaus, da sie nicht nur eine Interdependenz von politischem und wirtschaftlichem System feststellen, sondern den politischen Prozeß selbst einer ökonomischen Analyse unterziehen. Die Erkenntnisse derartiger Untersuchungen sind wiederum von entscheidender Bedeutung für die Systemtheorie, da Wirtschaftskonzeptionen nur dann Einfluß haben, wenn sie auch im politischen Prozeß durchgesetzt werden können, so daß die Neue Politische Ökonomie eine Ergänzung zur Systemtheorie darstellen kann.

3 Im Rahmen der vorliegenden Länderanalyse finden beide angesprochenen Aspekte der Interdependenzthese Beachtung, da zum einen der Frage nachgegangen wird, inwieweit die Wirtschaftskonzeption des ANC sowie dessen Umsetzung eine in sich konsistente Wirtschaftspolitik impliziert und zum anderen der Einfluß der gesellschaftlichen Transformation in Südafrika auf das Wirtschaftssystem im Rahmen der Untersuchung Beachtung findet.

Rahmen der ersten Interpretation wird angenommen, daß die für die Funktionsfähigkeit des gesellschaftlichen Gesamtsystems notwendige Konsistenz letztlich nur durch einen für alle Teilsysteme identischen Entscheidungs- und Koordinationsmechanismus erzielbar ist. Im Kern konzentriert sich die Argumentation hierbei auf die Interdependenz des wirtschaftlichen und politisch-rechtlichen Systems,[1] wobei eine Komplementarität zwischen Marktwirtschaft und Demokratie einerseits sowie Planwirtschaft und Diktatur andererseits gesehen wird. Zum einen kann die Wettbewerbswirtschaft nämlich als in sich demokratisch erachtet werden, da die Entscheidungsgewalt auf eine große Anzahl der Wirtschaftssubjekte übertragen wird und durch einen funktionsfähigen Markt-Preis-Mechanismus keine Privilegien im Sinne von ökonomischen Renten gewährt werden, und zum anderen kann die Demokratie als Wettbewerb um Wählerstimmen interpretiert werden. Sowohl demokratisch ausgerichtete Politiksysteme als auch marktlich ausgerichtete Wirtschaftssysteme sind somit durch die gesellschaftlichen Prinzipien, individuelle Freiheit und Selbstverantwortung, geprägt. Dagegen zeichnen sich sowohl Planwirtschaft als auch Diktatur durch hierarchische Entscheidungsstrukturen aus, so daß sich die Entscheidungsbefugnis sowohl im politischen als auch im wirtschaftlichen Sektor auf eine geringe Anzahl von Entscheidungsträgern konzentriert und weder im politischen noch ökonomischen Teilsystem Wettbewerb zugelassen wird.[2]

Darüber hinaus läßt sich die Interdependenzthese derart interpretieren, daß einmal formulierte grundlegende gesellschaftliche Wertvorstellungen für alle gesellschaftlichen Bereiche Gültigkeit besitzen müssen.[3] So impliziert

---

1 Der Interdependenz dieser Subsysteme hat bereits Eucken einen besonderen Stellenwert eingeräumt (vgl. Eucken (1948), S. 69 sowie ders. (1990, zuerst: 1952), S. 325-338). Für nähere Erläuterungen zur Interdependenz zwischen politischem und wirtschaftlichem System vgl. auch Hensel (1965), S. 74-76 sowie ausführlich Apolte (1992), insbesondere S. 2-6.

2 Vgl. Böhm (1950), S. 51, Schlecht (1986, zuerst: 1950), S. 51-53, Hensel (1959), S. 39-41, ders. (1962), S. 27 und 35 f. sowie Müller-Armack (1990), S. 76.
Zudem wird aufgrund der vielfältigen Interessen innerhalb einer Demokratie bezweifelt, daß es möglich ist, einen konsistenten Wirtschaftsplan aufzustellen, denn für dessen Realisierung müßten vielfach Entscheidungskompetenzen auf wenige Spezialisten übertragen werden, was per se eine Einschränkung des demokratischen Prinzips darstellt (vgl. Böhm (1950), S. 44 sowie Schlecht (1986, zuerst: 1950), S. 20).

3 Vgl. in diesen Sinn Müller-Armack (1990), S. 76.
Als derartige grundlegende Wertvorstellungen können bspw. die in der Verfassung eines Landes festgelegten unveräußerlichen Grundrechte interpretiert werden.

bspw. die Gewährung persönlicher Entscheidungsfreiheit als gesellschaftliches Grundrecht für das Wirtschaftssystem die Sicherstellung von Produzenten-, Konsumenten- und Berufsfreiheit. Auch können einzelne Elemente des Wirtschaftssystems ihre Wirksamkeit nur durch eine korrespondierende Ausgestaltung anderer gesellschaftlicher Teilsysteme entfalten. So bedürfen ökonomische Handlungsrechte zur Entfaltung der beabsichtigten Motivations- und Kontrollfunktionen einer Ergänzung auf juristischer Ebene durch die Sicherung von Eigentumsrechten und die Verankerung des Haftungsprinzips. Ein weiterer, sehr konkreter Bezug zwischen politisch-rechtlichem und wirtschaftlichem System existiert insofern, als Politiker durch die Formulierung gesetzlicher Normen direkt die Ausgestaltung der Wirtschaftsverfassung - als Bestandteil des Wirtschaftssystems - beeinflussen.[1]

Aus der Affinität der gesellschaftlichen Subsysteme wird von einigen Autoren die Gefahr eines durch einzelne staatliche Handlungen ausgelösten selbstverstärkenden Effekts abgeleitet. Denn angesichts der Interdependenz der Teilsysteme bewirke jede Einschränkung (Ausweitung) der persönlichen Freiheit innerhalb eines Subsystems weitere Freiheitsbeschränkungen (Freiheitserweiterungen) innerhalb aller übrigen Teilsysteme.[2] Vor allem liberale Autoren lehnen daher staatliche Eingriffe innerhalb marktwirtschaftlich ausgerichteter Wirtschaftssysteme als eine Freiheitsbeschränkung ab, die nicht nur eine Interventionsspirale innerhalb des Wirtschaftssystems, sondern zudem eine Beschneidung politischer Freiheitsrechte nach sich zieht und somit letztlich zu einem totalitären System führt.[3] Eine derart absolute Interpretation der Interdependenzthese muß jedoch insbesondere in

---

1 Zur spezifischen Interdependenz von wirtschaftlichem und rechtlichem System vgl. Schlecht (1986, zuerst: 1950), S. 25-31 und 39-41 sowie Schenk (1988), insbesondere S. 181.

2 Allerdings wird diese These in letzter Zeit verstärkt in Frage gestellt, da insbesondere die asiatischen Schwellenländer marktwirtschaftliche Reformen innerhalb totalitärer Staatsordnungen vorgenommen haben. Es bleibt jedoch abzuwarten, ob das steigende wirtschaftliche Wachstum dieser Länder und die hiermit verbundene Wohlstandserhöhung langfristig nicht doch einen Demokratisierungsprozeß in Gang setzen. Zudem ist bei einer Kritik zu bedenken, daß auch die kulturelle Ordnung in die Interdependenzthese miteingeht. Die von der abendländischen Kultur abweichenden gesellschaftlichen Wertvorstellungen der asiatischen Länder können damit innerhalb der Interdependenzthese eine Erklärung für autoritäre politische Strukturen bieten (vgl. in diesem Sinn auch Apolte (1992), S. 13-15).

3 Vgl. insbesondere von Hayek (o. J.), S. 28-43, hier S. 31.

Hinblick auf die relativ hohe Stabilität wirtschaftlicher Mischsysteme und deren Koexistenz mit demokratischen Staatssystemen in Frage gestellt werden.[1]

II. Zur Vielfalt systemtheoretischer Ansätze unter besonderer Berücksichtigung von Differenzierungsansätzen

Wurden im vorangegangenen Abschnitt für die Arbeit wesentliche Begriffe voneinander abgegrenzt sowie der Begriff des Wirtschaftssystems in einen größeren gesellschaftspolitischen Zusammenhang gestellt, so soll im folgenden vor dem Hintergrund der Vielfalt systemtheoretischer Ansätze eine Einordnung der vorliegenden Arbeit innerhalb der ökonomischen Systemtheorie erfolgen. Darüber hinaus werden in diesem Zusammenhang auf der Grundlage systemtheoretischer Typologieansätze die Grundzüge des für die nachfolgende Länderanalyse zugrundegelegten Differenzierungsansatzes entwickelt.

1. Allgemeiner Überblick

Im Rahmen theoriebildender Ansätze wird versucht herauszuarbeiten, welche Elemente für ein Wirtschaftssystem konstitutiv sind, ob bzw. wie diese Elemente gestaltet werden können und ob sie beliebig innerhalb eines Wirtschaftssystems kombinierbar sind.[2] Aufbauend auf diesen Überlegungen wird versucht, eine Theorie der Wirtschaftssysteme zu entwickeln, die eine spätere Analyse und Typologie realer Wirtschaftssysteme ermöglichen soll. Dabei stellen frühere Arbeiten die Frage der Morphologie und somit die Wirtschaftsordnung in den Mittelpunkt ihrer Betrachtung. Eine Erweiterung dieser traditionellen Systemtheorie erfolgt im Rahmen neuerer Ansätze insofern, als diese die mikroökonomische Analyse und individuelle Entscheidungsfindung in die Analyse einbeziehen,[3] so daß auch für die Sy-

---

[1] Vgl. in diesem Sinn Lösch (1975), S. 97.

[2] Vgl. Bohnet (1987), S. 92 f., Kleinewefers (1988), S. 14-17 sowie Schüller (1991), S. 1.

[3] Hier sind insbesondere entscheidungstheoretisch orientierte Ansätze der Systemtheorie (vgl. bspw. Neuberger/Duffy (1976)), aber auch ergänzende Ansätze wie die Property Rights Theorie zu nennen. Zum Zusammenhang zwischen Systemtheorie und Property Rights Theorie vgl. bspw. Schüller (1983), S. VIII, ders. (1988), S. 156 f. oder Leschke (1991), S. 22.

stemtheorie das Postulat des methodologischen Individualismus[1] an Bedeutung gewinnt.

Grundlegend können theoriebildende Ansätze anhand der ihnen zugrundeliegenden Methodik in induktive und deduktive unterschieden werden.[2] In dieser Differenzierung kommt letztlich der Methodenstreit der Sozialwissenschaften zum Ausdruck, der in der ökonomischen Systemtheorie durch die Frage geprägt ist, inwieweit aus der historischen Entwicklung konkreter Wirtschaftssysteme wirtschaftstheoretische Zusammenhänge und Gesetzmäßigkeiten abgeleitet werden können.[3] Die induktive Methode findet sich vorwiegend in Arbeiten, die der Historischen Schule sowie sozialistischen Schulen zugeordnet werden können. Diese versuchen durch eine Art Clusterbildung historischer Wirtschaftssysteme ein Klassifizierungsraster zu erarbeiten, das als Grundlage für die Ableitung einer Wirtschaftssystemtheorie bzw. ökonomischer Entwicklungsgesetze von Wirtschaftssystemen dient.[4] Demgegenüber stehen die an der klassischen Ökonomie orientierten deduktiven Ansätze, die eine abstrakte Theoriebildung in den Vordergrund stellen, vor deren Hintergrund dann eine Analyse und Einordnung einzelner konkreter Wirtschaftssysteme erfolgt. Eine Sonderrolle kommt in diesem Zusammenhang der ordoliberalen Schule zu, die vor allem unter Eucken versucht, die „Antinomie" zwischen historischer Betrachtung und abstrakter Theoriebildung in der Nationalökonomie zu überwinden[5] und

---

[1] Der Begriff des methodologischen Individualismus geht auf Schumpeter zurück (vgl. Schumpeter (1908/1970), S. 88-98, insbesondere S. 94 f.). Von Popper wurde die Idee des methodologischen Individualismus derart formuliert „...daß es möglich sein muß, das „Verhalten" und die „Handlungen" von Kollektiven wie Staaten und Sozialgruppen auf das Verhalten und die Handlungen menschlicher Individuen zu reduzieren" (Popper (1992, zuerst: 1957), Band 2, S. 108).

[2] Zu einer kritischen Auseinandersetzung mit beiden Methoden vgl. Knirsch (1970), S. 22-24.

[3] Man spricht hierbei auch vom älteren Methodenstreit, während die Frage einer werturteilsfreien Wissenschaft als jüngerer Methodenstreit bezeichnet wird. Zum (sog. älteren) Methodenstreit in den Wirtschaftswissenschaften vgl. grundlegend die Kontroverse zwischen Schmoller (1883), insbesondere S. 241-245 und Menger (1970, zuerst: 1884), z. B. S. 44-47. Vgl. ergänzend Freyn (1991), S. 39.

[4] Vgl. ähnlich Sombart (1925), S. 5, Bohnet (1987), S. 95 sowie Kleinewefers (1988), S. 8.

[5] Vgl. Eucken (1940), S. 26-28.

durch die Methode der „pointierenden Abstraktion“[1] in gewisser Weise einen Mittelweg zwischen induktiver und deduktiver Vorgehensweise sucht.

Neben den theoriebildenden Ansätzen finden sich insbesondere in der angelsächsischen Literatur unter dem Oberbegriff der vergleichenden Systemtheorie (comparative economic systems) vielfach Fallstudien konkreter Wirtschaftssysteme. Ziel dieser Arbeiten ist eine möglichst umfassende Informationsgewinnung bzgl. der Organisation konkreter Volkswirtschaften bzw. eine Beschreibung von Veränderungen innerhalb konkreter Wirtschaftssysteme im Zeitablauf. Auch die vorliegende Arbeit kann diesen Ansätzen zugeordnet werden, da sie zum einen das Ziel verfolgt, die Organisationsstrukturen des südafrikanischen Wirtschaftssystems sowie der Wirtschaftskonzeption des ANC möglichst umfassend zu beschreiben und zum anderen einen Systemvergleich der Wirtschaftspolitik vor und nach 1994 einschließt.

Deskriptive und analytische Ansätze der Systemtheorie können anhand der getroffenen Aussagen zusätzlich in positive und normative unterschieden werden.[2] Während normative Ansätze den Versuch beinhalten, eine - bzgl. bestimmter Werte - optimale Gestaltung des Wirtschaftssystems herauszuarbeiten, beschreiben positive Ansätze die Gesamtheit der Organisationsmechanismen einer Volkswirtschaft, wobei von einer Wertung hinsichtlich bestimmter Idealvorstellungen abgesehen wird. Die Trennung in normative und positive Analyse ist in der Literatur zwar gängig, jedoch nicht unumstritten, da die Frage, ob eine werturteilsfreie Wissenschaft möglich und erstrebenswert ist, kontrovers diskutiert wird.[3] Da positiven und normativen Analyseansätzen jedoch nur eine unterschiedliche Zielsetzung zugrunde-

---

[1] Eucken versteht die Methode der pointierenden Abstraktion derart, daß aus konkreten Wirtschaftsordnungen durch Abstraktion die konstituierenden Ordnungselemente herausgefiltert werden, die dann die Grundlage für die Entwicklung einer Wirtschaftsordnungstheorie bilden (vgl. Eucken (1940), S. 193 f.).

[2] Vgl. Lampert (1975), S. 2934, Schluep (1978), S. 335 sowie Cassel (1988), S. 323.

[3] Zum Postulat der Werturteilsfreiheit in der Wissenschaft (zweiter oder jüngerer Methodenstreit) vgl. grundlegend Weber (1988a, zuerst: 1922), insbesondere S. 151 sowie ders. (1988b, zuerst: 1922), insbesondere S. 499-501. Erläuternd vgl. Kleinhenz (1970), S. 17-27, Aldrup (1980) sowie Blaug (1980), S. 129-156. Einen Überblick über die Werturteilsproblematik in den unterschiedlichen nationalökonomischen Schulen gibt Hutchison (vgl. Hutchison (1964), S. 23-50).

liegt,[1] weshalb sie letztlich nur zwei verschiedene Zweige der Systemtheorie begründen,[2] erscheint diese Differenzierung der Verfasserin dennoch sinnvoll. Gleichwohl ist bspw. die vorliegende Arbeit nicht eindeutig einer der beiden Richtungen zuzuordnen, da sie zwar vorrangig eine positive Analyse darstellt, indem sie die Wirtschaftspolitik nicht einem Idealtypus, sondern der Wirtschaftskonzeption der Regierung gegenüberstellt. Darüber hinaus erfolgt jedoch eine normative Wertung u. a. in Hinblick auf das Kriterium allokativer Effizienz.

Eine weitere Differenzierung systemtheoretischer Ansätze läßt sich anhand der Anzahl der von den jeweiligen Autoren als konsistent erachteten Wirtschaftssysteme und ihrer Koordinationsmechanismen vornehmen. Ältere Ansätze[3] gehen hierbei von lediglich einer möglichen immanent logischen Ordnung aus, die auf dem Markt-Preis-System als Koordinationsmechanismus basiert.[4] Dagegen stellen ordoliberale Autoren mit der Verkehrswirtschaft und der Zentralverwaltungswirtschaft zwei prinzipiell konsistente Ordnungsformen und deren Koordinationsmechanismen Markt-Preis-System einerseits und zentrale Planung andererseits gegenüber. Eine Ergänzung dieses dualistischen Modells ist vor allem innerhalb der Public Choice-Theorie durch die Einbeziehung weiterer Koordinationsmechanismen in die ökonomische Analyse erfolgt. Bereits 1953 haben Dahl/Lindblom darauf hingewiesen, daß in marktwirtschaftlichen Systemen der Markt-Preis-Mechanismus nicht isoliert funktioniert, sondern durch die Koordinationsmechanismen Wahl, Bürokratie und Verhandlungen ergänzt wird.[5] In ähnlicher Weise gilt in Zentralverwaltungswirtschaften nicht aus-

---

[1] Während bei positiven Ansätzen die Gewinnung von Informationen hinsichtlich realer Wirtschaftssysteme dominiert, steht für normative Ansätze die Formulierung von politischen Zielvorgaben im Vordergrund.

[2] Vgl. Jöhr (1949), S. 231 oder Lösch (1978a), S. 20 f.

[3] Hierbei ist insbesondere auf die nationalökonomischen Schulen der Physiokraten und Klassiker zu verweisen.

[4] Physiokraten sprechen in diesem Zusammenhang vom sog. „ordre naturel", den es zu verwirklichen gilt, um das gesellschaftliche Ziel der Wohlfahrtsmaximierung erreichen zu können. Dabei wird der „ordre naturel", als von Gott gewollte Ordnung vom „ordre positif", als der von den Menschen gesetzten Ordnung abgegrenzt. Ziel ist es, den „ordre positif" dem „ordre naturel" anzugleichen (vgl. de Nemours (1910, zuerst: 1768), S. 7 und 11).

[5] Dahl/Lindblom sprechen von polyarchy, hierarchy and bargaining (vgl. Dahl/Lindblom (1976, zuerst: 1953), S. 22 f.).

schließlich der Koordinationsmechanismus der zentralen Planung, da sich darüber hinaus bürokratische Entscheidungen und Verhandlungen mit Interessengruppen als Koordinationsmechanismen auswirken.[1] Der Ansatz von Dahl/Lindblom kann somit als Grundlage für eine weitergehende Differenzierung der Vielzahl marktwirtschaftlicher bzw. planwirtschaftlicher Systeme dienen. Auch der vorliegenden Arbeit dient er als grundlegender Ansatzpunkt, da diese u. a. untersucht, inwieweit und wodurch der marktliche Koordinationsmechanismus auf einzelnen Teilmärkten eingeschränkt wird.

2. Typologieansätze

Grundsätzlich wird die Ausgestaltung von Wirtschaftsordnungen, Wirtschaftssystemen und Wirtschaftskonzeptionen durch die diametralen gesellschaftlichen Ordnungsideen des Individualismus und des Kollektivismus geprägt.[2] Je nachdem, inwieweit diese Ordnungsideen die gesellschaftlichen Wertvorstellungen dominieren, variiert auch die Ausgestaltung des Wirtschaftssystems. Dabei stellt die Idee des Individualismus das einzelne Individuum und dessen Interessen in den Vordergrund und ist hauptsächliches Postulat sowohl des politischen wie auch des ökonomischen Liberalismus. Dessen wichtigstes Ziel liegt in der Maximierung der individuellen Freiheit, die als Freiheit von Zwängen und insbesondere von staatlicher Willkür verstanden wird und in der Freiheit der anderen ihre Grenzen findet.[3] Dagegen stellt die Idee des Kollektivismus die Gesellschaft in den Vordergrund und unterstellt, daß diese eigenständige, übergeordnete Interessen verfolgen kann, denen individuelle Bedürfnisse unterzuordnen sind.[4] Beide Ordnungsideen basieren auf einem unterschiedlichen Weltbild,[5] wor-

---

1 Vgl. Leipold (1991b), S. 13.

2 Vgl. in diesem Sinn Weddigen (1933), S. 1154 f. sowie Weippert (1949).

3 Die Idee des Liberalismus läßt sich prinzipiell bis ins Altertum zurückverfolgen; ihre moderne Entwicklung beginnt jedoch im 17. Jh. in England mit den Arbeiten von John Locke (1632-1704) (vgl. Locke (1993, zuerst: 1689), insbesondere S. 125 f.). Für eine Übersicht zum Liberalismus vgl. von Hayek (1959), S. 591.

4 Die Idee des Kollektivismus geht in der abendländischen Kultur vor allem auf Jean-Jacques Rousseau (1712-1778) zurück (vgl. Rousseau (1922, zuerst: 1762), 2. Buch, 3. Kapitel).

5 Während der Liberalismus von einem harmonischen Weltbild ausgeht, in dem das Eigeninteresse als Grundkraft sozialer Integration gesehen wird, unterstellt man im Kollektivismus, daß ein gesellschaftlicher Interessenausgleich nur durch eine staatliche Ordnungsinstanz ermöglicht werden kann.

aus sich differierende Vorstellungen hinsichtlich der Notwendigkeit des Staates als Ordnungsinstanz und des Umfangs staatlicher Befugnisse ableiten.[1] Für das Wirtschaftssystem stehen sich daher als Extreme die Forderung nach einer weitgehenden Abstinenz des Staates und nach einem absoluten, ordnungsstiftenden Staat gegenüber.[2] Die Orientierung einer Gesellschaft an den genannten Ordnungsideen gibt die gesellschaftspolitischen Ziele dem Grunde nach vor und determiniert damit weitgehend auch die Ausgestaltungsmöglichkeiten der jeweiligen Wirtschaftssysteme.[3]

Innerhalb der Ordnungsmodelle Marktwirtschaft und Planwirtschaft, die diese diametralen Ordnungsideen widerspiegeln, können in der Realität aufgrund der gegebenen Vielfalt an Ausgestaltungs- und Kombinationsmöglichkeiten einzelner Systemelemente allerdings eine Vielzahl von Wirtschaftssystemen unterschieden werden. Ein Bereich der Systemtheorie befaßt sich daher mit der Typologie realer Wirtschaftssysteme. Ziel dieser Ansätze ist es, durch Abstraktion einzelne Systemelemente herauszuarbeiten, um somit ein Klassifizierungsraster für reale Wirtschaftssysteme zu erstellen, wobei die konkrete Unterscheidung einzelner Wirtschaftssysteme zumeist anhand der Bedeutung erfolgt, die dem Staat innerhalb einer Volkswirtschaft bei der Einkommensentstehung, -verteilung und -verwendung zukommt.

---

1 Wohlfahrtsökonomisch lassen sich die diametralen Ordnungsideen von Individualismus und Kollektivismus durch unterschiedliche Vorstellungen hinsichtlich einer gesellschaftlichen Wohlfahrtsfunktion interpretieren. Geht man im Individualismus davon aus, daß sich die gesellschaftliche Wohlfahrtsfunktion durch die Aggregation individueller Wohlfahrtsfunktionen ergibt (zur Problematik dieser Annahme vgl. Arrow (1967), S. 22-31), unterstellt man im Kollektivismus die Existenz einer von den individuellen Wohlfahrtsfunktionen unabhängigen gesellschaftlichen Wohlfahrtsfunktion, die durch ein zentrales Planungs- und Entscheidungsorgan definiert wird (zu den beiden unterschiedlichen Konzeptionen gesellschaftlicher Wohlfahrtsfunktionen vgl. auch Lüthje (1931), S. 23-31 sowie Majumdar (1975, zuerst: 1958), S. 121 f.). Folglich unterscheiden sich Wirtschaftssysteme entsprechend ihrer zugrundeliegenden Ordnungsidee auch anhand des in ihrem Rahmen erreichbaren gesellschaftlichen Wohlfahrtsmaximums, da der Wohlfahrtsmaximierung unterschiedliche Funktionen zugrundegelegt werden (vgl. ähnlich Hemmer (1983), S. 93).

2 Diese diametralen Ideen gehen im wesentlichen auf Adam Smith (1723-1790) und Thomas Hobbes (1588-1679) zurück (vgl. Smith (1776), 1. Buch, 2. Kapitel sowie Hobbes (1991, zuerst: 1651), insbesondere Kapitel 17 und 18).

3 Vgl. Peters (1973a), S. 396 f.

Aufgrund der Komplexität von Wirtschaftssystemen stellt sich für derartige Typologieansätze die Frage, anhand welcher Kriterien deren Unterscheidung und Katalogisierung erfolgen kann und soll. Da eine Analyse unter Beachtung aller Systemelemente wenig praktikabel erscheint, wird von allen Autoren zumindest implizit eine Unterscheidung in „konstitutive" und „akzidentielle" Faktoren[1] vorgenommen, um so der unterschiedlichen Bedeutung einzelner Elemente für das Gesamtsystem Rechnung zu tragen. Welche Faktoren jedoch als konstitutiv zu betrachten sind, ist in der Literatur umstritten,[2] wobei sich insbesondere die Auffassungen von sozialistischen und (ordo)liberalen Autoren gegenüberstehen.[3] Während erstere in Anlehnung an Marx die Eigentumsordnung im allgemeinen und das Eigentum an Produktionsfaktoren im speziellen als konstitutives Systemelement erachten, weisen (ordo)liberale Autoren diese konstitutive Funktion primär der Form der Koordination individueller Pläne zu.[4]

Eucken und Hensel stellen als zentrales konstitutives Ordnungselement den Koordinationsmechanismus der Volkswirtschaft in den Vordergrund, wodurch sie der Lenkungsfunktion primäre Bedeutung beimessen. So nennt Eucken als ausschlaggebendes Kriterium für die Typologie von Wirtschaftsordnungen die Anzahl der Planträger innerhalb einer Wirtschaftsordnung und damit verbunden die Form, in der die Wirtschaftspläne koordiniert werden. Dennoch erscheint die häufig vertretene Ansicht, daß (ordo)liberale Autoren lediglich die Planungs- und Koordinationsordnung für konstitutiv erachten als zu kurz gegriffen, da der einmal gewählte Koordinationsmechanismus, aufgrund der Interdependenz von Planträgerschaft und Verfügungsgewalt an Produktionsfaktoren, für sie auch eine Entschei-

1 Die hier verwendeten Begriffe „konstitutiv" und „akzidentiell" gehen auf Paul Hensel zurück (vgl. Hensel (1970), S. 42).

2 Vgl. Bohnet (1987), S. 91 f. sowie Leipold (1988), S. 2.

3 Auch die Vertreter der Historischen Schule haben der Typologie von Wirtschaftssystemen wesentliche Bedeutung beigemessen. Allerdings befassen sich diese Arbeiten weniger mit der Herausarbeitung konstitutiver Systemelemente, sondern mehr mit der Einordnung realer Wirtschaftssysteme anhand deren Entwicklungsstand in bestimmte Wirtschaftsstufen (vgl. Ritschl (1965), S. 196 f.). Damit erreichen diese Ansätze lediglich eine historische Beschreibung, jedoch keinen systemtheoretischen Analyseansatz. Für das Ziel dieses Kapitels, die Herausarbeitung konstitutiver Systemelemente, sind diese Ansätze somit nicht wesentlich und werden daher nicht weiter beachtet.

4 Vgl. Lösch (1978b), S. 68 und 70 sowie Leipold (1984a), S. 22.

dung über die Eigentumsordnung impliziert. Daher kommt der materiellen Ausgestaltung der Eigentumsordnung im Rahmen der (ordo)liberalen Ansätze implizit durchaus eine konstitutive Bedeutung zu.[1]

In nachfolgenden (ordo)liberal orientierten Typologieansätzen erfolgt insofern eine Weiterentwicklung der Ansätze von Eucken und Hensel, als diese auch explizit auf die konstitutive Bedeutung der Eigentumsordnung verweisen. Dabei soll die Ergänzung des konstitutiven Elements der Koordinationsordnung um das zweite konstitutive Element der Eigentumsordnung eine detailliertere Erfassung und Typologie realer Wirtschaftssysteme ermöglichen. Erstmals ist diese explizite Einbeziehung der Eigentumsordnung im Typologieansatz von Kloten festzustellen, wobei dieser hinsichtlich der Eigentumsordnung zwischen den drei Ausprägungsmöglichkeiten (1) Dominanz von Privateigentum, (2) konkurrierende Kombination von privatem und öffentlichem Eigentum und (3) Dominanz von öffentlichem Eigentum[2] unterscheidet.

Thalheim stellt in seinem Ansatz einen umfangreichen Katalog an Unterscheidungskriterien auf.[3] Obwohl er bei dieser Aufzählung keine explizite Abgrenzung in konstitutive und akzidentielle Systemelemente vornimmt, verweist auch Thalheim auf die unterschiedliche Relevanz der einzelnen Elemente und betont die vorrangige Bedeutung von Eigentums- und Koordinationsordnung als Kriterien für die Typologie von Wirtschaftssystemen.[4] Im Gegensatz zu Kloten stellt Thalheim hierbei die Ausgestaltung der Eigentumsordnung als entscheidendes Kriterium in den Vordergrund.

---

1 Vgl. in diesem Sinn Eucken (1949), S. 49 sowie Schüller (1988), S. 156.

2 Vgl. Kloten (1955a), S. 133.

3 Darin nennt er die Kriterien Eigentumsordnung, Lenkungssystem, Ziele des Wirtschaftens, Preisbildung, Wettbewerb und Marktformen, Träger und Formen der Initiative im Wirtschaftsleben, Arten und Formen der Einkommensverteilung, die Funktion des Geldes, des Kredits und der Banken sowie die Rolle der außenwirtschaftlichen Beziehungen. Darüber hinaus nennt er eine Anzahl ökonomisch relevanter sozialer Merkmale, die in der Ausgestaltung des Systems der Sozialen Sicherung und der Arbeitsmarktordnung zum Ausdruck kommen (vgl. Thalheim (1969), S. 332-340).

4 Vgl. in diesem Sinn Thalheim (1969), S. 341. Im Gegensatz zu Kloten gliedert Thalheim innerhalb dieser Ordungselemente wesentlich tiefer und unterscheidet insgesamt neun Formen der Eigentumsordnung und sechs Formen von Lenkungssystemen (vgl. Thalheim (1969), S. 333 f.).

Peters übernimmt explizit die Aufteilung Hensels in konstitutive und akzidentielle Faktoren, wobei er die konstitutiven Systemelemente nochmals in sachliche, rechtliche und geistige Faktoren unterteilt.[1] Die bereits genannten Merkmale der Koordinations- und Eigentumsordnung[2] faßt Peters hierbei unter dem Begriff der sachlichen Faktoren zusammen. Diese ergänzt er um die konstitutiven Unterscheidungsmerkmale Wirtschaftsverfassung und höchstrichterliche Urteile (rechtliche Faktoren) sowie vorherrschende Ordnungsidee und wirtschaftspolitische Konzeption (geistige Faktoren).[3] Damit ist der Merkmalskatalog von Peters am stärksten ausgearbeitet, die konkrete Typologie nimmt jedoch auch Peters anhand der beiden konstitutiven Systemelemente Koordinations- und Eigentumsordnung (bzw. Verfügungsgewalt über Produktionsmittel) vor, durch deren Kombination er ein Raster von 22 möglichen Wirtschaftssystemen erstellt.[4]

Die skizzierten Differenzierungsansätze stellen unisono die Koordinations- und Eigentumsordnung als konstituierende Elemente heraus, variieren jedoch in ihrer Wertung zwischen diesen beiden Elementen. In Anlehnung an die dargestellten Typologieansätze werden auch für die folgende Länderanalyse die Systemelemente Koordinations- und Eigentumsordnung als konstitutiv erachtet und somit als Grundlage für die Differenzierung marktwirtschaftlicher Systeme herangezogen. In Anlehnung an die (ordo)liberale Tradition liegt der Schwerpunkt der Untersuchung hierbei auf der Ausgestaltung der Koordinationsordnung auf den einzelnen Faktor- und Gütermärkten, so daß vorrangig Art und Umfang staatlicher Eingriffe in den Markt-Preis-Mechanismus auf mikro-, meso- und makroökonomischer Ebene analysiert werden.

---

1 Vgl. Peters (1973b), S. 60 f. sowie ders. (1973a), S. 387.

2 Wie Thalheim, so faßt auch Peters den Begriff der Eigentumsordnung in Anlehnung an die Property Rights-Theorie weiter im Sinn der Verfügungsgewalt über Produktionsmittel (vgl. Peters (1973b), S. 60).

3 Zudem führt Peters eine Reihe akzidentieller Faktoren an. Hierzu zählt er die Preis-, Markt-, Unternehmens- und Geldverfassung sowie die Ausgestaltung der Kontroll- und Verteilungsmechanismen (vgl. Peters (1973b), S. 61).

4 Vgl. Peters (1973b), S. 75.

3. Differenzierung marktwirtschaftlicher Systeme anhand der Art und des Umfangs staatlicher Eingriffe in einzelnen Teilmärkten

In den vorangegangenen Abschnitten wurde bereits darauf verwiesen, daß marktwirtschaftliche Systeme in der Realität keine uneingeschränkte Umsetzung marktlicher Koordination und privater Eigentumsrechte aufweisen, sondern stets Mischsysteme darstellen. Staatliche Eingriffe in den Preismechanismus sowie die Einschränkung privater Eigentumsrechte lassen sich ökonomisch im Rahmen marktwirtschaftlicher Systeme prinzipiell allokativ oder distributiv begründen.[1] Als Grundlage für die nachfolgende Länderanalyse soll im folgenden deshalb ein Differenzierungsansatz marktwirtschaftlicher Systeme erarbeitet werden, der die Begründung sowie die Art staatlicher Eingriffe als Differenzierungskriterium zugrundelegt. Dieser Ansatz dient als Grundlage für die Erarbeitung detaillierter Differenzierungskriterien im Rahmen des nachfolgenden Kapitels.

Für die Analyse allokativer Begründungen kann auf die Wohlfahrtstheorie zurückgegriffen werden, die sich unter den Stichworten Markt- bzw. Staatsversagen mit den Grenzen der Leistungsfähigkeit dezentraler bzw. zentraler Koordinationsmechanismen auseinandersetzt.[2] Dabei hat die paretianische Wohlfahrtsökonomie gezeigt, daß eine pareto-optimale Allokation erreicht wird, wenn die Bedingungen des Modells der vollständigen Konkurrenz[3]

---

1 Aufbauend auf der Unterscheidung zwischen allokativ und distributiv motivierten Staatseingriffen bezeichnet Luckenbach marktwirtschaftliche Systeme, in denen lediglich allokativ begründete Staatseingriffe erfolgen, als „effiziente Marktwirtschaften", Marktwirtschaften, in denen allokativ und distributiv motivierte Staatseingriffe erfolgen als „soziale Marktwirtschaften" (vgl. Luckenbach (1986), S. 132 f.). Da jedoch in allen realen Wirtschaftssystemen sowohl allokativ als auch distributiv begründete Staatseingriffe zu verzeichnen sind, würde diese Differenzierung dazu führen, daß letztlich alle marktwirtschaftlichen Systeme als „sozial" bezeichnet werden müßten. Eine Differenzierung marktwirtschaftlicher Systeme anhand der Gewichtung von allokativ und distributiv motivierten Staatseingriffen erscheint dagegen sinnvoll.

2 Da sich die vorliegende Arbeit mit der Analyse marktwirtschaftlicher Systeme befaßt, konzentrieren sich die folgenden Ausführungen auf die Theorie des Marktversagens.

3 Welche Bedingungen erfüllt sein müssen, damit ein Zustand vollkommener Konkurrenz erreicht wird, ist in der Literatur umstritten. Während Miksch lediglich Homogenität der Güter, polypolistische Marktstrukturen und Markttransparenz voraussetzt (vgl. Miksch (1947), S. 38), werden darüber hinaus zumeist eine unendlich hohe Anpassungsgeschwindigkeit der Marktteilnehmer sowie vollkommene Teilbarkeit und Mobilität der Produktionsfaktoren für notwendig erachtet (vgl. z. B. Heuß (1980), S. 679). Zur Entwicklung der Konzeption vollständiger Konkurrenz vgl. auch Stigler (1957).

erfüllt sind. Eine Verletzung dieser Bedingungen wird als Marktversagen bezeichnet, da diese stets eine suboptimale Allokation impliziert.[1] In diesem Zusammenhang kann zwischen Marktversagen i. e. S. und Marktversagen i. w. S.[2] unterschieden werden, wobei man von ersterem spricht, wenn kein oder kein stabiles Gleichgewicht auf dem betrachteten Markt zustandekommt. Mögliche Ursachen hierfür sind ein fehlender Schnittpunkt zwischen den Marktkurven, ein Marktgleichgewicht bei negativen Preisen, aus Verhaltensverzögerungen resultierende zyklische Preis- und Mengenschwankungen (nichtkonvergierender Cobweb-Prozeß) sowie eine Anomalie von Angebots- oder Nachfragekurve.[3] Marktversagen i. w. S. ist gegeben, wenn ein stabiles, aber paretoinferiores Gleichgewicht vorliegt. Als Ursachen für Marktversagen i. w. S. werden in der Literatur insbesondere öffentliche Güter, externe Effekte, asymmetrische Informationsverteilungen sowie mangelnder Wettbewerb angeführt.[4]

Öffentliche Güter definieren sich über die beiden Kriterien Nichtausschließbarkeit und Nichtrivalität. Ist eine Festlegung exklusiver Handlungsrechte an Gütern aufgrund technischer Schwierigkeiten nicht möglich oder aufgrund hoher Transaktionskosten ökonomisch nicht sinnvoll, werden diese Güter über den Markt nicht oder nur in allokativ suboptimalem Umfang bereitgestellt, da niemand von der Nutzung des einmal bereitgestellten Gutes ausgeschlossen werden kann (oder aus Effizienzüberlegungen nicht ausgeschlossen werden sollte). Bei Nichtrivalität im Konsum, die gegeben

---

1 Der Begriff des Marktversagens wird in der Literatur nicht einheitlich verwendet. Die Konzeption allokativen Marktversagens ist jedoch am stärksten verbreitet (vgl. Eickhof (1986), S. 1 und 4).

2 Weitere Bezeichnungen für Marktversagen i. w. S. sind Marktmängel oder Marktunvollkommenheit.

3 Vgl. Eickhof (1986), S. 11-13 sowie Berthold (1988), S. 342.

4 Eine einheitliche Darstellung von Marktversagen existiert in der Literatur nicht. Neben den genannten Fällen von Marktversagen wird in der Literatur häufig noch auf die Möglichkeit „ruinöser Konkurrenz" verwiesen. Da es sich hierbei i. d. R. jedoch um ein temporär begrenztes Phänomen handelt, wird dies im folgenden nicht zu den Fällen allgemeinen Marktversagens gezählt (als grundlegende Aufsätze zur Theorie des Marktversagens vgl. bspw. Bator (1958) oder Arrow (1969)).
Darüber hinaus wird in der Literatur die (De)Meritorik-Argumentation häufig zur Rechtfertigung staatlicher Eingriffe angeführt (vgl. bspw. Musgrave (1959), S. 13 f.). Da bei (De)Meritorik jedoch ein effizientes Marktergebnis vorliegt, das lediglich nicht den wie auch immer bestimmten gesellschaftlichen Wertvorstellungen entspricht, wird (De)Meritorik im folgenden nicht als Marktversagen erachtet.

ist, wenn die Grenzkosten eines zusätzlichen Konsumenten bei Null liegen, ist eine Ausschließung, selbst wenn sie möglich wäre, überdies volkswirtschaftlich ineffizient, da der marktliche Ausschluß von Konsumenten einen gesellschaftlichen Wohlfahrtsverlust impliziert.[1]

Reale externe Effekte[2] liegen vor, wenn der Konsum oder die Produktion eines Gutes (positive oder negative) Auswirkungen auf die Konsum- oder Produktionsfunktion Dritter hat, ohne daß die hieraus resultierende Wohlfahrtsänderung der Individuen im Marktprozeß berücksichtigt wird. Folglich fallen gesellschaftliche(r) und private(r) Kosten (Nutzen) auseinander, weshalb über den Markt eine allokativ suboptimale Menge des entsprechenden Gutes bereitgestellt wird.[3]

Eine asymmetrische Informationsverteilung liegt vor, wenn eine der beiden Marktseiten vor Vertragsabschluß über eine bessere Quantität und/oder Qualität an Informationen bzgl. des transaktionsrelevanten Sachverhaltes verfügt oder diesen nach Vertragsabschluß auf Kosten des Vertragspartners unbemerkt verändern kann. Eine derartige Informationsverteilung kann dazu führen, daß über den Markt nur noch Güter relativ schlechter Qualität gehandelt werden bzw. im Extremfall der Markt gar nicht zustandekommt.[4]

---

[1] Vgl. Musgrave (1969), insbesondere S. 126-129, sowie Krause-Junk (1977). Die Menge öffentlicher Güter bestimmt sich somit über die gegebenen Ausschlußmöglichkeiten und Kapazitätsgrenzen der Güter. Die Erfüllung dieser Kriterien kann sich für ein bestimmtes Gut im Zeitablauf z. B. infolge des technischen Fortschritts verändern, so daß die Menge der öffentlichen Güter eine dynamische Größe darstellt (vgl. Noll (1984), S. 95). Ähnlich läßt sich auch für die übrigen Fälle von Marktversagen argumentieren, so daß der Umfang von Marktversagen insgesamt als dynamische Größe verstanden werden muß.

[2] Der Begriff der externen Effekte wird hier auf technologische Externalitäten begrenzt, da nur diese als Ursache von Marktversagen von Bedeutung sind. Pekuniäre Externalitäten dagegen sind im Normalfall Ausdruck veränderter Knappheitsrelationen und daher aus allokativer Sicht nicht nur unbedenklich, sondern sogar erwünscht. Lediglich im Fall bereits bestehenden Marktversagens können pekuniäre Externalitäten eine zusätzliche allokative Problematik darstellen. Bei funktionsfähigen Märkten sind sie dagegen nur aus distributiver Sicht relevant (zum Begriff pekuniärer Externalitäten vgl. Heller/Starrett (1976), S. 16-19 sowie Lüdeke (1991), S. 765 f).

[3] Für eine weiterführende Darstellung des Externalitätenproblems vgl. Heller/Starrett (1976). Einen Überblick über die Entwicklung der Externalitätenliteratur bietet Papandreou (1994), S. 13-68.

[4] Vgl. grundlegend Arrow (1963) und Akerlof (1970). Beide Ansätze ergänzen sich, da Arrow Informationsdefizite auf seiten der Anbieter, Akerlof auf seiten der Nachfrager

Konkret werden aus einer asymmetrischen Informationsverteilung die Phänomene Adverse Selection und Moral Hazard abgeleitet. Adverse Selection ist die Folge einer vor Vertragsabschluß gegebenen asymmetrischen Informationsverteilung. Besteht die Asymmetrie zugunsten der Anbieter, werden der Preis und die Qualität des Angebotes solange sinken, bis letztlich nur ein Markt für Güter „schlechter Qualität" verbleibt. Besteht die Asymmetrie zugunsten der Nachfrager wird der Preis des Angebotes solange steigen, bis nur noch Nachfrager von Gütern besonders teurer Qualität am Markt auftreten. Moral Hazard kann auftreten, wenn eine Vertragsseite nach Vertragsabschluß über die Möglichkeit verfügt, die vertragsrelevante Transaktion vertragswidrig zu beeinflussen, ohne daß der Vertragspartner dies erkennen kann. In einer derartigen Konstellation werden weder eine positive noch eine negative Beeinflussung der vertragsrelevanten Transaktion vollständig über den Marktpreis berücksichtigt, weshalb Moral Hazard auch als eine Form von Externalität interpretiert werden kann.

Mangelnder Wettbewerb eröffnet Unternehmen Preissetzungsspielräume, die eine Erhöhung der Produzentenrente zu Lasten der Konsumentenrente implizieren.[1] Während temporäre Wettbewerbseinschränkungen innovationsbedingt und somit Ausdruck eines dynamischen Wirtschaftsprozesses sein können, mindert eine permanente Einschränkung des Wettbewerbs die Koordinations-, Innovations- und Distributionsfunktion des Preismechanismus. Insbesondere die Existenz natürlicher Monopole als Ursache für mangelnden Wettbewerb wird daher in der Literatur als Ursache für Marktversagen erachtet, wobei von einem natürlichen Monopol dann gesprochen wird, wenn die auf einem Markt nachgefragte Gütermenge durch einen einzigen Anbieter am kostengünstigsten produziert werden kann (Subadditivität der Kostenfunktion).[2] Die häufigste Ursache für Subadditivität sind durchgängig sinkende Durchschnittskosten, die als Folge von

untersucht. Insbesondere wurden die Auswirkungen asymmetrischer Informationsverteilung auf Arbeits-, Versicherungs- und Kapitalmärkten untersucht (vgl. hierzu Spence (1974), bspw. S. 2 f. oder 6-11, Rothschild/Stiglitz (1976) sowie Jaffee/Russell (1976)).

1 Vgl. Posner (1968/69), S. 548.

2 Vgl. Posner (1968/69), S. 550-553.

Economies of Scale, hohen Fixkosten oder Economies of Scope auftreten können.[1]

Die erläuterten Fälle von Marktversagen führen zu einer paretoinferioren Allokation, weshalb bei ihrem Vorliegen staatliche Eingriffe prinzipiell ökonomisch gerechtfertigt sein können. Allerdings sind staatliche Interventionen nur dann ökonomisch sinnvoll, wenn sie zu Vorteilen gegenüber einer reinen Marktkoordination führen, so daß die Entscheidung über staatliche Eingriffe in den Marktmechanismus immer nur aufgrund einer Abwägung der realen Möglichkeiten und Grenzen verschiedener Koordinationsmechanismen erfolgen kann. Da sowohl die volkswirtschaftlichen Kosten einzelner Fälle von Marktversagen wie auch die Kosten staatlicher Eingriffe bzw. staatlichen Versagens[2] zumeist jedoch nicht vollständig erfaßt werden können, impliziert die Entscheidung über allokativ begründete staatliche Eingriffe häufig ein Werturteil der Träger der Wirtschaftspolitik, das deren Einschätzung bzgl. der Leistungsfähigkeit verschiedener Koordinationsmechanismen widerspiegelt.

Auch distributiv begründeten Eingriffen liegt ein Werturteil im Sinn der verfolgten Gerechtigkeitskonzeption[3] zugrunde, die sich prinzipiell an den

---

1 Für eine umfassende Darstellung verschiedener Ursachen von Subadditivität vgl. Sharkey (1982), S. 54-83.

2 Von Staatsversagen spricht man, in analoger Definition zu Marktversagen, wenn politische Entscheidungsverfahren zu einer ineffizienten Allokation führen (vgl. Blümel (1983), S. 20). Als wesentliche Ursache für Staatsversagen wird rationales, nutzenmaximierendes Verhalten von Politikern und Bürokraten angeführt, das an Wählerstimmen- bzw. Budgetmaximierung orientiert ist und nicht die Maximierung der sozialen Wohlfahrtsfunktion zum Ziel hat. Darüber hinaus werden der Einfluß von Interessengruppen, Informationsmängel sowie die Probleme einer effektiven Kosten- und Erfolgskontrolle im Staatssektor genannt (vgl. Recktenwald (1980), S. 157-165 sowie Wolf (1988), S. 62-84). Zudem soll mit Lüdeke darauf verwiesen werden, daß bereits Excess-Burden der Besteuerung sowie Verwaltungskosten dafür ausreichend sein können, daß ein staatlicher Eingriff ineffizient ist (vgl. Lüdeke (1985), S. 61).

3 Die Beurteilung einer gegebenen Einkommensverteilung orientiert sich am Maßstab der Gerechtigkeit. Da Gerechtigkeit jedoch nicht objektiv definiert werden kann, trägt diese Bewertung stets normativen Charakter (vgl. Liefmann-Keil (1961), S. 2). Distributive Gründe für eine staatliche Umverteilungspolitik können daher nicht allgemeingültig, sondern lediglich in Abhängigkeit des in einer Gesellschaft vorherrschenden Gerechtigkeitsverständnisses definiert werden.

Referenzgrößen Leistung[1] und Bedarf orientieren kann. Widerspricht die primäre Einkommensverteilung, die maßgeblich von der Ausgangsverteilung des Eigentums an Produktionsmitteln abhängt,[2] dem Gerechtigkeitsempfinden einer Gesellschaft, so kann eine staatliche Umverteilungspolitik prinzipiell begründet werden, da die Angleichung der gegebenen an die gesellschaftlich gewünschte Verteilung einen positiven Wohlfahrtseffekt impliziert. Allerdings ist hierbei zu berücksichtigen, daß Umverteilungsmaßnahmen mit einem Effizienzverlust verbunden sind, so daß sie nur dann zu einer Wohlfahrtssteigerung führen, wenn der aus der Umverteilung resultierende positive Wohlfahrtseffekt die Kosten der hiermit verbundenen Effizienzminderung überwiegt.[3]

Staatliche Eingriffe können somit ihrer Art nach in allokativ oder distributiv motiviert differenziert werden, wobei der Interventionsumfang mit der gesellschaftlichen Einschätzung der mit Markt- und Staatsversagen verbundenen Kosten sowie der gesellschaftlichen Gerechtigkeitskonzeption variiert. Von besonderem Interesse im Rahmen eines derart definierten Differenzierungsansatzes erscheint hierbei zum einen, ob staatliche Eingriffe im Rahmen eines Wirtschaftssystems bzw. einer Wirtschaftskonzeption auf allen Faktor- und Gütermärkten einheitlich begründet werden, oder ob die Bedeutung allokativer und distributiver Begründungen variiert. Zum anderen kann untersucht werden, inwieweit die Einschätzung des marktlichen Koordinationsmechanismus auf mikro-, meso- und makroökonomischer Ebene und somit der Umfang staatlicher Eingriffe variiert. Anhand der Art und des Umfangs staatlicher Eingriffe in einzelne Teilmärkte kann somit eine Differenzierung von Wirtschaftssystemen sowie eine Beurteilung hinsichtlich der im Rahmen der Interdependenzthese geforderten Konsistenz eines Wirtschaftssystems erfolgen.

---

1 Orientiert sich eine Gesellschaft am Prinzip der Leistungsgerechtigkeit, so setzt dies allerdings voraus, daß die Individuen von den gleichen Startbedingungen ausgehen (Startchancengerechtigkeit) (vgl. in diesem Sinn Berthold (1988), S. 345).

2 Vgl. in diesem Sinn Liefmann-Keil (1961), S. 1 sowie Kleinhenz (1993), S. 8.

3 Vgl. in diesem Sinn Okun (1975), S. 88.

III. Kritische Anmerkungen

In der Literatur werden sowohl generelle Grundlagen der Systemtheorie als auch die Methoden einzelner systemtheoretischer Ansätze kritisiert. Als grundlegender Kritikpunkt kann hierbei der Ideologieverdacht erachtet werden, mit dem sich die gesamte Systemtheorie konfrontiert sieht. Systemtheoretische Arbeiten, die sich mit der Frage eines optimalen Wirtschaftssystems befassen, liegt oftmals eine Grundsatzentscheidung zwischen Markt- und Planwirtschaft zugrunde, weshalb sie sich mit dem Vorwurf konfrontiert sehen, lediglich der Rechtfertigung bestimmter Systemmodelle zu dienen.[1] In analoger Weise wird vielen Fallstudien vorgeworfen, daß sie durch die Wertehaltung ihrer Verfasser normativ geprägt sind. Das Problem einer a priori-Wertung im Rahmen der Systemtheorie kann jedoch dadurch umgangen werden, daß Wirtschaftssysteme nicht einem Idealtyp gegenübergestellt, sondern vor dem Hintergrund der in einem Land erklärtermaßen verfolgten Wirtschaftskonzeptionen bewertet werden.[2] In diesem Kontext kann die normative Systemtheorie als Orientierung für wirtschaftspolitische Maßnahmen dienen und somit zu einer rationalen, im Sinn einer in sich logischen Wirtschaftspolitik beitragen.[3]

Darüber hinaus wird die im Rahmen zahlreicher systemtheoretischer Arbeiten angemahnte systempolitische Grundsatzentscheidung von vielen Autoren für problematisch erachtet, da diese die Forderung nach der Systemkonformität[4] wirtschaftspolitischer Instrumente impliziert und somit die Menge möglicher Lösungsansätze für konkrete wirtschaftspolitische Ziele einschränkt. Nach Auffassung von Kritikern der Systemtheorie ist es daher vorzuziehen, alle Lösungsmöglichkeiten rein teleologisch anhand des Bewertungskriteriums der Zielkonformität zu prüfen, das Kriterium der Systemkonformität dagegen sei überflüssig.[5] Ähnlich argumentiert Riese, der

---

1 Vgl. in diesem Sinn Riese (1972), S. 36 sowie Lösch (1975), S. 101.

2 Vgl. Grossman (1974), S. 4.

3 Vgl. Cassel (1988), S. 326.

4 Im Rahmen marktwirtschaftlicher Systeme wird das Kriterium der Systemkonformität zumeist im Sinn einer Wettbewerbskonformität interpretiert, nach der wirtschaftspolitische Maßnahmen dann als systemkonform gelten, wenn sie die Funktionsfähigkeit des Wettbewerbs nicht einschränken (vgl. ausführlich Gutmann (1986), S. 55 f.).

5 Vgl. in diesem Zusammenhang auch Meyer-Dohm (1965), S. 146 und 153.

kritisiert, daß die Systemtheorie keine sinnvolle Entscheidungsgrundlage biete, da das Kriterium der Systemkonformität selbst nicht zu spezifizieren sei.[1]

Abgesehen von dieser generellen Kritik an den Ausgangspunkten der Systemtheorie werden auch die Methoden einzelner Ansätze kritisiert, wobei die Auseinandersetzung mit dem Ordoliberalismus einen Schwerpunkt bildet. Diesem wird einerseits ein fehlender historischer Bezug[2] und andererseits ungenügende Abstraktion[3] vorgeworfen. Diese auf den ersten Blick widersprüchlich erscheinende Kritik kann dadurch erklärt werden, daß das methodische Vorgehen der ordoliberalen Ansätze in gewisser Weise als eine Zwischenform von Induktion und Deduktion bezeichnet werden kann. Insbesondere Eucken kritisiert einerseits die induktive Methode als unwissenschaftlich und verwirft sie, da sie sich im Detail verliere und folglich nichts über die konstitutiven Elemente einer Wirtschaftsordnung aussage. Deshalb stellt er die Entwicklung einer Ordnungsheorie, die dann zur Erklärung und Einordnung realer Wirtschaftsordnungen beitragen soll, in den Vordergrund seiner Überlegungen. Andererseits gewinnt Eucken die Elemente seiner Theorie durch „pointierende Abstraktion" der Realität, so daß der Ausgangspunkt seiner Ordnungstheorie nicht in der Formulierung abstrakter Modelle, sondern in der historischen Wirklichkeit liegt.

Auch wird die Kombination aus freier Entscheidung und Determinismus, die der Ordoliberalismus zugrundelegt, als inkonsistent kritisiert. Hinsichtlich der wirtschaftspolitischen Grundsatzentscheidung für eine markt- oder planwirtschaftliche Organisation des Wirtschaftssystems unterstellen die ordoliberalen Autoren den Wirtschaftssubjekten eine absolute Handlungsfreiheit.[4] Ist die Grundsatzentscheidung jedoch einmal getroffen, wird den Individuen keine weitere Entscheidungsfreiheit zugestanden, da nachfolgende wirtschaftspolitische Handlungen nur dann akzeptiert werden, wenn sie auf den Erhalt des einmal gewählten Systems ausgerichtet sind. In Ab-

1 Vgl. Riese (1972), S. 42.
2 Vgl. Riese (1972), S. 38.
3 Vgl. in diesem Sinn Machlup (1960/61), S. 46.
4 Dabei ist das Verfahren, nach dem eine gesellschaftliche Entscheidung getroffen wird, jedoch kein Untersuchungsgegenstand ordoliberaler Ansätze.

weichung von dieser ordoliberalen Position soll Wirtschaftspolitik im folgenden als dynamischer Prozeß verstanden werden, da sich die Problemlösungsfähigkeit eines Wirtschaftssystems gerade darin zeigt, inwieweit es auf Veränderungen ökonomischer und gesellschaftlicher Rahmenbedingungen reagieren kann.[1] Wirtschaftspolitik sollte daher nicht in der Wahrung eines gegebenen Systems verharren, sondern als dynamischer Prozeß aufgefaßt werden. Diese Interpretation erscheint vor allem deshalb als sinnvoll, weil die systempolitische Grundsatzentscheidung eher eine Ausnahme bildet, sich Wirtschaftspolitik jedoch wesentlich häufiger als allmähliche Weiterentwicklung existierender Wirtschaftssysteme im Sinn einer von Popper geforderten „Sozialtechnik der kleinen Schritte“[2] darstellt.

Schließlich wird die extreme Dichotomie des ordoliberalen Ansatzes kritisiert, die sich zum einen in der Konzentration auf die beiden konstitutiven Systemelemente Koordinations- und Eigentumsordnung und zum anderen auf die Gegenüberstellung lediglich zweier Ausgestaltungsmöglichkeiten für diese Elemente, nämlich Markt und Plan bzw. Privat- und Staatseigentum widerspiegelt.[3] Auf die Existenz von Mischformen wird zwar hingewiesen, diese werden jedoch als instabil abgelehnt und daher lediglich als Übergangsformen aufgefaßt. Nach Ansicht ihrer Kritiker sind ordoliberale Ansätze folglich nicht geeignet, reale Wirtschaftssysteme zu erklären, da sich diese durch eine Vielzahl von Koordinationsmechanismen und Eigentumsformen auszeichnen.[4] Diese Dichotomieproblematik kann jedoch dadurch umgangen werden, daß Erkenntnisse verwandter Theorieansätze wie der Public Choice-Theorie in die Analyse miteinbezogen werden. Hierdurch kann sowohl eine Erweiterung der Markt-Plan-Dichotomie um die Koordinationsmechansimen Wahl, Bürokratie und Gruppenverhandlungen als auch eine differenziertere Betrachtung von Eigentumsformen durch die Aufspal-

---

[1] Vgl. ähnlich Hesse (1955), S. 92; vgl. in diesem Sinn auch Meyer-Dohm (1965), S. 153 und Leipold (1988), S. 11.

[2] Vgl. grundlegend Popper (1992, zuerst: 1957), Band 1, S. 188-190. Für eine ähnliche Argumentation vgl. auch Peters (1973b), S. 48, Pütz (1979), S. 218, Bohnet (1980), S. 946, Haffner (1986), S. 106 sowie Cassel (1988), S. 327.

[3] Vgl. Lösch (1975), S. 93 sowie Bohnet (1987), S. 98 f. Dieser Vorwurf kann jedoch auch gegenüber anderen systemtheoretischen Arbeiten sowohl liberaler als auch marxistischer Prägung angeführt werden.

[4] Vgl. ähnlich Bohnet (1987), S. 98.

tung in einzelne Handlungsrechte im Sinn der Property Rights-Theorie erfolgen.

Zentrale Kritikpunkte, die gegenüber der Systemtheorie angeführt werden, können somit durch die Wahl eines geeigneten Bezugsrahmens sowie durch eine Ergänzung des ordoliberalen Ansatzes abgeschwächt werden. Ein derart modifizierter systemtheoretischer Analyseansatz kann dann wesentlich zu einer erhöhten Transparenz hinsichtlich der Funktionsmechanismen realer Wirtschaftssysteme beitragen. Im Rahmen der nachfolgenden Länderanalyse wird den gängigen Kritikpunkten gegenüber der Systemtheorie insofern Rechnung getragen, als die Wirtschaftspolitik nicht vor dem Hintergrund eines marktwirtschaftlichen Modells, sondern der Wirtschaftskonzeption der jeweiligen Regierung analysiert wird. Zudem wird ein umfassender Ansatz gewählt, der eine detaillierte Analyse der Bedeutung des Koordinationsmechanismus Markt gegenüber anderen Koordinationsmechanismen auf den einzelnen Faktor- und Gütermärkten sowie den erweiterten Eigentumsbegriff der Property Rights-Theorie zugrundelegt.

Kapitel 2

Zur Differenzierung marktwirtschaftlicher Systeme anhand ausgewählter konstituierender und akzidentieller Systemelemente

Im vorangegangenen Kapitel wurde ein möglicher, auf Art und Umfang staatlicher Interventionen basierender Differenzierungsansatz für marktwirtschaftliche Systeme vorgestellt. Im Rahmen dieses Kapitels soll der skizzierte Ansatz durch die Herausarbeitung konkreter Differenzierungskriterien für einzelne Systemelemente konkretisiert werden. Da die hierbei betrachteten wirtschaftspolitischen Maßnahmen des Staates sowohl ordnungs- als auch prozeßpolitischer Art sein können, bezieht sich der nachfolgende Differenzierungsansatz auf marktwirtschaftliche Systeme und ist somit weiter gefaßt als ein rein ordnungspolitischer Ansatz.

Als konstituierende Elemente werden im folgenden in Anlehnung an die in Kapitel 1 aufgezeigten Typologieansätze der Systemtheorie die Koordinations- und Eigentumsordnung betrachtet. Beide werden unter dem Begriff des Lenkungssystems zusammengefaßt und um den Aspekt der Wettbewerbspolitik ergänzt. Diese Zuordnung der Wettbewerbspolitik läßt sich insbesondere deshalb begründen, weil zum einen die Marktform als direkter Ansatzpunkt der Wettbewerbspolitik das allokative und distributive Ergebnis des Markt-Preis-Mechanismus maßgeblich beeinflußt und zum anderen die Funktionen privater Eigentumsrechte nur bei Wettbewerb vollständig erfüllt werden.

Während sich der Abschnitt zum Lenkungssystem somit auf die Gestaltungsmöglichkeiten mikroökonomischer Entscheidungsparameter im Rahmen marktwirtschaftlicher Systeme bezieht, wird die Analyse in Abschnitt II auf die makro- und mesoökonomischer Ebene ausgedehnt. Daran anschließend werden in Kapitel III und IV als weitere akzidentielle Systemelemente die Arbeitsmarkt- und Sozialordnung betrachtet. Die Einbeziehung der Arbeitsmarktordnung in die Arbeit soll eine detaillierte Analyse der Lohnfindung am Arbeitsmarkt ermöglichen. Dies erscheint insofern von Interesse, als die Frage nach einer „gerechten" Entlohnung sowohl in der Wirtschaftstheorie wie auch in der Wirtschaftspolitik stark umstritten ist, weshalb Lohnfindungssysteme zwischen einzelnen Ländern deutlich variieren und folglich einen positiven Beitrag zur Differenzierung marktwirtschaftlicher Systeme leisten können. Auch in bezug auf die Sozialordnung können in realen Wirtschaftssystemen in Abhängigkeit differierender Wertesysteme relativ große Unterschiede festgestellt werden. Deshalb und aufgrund der hohen Wechselwirkungen zwischen Sozial- und Wirtschaftspolitik[1] soll die Sozialordnung, im Sinn einer Absicherung gegen Standardrisiken, als viertes Teilelement in die Analyse integriert werden.

I. Das Lenkungssystem

1. Die Koordinationsordnung

In Anlehnung an die (ordo)liberale Tradition wird im Rahmen der vorliegenden Arbeit die Koordinationsordnung als maßgebliches Systemelement erachtet, weshalb der Umfang alternativer Koordinationsmechanismen auf einzelnen Teilmärkten ein zentrales Kriterium im Rahmen des vorliegenden Differenzierungsansatzes darstellt. Da die Begründung und Bedeutung einzelner Koordinationsmechanismen auf unterschiedlichen Teilmärkten stark variieren kann, wird die Ausgestaltung der Koordinationsordnung im folgenden jedoch nicht in einem einzigen Kapitel untersucht. Vielmehr wird die Bedeutung verschiedener Koordinationsmechanismen in zentralen Bereichen sukzessive im Rahmen der nachfolgenden Kapitel analysiert. Kernfrage für die vorliegende Arbeit ist hierbei, welche Bedeutung der marktlichen Koordination auf den einzelnen Teilmärkten zukommt. Als Grundlage für diese Analyse sollen im folgenden Abschnitt zunächst die Funktionen marktlicher Koordination im statischen und dynamischen Modell erläutert werden. Aufgrund der rigiden Annahmen beider Modellansätze erscheinen staatliche Eingriffe auf vielen Teilmärkten allokativ begründbar. Entscheidend für die Differenzierung realer marktwirtschaftlicher Systeme ist daher, inwieweit die Träger der Wirtschaftspolitik die Funktionsfähigkeit des

[1] Vgl. hierzu vorliegende Arbeit S. 94, Fußnote 1.

Marktmechanismus und damit dessen Effizienz als prinzipiell gegeben oder als durch Marktversagen auf einzelnen Teilmärkten eingeschränkt annehmen, da diese Einschätzung maßgeblich die Qualität und Quantität staatlicher Eingriffe und somit die Ausgestaltung des Wirtschaftssystems determinieren wird.

Im neoklassischen Modell stellen Haushalte und Unternehmen, als in sich homogene Planungsträger, formal voneinander unabhängige Produktions- und Konsumpläne auf.[1] Das Verhalten der Haushalte auf den Faktor- und Gütermärkten orientiert sich am Ziel der Nutzenmaximierung bei gegebener Präferenzordnung,[2] das der Unternehmen am Ziel der Gewinnmaximierung.[3]

Die Koordination der individuellen Pläne erfolgt im neoklassischen Modell sowohl innerhalb der Aggregate als auch zwischen diesen ausschließlich über den Markt-Preis-Mechanismus.[4] Unter der Annahme vollständiger Konkurrenz kann dieser zu einem gesamtwirtschaftlichen Gleichgewicht[5] in

---

1 Haushalte treten auf den Faktormärkten als Anbieter und auf den Gütermärkten als Nachfrager auf, wohingegen Unternehmen einerseits die Produktionsfaktoren Arbeit und Kapital nachfragen und andererseits Güter und Dienstleistungen anbieten.

2 Zur Problematik dieser Annahme in pluralistischen Gesellschaften vgl. Krelle (1973), insbesondere S. 114-128.

3 Zur mikroökonomischen Haushalts- und Unternehmenstheorie im neoklassischen Modell existiert eine umfangreiche Literatur. Vgl. ausführlich bspw. Schumann (1992), S. 43-209 oder Siebert (1992), S. 68-97.

4 Hierbei wird angenommen, daß Güter- und Faktorangebot positiv, Güter- und Faktornachfrage dagegen negativ preisabhängig sind (eine Ausnahme stellen sog. Giffen-Güter dar (vgl. Varian (1991), S. 98 f.)). Führt die Planung der Wirtschaftssubjekte zunächst zu einem Ungleichgewicht, so bewirkt dies eine Preisreaktion, die wiederum in einer veränderten Nachfrage- und Angebotsmenge auf dem betrachteten Markt resultiert. Diese Reaktionen führen infolge der gegensätzlichen Steigung typischer Angebots- und Nachfragekurven zu einem Gleichgewicht auf dem betrachteten Markt. Im grundlegenden Markt-Preis-Modell von Walras werden hierbei während der Anpassungsphase (tâtonnement) Konsum, Produktion und Transaktionen ausgeschlossen, so daß ökonomische Handlungen lediglich im Gleichgewicht erfolgen können (grundlegend zur Funktionsweise des Markt-Preis-Mechanismus vgl. Walras (1874/1981), S. 83-91 und 153-181; erläuternd vgl. bspw. Schumann (1992), S. 214-221).

5 Die Frage, ob bzw. unter welchen Voraussetzungen der Markt-Preis-Mechanismus zu einem Gleichgewicht führen kann, steht im Mittelpunkt der neoklassischen Theorie. Als grundlegender Ansatz kann hierbei das Modell von Walras gelten (vgl. Walras (1874/1981), S. 83-91 und 153-181), das insbesondere durch die Arbeiten von Arrow

dem Sinn führen, daß eine Menge von Preisen existiert, bei der die Produktionspläne von Unternehmen mit den Konsumplänen der Haushalte derart übereinstimmen, daß sich aggregierte Nachfrage und aggregiertes Angebot auf allen Faktor- und Gütermärkten entsprechen.[1]

Die wohlfahrtstheoretische Frage nach der Optimalität eines derart definierten allgemeinen Marktgleichgewichts hat stets normativen Charakter. Unterstellt man in Übereinstimmung mit der neoklassisch fundierten Wohlfahrtstheorie das Paretooptimum als Wohlfahrtskriterium, so läßt sich zeigen, daß jedes totale Konkurrenzmarktgleichgewicht notwendigerweise paretoeffizient ist,[2] also ein Wohlfahrtsmaximum darstellt (erster Hauptsatz der Wohlfahrtsökonomie). Bei Erfüllung der oben genannten Bedingungen bzgl. der Existenz eines allgemeinen Marktgleichgewichts läßt sich zudem zeigen, daß jede pareto-optimale Allokation ein Marktgleichgewicht zu einer gegebenen Anfangsverteilung von Ressourcen darstellt (zweiter Hauptsatz der Wohlfahrtsökonomie).[3] Im neoklassischen Gleichgewichtsmodell führt der Markt-Preis-Mechanismus somit zu einem raum- und zeitpunktbezogenen, paretoeffizienten ex post-Gleichgewicht, dem keine Tendenz zur

---

und Debreu eine Weiterentwicklung erfahren hat (vgl. Arrow/Debreu (1954) sowie Debreu (1959)).
Im Referenzmodell von Arrow/Debreu wird als Bedingung für ein Gleichgewicht auf seiten der Haushalte vorausgesetzt, daß eine stetige und transitive Präferenzordnung existiert, kein Sättigungskonsum möglich ist, ein Konsumplan realisierbar ist, bei dem die Menge jedes Gutes geringer als in der Ausgangsausstattung ist und die Menge aller Konsumpläne abgeschlossen, konvex sowie nach unten begrenzt ist. Auf seiten der Unternehmen wird vorausgesetzt, daß die Menge aller Produktionspläne abgeschlossen und konvex ist, so daß eine Produktion bei steigenden Skalenerträgen ausgeschlossen ist. Zudem wird unterstellt, daß Unternehmen die Möglichkeit haben, nicht zu produzieren. Abschließend wird der Produktionsprozeß als irreversibel definiert (zu den Voraussetzungen für die Existenz eines allgemeinen Gleichgewichtes vgl. Debreu (1959), insbesondere S. 83-89, ders. (1982), S. 698-715 sowie Jaeger (1980), S. 679 f.).

1 Vgl. Beckmann (1990), S. 57 f. Für einen Überblick zu verschiedenen Gleichgewichtsdefinitionen in den Wirtschaftswissenschaften vgl. Jaeger (1980), S. 672.

2 Vgl. Arrow (1951), insbesondere S. 513-525, Debreu (1951), insbesondere S. 274 und 279-282 sowie ders. (1954). Somit sind in jedem allgemeinen Marktgleichgewicht die für die Erzielung eines gleichzeitigen Tausch- und Produktionsoptimums notwendigen Marginalbedingungen erfüllt (zu einer ausführlichen Darstellung der Marginalbedingungen und ihrer Realisierung im Fall eines allgemeinen Marktgleichgewichts vgl. Giersch (1961), S. 106-125 sowie Sohmen (1976), S. 73-87).

3 Zu den Hauptsätzen der Wohlfahrtsökonomie vgl. weiterführend Feldman (1987), S. 890 f.

Veränderung innewohnt, da Haushalte und Unternehmen ihre nutzen- bzw. gewinnmaximierenden Pläne realisieren konnten.[1]

Da das neoklassische Modell rein statischer Natur ist, kann es jedoch keine dynamischen Entwicklungen erklären. Insofern kann das dynamische Modell der österreichischen Schule, das die Prämisse vollkommener Information durch die Annahme ersetzt, daß das Wissen der Planträger subjektiv, relativ und asymmetrisch verteilt ist,[2] als Erweiterung des neoklassischen Modells interpretiert werden. Aufgrund der im Marktprozeßmodell unvollkommenen Entscheidungssituation, über die sich die einzelnen Wirtschaftssubjekte nicht bewußt sind,[3] ist ein Scheitern der individuell aufgestellten Pläne am Markt möglich, wobei der infolge des Scheiterns einsetzende Lernprozeß als Kernbestandteil des Marktprozesses verstanden wird.[4] Somit wird der Markt-Preis-Mechanismus im Gegensatz zum statischen Modell der Neoklassik vor allem als Entdeckungs- und Diffusionsverfahren betrachtet,[5] innerhalb dessen den Preisen die Rolle von Informationsträgern zukommt.[6] Durch die Annahme konvergierender Lernprozesse wird dem Marktprozeß zwar eine Gleichgewichtstendenz zugeschrieben, deren Entwicklung von den Kenntnissen, die die Wirtschaftssubjekte im Zuge des Marktprozesses erwerben, abhängt,[7] die Gleichgewichtskonstellation bleibt jedoch rein hypothetisch.[8] Der Marktprozeß, verstanden als Aktion und Reaktion der Marktteilnehmer, gilt vielmehr als prinzipiell ergebnisoffen und nicht vorhersehbar.[9] Somit sind unvollkommene Marktformen und Ungleichgewichte, die im neoklassischen Modell wohlfahrtsmindernd wirken, im Marktprozeßmodell Voraussetzung für Innovationen und eine dynamische Entwicklung von Volkswirtschaften. Dieser Aspekt einer dynamischen Betrachtung ist aus wirtschaftspolitischer Sicht insbesondere in Hinblick auf

---

1 Vgl. Beckmann (1990), S. 57 f.

2 Vgl. Schumpeter (1964), S. 117, von Hayek (1952a), S. 25, ders. (1963), S. 10 f. sowie Kirzner (1988), S. 161.

3 Vgl. Kirzner (1990), S. 74.

4 Vgl. Lachmann (1943), S. 15 sowie Kirzner (1988), S. 173.

5 Vgl. von Hayek (1969), S. 249 sowie Kirzner (1988), S. 170.

6 Vgl. von Hayek (1945), S. 525.

7 Vgl. von Hayek (1952b), S. 63 f. und 76 sowie Kirzner (1978), S. 9.

8 Vgl. Kirzner (1990), S. 67 f.

9 Vgl. von Hayek (1969), S. 250.

wettbewerbspolitische Forderungen relevant, da eine alleinige Orientierung der Wettbewerbspolitik am Kriterium der Marktstruktur bei Zugrundelegung des Marktprozeßmodells abzulehnen ist.

Interpretiert man das neoklassische Gleichgewichtsmodell als Grenzfall des Marktprozeßansatzes,[1] so können aus den oben dargestellten theoretischen Grundlagen fünf allgemeine Funktionen des Markt-Preis-Mechanismus[2] abgeleitet werden: Zunächst signalisieren Preisbewegungen den einzelnen Wirtschaftssubjekten eine Veränderung in den absoluten und/oder relativen Knappheitsverhältnissen einer Volkswirtschaft und fungieren somit als Knappheitsindikatoren, die den Wirtschaftssubjekten die für ein nutzen- bzw. gewinnmaximierendes Verhalten notwendigen Informationen zur Verfügung stellen (Informationsfunktion). Da die Wirtschaftssubjekte ihre am Markt geäußerten Kauf- bzw. Verkaufspläne in Hinblick auf eine Nutzen- bzw. Gewinnmaximierung an die infolge neuer Knappheitsverhältnisse veränderten Güterpreise anpassen, führt der Markt-Preis-Mechanismus - unter der Annahme normal verlaufender Angebots- und Nachfragekurven - zu einem Ausgleich von Angebot und Nachfrage auf den Gütermärkten (Koordinationsfunktion). Analog hierzu zeigen die Faktorpreise den Haushalten an, in welchen Verwendungsmöglichkeiten die ihnen zur Verfügung stehenden Produktionsfaktoren die höchste Produktivität und damit - bei annahmegemäßer Grenzproduktivitätsentlohnung - die höchste Rentabilität erzielen. In Verbindung mit der Annahme nutzenmaximierenden Verhaltens führt der Preismechanismus somit zu einer effizienten Faktorallokation (Allokationsfunktion). Aus dynamischer Sicht signalisieren die Preise den Unternehmern aufgrund ihrer Knappheitsfunktion bisher ungenutzte Gewinnchancen, so daß sie als Anreizmechanismus im Produktionsprozeß wirken. Der hieraus resultierende Anreiz zur Entwicklung neuer Technologien im Unternehmenssektor kann als grundlegende Voraussetzung für eine dynamische Entwicklung von Volkswirtschaften gelten (Innovationsfunktion). Schließlich führt der Markt-Preis-Mechanismus bei Grenzproduktivitätsentlohnung und sofern das vorübergehende Abschöpfen von ökonomischen Renten infolge eines Aufdeckens bisher unerkannter Koordinations-

---

1 Vgl. bspw. Hoppmann (1980), S. 243. Kritisch hierzu vgl. bspw. Veit (1990), S. 103.

2 Vgl. im folgenden Woll (1981), S. 128 f. sowie Siebert (1992), S. 103 f.

lücken auf Wettbewerbsmärkten als leistungsgerecht definiert wird, zu einer leistungsgerechten Einkommensverteilung (Verteilungsfunktion).

Während im neoklassischen Modell die Informations-, Koordinations-, Allokations- und Verteilungsfunktion des Preismechanismus erfüllt werden, kommt der Innovationsfunktion aufgrund des statischen Modellcharakters keine Bedeutung zu. Im Rahmen des dynamischen Ansatzes der österreichischen Schule steht die Innovationsfunktion des Preismechanismus dagegen im Vordergrund. Zwar nimmt die österreichische Schule keine absolute Erfüllung der Koordinations- und Allokationsfunktion im Sinn geräumter Märkte an, geht jedoch von einem grundsätzlich effizienten Ergebnis des Marktprozesses aus. Die somit in beiden Modellen unterstellte Annahme eines prinzipiell funktionsfähigen Preismechanismus kann jedoch für einzelne Faktor- und Gütermärkte in Frage gestellt werden, wenn auf den jeweiligen Märkten Marktversagen bzw. Marktmängel angenommen werden. Darüber hinaus können staatliche Eingriffe in den Markt-Preis-Mechanismus dann begründet sein, wenn die aus dem Marktprozeß resultierende Verteilung den gesellschaftlichen Gerechtigkeitsvorstellungen widerspricht.

Zumeist existiert in realen Wirtschaftssystemen eine Vielzahl von sowohl allokativ als auch distributiv motivierten Eingriffen in den Markt-Preis-Mechanismus, so daß das Ordnungsmodell einer dezentralen Marktkoordination nicht uneingeschränkt gegeben ist, sondern durch die Koordinationsmechanismen Hierarchie und Verhandlungen ergänzt wird. Eine abschließende Aufzählung und Analyse möglicher staatlicher Eingriffe erscheint aufgrund ihrer Vielfalt im Rahmen der vorliegenden Arbeit jedoch wenig praktikabel. Nachfolgend werden daher ausgewählte Staatseingriffe in den Markt-Preis-Mechanismus zentraler Teilmärkte in den jeweils relevanten Abschnitten behandelt.

2. Die Eigentumsordnung

Die im Rahmen des Kapitels zur Koordinationsordnung unterstellte ausschließliche Existenz individueller Konsumenten- und Produzentenpläne ist in der Realität nicht per se gegeben. Vielmehr variiert die Form der Planträgerschaft in einer Volkswirtschaft maßgeblich mit der Ausgestaltung der

Eigentumsordnung, die in der systemtheoretischen Literatur folglich zumeist als zweites konstituierendes Element des Lenkungssystems erachtet wird. Im folgenden wird daher sowohl die neoklassische Eigentumstheorie dargestellt als auch eine Systematisierung möglicher Staatseingriffe in ein System privater Eigentumsrechte als Grundlage zur Differenzierung marktwirtschaftlicher Systeme vorgenommen.

2.1. Begriffsdefinition und Bedeutung privater Handlungsrechte im Rahmen marktwirtschaftlicher Systeme

Das Eigentum ist zunächst ein Begriff des bürgerlichen Rechts und bezeichnet als solcher „die vollständige rechtliche Herrschaft einer Person über eine (körperliche) Sache".[1] Dieses juristische Eigentumsverständnis erweist sich für die eher funktional orientierten Analyseansätze der Wirtschaftswissenschaften jedoch als ungeeignet, da es sich lediglich auf das Volleigentum an materiellen Gütern bezieht und damit wichtige Eigentumsformen moderner Volkswirtschaften nicht oder nur unzureichend erfaßt.[2] Daher hat sich im Rahmen der neoklassisch fundierten Property Rights-Theorie für die Wirtschaftswissenschaften ein Eigentumsverständnis herausgebildet, nach dem Eigentum als Summe sozial anerkannter Handlungsrechte an knappen Gütern definiert wird.[3] Der Wert eines Gutes variiert für ein Wirtschaftssubjekt dann mit der Summe der ihm an diesem Gut übertragenen Handlungsrechte; eine Einschränkung von Handlungsrechten führt c. p. zu einer Wertminderung des Gutes.[4] Diese auch im folgenden zugrundegelegte Eigentumsdefinition der Property Rights-Theorie unterscheidet sich von der juristischen Definition insbesondere durch die Teilungsmöglichkeit von Handlungsrechten.[5]

---

[1] Phillipovich (1919), S. 99. Diese Form des juristischen Eigentumsverständnisses hat ihren Ursprung bereits im 14. Jh. (zur Entwicklung des Eigentumbegriffes vgl. Raiser (1961), S. 39 f.).

[2] Vgl. Höfer/Witte (1978), S. 12.

[3] Vgl. Willgerodt (1980), S. 175, Leipold (1984a), S. 24, ders. (1984b), S. 24 sowie Alchian (1987), S. 1031.

[4] Vgl. Demsetz (1964), S. 17, Furubotn/Pejovich (1972), S. 1139 sowie Alchian (1987), S. 1031.

[5] Für den nachfolgenden systemtheoretischen Differenzierungsansatz soll zwar die Aufspaltung von Handlungsrechten übernommen, der umfassende Güterbegriff der Property Rights-Theorie jedoch dahingehend eingeschränkt werden, daß lediglich die

Als mögliche Handlungsrechte werden im Rahmen der Property Rights-Theorie drei Teilrechte[1] unterschieden: Das Verfügungsrecht (abusus) als zentrales Handlungsrecht impliziert zum einen das Recht, die Substanz oder Funktion eines Gutes zu verändern und zum anderen das Recht, die Handlungsrechte an einem Gut teilweise oder vollständig an andere Wirtschaftssubjekte zu transferieren. Darüber hinaus werden das Nutzungsrecht (usus), das zum Gebrauch eines Gutes berechtigt und das Ertragsrecht (usus fructus), das den Anspruch auf die Erträge eines Gutes sichert, unterschieden.[2] Da eine exklusive Zuweisung der angeführten Handlungsrechte per se das Recht impliziert, Dritte von diesen Handlungsrechten auszuschließen, wird die primäre Bedeutung von Eigentumsrechten in der ökonomischen Literatur vielfach darin gesehen, daß sie über die Festlegung der volkswirtschaftlichen Entscheidungs- und Handlungsstruktur auch die Stellung der Wirtschaftssubjekte zueinander determinieren.[3]

Wenn Eigentumsrechte existieren, stellt sich die Frage, wie diese definiert werden.[4] Prinzipiell kann hierbei zwischen privatem, kollektivem und gemeinwirtschaftlichem Eigentum unterschieden werden,[5] wobei im Rahmen

---

Handlungsrechte an Produktionsfaktoren betrachtet werden. Dies läßt sich insofern begründen, als die Handlungsrechte an Konsumgütern in fast allen Wirtschaftssystemen einzelnen Individuen zugeordnet sind und somit keinen wesentlichen Beitrag zur Differenzierung marktwirtschaftlicher Systeme leisten können (vgl. in diesem Sinn Honoré (1961), S. 109 sowie Grossman (1974), S. 21). Dagegen werden Umfang und Zuordnung von Handlungsrechten an Produktionsfaktoren als elementares Entscheidungskriterium hinsichtlich der Differenzierung von Wirtschaftssystemen erachtet, da die Struktur dieser Eigentumsrechte über die Verteilung von Planungs- und Handlungsbefugnissen den volkswirtschaftlichen Produktions- und Verteilungsprozeß grundlegend beeinflußt (vgl. Furubotn/Pejovich (1974), S. 4 sowie Buhbe (1980), S. 76). Da der Produktionsfaktor Arbeit im Rahmen der Arbeitsmarkt- und Sozialordnung betrachtet wird, konzentriert sich die Analyse von Handlungsrechten im Rahmen der Eigentumsordnung auf die Produktionsfaktoren Boden und Kapital.

1 Die Terminologie bzgl. der einzelnen Teilrechte an Gütern ist in der deutschen Literatur nicht einheitlich. Die folgende terminologische Zuordnung orientiert sich an Schüller (vgl. Schüller (1988), S. 169). Dabei werden Handlungs- und Eigentumsrechte dem allgemeinen Begriff Property Rights zugeordnet, während Nutzungs- und Verfügungsrechte als Teilrechte verstanden werden.

2 Vgl. Furubotn/Pejovich (1974), S. 4 sowie Buhbe (1980), S. 20.

3 Vgl. Demsetz (1967), S. 347.

4 Vgl. Janssen (1983), S. 336.

5 Vgl. Demsetz (1967), S. 354, Buhbe (1980), S. 66 oder Michaelis/Picot (1987), S. 85. Uneingeschränktes Privateigentum liegt vor, wenn die Gesamtheit der Eigentumsrechte an knappen Gütern einzelnen Wirtschaftssubjekten zugeordnet ist, wobei die Exklusivi-

der liberalen Eigentumstheorie einschließlich der Property Rights-Theorie aufgrund der individuellen und gesellschaftlichen Funktionen, die privatem Eigentum zugeschrieben werden,[1] die Umsetzung eines umfassenden Systems privater Handlungsrechte gefordert wird.[2] Als individuelle Funktionen des Privateigentums werden hierbei zumeist die Ertrags-, Sicherungs-, Unabhängigkeits- und Machtfunktion,[3] als gesellschaftliche Funktionen die Allokations- und Verteilungsfunktion unterschieden:

---

tät dieser Eigentumsrechte die Möglichkeit zum Ausschluß Dritter impliziert. Der einzelne Privateigentümer ist in seinen Handlungsrechten lediglich insofern eingeschränkt, als er nicht über die Gesamtheit der Eigentumsrechte verfügt, wodurch der Umfang seiner Handlungsrechte stets durch die Handlungsrechte der übrigen Privateigentümer begrenzt wird. Basiert eine Eigentumsordnung auf uneingeschränktem Kollektiveigentum, so sind sämtliche Handlungsrechte an knappen Gütern dem Staat als juristischer Rechtsperson zugeordnet. Dieser kann in beliebiger Weise natürliche sowie andere juristische Personen von den ihm zugeordneten Eigentumsrechten ausschließen. Demgegenüber läßt sich eine Eigentumsordnung, die auf uneingeschränktem Gemeineigentum gründet, durch das Fehlen exklusiver Eigentumsrechte charakterisieren. Vielmehr hat in einer derartigen Eigentumsordnung jedes Wirtschaftssubjekt Anrecht auf die Gesamtheit der Nutzungs- und Verfügungsrechte. Weder einzelne Individuen noch übergeordnete Sozialgefüge sind berechtigt, Wirtschaftssubjekte von der Wahrnehmung dieser Handlungsrechte auszuschließen (vgl. ausführlich MacPherson (1978) sowie Buhbe (1980), S. 66-70).

1 Die Arbeit konzentriert sich in ihrer Argumentation auf die ökonomischen Funktionen des Privateigentums. Daneben werden in der Literatur auch außerökonomische Funktionen angeführt (vgl. hierzu Kleinewefers (1980), S. 343 f. sowie Willgerodt (1980), S. 181).

2 Neben der funktionalen Begründung von Privateigentum, wie sie in der neoklassischen Eigentumslehre dominiert, wird die Existenz von privaten Eigentumsrechten insbesondere in der katholischen Sozialtheorie teilweise aber auch bei den Physiokraten und im Liberalismus als Naturrecht bezeichnet. Für eine Darstellung der Eigentumslehre in der katholischen Sozialtheorie vgl. Nell-Breuning (1956), insbesondere S. 376. Eine Übersicht über die Naturrechtsargumentation bei den Physiokraten bzw. bei Locke und Smith bietet Monski (vgl. Monski (1967), S. 20-26).

3 Im Rahmen der gegebenen Themenstellung kommt den gesellschaftlichen Funktionen vorrangiges Interesse zu, weshalb die individuellen Funktionen hier nur kurz skizziert werden sollen:
Die Ertragsfunktion läßt sich direkt aus den Handlungsrechten, die als usus fructus bezeichnet werden, also die Aneignung der Erträge von Gütern beinhalten, ableiten. Für den einzelnen bedeutet Eigentum an knappen Gütern in diesem Zusammenhang die Möglichkeit der Einkommenserzielung, wobei Eigentumsrechte und Einkommenserzielung positiv korreliert sind, da Eigentumsrechte eine notwendige Voraussetzung für den Bezug von Einkommen darstellten und dieses wiederum den Erwerb weiterer Eigentumsrechte ermöglicht. Die Sicherungsfunktion des Eigentums folgt aus der Möglichkeit aufgrund des abusus Rechtes einzelne Handlungsrechte zu veräußern, wodurch das Eigentum zur Abwehr von Notlagen eingesetzt werden kann. Allerdings ist die Sicherungsfunktion damit im Gegensatz zur Ertragsfunktion einmalig, da mit der Veräußerung der Handlungsrechte auf zukünftige Verfügungsrechte verzichtet wird. Die Unab-

Die vollständige Spezifizierung von Eigentumsrechten in einem System uneingeschränkten Privateigentums führt dazu, daß dem einzelnen sämtliche Erträge und Kosten seiner Handlungen an knappen Gütern über den Markt-Preis-Mechanismus zugerechnet werden, so daß eine vollständige Internalisierung externer Effekte erfolgt. Für ein rationales, nutzenmaximierendes Individuum besteht infolge der absoluten Zurechnung zudem ein Anreiz, die ihm zugeordneten Handlungsrechte an knappen Gütern möglichst effizient einzusetzen, da dies - bei annahmegemäßer Grenzproduktivitätsentlohnung - aufgrund der Ertragsfunktion zu einer direkten Erhöhung seines Einkommens und damit in einem Nutzenzuwachs führt.[1] Mit der Absolutheit und Exklusivität an Handlungsrechten steigt für den einzelnen deshalb c. p. auch der Anreiz Informationen bzgl. der Nutzenstiftung alternativer Verwendungsmöglichkeiten für die ihm zugeordneten knappen Ressourcen zu erlangen. Ein System uneingeschränkten Privateigentums führt somit über eine „Minimierung von Fehlentscheidungen"[2] zu einem knappheitsorientierten Ressourceneinsatz, der eine effiziente Allokation bedeutet (Allokationsunktion).

Darüber hinaus beeinflußt die Ausgestaltung der Handlungsrechte in grundlegender Weise die Einkommensverteilung innerhalb einer Gesellschaft (Verteilungsfunktion), wobei ein System uneingeschränkter privater

hängigkeitsfunktion läßt sich zum Teil aus der Ertrags- und Sicherungsfunktion ableiten, denn Eigentumsrechte am Faktor Kapital senken die Abhängigkeit des einzelnen vom Bezug eines Lohneinkommens, woraus eine höhere Preiselastizität seines Arbeitsangebots resultiert. Darüber hinaus eröffnen Eigentumsrechte am Produktionsfaktor Kapital für den einzelnen durch die Möglichkeit einer selbständigen Nutzung der eigenen Arbeitskraft einen zusätzlichen Unabhängigkeitsspielraum. Insbesondere aufgrund der Absolutheit und Exklusivität von Handlungsrechten in einem System uneingeschränkten Privateigentums kann man darüber hinaus auch von einer Machtfunktion des Eigentums sprechen. Denn zum einen hat der Privateigentümer eine umfassende Nutzungs- und Verfügungsmacht bzgl. einem Gut, zum anderen gewinnt er gegenüber Dritten, durch das Recht diese von der Nutzung des Gutes auszuschließen, eine gewisse Machtposition. In der Summe ermöglichen die individuellen Handlungsrechte für den einzelnen einen erweiterten Handlungsfreiraum, der letztlich in einer Förderung der persönlichen Entfaltung resultiert (zur Darstellung der personenbezogenen Funktionen des Privateigentums vgl. bspw. Küng (1964), S. 5-51, Monski (1967), S. 83 f., Höfer/Witte (1978), S. 16-35 sowie Willgerodt (1980), S. 181).

1 Vgl. Kleinewefers (1980), S. 338 f. In der Literatur wird dieser Effekt häufig auch als Ansporn- bzw. Anreizfunktion des Privateigentums bezeichnet (vgl. in diesem Sinn Kloten (1955b), S. 78, Issing (1976), S. 26 oder Schüller (1988), S. 169).

2 Issing (1976), S. 32.

Eigentumsrechte nur in einer rein leistungsgerechten Einkommensverteilung resultieren kann, da die Universalität der Eigentumsrechte keine Möglichkeit für gesellschaftliche Umverteilung direkter oder indirekter Art läßt. MacGee verweist deshalb darauf, daß die Akzeptanz uneingeschränkter privater Handlungsrechte per se eine egalitäre Einkommens- und Vermögensverteilung ausschließt. Denn selbst bei einer egalitären Ausgangsverteilung werden sich die Vermögenszuwächse aufgrund der differierenden Leistungsfähigkeit von Individuen unterschiedlich entwickeln.[1] Folglich kann eine Einschränkung privater Handlungsrechte dann ökonomisch gerechtfertigt sein, wenn die Gesellschaft keine ausschließlich leistungsgerechte Verteilung anstrebt.

Aus allokativer Sicht können staatliche Eingriffe begründet sein, wenn infolge von Transaktionskosten über den Markt keine vollständige Zuordnung privater Handlungsrechte und folglich keine vollkommene Internalisierung von Externalitäten erfolgt.[2] Auch führen private Handlungsrechte bei annahmegemäßer Nutzen- und Gewinnmaximierung im Fall von öffentlichen Gütern aufgrund der gegebenen Nichtausschließbarkeit und fehlender Konsumrivalität zu einem suboptimalen Ergebnis.[3] Schließlich können private Handlungsrechte in Verbindung mit nutzen- bzw. gewinnmaximierendem Verhalten auch bei monopolisierten Marktformen durch die Möglichkeit zur Abschöpfung von ökonomischen Renten zu einer ineffizienten Allokation führen. Aufgrund der Möglichkeit von Marktmängeln in einem System rein privater Eigentumsrechte, können staatliche Eingriffe in ein derartiges System gerechtfertigt sein, wenn sie zu einer paretosuperioren Situation führen. Daher läßt die Existenz von allokativ begründeten Einschränkungen privater Eigentumsrechte - sofern eine streng rationale Politik unterstellt wird - den Rückschluß zu, daß die Kosten potentiellen Marktversagens in der betreffenden Gesellschaft höher eingeschätzt werden als

---

1 Vgl. McGee (1992), S. 6.
Marktliche Koordination und private Eigentumrechte ergänzen sich somit im Sinn einer konsistenten Wirtschaftspolitik, da beide zu einer effizienten Allokation und leistungsgerechter Verteilung beitragen.

2 Zur Bedeutung von Transaktionskosten vgl. Coase (1960), S. 15 f., Demsetz (1967), S. 348 f. sowie Furubotn/Pejovich (1972), S. 1143 f.

3 Kritisch hierzu vgl. Demsetz (1964), S. 19 f.

die Kosten möglicher Effizienzverluste durch Staatsversagen und kollektive Eigentumsrechte.

Allokativ und distributiv motivierte staatliche Eingriffe in ein System uneingeschränkten Privateigentums führen dazu, daß marktwirtschaftliche Systeme de facto durch ein Nebeneinander verschiedener Eigentumsformen und ein System eigentumsrechtlicher Restriktionen charakterisiert sind.[1] Die Bedeutung privater Handlungsrechte in einem marktwirtschaftlichen System kann hierbei direkt durch öffentliche Eigentumsträger[2] sowie indirekt durch die Verdünnung von privaten Eigentumsrechten, also durch eine Abschwächung des Universalitäts-, Exklusivitäts- und Absolutheitsgrades privater Handlungsrechte eingeschränkt sein.[3] Die Bedeutung privater Eigentumsträgerschaft und der Umfang der den privaten Eigentumsträgern zugeordneten Eigentumsrechte können deshalb prinzipiell als Differenzierungskriterien marktwirtschaftlicher Systeme herangezogen werden. Der nachfolgende

---

1 Vgl. Honoré (1961), S. 144 f., Eckstein (1973), S. 6 f. oder Grossman (1974), S. 21. Analog läßt sich hinsichtlich planwirtschaftlicher Wirtschaftssysteme argumentieren, die kein System uneingeschränkten Kollektiveigentums darstellen. Die in der Systemliteratur häufig vorgenommene dichotomische Gegenüberstellung von Privateigentum und Marktwirtschaft einerseits sowie Kollektiveigentum und Planwirtschaft andererseits erscheint daher als zu stark simplifizierend.

2 Der Begriff der öffentlichen Eigentumsträger wird als Summe der Gebietskörperschaften innerhalb eines Staates interpretiert. Die hier vorgenommene Gegenüberstellung privater und öffentlicher Eigentumsträger wirkt zunächst simplifizierend, da Handlungsrechte in arbeitsteiligen Volkswirtschaften oftmals abstrakten Charakter haben und somit nicht einzelnen Privaten, sondern Gruppen von Individuen zugeordnet sind, so daß der einzelne lediglich als Miteigentümer agiert. Miteigentümerschaft ist insbesondere ein Kennzeichen juristischer Personen. Sind diese wiederum Miteigentümer an weiteren juristischen Personen, so sind individuelle Handlungsrechte oftmals nur noch schwer auszumachen. Diese Argumentation wird häufig herangezogen, um zu zeigen, daß in modernen Marktwirtschaften keine umfassende private Trägerschaft von Eigentum gegeben ist. Im Rahmen der vorliegenden Arbeit werden derartige Eigentumsformen jedoch nicht als Einschränkung privater Eigentumsträgerschaft i. e. S. verstanden, da sie letztlich die Folge freiwilliger Transaktionen sind. Insofern sollen sie im folgenden nicht als Differenzierungskriterium betrachtet werden, da sie eher ein Kennzeichen für den Entwicklungsstand einer Volkswirtschaft, als für die Form der Eigentumsordnung darstellen. Außer acht gelassen werden zudem gemeinnützige Organisationen sowie genossenschaftliche Organisationsformen. Beide stellen Sonderformen privaten Eigentums dar, die durch eine starke Einschränkung privater Handlungsrechte gekennzeichnet sind (vgl. in diesem Sinn Alchian (1967), S. 376). Auch hier läßt sich jedoch argumentieren, daß diese Eigentumsformen Resultat freiwilliger Transaktionen sind, so daß wiederum keine Ausdünnung von Eigentumsrechten i. e. S. vorliegt.

3 Vgl. Lösch (1978b), S. 195, Buhbe (1980), S. 20 sowie Tietzel (1986), S. 106.

Abschnitt beschränkt sich allerdings auf die Analyse direkter Einschränkungen privater Handlungsrechte durch die Existenz öffentlicher Eigentumsträger. Indirekte Eingriffe in private Eigentumsrechte erfahren lediglich eine implizite Berücksichtigung im Rahmen einzelner nachfolgender Abschnitte, da eine Auflistung möglicher Formen einer staatlichen Verdünnung von privaten Eigentumsrechten - analog zur Vielfalt von staatlichen Eingriffen in den Koordinationsmechanismus - im Rahmen der vorliegenden Arbeit wenig sinnvoll erscheint.

2.2. Einschränkung privater Handlungsrechte durch staatliche Eigentumsträger

Da in diesem Kapitel die Analyse von Handlungsrechten auf die Produktionsfaktoren Boden und Kapital eingeschränkt wurde, kann und soll hinsichtlich der Eigentumsträgerschaft im folgenden die Frage in den Vordergrund gestellt werden, ob bzw. inwieweit der Staat innerhalb des betrachteten Wirtschaftssystems als Unternehmer tätig ist. Dies soll anhand der Bedeutung, die öffentlichen Unternehmen[1] in der jeweiligen Volkswirtschaft zukommt, untersucht werden. Als problematisch erweist sich hierbei, daß in der Literatur keine einheitliche Definition öffentlicher Unternehmen existiert, da deren Abgrenzung sowohl gegenüber privaten Unternehmen als auch gegenüber dem Bereich der öffentlichen Verwaltung umstritten ist.[2] Im folgenden werden, in Anlehnung an weite Teile der Literatur, öffentliche Trägerschaft, Produktion sowie Verkauf von Gütern und Dienstleistungen als Kriterien für öffentliche Unternehmen angesehen.[3] Primäres Kriterium eines öffentlichen Unternehmens stellt hierbei die öffentliche Trägerschaft dar,[4] die im folgenden dann als gegeben unterstellt wird, wenn sich ein Unternehmen in staatlichem Besitz befindet,[5] wobei die Trägerschaft öffentli-

---

1 Die Begriffe staatliche und öffentliche Unternehmen werden im folgenden synonym verwendet.

2 Vgl. bspw. Thiemeyer (1973), S. 255.

3 Vgl. Thiemeyer (1973), S. 255, Böhm (1981), S. 74, Gray (1984), S. 41 sowie ähnlich IMF (1985), S. 20.

4 Vgl. ebenso Beuck/Diederich (1980), S. 432 oder Bös (1981), S. 4.

5 In der Literatur wird oftmals in einer weiter gefaßten Definition bereits dann von öffentlicher Trägerschaft gesprochen, wenn sich ein Unternehmen unter staatlicher Kontrolle befindet (vgl. UN (1968), S. 80 oder Gray (1984), S. 41). Zwar ist es denkbar, daß der Staat ohne über die formale Kapitalmehrheit eines Unternehmens zu verfügen,

cher Unternehmen bei einem einzigen staatlichen Träger (öffentliches Einzelunternehmen), mehreren staatlichen Trägern (gemischt-öffentliches Unternehmen) oder bei staatlichen und privaten Trägern (gemischt-wirtschaftliche Unternehmen) liegen kann.[1] Bezieht sich das Kriterium der Trägerschaft auf die Abgrenzung gegenüber privaten Unternehmen, so sind Produktion und Verkauf von Gütern grundlegende Kriterien für den Tatbestand einer Unternehmung, weshalb sie insbesondere als Abgrenzungskriterien gegenüber der öffentlichen Verwaltung gelten können. Die Zielsetzung staatlicher Unternehmen kann dabei grundsätzlich sowohl profitorientiert als auch gemeinnützig sein.[2] Allerdings impliziert das Kriterium des Verkaufs, daß die kostenlose Bereitstellung von Gütern und Dienstleistungen nicht Aufgabe öffentlicher Unternehmen sein kann.

Eine Differenzierung marktwirtschaftlicher Systeme anhand der Bedeutung öffentlicher Unternehmen kann zunächst global, also in Hinblick auf den gesamten Produktionssektor erfolgen. Ein derartiger Ansatz stellt die quantitative Bedeutung staatlicher Unternehmen im Rahmen der gesamtwirtschaftlichen Produktion in den Vordergrund. Als Indikator hierfür werden in der Literatur zumeist die prozentualen Anteile öffentlicher Unternehmen am B.S.P., den Bruttoanlageinvestitionen und der Beschäftigung herangezogen.[3] Ein Vergleich dieser Größen mit anderen marktwirtschaftlich ausgerichteten Wirtschaftssystemen kann dann zu einer ersten Einschätzung der Rolle staatlicher Unternehmen in der betrachteten Volkswirtschaft führen. Zudem ergibt eine Längsschnittanalyse Anhaltspunkte über mögliche Veränderungen der Bedeutung staatlicher Unternehmen innerhalb der betrachteten Volkswirtschaft.

---

mittels der Stimmenmehrheit in den Entscheidungsorganen des Unternehmens die Unternehmensaktivitäten kontrolliert (vgl. Mühlenkamp (1994), S. 3). Eine derartige Stimmenverteilung ist jedoch nur schwer überprüfbar und kann daher im Rahmen einer Datenanalyse kein geeignetes Differenzierungskriterium darstellen (vgl. in diesem Sinn auch Pryor (1978), S. 3, Böhm (1981), S. 74 sowie Short (1984), S. 111 f.), weshalb sich die vorliegende Arbeit allein auf das Kriterium staatlichen Besitzes bezieht.

1 Gemischtwirtschaftliche Unternehmen werden den öffentlichen Unternehmen im folgenden jedoch nur dann zugerechnet, wenn sie sich mehrheitlich im Besitz von Gebietskörperschaften oder anderen öffentlichen Unternehmen befinden, d. h. wenn der Staat direkt oder indirekt über die formale Kapitalmehrheit des Unternehmens verfügt.

2 Vgl. Mühlenkamp (1994), S. 10.

3 Vgl. Pryor (1978), S. 3, Short (1984), S. 115 sowie Curwen (1986), S. 19-25.

Neben der globalen Betrachtung kann in Hinblick auf das Ziel einer Differenzierung marktwirtschaftlicher Systeme auch eine sektorale Betrachtung staatlicher Unternehmen erfolgen. Dieser Ansatz ist insofern von Interesse, als staatliche Unternehmen allokativ gerechtfertigt werden können, wenn sie auf unvollkommenen Märkten[1] zu einem Wohlfahrtsgewinn führen. Eine allokative Begründung kollektiver Eigentumsrechte kann hierbei vorrangig an der Existenz negativer Externalitäten, steigender Skalenerträge und unreiner öffentlicher Güter mit Kapazitätsgrenzen ansetzen.[2]

Im Fall negativer externer Effekte können gemeinnützig ausgerichtete öffentliche Unternehmen zu einem komparativen Vorteil führen, wenn sie über genügend Informationen hinsichtlich der verursachten Externalitäten verfügen, so daß nicht nur die über den Markt vermittelten, sondern die gesamtgesellschaftlichen Kosten der Produktion in die Unternehmensentscheidung miteinbezogen werden.[3] Dagegen kann ein öffentliches Unter-

---

1 Die folgende Analyse beschränkt sich auf Märkte mit einem aus volkswirtschaftlicher Sicht suboptimalen Gleichgewicht. Marktversagen i. e. S. kann dagegen vernachlässigt werden, da öffentliche Unternehmen gemäß ihrer Definition nur unter der Bedingung existierender Märkte agieren können (vgl. in diesem Sinn Engelhardt (1990), S. 36).

2 Dagegen ist im Fall einer asymmetrischen Informationsverteilung i. d. R. nicht mit einer Paretoverbesserung durch öffentliche Unternehmen zu rechnen, da diese bei einem Informationsnachteil des Unternehmens i. d. R. keine höhere Quantität/Qualität von Informationen zur Verfügung haben als private Unternehmen. Liegt der Informationsnachteil auf seiten der Konsumenten, können öffentliche Unternehmen zu einer Paretoverbesserung führen, wenn sie über superiore Möglichkeiten zur Vermittlung von Informationen verfügen. Dies kann prinzipiell zwar gegeben sein, wenn Konsumenten die Informationsqualität öffentlicher Unternehmen aufgrund deren gemeinnütziger Ausrichtung als zuverlässiger einschätzen als die privater Unternehmen. Allerdings ist dieser Effekt eher gering einzuschätzen, weshalb dieser Argumentation im folgenden nicht weiter nachgegangen wird.
Reine öffentliche Güter können aufgrund der gegebenen Unteilbarkeit von öffentlichen Unternehmen - ihrer Definition zufolge - ebensowenig bereitgestellt werden wie von privaten Unternehmen (vgl. in diesem Sinn Hanusch (1984), S. 67, Short (1984), S. 114 sowie Engelhardt (1990), S. 42). Die hieraus resultierende Notwendigkeit einer staatlichen Bereitstellung ist von der einer staatlichen Produktion zu unterscheiden. So kann der Staat die kostenlos bereitgestellten reinen öffentlichen Güter oder zumindest Vorleistungen für diese Güter entweder innerhalb der öffentlichen Verwaltung selbst erstellen oder bei Unternehmen in Auftrag geben. Soll die Produktion an Unternehmen vergeben werden, so können die Leistungen jedoch, soweit sie vertraglich genau fixierbar sind (vgl. Noll (1984), S. 100), auch von privaten Unternehmen erbracht werden, so daß keine allokative Notwendigkeit für öffentliche Unternehmen besteht.

3 Vgl. in diesem Sinn Hanusch (1984), S. 70. Allerdings können öffentliche Unternehmen hierbei nur dann zu einer First-Best-Lösung führen, wenn sie auf monopolisierten Märkten agieren. Stehen sie dagegen in Konkurrenz zu privaten Anbietern, die lediglich

nehmen bei positiven Externalitäten - unter der Annahme ausreichender Information - zwar die gesamtwirtschaftlich optimale Menge eines Gutes mit positiven Externalitäten anbieten, diese allerdings am Markt nicht zu dem zugehörigen Gleichgewichtspreis absetzen, da die durch die Nachfragefunktion am Markt geäußerte private Grenzwertschätzung geringer ist als die gesamtgesellschaftliche Grenzwertschätzung. Die Produktion der paretoeffizienten Menge ist auch für öffentliche Unternehmen somit nur bei Subventionierung möglich, weshalb diese im Fall positiver Externalitäten zu keinem komparativen Vorteil führen.[1]

Im Fall subadditiver Kostenfunktionen ist es prinzipiell effizient, wenn der gesamte Güterbedarf durch einen Anbieter gedeckt wird. Andererseits verhalten sich gewinnmaximierende Monopolisten allokativ ineffizient, da sie sich bei der Preissetzung nicht an der Nachfrage-, sondern der Grenzerlösfunktion orientieren.[2] Durch die Produktion im Rahmen eines öffentlichen

---

die privaten Grenzkosten in ihre Kalkulation einbeziehen und somit zu den niedrigeren privaten Grenzkosten anbieten, werden öffentliche Unternehmen langfristig nur durch Subventionierung am Markt bestehen können. Sie können dann zu keiner paretoeffizienten Marktlösung führen.

[1] Verfügt der Staat über vollkommene Information, so können durch die Gewährung von Pigou-Subventionen sowohl private als auch öffentliche Unternehmen zu einer paretoeffizienten Allokation führen. Allerdings sind insbesondere die monetäre Bewertung von Externalitäten sowie die Bestimmung geeigneter Bemessungsgrundlagen in der Realität äußerst problematisch, weshalb sich die Reinform einer Pigou-Subvention als real nicht umsetzbar erweist. Die infolgedessen mit der Erhebung der Subventionsmittel verbundenen Transaktionskosten führen dazu, daß eine Internalisierung positiver externer Effekte über Subventionen lediglich in einer Second-Best-Lösung resultiert. Diese ist der Marktlösung jedoch nur dann überlegen, wenn der durch die Internalisierung erzielte Wohlfahrtsgewinn den durch die Subventionierung verursachten Wohlfahrtsverlust überwiegt.
Mit der Frage, wie die durch allgemeine Zwangsabgaben verursachten Effizienzverluste minimiert werden können befaßt sich die „Optimal Tax"-Theorie (vgl. u. a. Mirrless (1976) und Seade (1977)).

[2] Zur Preisbildung im Monopol vgl. ausführlich Krelle (1976), S. 23-129.
Baumol hat darauf verwiesen, daß monopolistische Marktstrukturen solange unproblematisch sind, als es sich um einen Markt ohne Markteintritts- und Marktaustrittsschranken handelt, da ein Monopolist dann aufgrund potentieller Konkurrenten nur über einen marginalen Preissetzungsspielraum verfügt, so daß die im Monopol angebotene Gütermenge kaum von der effizienten Angebotsmenge abweicht (vgl. Baumol (1982), insbesondere S. 3 f.). Da in der Realität jedoch stets Marktbarrieren gegeben sind und bereits relativ geringe Markteintritts- und Marktaustrittsschranken eine erhebliche Monopolmacht konstituieren können, ist diese Argumentation äußerst umstritten (vgl. hierzu die Diskussion in der AER: Baumol (1982), Baumol/Panzar/Willig (1983), Schwartz/Reynolds (1983), Weitzman (1983) sowie Shepherd (1984)).

Unternehmens kann im Fall subadditiver Kostenfunktionen deshalb prinzipiell eine Wohlfahrtssteigerung erreicht werden, sofern sich das öffentliche Unternehmen am Ziel der Wohlfahrtsmaximierung orientiert und nicht selbst Monopolrenten abschöpft. Dennoch führen subadditive Kostenfunktionen auch dann zu Effizienzverlusten, wenn die Produktion im Rahmen eines öffentlichen Monopolunternehmens erfolgt, da unter der Bedingung subadditiver Kostenfunktionen im allokativen Optimum die Durchschnittskosten der Produktion stets über den Grenzkosten liegen.[1]

Ein öffentliches Gut mit Kapazitätsgrenze ist dann gegeben, wenn die Grenzkosten der Nutzung unterhalb der Kapazitätsgrenze Null sind, oberhalb dieser Grenze jedoch einen positiven Wert annehmen.[2] Eine paretooptimale Finanzierung eines derartigen Gutes setzt voraus, daß das Gut unterhalb der Kapazitätsgrenze kostenlos bereitgestellt wird, ab der Kapazitätsgrenze jedoch ein Knappheitspreis erhoben wird. Dieser ist als monetäres Äquivalent für die Grenzkosten zu sehen, die den vorhandenen Konsumenten durch den Qualitätsverlust ihrer Nutzung infolge eines zusätzlichen Konsumenten oberhalb der Kapazitätsgrenze entstehen.[3] Ist die

---

1 Vgl. Bös (1981), S. 14.
Die Produktion des Gutes kann auch im Rahmen eines öffentlichen Unternehmens somit langfristig nur durch einen von den Grenzkosten abweichenden Preis oder durch Subventionierung gesichert werden. Beide Möglichkeiten stellen jedoch nur second-best-Lösungen dar, bei denen erst zu überprüfen wäre, ob sie gegenüber marktlichen Lösungen einen komparativen Vorteil bedeuten.
Mit der Frage nach einer „optimalen“ Second-Best-Lösung, also mit der optimalen Preissetzung unter der Nebenbedingung der Kostendeckung hat sich die ökonomische Literatur ausführlich befaßt (vgl. grundlegend hierzu Ramsey (1927) sowie Boiteux (1956)). Wird die Prämisse der Kostendeckung aufgegeben, so stellt der theoretische Ansatz der Finanzierung staatlicher Subventionen über eine „Lump-Sum“-Steuer, die einzige Möglichkeit einer Finanzierung ohne Substitutionseffekte dar (vgl. Baumol/Bradford (1970), S. 265), wobei diese Argumentation nur gültig ist, wenn keine Möglichkeit besteht, die „Lump-Sum“-Steuer durch Abwanderung zu umgehen.

2 Vgl. Bonus (1980), S. 152. Hierbei ist nochmals zwischen Gütern mit einer fixen Kapazitätsgrenze und Gütern mit einer variablen Kapazitätsgrenze zu unterscheiden (vgl. Bonus (1978), S. 64 f.). Die nachfolgende Argumentation bezieht sich auf letztere, läßt sich jedoch in ähnlicher Weise auf Güter mit fixen Kapazitätsgrenzen anwenden. Zudem wird für das Beispiel angenommen, daß keine Abnutzungs- und Instandhaltungskosten anfallen.

3 Darüber hinaus müßten eventuelle Ausschlußkosten hinzugerechnet werden.
Würden die volkswirtschaftlichen Grenzkosten dem einzelnen Konsumenten dagegen nicht über einen Preis spürbar gemacht, wäre eine ineffiziente Allokation infolge einer Rationierung über Warteschlangen die Folge (vgl. Hanusch (1981), S. 79. Zu mögli-

Summe der individuellen Grenzkosten gleich dem Grenznutzen des zusätzlichen Konsumenten, so ist ein Zustand paretooptimaler Nutzung erreicht. Dabei fungiert der Knappheitspreis als Lenkungssignal für zusätzliche Kapazitäten, die solange produziert werden sollten, bis die Summe der gezahlten Knappheitspreise den Grenzkosten einer neuen Kapazitätseinheit entspricht.[1] Da der Knappheitsgrad eines öffentlichen Gutes mit Kapazitätsgrenze i. d. R. im Zeitablauf variiert, erfordert eine paretoeffiziente Finanzierung eine zeitliche Preisdifferenzierung.[2] Ein öffentliches Unternehmen könnte, bei vollkommener Information, die Bedingungen für ein paretoeffizientes Allokationsergebnis erfüllen. Die Preissetzung eines privaten Anbieters dagegen wäre von der Marktstruktur abhängig. Im Fall vollkommener Konkurrenz würden auch private Anbieter zu den Grenzkosten anbieten. Bei monopolistischen Marktstrukturen würden private Anbieter jedoch zu höheren als den allokativ effizienten Preisen anbieten. Ein öffentliches Unternehmen könnte dann gegenüber privaten Anbietern zu einem komparativen Vorteil führen. Allerdings wäre dieser weniger durch den öffentlichen Gutcharakter zu begründen als vielmehr dadurch, daß unreine öffentliche Güter mit Kapazitätsgrenzen häufig mit monopolisierten Märkten einhergehen.[3]

Die durchgeführte Analyse hat gezeigt, daß öffentliche Unternehmen insbesondere im Fall negativer Externalitäten und steigender Skalenerträge allokativ gerechtfertigt werden können. Allerdings läßt sich hieraus nicht per se eine Wohlfahrtssteigerung durch die Institutionalisierung öffentlicher Unternehmen ableiten, da dies eine genaue Kenntnis der Höhe gegebener Externalitäten sowie der Produktionsfunktionen voraussetzt. Auch kann in Anlehnung an die ökonomische Theorie der Politik sowie die ökonomische Theorie der Bürokratie die Annahme, daß sich öffentliche Unternehmen allein am Ziel der gesellschaftlichen Wohlfahrtsmaximierung orientieren, in Frage gestellt werden. Die politische Entscheidung darüber, ob auf Marktmängel mit der Einführung staatlicher Unternehmen reagiert wird, läßt so-

---

chen allokativen Wirkungen von Warteschlangen vgl. Smolensky/Tideman/Nichols (1972) sowie Barzel (1974)).

1 Vgl. ähnlich Turvey (1968), S. 101. Teilbarkeitsprobleme sollen hier nicht weiter beachtet werden (vgl. hierzu Williamson (1966), S. 823 f.).

2 Vgl. grundlegend Steiner (1957), insbesondere S. 590.

3 Vgl. ähnlich Bonus (1978), S. 66 sowie Burns/Walsh (1978/79), S. 2.

mit wiederum Rückschlüsse über die gesellschaftliche Einschätzung der Kosten von Marktmängeln im Vergleich zu potentiellen Staatsversagenskosten zu.

Neben der allokativen Argumentation kann die Gründung von Staatsunternehmen auch distributiv motiviert sein, da der Staat durch die Planungshoheit in staatlichen Unternehmen besondere Bevölkerungsgruppen bspw. als Arbeitnehmer oder bei der Auftragsvergabe fördern kann. Zudem kann der Staat über die Preisgestaltung des Unternehmens distributive Zielsetzungen verfolgen. Sofern diese Maßnahmen durch eine Umverteilung zu einer Angleichung der gegebenen an die gesellschaftlich gewünschte Einkommensverteilung erzielen, kann dies zu einer Wohlfahrtssteigerung führen.

3. Wettbewerbspolitik

Die Wettbewerbspolitik kann als drittes Element marktwirtschaftlicher Lenkungssysteme interpretiert werden, da die in den Abschnitten eins und zwei aufgezeigten Funktionen des Preismechanismus sowie privater Eigentumsrechte lediglich bei Wettbewerb[1] in vollem Umfang erfüllt werden. Sofern Unternehmen nämlich infolge fehlenden Wettbewerbs über einen Preissetzungsspielraum verfügen, induziert dies eine vergleichsweise geringere Ausrichtung der Produktion an den Konsumentenwünschen sowie einen geringeren Anreiz zu niedrigen Produktionskosten, so daß sowohl die Koordinations- als auch die Allokations- und Innovationsfunktion des Preismechanismus beeinträchtigt sind. Darüber hinaus ermöglicht ein Preissetzungsspielraum das Abschöpfen nicht-leistungsbedingter Renten und wirkt somit einer leistungsgerechten Verteilung entgegen.[2]

---

1 Unter Wettbewerb soll im folgenden die marktbezogene Rivalität zwischen Wirtschaftssubjekten um Tauschbeziehungen mit Dritten verstanden werden. Dabei liegt dem Wettbewerb ein gewinn- bzw. nutzenmaximierendes Verhalten der Individuen bei gegebener Ressourcenknappheit zugrunde (vgl. ähnlich Müller (1980a), Sp. 1556).

2 Zu den ökonomischen Funktionen des Wettbewerbs vgl. ausführlich Schmidt (1973), S. 30-39, Schmidbauer (1974), S. 41-43, Müller (1980a), Sp. 1556 sowie Aberle (1992), S. 17 f.
Darüber hinaus wird die Sicherung der individuellen Freiheit durch die Begrenzung ökonomischer und damit letztlich auch politischer Macht als gesellschaftliche Funktion des Wettbewerbs interpretiert. Wettbewerb wird deshalb häufig als Voraussetzung für

Sind diese ökonomischen Funktionen des Wettbewerbs in der Literatur weitgehend unbestritten, so erweisen sich die Fragen, unter welchen Voraussetzungen Wettbewerb gegeben ist, inwiefern sich Wettbewerb im Marktprozeß selbst erhält und welches Instrumentarium eine staatliche Wettbewerbspolitik[1] umfassen sollte, als strittig.[2] Im wesentlichen können hierbei mit den freiheitlichen Wettbewerbskonzeptionen einerseits sowie den Workability-Konzeptionen andererseits zwei grundlegende wettbewerbspolitische Schulen unterschieden werden.[3] Deren differierende Auffassungen sind Ausdruck des normativen Charakters wettbewerbspolitischer Strategien, weshalb die Entscheidung für eine Wettbewerbskonzeption letztlich stets ein Werturteil darstellt.[4] Dies ermöglicht es jedoch, die politisch getroffene Grundsatzentscheidung zugunsten einer Wettbewerbskonzeption als ein Differenzierungskriterium marktwirtschaftlicher Systeme heranzuziehen.

Den freiheitlichen Wettbewerbskonzeptionen liegt die neoklassische Annahme zugrunde, daß der Preismechanismus - sofern staatliche Eingriffe in den Markt ausgeschlossen werden - stets zu einem effizienten Marktergebnis führt.[5] Die Auffassung, daß bestimmte Marktstrukturen per se wettbewerblich oder nicht-wettbewerblich sind, wird mit dem Hinweis, daß mo-

---

die Verwirklichung und Erhaltung einer freiheitlichen Gesellschaftsordnung gesehen (vgl. Schmidt (1973), S. 34 sowie Schmidbauer (1974), S. 46).

1 Unter Wettbewerbspolitik wird im folgenden die Summe aller Aktivitäten von Trägern der Wirtschaftspolitik verstanden, die auf den Schutz bzw. die Förderung von Wettbewerb ausgerichtet sind (vgl. Müller (1980b), Sp. 1524).

2 Vgl. ähnlich Herdzina (1988), S. 4.

3 Die hier vorgenommene Gliederung orientiert sich an Arbeiten von Schmidt und Eickhof (vgl. Schmidt (1973), S. 109 sowie Eickhof (1984), S. 225).
Unter dem Begriff der freiheitlichen Wettbewerbskonzeptionen werden hierbei die neoklassische Wettbewerbstheorie, die Wettbewerbstheorie der österreichischen Schule sowie der Chicago School zusammengefaßt. Dem Begriff der Workability-Konzeptionen werden der Ansatz der Harvard School sowie der Ansatz von Kantzenbach zugeordnet.
Auf eine Berücksichtigung der beiden Extrempositionen eines völligen Verzichts auf staatliche Wettbewerbspolitik einerseits sowie der grundsätzlichen Verstaatlichung von Unternehmen mit Marktmacht andererseits wird im folgenden verzichtet, da beide Ansätze im Rahmen marktwirtschaftlicher Systeme vorrangig von theoretischer Relevanz sind.

4 Vgl. in diesem Sinn Schmidtchen (1983), S. 21 sowie Herdzina (1988), S. 4.

5 Vgl. Fourie (1993), S. 137.

nopolistische Strukturen auch innovationsbedingt bzw. durch positive Skalenerträge verursacht und damit Ausdruck einer dynamischen wettbewerblichen Entwicklung sein können, abgelehnt.[1] Wettbewerb und Konzentration stellen somit im Rahmen der freiheitlichen Wettbewerbskonzeptionen per se keinen Widerspruch dar, da allein das Marktverhalten, das annahmegemäß nicht durch die Marktstruktur vorgegeben ist, für relevant erachtet wird.[2] Folglich werden wettbewerbspolitische Eingriffe des Staates nur dann für notwendig erachtet, wenn ein eindeutig wettbewerbswidriges Verhalten vorliegt. Dieses kann im Rahmen freiheitlicher Wettbewerbskonzeptionen allerdings nur durch Einzelfallbetrachtungen ermittelt werden, allgemeine Verhaltensregeln werden dagegen abgelehnt.[3] Als wettbewerbspolitisches Instrument steht die Mißbrauchsaufsicht von Marktverhalten im Vordergrund, so daß lediglich eine ex post-Kontrolle, nicht jedoch eine antizipative Wettbewerbspolitik mit den freiheitlichen Wettbewerbskonzeptionen kongruent ist.[4] Letztere wird abgelehnt, da der Wettbewerb in Anlehnung an Hayek[5] als Entdeckungsverfahren und komplexer evolutorischer Prozeß verstanden wird, dessen Ergebnisse nicht vorhersehbar sind, weshalb eine antizipative Wettbewerbspolitik aufgrund mangelnder staatlicher Informationen zu einer Beeinträchtigung der Marktfunktion führt. Allerdings erweist sich die Operationalisierung der wettbewerbspolitischen Vorstellungen freiheitlicher Wettbewerbskonzeptionen als problematisch, da sich der Nachweis von Marktmißbrauch in der Realität häufig schwierig gestaltet.

Während die freiheitlichen Wettbewerbskonzeptionen am Marktprozeßmodell orientiert sind, beziehen sich die Vertreter der Workability-Konzeptionen insofern auf die statische Gleichgewichtstheorie als die Existenz polypolistischer Märkte als notwendige Voraussetzung für ein effizientes Marktergebnisses angenommen wird. Vorrangig setzten die Workability-Konzeptionen somit am Kriterium der Marktstruktur an, da im Gegensatz zu den freiheitlichen Wettbewerbskonzeptionen angenommen wird, daß Marktverhalten und Marktergebnis durch die Marktstruktur vorgegeben sind

---

1 Vgl. bspw. Demsetz (1974), S. 177.

2 Vgl. in diesem Sinn Demsetz (1974), S. 183.

3 Allein ein per se-Verbot von Kartellen wird mit der Konzeption als vereinbar erachtet, da diesen stets ein wettbewerbswidriges Verhalten unterstellt wird.

4 Vgl. Schmidt (1973), S. 110.

5 Vgl. von Hayek (1969).

(Struktur-Verhaltens-These), so daß sich Wettbewerb und Konzentration per se ausschließen. Hinsichtlich des wettbewerbspolitischen Instrumentariums werden daher die Marktstruktur beeinflussende Maßnahmen, wie bspw. Fusionskontrollen, Entflechtungsmaßnahmen oder ein per se-Verbot von Behinderungs- und Koordinierungspraktiken in den Vordergrund gestellt. Im Gegensatz zu den freiheitlichen Wettbewerbskonzeptionen wird somit eine antizipative Wettbewerbspolitik gefordert, durch die ex-post-Kontrollen weitgehend obsolet werden sollen. Grundsätzlich liegt den Workability-Ansätzen die Annahme zugrunde, daß sich Wettbewerb nicht selbständig erhält und erst staatliche Eingriffe in die Marktstruktur ein effizientes Marktergebnis sichern, so daß die Möglichkeit von Staatsversagen deutlich geringer geschätzt wird als im Fall der freiheitlichen Wettbewerbskonzeptionen.

Die Kritik hinsichtlich der Workability-Konzeptionen bezieht sich sowohl auf deren theoretische Grundlagen als auch auf mögliche Umsetzungsprobleme. In theoretischer Sicht wird vorrangig der statische Ansatzpunkt der Theorien kritisiert, da dieser die Möglichkeit innovationsbedingter temporärer Monopolstellungen nicht ausreichend berücksichtigt. Darüber hinaus wird von Vertretern der freiheitlichen Wettbewerbskonzeptionen kritisiert, daß den Workability-Konzeptionen eine „Anmaßung von Wissen“ zugrundeliegt, da angenommen wird, daß der Staat in der Lage ist, effiziente Marktergebnisse vorherzusehen. Die Operationalisierung der Workability-Konzeptionen erweist sich insbesondere deshalb als problematisch, weil die Festlegung des relevanten Marktes angesichts existierender Globalisierungstendenzen schwierig ist.

Die Darstellung der beiden grundlegenden wettbewerbspolitischen Ansätze in der Literatur zeigt, daß sich diese maßgeblich durch eine unterschiedliche Einschätzung hinsichtlich der Akzeptanz von Marktergebnissen und somit auch eine differierende Ansicht bzgl. potentieller Kosten von Markt- und Staatsversagen unterscheiden. Während die freiheitlichen Wettbewerbskonzeptionen marktliche Prozesse nämlich als prinzipiell wettbewerblich und effizient erachten und angesichts der Unvorhersehbarkeit des grundsätzlich als effizient angenommenen Marktergebnisses die Möglichkeit zu wohlfahrtssteigernden staatlichen Eingriffen gering einschätzen, unterstellen die

Workability-Konzeptionen, daß Wettbewerb lediglich durch staatliche Eingriffe in die Marktstruktur erhalten werden kann. Im Rahmen realer Wirtschaftssysteme dürfte die Ausgestaltung der Wettbewerbspolitik aufgrund einer zusätzlichen Berücksichtigung distributiver und politischer Zielsetzungen nur selten eine konsequente Umsetzung einer der beiden dargestellten Konzeptionen widerspiegeln. Dennoch kann mit Bezug auf die dominierenden wettbewerblichen Instrumente eine tendenzielle wettbewerbstheoretische Zuordnung erfolgen.

Die Bedeutung nicht-marktlicher Koordinationsmechanismen und kollektiver Eigentumsrechte können als konstitutive Differenzierungskriterien marktwirtschaftlicher Systeme erachtet werden. Während die Anzahl und die Art staatlicher Unternehmen im Rahmen der nachfolgenden Länderanalyse in einem eigenständigen Kapitel untersucht wird, wird die Bedeutung marktlicher Koordination als Grundlage für eine differenzierte Betrachtung verschiedener Teilaspekte der Wirtschaftspolitik herangezogen. Der Frage nach der Gewichtung einzelner Koordinationsmechanismen wird im Rahmen der vorliegenden Arbeit daher nicht in einem eigenständigen Kapitel nachgegangen. Vielmehr wird dieser Aspekt bei der Analyse einzelner wirtschaftspolitischer Teilbereiche jeweils mitberücksichtigt. Für die nachfolgende Länderanalyse werden somit die Bedeutung staatlicher Unternehmen und die Wettbewerbskonzeption als konkrete Differenzierungskriterien im Rahmen des Kapitels zum Lenkungssystem zugrundegelegt.

II. Makro- und mesoökonomische Steuerung[1]

Im Abschnitt zur Koordinationsordnung wurden die grundlegenden Funktionen des Markt-Preismechanismus dargestellt. Im folgenden Abschnitt soll nun eine Gegenüberstellung verschiedener wirtschaftstheoretischer Ansätze erfolgen, denen eine unterschiedliche Einschätzung der Leistungsfähigkeit des Marktmechanismus auf makro- und mesoökonomischer Ebene zugrundeliegt, weshalb sie als Grundlage zur Entwicklung weiterer Differenzierungskriterien marktwirtschaftlicher Systeme herangezogen werden können.

1. Konjunkturpolitik

Als Konjunktur bezeichnet man zyklische Schwankungen im Auslastungsgrad des volkswirtschaftlichen Produktionspotentials.[2] Diese führen zu einer Verletzung der grundlegenden stabilitätspolitischen Zielsetzungen Vollbeschäftigung sowie Preisniveaustabilität und induzieren infolgedessen einen gesellschaftlichen Wohlfahrtsverlust, der einerseits aus der Nichtauslastung des Produktionspotentials im Abschwung und andererseits aus den bei Erreichen der Kapazitätsgrenze im Boom einsetzenden inflationären Prozessen folgt.[3] Ziel staatlicher Konjunkturpolitik[4] ist daher eine Glättung konjunktureller Schwankungen, um deren volkswirtschaftliche Kosten zu reduzieren. Strittig ist in der ökonomischen Literatur jedoch die Frage nach den Ursachen und infolgedessen nach einer geeigneten wirtschaftspolitischen Strategie zur Dämpfung konjunktureller Schwankungen. Dabei stehen sich

---

1 Der Begriff der makroökonomischen Steuerung wird im folgenden mit Konjunkturpolitik gleichgesetzt. Das volkswirtschaftliche Niveau im Sinn des gegebenen Wachstumspfades und folglich eine staatliche Wachstumspolitik werden dagegen nicht im Rahmen eines eigenständigen Kapitels untersucht. Dies läßt sich insofern rechtfertigen, als Quantität und Qualität einzelner Produktionsfaktoren, welche die Ansatzpunkte staatlicher Wachstumspolitik darstellen, in vielfacher Weise durch einzelne wirtschaftspolitische Bereiche beeinflußt werden, weshalb ein eigenständiges Kapitel zur Wachstumspolitik zahlreiche Wiederholungen implizieren würde. Für die Länderanalyse Südafrikas gilt dies um so mehr, als die gesamte Wirtschaftspolitik letztlich auf eine Steigerung der Wachstumsrate gerichtet ist.
Der Begriff der mesoökonomischen Steuerung kann im Rahmen der vorliegenden Arbeit mit dem Begriff Strukturpolitik gleichgesetzt werden.

2 Vgl. Vosgerau (1978), S. 478 sowie Görgens (1994), S. 402.

3 Vgl. Görgens (1994), S. 402.

4 Der Begriff Konjunkturpolitik wird im folgenden als Oberbegriff für die unterschiedlichen Strategien zur Realisierung des Stabilitätsziels verwendet.

mit den angebotsorientierten Ansätzen von Klassik, Neoklassik und Monetarismus einerseits und den auf Keynes aufbauenden nachfrageorientierten Ansätzen andererseits im wesentlichen zwei theoretische Schulen gegenüber.[1]

Die wirtschaftspolitischen Konzeptionen, die aus den theoretischen Ansätzen von Klassik/Neoklassik/Monetarismus einerseits und Keynes andererseits abgeleitet werden können, unterscheiden sich primär aufgrund ihrer differierenden Einschätzung hinsichtlich der inhärenten Stabilität des Wirtschaftssystems. Zwar gehen beide Schulen von einer langfristigen Stabilität aus, weichen jedoch in ihrer Ansicht bzgl. der Dauer des Anpassungsprozesses maßgeblich voneinander ab, woraus eine unterschiedliche Notwendigkeit zu staatlichen Stabilisierungsmaßnahmen resultiert.[2] In Ergänzung hierzu differieren die Schulen zudem in ihrer Einschätzung staatlicher Leistungsfähigkeit und somit der Frage, inwieweit staatliche Eingriffe auf makroökonomischer Ebene wünschenswert erscheinen.[3] Ein weiterer Unterschied existiert in bezug auf geeignete Ansatzpunkte und Instrumente einer Konjunkturpolitik. Zwar gestehen Vertreter beider Schulen sowohl der Geld- als auch der Fiskalpolitik[4] zumeist eine gewisse Wirkung zu, setzten jedoch unterschiedliche Schwerpunkte und fordern eine abweichende Ausgestaltung der Instrumente.

---

1 Vgl. Kösters (1991), S. 147.

2 Vgl. Modigliani (1986), S. 7.

3 Vgl. Mayer (1975a), S. 306 sowie Modigliani (1986), S. 7.

4 Geld- und Fiskalpolitik stellen für den Staat i. d. R. die dominierenden konjunkturpolitischen Instrumente dar. Darüber hinaus sind jedoch auch Lohn- und Währungspolitik von Bedeutung, da diese die Wirkungen der Geld- und Fiskalpolitik beeinflussen können. Da die Lohnhöhe in marktwirtschaftlichen Systemen jedoch i. d. R. nicht von der Regierung festgelegt wird, stellt sie keinen direkten Ansatzpunkt staatlicher Konjunkturpolitik dar. Die vorliegende Arbeit befaßt sich mit dem Problem der Lohnfindung im Rahmen des Abschnitts zur Arbeitsmarktordnung. Die Bedeutung der Währungspolitik findet im folgenden eine gewisse Berücksichtigung im Rahmen der Geldpolitik.

1.1. Klassik, Neoklassik und Monetarismus

Da die (Neo)Klassik von einer inhärenten Stabilität des privaten Sektors sowie einer mittel- und langfristig neutralen Rolle des Geldes ausgeht,[1] werden Schwächen im Auslastungsgrad des Produktionspotentials allein als Folge zu geringer Leistungsanreize bzw. einer künstlichen Einschränkung der Preisflexibilität gesehen. Die konjunkturpolitische Konzeption ist demzufolge ordnungspolitisch ausgerichtet und enthält primär die Forderung nach der Schaffung angebotsfördernder Rahmenbedingungen für Arbeit und Kapital z. B. durch geringe Steuerbelastung und weitgehende Deregulierung im privaten Sektor.[2] Die Geldpolitik ist allein am Ziel der Preisniveaustabilität orientiert, da diese als notwendige Voraussetzung für die Funktionsfähigkeit des Preismechanismus erachtet wird. Dabei sollte sich das Geldmengenwachstum am Wachstum des Produktionspotentials orientieren, da jede darüber hinausgehende Geldmengenerhöhung gemäß der Quantitätstheorie[3] lediglich in einem Preisniveauanstieg resultieren kann. Die Fis-

---

1 Sowohl Klassik als auch Neoklassik unterstellen einen stabilen privaten Sektor sowie eine langfristige Neutralität des Geldes, begründen diese jedoch unterschiedlich:
Die Klassiker gehen davon aus, daß letztlich nur Güter gegen Güter getauscht werden, so daß das Geld lediglich als Maßzahl fungiert, jedoch über keine Wertaufbewahrungsfunktion verfügt. Infolgedessen stellt Geldhortung im klassischen Modell keine rationale Handlung dar, weshalb eine sofortige Reinvestition von Profiten stattfindet, die das Gleichgewicht von Investitionen und Ersparnissen sichert. Das gesamtwirtschaftliche Gleichgewicht ist somit Folge der unterstellten Identität zwischen Ersparnis und Investition.
Im Gegensatz zu den Klassikern trennen die Neoklassiker die Spar- von der Investitionsentscheidung, so daß die Möglichkeit eines Ungleichgewichts am Kapitalmarkt durch ein Auseinanderfallen von Ersparnis und Investition existiert. Da Ersparnisse (Investitionen) jedoch als positiv (negativ) zinsabhängig definiert werden, existiert ein Anpassungsmechanismus, der eine Rückkehr zum Gleichgewicht am Kapitalmarkt ermöglicht. Analog hierzu wird aufgrund der positiven (negativen) Reallohnabhängigkeit von Arbeitsangebot (Arbeitsnachfrage) ein Gleichgewicht am Arbeitsmarkt erzielt. Das über Zins und Reallohn gesicherte Gleichgewicht am Kapital- und Arbeitsmarkt impliziert schließlich auch ein Gleichgewicht am Gütermarkt, so daß die simultane Bestimmung von Mengen und Preisen im neoklassischen Modell in der Tendenz zur Vollauslastung der Produktionsfaktoren Arbeit und Kapital sowie zu einem Ausgleich von gesamtwirtschaftlichem Güterangebot und gesamtwirtschaftlicher Güternachfrage führt.
Grundsätzlich unterstellen Klassiker und Neoklassiker ein Fehlen von Geldillusion, so daß der Zins lediglich von realen Größen determiniert wird. Die klassische Annahme der absoluten Geldneutralität wird von den Neoklassikern allerdings dahingehend abgeschwächt, daß eine kurzfristige Wirkung monetärer Impulse auf reale Größen unterstellt wird (vgl. ausführlich Flassbeck (1982), S. 96 f.).

2 Vgl. Flic (1992), S. 317.

3 In ihrer einfachsten Form kann die Quantitätstheorie in folgender Gleichung ausgedrückt werden:

kalpolitik wird aufgrund der Hypothese inhärenter Stabilität nicht als notwendig erachtet. Zudem ist sie im (neo)klassischen Modell wirkungslos, da sie - sowohl bei Kredit- als auch bei Steuerfinanzierung - zu einem vollkommenen Crowding Out[1] führt und daher keine Produktionssteigerung impliziert.

Die konjunkturpolitische Konzeption der (Neo)Klassik wird im Monetarismus insbesondere durch eine Konkretisierung der geldpolitischen Forderungen ergänzt. Die monetaristische Theorie betrachtet aufgrund der Quantitätstheorie monetäre Impulse als primäre Ursache konjunktureller Schwankungen, weshalb die Geldpolitik als wichtigstes konjunkturpolitisches Instrument gilt. Geeigneter Ansatzpunkt der Geldpolitik ist hierbei die nominale Geldmenge, da diese die zentrale Determinante im Rahmen des monetaristischen Transmissionsmechanismus[2] darstellt. Die Steuerung der

---

(1) $M\,v = p\,T$
mit M = nominale Geldmenge; v = Umlaufgeschwindigkeit; p = Preisniveau und
T = physisches Transaktionsvolumen

Zunächst stellt die Gleichung eine formale Identität dar. Sie kann aber auch als Grundlage für transmissionstheoretische Überlegungen dienen, woraus differierende Interpretationen resultieren können. Wird sie als Gleichgewichtsbedingung gedeutet, so läßt sich zeigen, daß p durch die gegebenen Werte M, v und T bestimmt wird und somit das passive Element der Gleichung darstellt. Dies drückt die (neo)klassische Einschätzung aus, daß Geld lediglich als Transaktionsmittel dient, weshalb eine Veränderung der nominalen Geldmenge keinen realen Effekt haben kann (vgl. auch Flassbeck (1982), S. 91). Im Monetarismus dagegen wird die Quantitätstheorie dahingehend interpretiert, daß Geldmengenveränderungen die entscheidende Determinante für Veränderungen der Geldeinkommen darstellen (vgl. auch Mayer (1975b), S. 195).

1 Der Begriff Crowding Out bezeichnet eine Verdrängung privater durch staatliche Nachfrage. Das (neo)klassische Modell unterstellt im Fall einer Kreditfinanzierung, daß eine Erhöhung der zinsunelastischen staatlichen Kapitalnachfrage in einer geschlossenen Volkswirtschaft zu einer Zinserhöhung und infolgedessen einem sinkenden privaten Investitionsvolumen führt. Zwar zeigt sich das Crowding Out privater Investitionen als partiell, da mit der erhöhten Ersparnis jedoch zusätzlich ein verminderter Konsum verbunden ist, resultiert insgesamt eine Verdrängung privater Nachfrage im Umfang der zusätzlichen staatlichen Investitionen. Im Fall einer steuerfinanzierten Erhöhung staatlicher Investitionen folgt der Crowding Out-Effekt aus einer Reduzierung von Konsum und Ersparnis in Höhe der Steuerbelastung (vgl. Felderer/Homburg (1991), S. 164-166).

2 Dieser unterstellt, daß sich eine Geldmengenveränderung über die Variation des Anlageverhaltens der Wirtschaftssubjekte auf den realen Sektor auswirkt. Im Gleichgewicht verfügen die Wirtschaftssubjekte über ein optimales Portfolio aus den drei unvollkommen substitutiven Vermögensformen Geld, Wertpapiere und Sachkapital. Eine Erhöhung der nominalen Geldmenge führt für die Wirtschaftssubjekte zu einem Geldüberschuß in ihrem Portfolio, auf das sie mit einer Erhöhung ihrer konsumtiven und investi-

Geldmenge durch die Notenbank ist nach monetaristischer Auffassung mittels einer Variation der Geldbasis möglich, da dem Geldangebotsmultiplikator aufgrund der Hypothese eines stabilen privaten Sektors kein wesentlicher Einfluß auf die Geldmengenentwicklung beigemessen wird.[1] Darüber hinaus erscheint die Geldbasis auch deshalb als geeigneter Ansatzpunkt, weil sie, anders als bspw. die Geldmengen M1 oder M3, direkt durch die Zentralbank kontrolliert werden kann und durch Finanzinnovationen nicht verändert wird.[2] Ziel der monetaristischen Geldpolitik ist eine langfristige Inflationsrate von Null Prozent, die durch ein konstantes Geldmengenwachstum erzielt werden soll.[3] Zwar führt die strikte Einhaltung der Geldmengenvorgaben nicht in jedem Jahr zu Preisniveaustabilität; allerdings werden diese kurzfristigen Schwankungen als unproblematisch erachtet, da allein der langfristige Trend von Relevanz ist.

Kritisiert wird die Konzeption eines verstetigten Geldmengenwachstums unter außenwirtschaftlichen Aspekten, da eine autonome Geldmengenpolitik nur in einem System flexibler Wechselkurse möglich ist.[4] Als proble-

---

tiven Ausgaben reagieren. Die hierdurch ausgelöste Einkommens- und Preisniveauerhöhung steigert die Geldnachfrage und senkt das reale Geldangebot, bis ein neues Gleichgewicht erreicht wird (vgl. Meltzer (1995), S. 54 f.).

1 Vgl. Kleinhans (1980), S. 199.
Dem Zinssatz wird als Ansatzpunkt dagegen nur eine eingeschränkte Wirksamkeit zuerkannt, da dieser lediglich einen der relativen Preise darstelle, die für Portfolioentscheidungen relevant sind (vgl. Meltzer (1995), S. 56). Zudem wird der Zinssatz deshalb als problematischer Indikator erachtet, da er sich aus einer Vielzahl einzelner Zinssätze zusammensetzt und somit nur schwer meßbar ist (vgl. Mayer (1975b), S. 200).
Eine direkte Einwirkung auf das Preisniveau wird aufgrund der im Vergleich zur Geldmengenkontrolle längeren und variableren Zeitverzögerungen abgelehnt (vgl. Friedman (1968), S. 15 sowie Neumann (1994), S. 11).

2 Vgl. Cagan (1992), S. 723.

3 Vgl. Mayer (1975a), S. 300 sowie Neumann (1994), S. 11.
Inwieweit die strikte Einhaltung eines konstanten Geldmengenwachstums notwendig ist, bleibt auch innerhalb des Monetarismus umstritten. Zwar befürworten alle Monetaristen eine stetige Geldpolitik, genaue Politikvorgaben sind jedoch durchaus strittig (vgl. auch Friedman (1985), S. 17).
Eine diskretionäre Geldpolitik wird aufgrund der lag-Problematik sowie der mit unvorhersehbaren Geldmengenveränderungen verbundenen Informationskosten für die Wirtschaftssubjekte abgelehnt. Zudem wird bezweifelt, daß Politiker über ausreichende Informationen für die Umsetzung einer wirksamen diskretionären Politik verfügen (vgl. Friedman (1968), S. 16, Mayer (1975a), S. 301 sowie Meltzer (1995), S. 50 und 69).

4 Vgl. Herr/Spahn (1989), S. 11.

matisch kann sich auch der für eine monetaristische Geldpolitik notwendige Prognosebedarf hinsichtlich der langfristigen Entwicklung des realen Produktionspotentials sowie der Umlaufgeschwindigkeit erweisen.[1] Zudem wird vielfach bezweifelt, daß das monetaristische Ziel einer Erwartungsstabilisierung hinsichtlich zukünftiger Preisentwicklungen durch ein konstantes Geldmengenwachstum erreicht wird, da dieses mögliche Schwankungen der Geldnachfrage und Umlaufgeschwindigkeit unberücksichtigt läßt und somit relativ hohe kurzfristige Preisschwankungen implizieren kann.[2] Schließlich wird gegen die monetaristische Konzeption eingewendet, daß sie im Rahmen demokratischer Staaten aus politökonomischer Sicht nur schwer durchsetzbar ist, da die stabilisierende Wirkung einer verstetigten Geldmengenpolitik häufig nur langfristig spürbar ist und daher i. d. R. nicht in einer Maximierung von Wählerstimmen resultiert.[3] Allerdings verliert dieser Einwand, mit steigender Unabhängigkeit der Notenbank bzw. wenn in der betrachteten Volkswirtschaft eine hohe Präferenz für Preisniveaustabilität besteht, an Bedeutung.[4]

Die Fiskalpolitik ist auch im monetaristischen Modell aufgrund der angenommenen Stabilität des privaten Sektors prinzipiell obsolet.[5] Die Transmission fiskalischer Impulse erfolgt ebenso wie die der monetären über eine Vermögensumschichtung der Wirtschaftssubjekte, führt aufgrund der Theorie relativer Preise jedoch zu einer nur kurzfristigen und geringen Beschäftigungswirkung.[6]

Somit ist die monetaristische Forderung nach flexiblen Wechselkursen mit der geldpolitischen Konzeption der monetaristischen Theorie konsistent (vgl. auch Friedman (1953/69), S. 198-200).

1 Vgl. bspw. Goodhart (1994), S. 1428.

2 Vgl. auch Oberhauser (1987), S. 128.

3 Vgl. Weizsäcker (1975), S. 3 f.

4 Vgl. ähnlich Kösters (1991), S. 159.

5 Vgl. auch Mayer (1975a), S. 306.

6 Vgl. Brunner (1970), S. 20 f. sowie Kleinhans (1980), S. 205 f.

1.2. Keynes(ianismus)[1]

Im Gegensatz zum Monetarismus erfolgt die Transmission monetärer Impulse bei Keynes allein über den Zinssatz.[2] Folglich wird dieser als geeigneter Ansatzpunkt der Geldpolitik erachtet.[3] Aufgrund der Liquiditätspräferenz der Wirtschaftssubjekte[4] sowie der Abhängigkeit des Investitionsvolumens von der Renditeerwartung der Unternehmer kann sich die Geldpolitik im Keynesschen Modell im Extremfall jedoch als wirkungslos erweisen, da der Zinssatz eine Mindesthöhe nicht unterschreiten kann bzw. Investitionen zinsunelastisch reagieren können. Daher wird der Geldpolitik in den an Keynes anknüpfenden Ansätzen zumeist eine untergeordnete Funktion bei der Stabilisierung von Wirtschaftsprozessen beigemessen.

Infolgedessen erhält die Fiskalpolitik zentrale Bedeutung, denn sofern private Investitionen zinsunelastisch reagieren, führt eine kreditfinanzierte Er-

---

1 Die wirtschaftspolitischen Implikationen der „General Theory" wurden vielfach nicht von Keynes selbst, sondern von nachfolgenden Ökonomen entwickelt. Diese theoretischen und wirtschaftspolitischen Interpretationen der Keynesschen Theorie erfolgen im wesentlichen im Rahmen des Keynesianismus und des Postkeynesianismus. Da letzterer keine kohärente Konzeption darstellt, wird im folgenden insbesondere auf die Interpretation der Keynesianischen Theorie Bezug genommen. Zwar sind zum Teil Widersprüche zwischen der „General Theory" und den Aussagen des Keynesianismus festzustellen (vgl. Kregel (1985), S. 32). Da im Rahmen konjunkturpolitischer Diskussionen jedoch hauptsächlich auf die Interpretation des Keynesianismus verwiesen wird, erscheint die nachfolgende Bezugnahme in einer Gegenüberstellung zu den Aussagen angebotsorientierter Ansätze dennoch gerechtfertigt.

2 Ausschlaggebend für den Transmissionsmechanismus bei Keynes sind die Investitionsentscheidungen der Unternehmer, die sich als Vermögensentscheidungen darstellen, da eine Investition lediglich dann vorgenommen wird, wenn die erwartete Grenzleistungsfähigkeit des Kapitals die Kosten einer Investition in Form des Geldzins übersteigt (vgl. Keynes (1952, zuerst: 1935), S. 115). Ein Rückgang des Geldzinses - bspw. als Folge einer Geldmengenerhöhung - läßt daher eine höhere Anzahl an Investitionsvorhaben für Unternehmer rentabel erscheinen und führt somit zu einem Anstieg des Investitionsvolumens.

3 Vgl. auch Meltzer (1995), S. 51.

4 Keynes begründet die Geldhaltung der Wirtschaftssubjekte mit der sog. Liquiditätspräferenz. Diese besagt, daß die hohe Liquidität, die sich aus der Geldhaltung im Vergleich zu anderen Anlageformen ableitet, dem einzelnen die Sicherheit gibt, zukünftigen Verbindlichkeiten nachkommen zu können. Daher ist er zur Aufgabe dieser Liquidität lediglich bei einer Entschädigung in Form eines Zinses bereit. Der Zins stellt für Keynes im Gegensatz zu den angebotsorientierten Ansätzen somit keine Prämie für einen Konsumverzicht, sondern eine Entschädigung für die Aufgabe von Liquidität dar (vgl. Keynes (1952, zuerst: 1935), S. 140).

höhung der staatlichen Kapitalnachfrage nicht zu einem Crowding Out, sondern resultiert infolge des Multiplikatoreffekts[1] in einer Erhöhung der privaten Nachfrage (Crowding In), die zu einer Schließung der Nachfragelücke[2] führen kann.[3] Generell tritt dieser Effekt auch bei einer Steuerfinanzierung ein,[4] sein Umfang ist jedoch im Fall eines Deficit Spending deutlich höher, weshalb dieses vorgezogen wird. Aus der prinzipiell möglichen Einflußnahme auf die gesamtwirtschaftliche Nachfrage über eine Variation der Staatsausgaben wird die Forderung nach einer antizyklischen Fiskalpolitik abgeleitet, die durch eine kontraktive Haushaltspolitik im Konjunkturaufschwung und eine expansive Ausgabenpolitik im Konjunkturabschwung zu einer Glättung konjunktureller Schwankungen führen soll.

---

1 Der „elementare" Multiplikator (m) zeigt, wie das Realeinkommen auf eine Veränderung des Investitionsvolumens reagiert.
(1) $m = 1/1-c$ mit c = marginale Konsumneigung
Da c im Keynesschen Modell als kleiner eins definiert ist, beträgt der Wert des elementaren Multiplikators stets einen Wert, der größer als eins ist.
Aufgrund dieses Multiplikatoreffektes von Investitionen sollte die staatliche Nachfrageerhöhung investiven und nicht konsumtiven Charakter haben.

2 Der Ansatz von Keynes unterstellt eine vom Realeinkommen positiv abhängige Konsum- und Sparfunktion sowie als „Fundamentales psychologisches Gesetz" eine marginale Konsumneigung kleiner eins (vgl. Keynes (1952, zuerst: 1935), S. 78 und 98). Das Investitionsvolumen wird nicht nur negativ zinsabhängig, sondern darüber hinaus auch als durch die Erwartungen der Unternehmer determiniert angenommen (vgl. Keynes (1952, zuerst: 1935), S. 78 und 98). Da die marginale Konsumneigung kleiner als eins ist, wird ein Teil des Einkommens nicht nachfragewirksam, sondern dem Kreislauf in Form von Ersparnis entzogen. Ein Gleichgewicht am Gütermarkt kann nach Keynes daher nur dann erreicht werden, wenn den Ersparnissen eine entsprechende Kapitalnachfrage gegenübersteht. Da letztere jedoch zinsabhängig ist, wird ein Gleichgewicht am Gütermarkt nur zufällig erreicht. Die durch Konsum und Investition determinierte am Gütermarkt wirksame effektive Nachfrage stimmt zudem nicht notwendigerweise mit der für ein Vollbeschäftigungsgleichgewicht erforderlichen Nachfrage überein, so daß im Gegensatz zu den Ansätzen von Neoklassik und Monetarismus ein Gleichgewicht bei Unterbeschäftigung möglich ist (vgl. Keynes (1952, zuerst: 1935), S. 23 f.). Hauptsächliche Ursache hierfür ist die infolge erwartungsabhängiger Investitionen und Liquiditätspräferenz eingeschränkte Wirksamkeit des Zinsmechanismus, die in einer - aus zu geringen Investitionen folgenden - „Nachfragelücke" resultieren kann.

3 Analog kann im Fall absoluter Liquiditätspräferenz argumentiert werden, da hier aufgrund des gegebenen Zinssatzes ebenfalls kein Crowding Out auftreten kann.

4 Der Multiplikator im Fall steuerfinanzierter Staatsausgaben beträgt im Keynesianischen Modell stets eins, so daß im Fall einer Nachfragelücke bei einer Investitionsfalle eine Erhöhung steuerfinanzierter Staatsausgaben zu einer proportionalen Erhöhung der gesamtwirtschaftlichen Nachfrage führt (zu dieser als Haavelmo-Theorem bezeichneten Überlegung vgl. Haavelmo (1945)).

Kritisiert wird das Konzept einer antizyklischen Fiskalpolitik hauptsächlich aufgrund der Lag-Problematik, die eine zielgenaue Ausgabenvariation in der Praxis unmöglich mache.[1] Auch erscheint der Ansatz vor dem Hintergrund der ökonomischen Theorie der Politik problematisch, da eine Erhöhung der Staatsausgaben politisch wesentlich leichter durchsetzbar ist als eine kontraktive Haushaltspolitik, so daß eine Rücknahme expansiver Maßnahmen im Aufschwung unwahrscheinlich ist.[2] Schließlich erweist sich eine nationale Stabilisierungspolitik in einer außenwirtschaftlich stark verflochtenen Volkswirtschaft als problematisch, da sie zu einem überproportionalen Importwachstum und somit zu einer Leistungsbilanzverschlechterung, negativen Wachstums- und Beschäftigungseffekten sowie Inflation und Zinssteigerungen führen kann.[3]

---

1 Die Lag-Problematik besteht darin, daß zwischen dem Beginn des konjunkturpolitischen Auf- bzw. Abschwungs und der einsetzenden Wirkung antizyklischer Fiskalpolitik mehrere Zeitverzögerungen eintreten, die im Extremfall zu einer prozyklischen Wirkung der ergriffenen Maßnahmen führen können (vgl. Friedman (1968), S. 3).

2 Vgl. Weizsäcker (1975), S. 6 und 25.

3 Im Keynesianischen Modell führt eine expansive Fiskalpolitik zu einer Erhöhung des Volkseinkommens, durch die eine vermehrte Importnachfrage induziert wird. Da gleichzeitig bei gegebener Geldmenge durch ein Deficit Spending eine Zinserhöhung bewirkt wird, steigen zudem die Kapitalimporte, weshalb die Zahlungsbilanzreaktion von dem Verhältnis zwischen der Einkommenselastizität der Importe und Zinselastizität der Kapitalbewegungen abhängt.
In einem System fester Wechselkurse und prozentual höherer Zinselastizität der Kapitalbewegungen ist der reine Multiplikatoreffekt infolge der „Versickerung" der Importe zwar kleiner als in einer geschlossenen Volkswirtschaft. Der Gesamteffekt des Deficit Spending ist jedoch größer, weil durch das Devisenmarktungleichgewicht zusätzliche Geldmengenänderungen induziert werden (analog hierzu wird er bei einer überproportionalen Einkommenselastizität der Importe abgeschwächt).
Im Fall flexibler Wechselkurse führt das bei unterproportionaler Einkommenselastizität eintretende Überschußangebot an Devisen zu einem Wechselkursanstieg, der die Wettbewerbsfähigkeit der Volkswirtschaft und infolgedessen den Multiplikatoreffekt des Deficit Spending vermindert. Analog hierzu kann bei einer überproportionalen Einkommenselastizität über einen Wechselkursverlust eine erhöhte Wettbewerbsfähigkeit und somit ein verstärkter Multiplikatoreffekt induziert werden. Allerdings bleibt hierbei zu beachten, daß Kapitalbewegungen nicht allein durch Zinsunterschiede, sondern auch durch Vertrauen in eine Währung beeinflußt werden, weshalb der Wechselkursverlust zu einem Vertrauensverlust in die Währung und somit zu einer Kapitalflucht führen kann, die den Multiplikatoreffekt konterkarriert. Dies zeigt, daß die fiskalpolitische Wirkung bei flexiblen Wechselkursen und hoher Zinsreagibilität sowie pessimistischen Erwartungen tendenziell abnimmt (vgl. Herr/Spahn (1989), S. 18-20 sowie Herr (1991), S. 163-168).

Die beiden dargestellten konjunkturpolitischen Konzeptionen führen in ihrer Umsetzung zu deutlichen Unterschieden in der Form eines Wirtschaftssystems. Denn der an Keynes orientierte Ansatz weist dem Staat im Rahmen der Geld- und Finanzordnung eine weitreichende wirtschaftspolitische Autonomie zu und impliziert somit einen deutlich höheren Interventionsgrad für ein marktwirtschaftliches System als der eher ordnungspolitisch ausgerichtete Ansatz von Klassik/Neoklassik/Monetarismus, der die staatliche Handlungsfreiheit in der Geld- und Finanzpolitik durch die geforderte Regelbindung stark einschränkt. Die tendenzielle Wertentscheidung für die politische Umsetzung einer der beiden Konzeptionen, die auch eine differierende Einschätzung von Markt- und Staatsversagen impliziert, kann somit im Rahmen der vorliegenden Arbeit als ein Differenzierungskriterium für marktwirtschaftliche Systeme auf makroökonomischer Ebene herangezogen werden.

2. Strukturpolitik

Unter Wirtschaftsstruktur soll das Verhältnis von Teilen der Volkswirtschaft zueinander und zur Gesamtwirtschaft verstanden werden.[1] Als strukturelle Veränderung in einer Volkswirtschaft kann man folglich die aus differierenden Wachstumsraten resultierende Verschiebung der prozentualen Anteile bestimmter Sektoren und Regionen an den volkswirtschaftlichen Gesamtgrößen bezeichnen. Der Strukturwandel, dessen Ursachen endogener und exogener Art sein können,[2] ist Ausdruck einer dynamischen volkswirtschaftlichen Entwicklung und als solcher notwendige Voraussetzung für gesamtwirtschaftliche Wachstumsprozesse sowie die Maximierung der gesellschaftlichen Wohlfahrt. Als Formen unterscheidet man zumeist sektoralen und regionalen Strukturwandel.[3]

---

1 Vgl. Gäfgen (1970), Sp. 386.

2 Vgl. Bombach (1959), S. 155 und 191, Giersch (1964), S. 61, Hamm (1977), S. 481, Willms (1992), S. 373 und 391 sowie Görgens (1994), S. 407. Endogene Ursachen können nochmals in angebots- und nachfrageinduziert unterschieden werden. Angebotsinduzierter Strukturwandel kann auf Produkt-, Prozeß- oder Standortinnovationen zurückgeführt werden. Nachfrageinduzierter Strukturwandel kann bspw. durch eine infolge von Einkommenssteigerungen veränderte Präferenzstruktur oder einen gesellschaftlichen Wertewandels sowie demographische Veränderungen verursacht sein (vgl. ausführlich Peters (1981), S. 96-100 sowie Willms (1992), S. 383-387).

3 Vgl. bspw. Giersch (1964), S. 84. Sektoraler Strukturwandel wird zumeist nochmals in intra- und intersektoral unterschieden, wobei sich ersterer auf grundlegende Verände-

Während die Bedeutung des Strukturwandels für die dynamische Entwicklung einer Volkswirtschaft in der ökonomischen Literatur unbestritten ist, wird die Frage, ob die im Rahmen marktwirtschaftlicher Systeme vorrangig dezentrale Planung von Unternehmen und Haushalten in bezug auf den Strukturwandel durch eine staatliche Planung ergänzt werden sollte, kontrovers diskutiert. Aus systemtheoretischer Sicht stehen sich hierbei ein ordnungspolitisch und ein interventionistisch orientierter Ansatz gegenüber, die sich primär aufgrund ihrer differierenden Einschätzung bzgl. der Leistungsfähigkeit der Koordinationsmechanismen Markt und Staat[1] unterscheiden. Der ordnungspolitische Ansatz basiert auf der Annahme, daß die sich bei funktionsfähigem Wettbewerb aus dem Marktprozeß ergebende Wirtschaftsstruktur prinzipiell effizient ist, weshalb Vertreter dieser Konzeption eine aktive Gestaltung der Wirtschaftsstruktur durch diskriminierende Maßnahmen ablehnen.[2] Angestrebt wird vielmehr die Schaffung und Sicherung der für einen Strukturwandel notwendigen Rahmenbedingungen, wobei insbesondere der Sicherung eines funktionsfähigen Wettbewerbs[3] zentrale Bedeutung beigemessen wird.[4] Im Rahmen des interventionistisch orientierten Ansatzes wird dagegen ein aktives Eingreifen des Staates in den Prozeß der Ressourcenallokation gefordert.[5] Im Rahmen dieses Ansatzes kann nochmals danach unterschieden werden, ob die strukturpolitische Strategie auf

---

rungen der Produktionsstruktur innerhalb eines Wirtschaftssektors bezieht, letzterer dagegen eine Veränderung des Anteils einzelner Wirtschaftssektoren an den gesamtwirtschaftlichen Größen wie z. B. dem B.S.P. oder der Beschäftigung darstellt (vgl. ausführlich Willms (1992), S. 373-383). In analoger Weise kann regionaler Strukturwandel als eine Verschiebung der Anteile, die einzelne Regionen an gesamtwirtschaftlichen Größen erwirtschaften, beschrieben werden.
Verschiedentlich wird in der Literatur auch in sektoralen, unternehmensgrößenbezogenen und regionalen Strukturwandel unterschieden (vgl. bspw. Schlecht (1968), S. 18, 22 und 31 oder de Pay/Kaufmann (1988), S. 2). Zwar betrachtet auch die vorliegende Arbeit den unternehmengrößenbezogenen Sturkturwandel in einem eigenständigen Kapitel, in Anlehnung an Willms wird dieser jedoch unter dem Begriff intrasektoraler Strukturwandel subsumiert.

1 Unter dem Koordinationsmechanismus „Staat" werden hier hierarchische Strukturen und Verhandlungen zusammengefaßt.

2 Vgl. Härtel et al. (1986), S. 1-3 sowie Oberender/Daumann (1995), S. 4.

3 Differierende Ansichten können hierbei wiederum aus den unterschiedlichen wettbewerbspolitischen Grundeinstellungen der Autoren resultieren. Auf mögliche wettbewerbspolitische Konzeptionen geht die Arbeit in Kapitel I.3. ein.

4 Vgl. Giersch (1964), S. 70. Hintergrund dieser Argumentation ist die Hayeksche These vom Wettbewerb als Entdeckungsverfahren (vgl. von Hayek (1969)).

5 Vgl. Oberender/Daumann (1995), S. 5.

die Erhaltung oder die Weiterentwicklung der gegebenen volkswirtschaftlichen Struktur zielt,[1] wobei ersteres i. d. R. mit distributiven und politischen Argumenten,[2] letzteres dagegen mit der Existenz allokativen Marktversagens begründet wird.

Für eine Definition von Strukturpolitik erweist es sich als problematisch, daß nahezu jede wirtschaftspolitische Maßnahme auch einen strukturpolitischen Effekt impliziert.[3] Aufgrund dieser Abgrenzungsproblematik zeigen sich die Definitionsansätze von Strukturpolitik in der ökonomischen Literatur als äußerst uneinheitlich.[4] Im folgenden wird eine enge Definition von Strukturpolitik zugrundegelegt, nach der nur diejenigen wirtschaftspolitischen Maßnahmen staatlicher Träger der Wirtschaftspolitik zur Strukturpolitik gezählt werden, deren primäres Ziel in der Beeinflussung oder Gestaltung der Wirtschaftsstrukturen liegt.[5] Marktwirtschaftliche Systeme können folglich danach differenziert werden, ob und in welcher Form sie eine derart definierte Strukturpolitik verfolgen. Dabei analysiert die vorliegende Arbeit mit der Industriepolitik sowie der Förderpolitik für kleine und mittelständische Unternehmen zwei in der Praxis dominierende Formen sektoraler Strukturpolitik. Darüber hinaus wird die Regionalpolitik als Differenzierungskriterium für mögliche Formen von Strukturpolitik im Rahmen marktwirtschaftlicher Systeme in die Analyse einbezogen.

---

1 Vgl. ausführlich Härtel et al. (1986), S. 10-12, Willms (1992), S. 394-397 sowie Görgens (1994), S. 408-413.
Daneben wird häufig als drittes die Strategie einer Strukturanpassungspolitik unterschieden. Hierbei wird der Strukturwandel prinzipiell akzeptiert, jedoch durch staatliche Maßnahmen vorübergehend verzögert oder unterstützt. Da die Strukturanpassungspolitik somit zumeist eine Mischung von Maßnahmen der beiden erwähnten Strategien darstellt, wird sie im folgenden nicht gesondert betrachtet.

2 Die Notwendigkeit einer Strukturerhaltung wird zumeist mit Autarkiestreben sowie der Sicherung von Arbeitsplätzen begründet

3 Vgl. Kubista (1975), S. 5.

4 Für einen Überblick vgl. Schlecht (1968), S. 9 sowie Kubista (1975), S. 2.

5 Vgl. ähnlich Gäfgen (1970), Sp. 386, Kubista (1975), S. 5 f. sowie Peters (1981), S. 50.

2.1. Industriepolitik

Analog zur Abgrenzungsproblematik von Strukturpolitik existiert in der ökonomischen Literatur keine einheitliche Definition von Industriepolitik.[1] Im folgenden wird Industriepolitik als eine auf den industriellen Sektor begrenzte Strukturpolitik definiert. In Übereinstimmung mit der gewählten Definition von Strukturpolitik wird hierbei unter Industriepolitik eine aktive strukturgestaltende Politik des Staates verstanden, die versucht, einzelne industrielle Sektoren der Volkswirtschaft selektiv zu fördern. Die Auswahl der geförderten Sektoren kann hierbei prinzipiell allokativ, distributiv oder politisch motiviert sein. Eine allokativ orientierte industriepolitische Konzeption zielt auf die Förderung derjenigen Sektoren, von denen für die Zukunft überdurchschnittlich hohe Wachstums- und Beschäftigungseffekte erwartet werden.[2] Ihr liegt daher die Annahme zugrunde, daß aufgrund der Nichtexistenz vollkommener Konkurrenz über den Markt eine Fehlallokation von Ressourcen erfolgt, weshalb der industrielle Strukturwandel nicht allein den auf Marktsignale reagierenden Unternehmern überlassen werden sollte, da durch staatliche Eingriffe in die Ressourcenallokation die gesamtwirtschaftliche Wohlfahrt erhöht werden könne.[3]

Als allokative Begründung für eine Industriepolitik in marktwirtschaftlichen Systemen werden insbesondere Erkenntnisse der Theorie des Marktversagens, der neuen strategischen Handelspolitik sowie der neuen Wachstumstheorie herangezogen.[4] Im Rahmen der statischen Theorie des Marktver-

---

1 Für einen Überblick unterschiedlicher Definitionsansätze vgl. Kokalj/Albach (1987), S. 11-13 sowie Oberender/Daumann (1995), S. 3 f.

2 Vgl. auch Willms (1992), S. 394.

3 Vgl. Oberender/Daumann (1995), S. 6.

4 Neben diesen vorrangigen Begründungen wird eine staatliche Industriepolitik auch mit mangelnder Risikobereitschaft und unzulänglich funktionierenden Kapitalmärkten begründet (vgl. Streit (1984), S. 46 f. sowie ders. (1987), S. 137 f.).
Abgesehen von den ökonomischen Begründungen werden in der Literatur häufig politische Argumente zugunsten einer staatlichen Industriepolitik angeführt. Hierbei wird insbesondere auf eine „zu hohe Abhängigkeit" vom Ausland und eine „technologische Lücke" gegenüber anderen Ländern verwiesen. Dabei verkennen die Vertreter einer derartigen Argumentation jedoch, daß eine wohlfahrtssteigernde weltwirtschaftliche Arbeitsteilung stets auch zu wechselseitigen Abhängigkeiten der Handelspartner führt und daß „technologische Lücken" Ausdruck komparativer Kostenvorteile sein können und als solche ökonomisch wünschenswert und wohlfahrtssteigernd sind (vgl. Oberender (1987), S. 519 sowie Streit (1987), S. 139 und 143).

sagens wird eine staatliche Industriepolitik primär mit der Existenz positiver Externalitäten und öffentlicher Güter gerechtfertigt. In Anlehnung an Arrow wird darauf verwiesen, daß Innovationen mit positiven Externalitäten verbunden sind, weshalb bei einer fehlenden Internalisierungspolitik durch den Staat mit einer volkswirtschaftlich suboptimalen Rate des technischen Fortschritts zu rechnen ist.[1] Auch wird eine gesellschaftliche Präferenz für industrielle Produktion angenommen, aufgrund der - in Verbindung mit der Möglichkeit positiver Externalitäten - einige Autoren einer nationalen Industrieproduktion Kollektivguteigenschaften zuschreiben, woraus die Notwendigkeit protektionistischer Maßnahmen für inländische Industrien gefolgert werden kann.[2]

Die neue Außenhandelstheorie modifiziert die der Ricardianischen Außenhandelstheorie zugrundeliegende Annahme einer linear-homogenen Produktionsfunktion durch die unterstellte Existenz steigender Skalenerträge.[3] Unter dieser Bedingung ist es für Unternehmen bedeutsam, als erster Anbieter am Markt aufzutreten, da die durch Lern- und Erfahrungsprozesse ausgelösten steigenden Skalenerträge einen Kostenvorsprung gegenüber potentiellen Konkurrenten bedeuten. Darüber hinaus wird die Existenz von markteintrittshemmenden Sunk Costs angenommen, woraus sich oligopolistische bzw. monopolistische Marktstrukturen ableiten lassen, die eine ineffiziente Faktorallokation implizieren. In einer derartigen Marktsituation kann der Staat die nationale Wohlfahrt einseitig erhöhen, indem er inländische Industrien, die mit Skalenerträgen produzieren, durch Zölle und Subventionen fördert,[4] so daß die geförderten Unternehmen ihre Grenzkosten

---

1 Vgl. Arrow (1962), S. 619.
Als geeignete Maßnahme wird folglich eine Subventionierung derjenigen Produktionszweige vorgeschlagen, die mit positiven Externalitäten verbunden sind, um somit einen Ausgleich von Grenzkosten und Wertschätzung zu erzielen.

2 Vgl. bspw. Johnson (1960).

3 Auf die Bedeutung von Skalenerträgen für den internationalen Handel hat bereits in den 20er Jahren Frank Graham verwiesen (vgl. Graham (1923), S. 216 f.). Erst mit den grundlegenden Aufsätzen von Brander/Spencer hat diese Argumentation jedoch breite Beachtung gefunden (vgl. Spencer/Brander (1983), Brander/Spencer (1984) sowie dies. (1985)). Vgl. erläuternd zur Bedeutung von Skalenerträgen für den internationalen Handel auch Siebert (1988), S. 552 sowie Bletschacher (1992), S. 9-13).
Als grundlegendes Standardwerk zur Neuen Außenhandelstheorie vgl. Helpman/ Krugman (1985).

4 Neben einer Stärkung der inländischen Industrie durch F&E-Subventionen oder Exportsubventionierung ist auch eine Schwächung der Marktposition ausländischer Un-

unter die ausländischer Anbieter senken können, wodurch die erzielbaren Monopol- oder Oligopolgewinne bei inländischen Unternehmen anfallen.[1] Somit können im Rahmen der Neuen Außenhandelstheorie protektionistische Maßnahmen auch für kleine Länder zu Wohlfahrtsgewinnen führen.

Im Rahmen der Neuen Wachstumstheorie wird die Wachstumsrate nicht mehr als exogen determiniert, sondern als endogene Modellvariable angenommen. Dies kann prinzipiell durch eine Endogenisierung von Kapitalakkumulation, Humankapitalentwicklung oder Innovationstätigkeit erfolgen, wobei insbesondere letzteres als Begründung für Industriepolitik dienen kann. Denn sofern angenommen wird, daß Wissen mit zunehmender Grenzproduktivität und positiven Externalitäten verbunden ist, Forschungs- und Entwicklungsinvestitionen jedoch mit abnehmenden Grenzerträgen einhergehen, läßt sich ein Gleichgewichtsmodell konstruieren, in dem die Wachstumsrate durch einen erhöhten Konsumverzicht bis zu einem Maximalwert gesteigert werden kann. Die Höhe des Wachstumseffektes ist hierbei positiv abhängig von der Produktivität des F&E-Bereichs.[2] Als wirtschaftspolitische Implikation kann hieraus abgeleitet werden, daß eine Subventionierung von F&E dann zu einer höheren weltweiten Wachstumsrate führt, wenn sie von Ländern mit komparativen Vorteilen in Forschung und Entwicklung vorgenommen wird. Dagegen resultieren protektionistische Maßnahmen für den Produktionssektor in einer höheren Wachstumsrate, wenn sie in Ländern mit einem komparativen Nachteil bei Forschung und Entwicklung eingeführt werden.[3]

Kritiker verweisen insbesondere darauf, daß die erfolgreiche Umsetzung einer staatlichen Industriepolitik bei Politikern einen Informationsstand voraussetzt, über den diese nicht verfügen.[4] So müßte eine optimale staatliche Subventionspolitik zur Internalisierung positiver Externalitäten ex ante in

---

ternehmen durch Importrestriktionen denkbar (weiterführend vgl. Spencer/Brander (1983), Brander/Spencer (1984) sowie dies. (1985)).

1 Vgl. ausführlich Krugman (1987), insbesondere S. 134-137.

2 Zu den theoretischen Grundlagen vgl. Romer (1986).

3 Vgl. Grossman/Helpman (1990).

4 Vgl. Oberender (1987), S. 518, Streit (1984), S. 49 f., ders. (1987), S. 141 f., Kösters (1992), S. 53 f. oder Fritsch (1993), S. 15.

der Lage sein, die Sektoren mit den höchsten externen Erträgen zu bestimmen.[1] Für eine optimale strategische Förderung der inländischen Industrie im internationalen Wettbewerb müßten nicht nur die Entscheidungsparameter der Konkurrenzunternehmen, sondern auch die Verhaltensweisen ausländischer Regierungen bekannt sein.[2] Auch besteht die Gefahr, daß Regierung und Bürokratie infolge von Lobbying sowie eigenen Interessen, selbst unter der Annahme vollkommener Information, eine hinsichtlich der gesellschaftlichen Wohlfahrt suboptimale Industriepolitik verfolgen.[3] Gegen eine Begründung von Industriepolitik aufgrund des Konzepts statischen Marktversagens wird angeführt, daß positive Externalitäten lediglich bei Innovationen problematisch sind, die auf breiter Basis angewandt werden können, nicht dagegen bei spezifischen und graduellen Lerneffekten.[4] Weitgehend unumstritten ist die Bedeutung positiver Externalitäten daher lediglich in der Grundlagenforschung.[5] Die Rechtfertigung einer spezifischen Industriepolitik anhand der Theorie strategischer Handelspolitik wird zumeist aufgrund der äußerst restriktiven Annahmen des Modells abgelehnt.[6] So verdeutlichen die angeführten Argumente von Vertretern und Kritikern einer allokativ begründeten Industriepolitik nochmals, daß sich die beiden Schulen insbesondere in ihrer Einschätzung hinsichtlich der Leistungsfähigkeit der Koordinationsmechanismen „Markt" und „Staat" unterscheiden.

---

1 Vgl. in diesem Sinn Klodt (1987), S. 6 f.

2 Vgl. Kösters (1992), S. 53 f. Generell wird befürchtet, daß eine staatliche Industriepolitik aufgrund des vermuteten Informationsdefizits bzgl. der zu fördernden Branchen zu einer ineffizienten Ressourcenallokation führt, die noch durch die Wettbewerbsverzerrung gegenüber nicht geförderten Sektoren verschärft wird (vgl. Oberender (1987), S. 518).

3 Vgl. Reekie (1995), S. 526 f.

4 Die Innovationen der ersten Kategorie, die tendenziell Bereichen der Grundlagenforschung zugeordnet werden können, bezeichnen Hanusch/Canter als „radikal" oder „generisch", im Gegensatz zu sog. „inkrementalen" oder „graduellen" Innovationen (vgl. Hanusch/Cantner (1993), S. 19-23).

5 Vgl. bspw. Fritsch (1993), S. 4.

6 Das Modell läßt eine mögliche Gegenreaktion ausländischer Regierungen, den inländischen Konsumentenmarkt, konkurrierende inländische Unternehmen sowie den zumindest langfristig realistischen Markteintritt dritter Unternehmen unberücksichtigt. Werden diese Faktoren in die Analyse einbezogen, so führt dies zu einer deutlichen Verschlechterung der Ergebnisse, wodurch die Aussagekraft der strategischen Handelspolitik stark eingeschränkt wird (zur Restriktivität der Ansätze der strategischen Handelspolitik vgl. ausführlich Siebert (1988), S. 566-574).

2.2. Unternehmensgrößenbezogene Strukturpolitik[1]

In Anlehnung an die gewählte strukturpolitische Definition soll im folgenden unter einer unternehmensgrößenbezogenen Strukturpolitik die Summe der staatlichen Maßnahmen verstanden werden, die einer gezielten Förderung, der anhand zugrundegelegter Kriterien als klein- und mittelständisch definierten Unternehmen, dienen.[2] Grundlegendes Problem einer derart definierten unternehmensgrößenbezogenen Strukturpolitik ist die Wahl der Abgrenzungskriterien, die prinzipiell quantitativer und qualitativer Art sein können. Im folgenden wird eine Abgrenzung von KMUs gegenüber Großunternehmen anhand der quantitativen Kriterien Beschäftigungszahl und Umsatz vorgenommen,[3] wobei durch die parallele Betrachtung beider Faktoren der differierenden Kapitalintensität verschiedener Branchen Rechnung getragen werden soll. Da eine rein an quantitativen Merkmalen ausgerichtete Definition das Wesen von KMUs jedoch nicht vollständig erfassen kann,[4] werden darüber hinaus als qualitative Kriterien vorausgesetzt, daß es sich um ein wirtschaftlich eigenständiges Unternehmen handelt, das sich im Eigentum und unter der Leitung einer Privatperson befindet.[5]

Die Frage nach der Notwendigkeit einer spezifischen Förderpolitik für KMUs ist in der ökonomischen Literatur umstritten. Dabei lassen sich - analog zur industriepolitischen Diskussion - zwei allokativ orientierte[6] Argumentationsrichtungen unterscheiden. Der neoklassische Ansatz betrachtet die sich bei funktionsfähigem Wettbewerb am Markt infolge rationaler Un-

---

1 Auf die betriebswirtschaftlich relevante Differenzierung zwischen Betrieb und Unternehmen wird hier verzichtet. Vgl. zu dieser Unterscheidung Kubista (1975), S. 36-38.

2 Vgl. ähnlich Abel/Schlotter (1961), S. 395 sowie o. V. (1991a), S. 555.

3 Die verwendeten Kriterien sind hierbei nicht als absolut zu betrachten, sondern in Hinblick auf die Struktur der jeweils betrachteten Volkswirtschaft zu definieren (vgl. Frechen (1972), S. 5). Eine numerische Festlegung kann somit immer nur länderspezifisch erfolgen.

4 Zur Problematik quantitativer Merkmale vgl. ausführlich Henrich/Kirsch (1994), S. 18-21.

5 Vgl. Lucas (1992), S. 11 f.

6 Die Förderung kleiner und mittlerer Unternehmensgrößen wird häufig auch politisch gerechtfertigt, da sie zur Etablierung eines gesellschaftlichen Mittelstandes und somit zu einer stabilen demokratischen Gesellschaft beitragen könne. Die folgende Analyse beschränkt sich angesichts der Themenstellung jedoch auf mögliche allokative Begründungen einer Förderpolitik für KMUs.

ternehmensentscheidungen herausbildende Unternehmensgrößenstruktur als prinzipiell effizient.[1] Gefordert wird im Rahmen dieser Konzeption deshalb lediglich eine wettbewerbspolitische Gleichstellung von KMUs und Großunternehmen,[2] nicht jedoch eine spezifische Förderung bestimmter Unternehmensgrößen.[3] Eben diese ist dagegen Ziel der zweiten Konzeption, die eine staatliche Politik zur Förderung kleiner und mittlerer Unternehmensgrößen mit deren positiver Wirkung auf Wettbewerb, Innovation und Beschäftigung begründet.[4]

Bzgl. der Wettbewerbsfunktion wird hierbei argumentiert, daß durch die Existenz von KMUs die Anzahl der Marktteilnehmer und somit der Wettbewerb erhöht wird.[5] Dies wiederum sichere die Funktionsfähigkeit des Preismechanismus und führe folglich zu einer effizienten Faktorallokation. Von einigen Autoren wird zudem ein überproportionales Innovationspotential von KMUs vermutet, da der „Schumpetersche Unternehmertyp" vorwiegend in kleineren Unternehmen anzutreffen sei.[6] Schließlich wird vielfach angenommen, daß KMUs überproportional zur Schaffung von Arbeitsplätzen beitragen[7] und ein gegenüber Großunternehmen stabileres Beschäftigungsverhalten aufweisen.[8] Unterstellt man, daß Innovationen sowie ein hoher Beschäftigungsstand mit positiven Externalitäten verbunden sind,

---

1 Vgl. grundlegend hierzu Coase (1937).

2 Eine Diskriminierung kann in Form einer wirtschaftspolitischen Ungleichbehandlung von KMUs einerseits sowie Großunternehmen andererseits gegeben sein (vgl. Gellner (1968), S. 31 sowie Bannock/Peacock (1989), S. 98-101). Keineswegs können jedoch produktionstechnische Vorteile von Großunternehmen, z. B. durch ein Nutzen von Skalenerträgen, als Diskriminierung betrachtet werden, da diese gerade Ausdruck einer effizienten Produktion durch Großunternehmen sind (vgl. hierzu auch Aengenendt-Papesch (1962), S. 99 f.).

3 Vgl. Aengenendt-Papesch (1962), S. 65 f.

4 Vgl. bspw. Albach (1983), S. 870 oder Schmidt (1996), S. 538.

5 Vgl. in diesem Sinn bspw. Pleitner (1995), S. 44.

6 Vgl. Kassai/Koenigs/Spies (1988), S. 18 f.

7 Die These von einer überproportionalen Beschäftigungsdynamik kleiner und mittlerer Unternehmensgrößen geht auf eine empirische Studie von Birch zurück, nach der in den USA zwischen 1969 und 1976 hauptsächlich kleine Unternehmen zur Schaffung von Arbeitsplätzen beigetragen haben (vgl. Birch (1979), insbesondere S. 29-31 sowie ders. (1981), S. 7 f.).

8 Das stabilere Beschäftigungsverhalten wird zumeist damit begründet, daß KMUs einem größeren Wettbewerb ausgesetzt sind und deshalb eine höhere Preisflexibilität aufweisen, die langfristig beschäftigungsstabilisierend wirke (vgl. Kock et al. (1977), S. 59 f.).

so könnten beide Argumente als allokative Begründung für eine staatliche KMU-Förderpolitik dienen.

Die in der ökonomischen Literatur angeführten Begründungen für eine Förderung von KMUs sind jedoch stark umstritten. So kann gegen die Wettbewerbsargumentation in Anlehnung an Kantzenbach eingewandt, daß die Wettbewerbsintensität nicht automatisch mit der Anzahl der Marktteilnehmer steigt.[1] Der innovationsorientierten Argumentation steht entgegen, daß Großunternehmen über bessere Finanzierungsmöglichkeiten verfügen und aufgrund einer stärker diversifizierten Produktionsstruktur F&E-Ergebnisse besser verwerten können. Darüber hinaus können sie mögliche Economies of Scale im F&E-Prozeß besser verwirklichen.[2] Die These einer überproportionalen Arbeitsplatzschaffung schließlich wird in der neueren Literatur vielfach abgelehnt, da der zugrundeliegenden empirischen Studie eine Fehlinterpretation von Daten sowie Ungenauigkeit vorgeworfen wird.[3] Schließlich wird darauf verwiesen, daß Großunternehmen aufgrund ihrer höheren Finanzkraft bei einem temporären Nachfragerückgang bessere Möglichkeiten zur Weiterbeschäftigung ihrer Arbeitnehmer und somit eine stabilisierende Wirkung auf die Beschäftigung haben können.[4]

Auch die Befürwortung bzw. Ablehnung einer unternehmensgrößenspezifischen Strukturpolitik ist somit vorrangig durch die Einschätzung hinsichtlich der Effizienz marktlicher Prozesse determiniert. Neben der Informationsproblematik, die sich in bezug auf eine KMU-Förderpolitik analog zur Industriepolitik stellt, wird die allokativ orientierte Argumentation hierbei jedoch durch die geringe theoretische Fundierung der angeführten Argumente geschwächt, da diese weitgehend auf Thesen oder empirischen Studien basieren. Eine allokative Begründung scheint daher nur eingeschränkt

---

1 Vgl. Kantzenbach (1967), S. 39-47.

2 Vgl. Kassai/Koenigs/Spies (1988), S. 19.

3 U. a. wird Birch hierbei vorgeworfen, daß er den Wechsel einzelner Unternehmen von einer Größenklasse in eine andere innerhalb des Betrachtungszeitraums außer acht gelassen hat (vgl. Davis/Haltiwanger/Schuh (1993), insbesondere S. 2 und 10-12). Zudem wird an der Beschäftigungsthese kritisiert, daß sie die Tatsache, daß viele der betrachteten mittleren Unternehmen von Großunternehmen abhängige Zulieferbetriebe darstellen, nicht genügend beachtet (vgl. Harrison (1994), S. 150-154).

4 Vgl. Kassai/Koenigs/Spies (1988), S. 9.

möglich. Trotz dieses argumentativen Defizits können marktwirtschaftliche Systeme jedoch auch danach unterschieden werden, ob sie im Rahmen der sektoralen Strukturpolitik eine Förderung von KMUs anstreben und in welchem Ausmaß sich diese an möglichen allokativen Begründungen orientiert.

2.3. Regionalpolitik

Der Begriff der Regionalpolitik wird im folgenden als regionale Strukturpolitik definiert. Dabei wird Regionalpolitik - analog zu den bisherigen strukturpolitischen Definitionen - als Summe der staatlichen Maßnahmen interpretiert, die auf eine Produktionsförderung in spezifischen Regionen zielen.[1]

Die Notwendigkeit einer derart definierten regionalen Strukturpolitik ist ebenso wie die einer sektoralen Strukturpolitik umstritten. Neoklassische Theorieansätze[2] unterstellen einen vollkommenen Wettbewerb, der zu einem regionalen Allokationsoptimum und einem Ausgleich der Faktoreinkommen zwischen den Regionen führt, so daß sich eine staatliche Regionalpolitik im neoklassischen Modell weder allokativ noch distributiv begründen läßt.[3] Dem entgegen stehen die Polarisationstheorien sowie Erkenntnisse der Neuen Wirtschaftsgeographie und Neuen Wachstumstheorie, die infolge exogener Faktoren bzw. endogener Pfadentwicklungen im zeitlichen Ablauf eine Zunahme regionaler Divergenz annehmen, aus der prinzipiell eine sowohl allokative wie auch distributive Begründung für eine staatliche Regionalpolitik abgeleitet werden kann.[4]

---

1 Vgl. auch Hansen (1996), S. 107.

2 Aus regionalpolitischer Sicht sind hierbei insbesondere die (neo)klassische Außenhandelstheorie sowie die neoklassische Wachstumstheorie von Relevanz.

3 Vgl. ausführlich Krieger-Boden (1995), S. 25-27 und 32-35.

4 Darüber hinaus läßt sich eine auf Infrastrukturinvestitionen begrenzte Regionalpolitik auch durch den öffentlichen Gut-Charakter vieler Infrastrukturgüter begründen. Staatliche Regionalpolitik soll im Rahmen dieses Ansatzes darauf hinwirken, daß das Wirtschaftswachstum einzelner Regionen nicht durch einen Infrastrukturengpaß behindert wird, weshalb eine Analyse des Entwicklungspotentials einzelner Regionen zur Feststellung des künftigen Infrastrukurbedarfes gefordert wird. Problematisch an diesem Ansatz ist jedoch das nur schwer bestimmbare Entwicklungspotential einzelner Regionen (vgl. ausführlich zum Begriff des Entwicklungspotentials Giersch (1963), S. 393-400). Traditionelle regionalpolitische Ansätze wie die Standorttheorien oder Stufentheorien werden in der vorliegenden Analyse nicht berücksichtigt, da sie rein deskriptiv ausge-

Die Polarisationstheorien lehnen die neoklassische Annahme eines vollkommenen Marktes ab und leiten in zahlreichen Ansätzen aus unterschiedlichen Formen von Marktunvollkommenheit eine zunehmende Divergenz regionaler Entwicklung ab. Insbesondere wird hierbei auf die zentripetale Wirkung von unternehmens- und brancheninternen Skalenerträgen verwiesen. Diese produktionstechnisch bedingte Polarisation kann zusätzlich durch Multiplikator- und Akzeleratoreffekte verstärkt werden, wenn die räumliche Konzentration über steigende Faktoreinkommen zu einer Nachfrageerhöhung führt und der dynamischen Entwicklung von Wachstumspolen ein psychologischer Sogeffekt unterstellt wird. Schließlich verweisen einige Ansätze auf die Möglichkeit sog. „Backwash"-Effekte, die dann entstehen, wenn ein Agglomerationszentrum infolge einer höheren Effizienz des Einsatzes von Produktionsfaktoren und verbesserter Lebens- und Arbeitsbedingungen eine Zuwanderung von Produktionsfaktoren vom Hinterland in die Ballungsräume induziert.[1]

Ausgehend von der Neuen Außenhandelstheorie, der die Annahme zunehmender Skalenerträge zugrundeliegt, werden im Rahmen der Neuen Wirtschaftsgeographie Agglomerationstendenzen aus dem Verhältnis einer zentripetal wirkenden Zunahme von Skalenerträgen und zentrifugal wirkenden Transportkosten erklärt.[2] Wird im Industrialisierungsprozeß ein relativer Bedeutungsgewinn positiver Skalenerträge gegenüber Transportkosten angenommen, so lassen sich hieraus pfadabhängige Konzentrationsprozesse ableiten, die zu einer Zunahme regionaler Disparität führen. Da die durch zunehmende Skalenerträge und Sunk Costs bedingten oligopolistischen bzw. monopolistischen Marktstrukturen mit ökonomischen Renten verbunden sind, die die Agglomerationszentren zu Lasten anderer Regionen abschöpfen können, ist unter den Annahmen der Neuen Wirtschaftsgeographie das volkswirtschaftliche Wohlfahrtsoptimum nicht mehr mit einem Wohl-

---

richtet sind, weshalb die Frage nach einer ökonomischen Begründung regionaler Strukturpolitik nicht Bestandteil dieser Theorieansätze ist.

1 Ausführlich zu den verschiedenen Ansätzen im Rahmen der Polarisationstheorie vgl. Krieger-Boden (1995), S. 36-42 sowie ergänzend Hansen (1996), S. 109 f.

2 Vgl. insbesondere Krugman (1991), S. 14-23.
Da die Neue Wirtschaftsgeographie im Gegensatz zur Neuen Außenhandelstheorie die Bedeutung von Transportkosten in die Analyse miteinbezieht, kann sie grundsätzlich als Erweiterung der Neuen Außenhandelstheorie erachtet werden.

fahrtsoptimum jeder einzelnen Region verbunden. Regionalpolitik kann deshalb sowohl allokativ als auch distributiv begründet werden und könnte darauf zielen, eine symmetrische Regionalverteilung von Sektoren mit hohen Skalenerträgen zu fördern.[1]

Wie bereits im Abschnitt zur Industriepolitik dargestellt, wird die Wachstumsrate im Rahmen der Neuen Wachstumstheorie endogenisiert. Unter annahmegemäß abnehmenden oder konstanten privaten Grenzerträgen der Produktionsfaktoren setzt sich der Wachstumsprozeß aufgrund angenommener positiver Externalitäten der Faktorakkumulation in Abhängigkeit von der Faktorausstattung im Ausgangszeitpunkt fort. Folglich werden sich regionale Disparitäten - auch nach der Neuen Wachstumstheorie - im Zeitablauf nicht verringern, sondern vergrößern.[2]

Da sich sowohl aus den Polarisationstheorien wie auch aus der Neuen Wirtschaftsgeographie und der Neuen Wachstumstheorie eine Zunahme regionaler Disparität ableiten läßt, die mit einer steigenden regionalen Einkommensdivergenz verbunden ist, kann eine staatliche Regionalpolitik im Rahmen dieser Ansätze distributiv begründet werden, sofern in der betrachteten Gesellschaft eine regional ausgeglichene Einkommensverteilung angestrebt wird. In ihrer allokativen Begründung für Regionalpolitik unterscheiden sich die Ansätze insofern, als die Polarisationstheorien ein staatliches Eingreifen im Rahmen der statischen Theorie des Marktversagens begründen. Dagegen lassen sich staatliche Eingriffe in die Regionalstruktur im Rahmen der Neuen Wirtschaftsgeographie bzw. der Neuen Wachstumstheorie deshalb begründen, weil infolge zunehmender Skalenerträge und oligopolistischer (monopolistischer) Marktstrukturen bzw. infolge von Externalitäten zwar ein gesamtwirtschaftliches Wohlfahrtsoptimum, nicht jedoch ein Wohlfahrtsoptimum der Regionen erreicht wird.[3]

---

1 Vgl. auch Krieger-Boden (1995), S. 50.

2 Vgl. ausführlich Krieger-Boden (1995), S. 52-68 sowie Hansen (1996), S. 111.

3 Für eine ausführliche Abgrenzung von Polarisationstheorien und Neuer Wirtschaftsgeographie bzw. Neuer Wachstumstheorie vgl. auch Krieger-Boden (1995), S. 75-78.

An den dargestellten Ansätzen wird kritisiert, daß sie negative Agglomerationseffekte, die u. a. in Form von steigenden Preisen für immobile Produktionsfaktoren sowie Crowding Costs vorliegen können,[1] weitgehend unberücksichtigt lassen. Analog zur Industriepolitik wird darüber hinaus auch in bezug auf die Regionalpolitik der für eine erfolgreiche Umsetzung dieser Politik notwendige hohe Informationsstand bei Politikern als realitätsfremd kritisiert. Denn für eine wohlfahrtsmaximierende Ausgestaltung staatlicher Regionalpolitik sind umfassende Informationen über Produktionsfunktionen, Externalitätenumfang, Nachfragestrukturen sowie künftige Innovationen Voraussetzung.[2] Ebenso ist die bereits im industriepolitischen Zusammenhang angesprochene Problematik eigennützig agierender Politiker auch im Bereich der Regionalpolitik von Relevanz. Schließlich setzt die Existenz regionaler Förderung einen Anreiz zu Rent Seeking und kann somit effizienzmindernd wirken.[3] Somit erlauben politische Forderungen über die Einführung bzw. Abschaffung von Regionalpolitik wiederum Rückschlüsse auf die Einschätzung marktlicher und staatlicher Effizienz sowie die distributive Zielsetzung einer Gesellschaft. Wie die Ausgestaltung sektoraler Strukturpolitik läßt daher auch die Existenz einer spezifischen regionalen Förderpolitik Rückschlüsse auf die in einer Gesellschaft existierenden Einschätzung von potentiellen Marktversagenskosten im Verhältnis zu potentiellen Staatsversagenskosten auf mesoökonomischer Ebene zu.

III. Die Arbeitsmarktordnung

Der Aufbau der bisherigen Abschnitte spiegelt im wesentlichen die wirtschaftspolitische Gliederung in mikro-, meso- und makroökonomische Maßnahmen wider. Ergänzend hierzu soll im folgenden der Arbeitsmarkt als ein ökonomischer Teilmarkt detailliert untersucht werden. Diese spezifische Analyse des Arbeitsmarktes läßt sich insofern begründen, als die Frage nach einer „gerechten" Entlohnung eines der strittigsten Themen der Wirtschaftstheorie darstellt und sich marktwirtschaftliche Systeme infolgedessen besonders auch in der Ausgestaltung von Arbeitsmarktordnungen unterscheiden. In Übereinstimmung mit den bisherigen Überlegungen do-

---

[1] Vgl. ausführlich zu negativen Agglomerationseffekten Richardson (1980).

[2] Vgl. auch Feix (1996), S. 166.

[3] Vgl. bspw. Feix (1996), S. 167.

miniert dabei auch im folgenden die Frage nach dem vorherrschenden Koordinationsmechanismus am Arbeitsmarkt, die anhand möglicher Formen von Lohnfindungssystemen untersucht werden soll.

1. Begriffsdefinition und Begründung einer spezifischen Arbeitsmarktordnung im Rahmen marktwirtschaftlicher Systeme

Der Arbeitsmarkt wird in einem ökonomisch abstrakten Sinn durch das Zusammentreffen von Arbeitsangebot und -nachfrage konstituiert.[1] Im Rahmen der neoklassischen Theorie wird er in seiner Funktionsweise allen übrigen Faktor- und Gütermärkten gleichgesetzt.[2] Demnach führen die am Arbeitsmarkt stattfindenden freiwilligen Tauschvereinbarungen zwischen Anbietern und Nachfragern des Faktors Arbeit zur Bildung eines gleichgewichtigen Lohnsatzes, welcher eine Räumung des Arbeitsmarktes ermöglicht, so daß lediglich freiwillige, nicht jedoch unfreiwillige Arbeitslosigkeit auftreten kann.

Staatliche Eingriffe in den Arbeitsmarkt bzw. die Institutionalisierung einer spezifischen Arbeitsmarktordnung[3] können allokativ[4] dann gerechtfertigt werden, wenn die dem neoklassischen Modell zugrundeliegende Prämisse eines vollkommenen Marktes in der Realität nicht gegeben ist und staatliche Eingriffe eine Wohlfahrtssteigerung erwarten lassen. Dabei kann der Arbeitsmarkt insofern als unvollkommen angenommen werden, als er sich in zahlreiche Teilmärkte gliedert, der Faktor Arbeit ein heterogenes Gut darstellt, die Mobilität am Arbeitsmarkt infolge insbesondere sprachlicher und persönlicher Bindungen mit relativ hohen Opportunitätskosten verbunden

---

1 Vgl. Barker (1992), S. 1 sowie Kleinhenz (1993), S. 14.

2 Vgl. Craypo (1986), S. 10.

3 Unter dem Begriff der Arbeitsmarktordnung werden alle arbeitsmarktrelevanten Institutionen, Regelungen und Normen subsumiert. Die Arbeitsmarktordnung determiniert somit den Rahmen, innerhalb dessen die Akteure am Arbeitsmarkt agieren können und beeinflußt infolgedessen indirekt das Ergebnis am Arbeitsmarkt.

4 Die Arbeit konzentriert sich in ihrer Argumentation auf allokative Begründungen einer spezifischen Arbeitsmarktordnung. Darüber hinaus wird in der Literatur häufig auch auf deren moralische Bedeutung verwiesen, da der Faktor Arbeit aufgrund seiner Verbindung mit dem Menschen als Träger nicht anderen Produktionsfaktoren und Gütern gleichgesetzt werden könne (vgl. Willeke (1956), S. 321 sowie Rothschild (1975), S. 16).

und daher zumeist gering ist und sich der Arbeitsmarkt darüber hinaus häufig als in hohem Maße intransparent erweist.[1] Auch kann, aufgrund der existentiellen Bedeutung, die der Verwendung des Faktors Arbeit für den einzelnen Arbeitnehmer zukommt, auf unregulierten Arbeitsmärkten eine monopsonistische Struktur und infolgedessen ein Machtungleichgewicht zugunsten der Arbeitgeber angenommen werden.[2] Die zentrale Bedeutung des Faktors Arbeit für den einzelnen Arbeitnehmer kann darüber hinaus zu einer anomalen Reaktion des Arbeitsangebots führen, die eintritt, wenn eine Lohnsenkung, infolge eines den Substitutionseffekt überwiegenden Einkommenseffekts, zu einer Ausweitung des Arbeitsangebots führt. Ist die Elastizität der Arbeitsangebotskurve zudem größer als die der Nachfragekurve, führt dies zu einem instabilen Gleichgewicht am Arbeitsmarkt.[3] Ein solches ist auch dann gegeben, wenn Cobweb-Prozesse auftreten.[4] Im Rahmen neuerer Arbeitsmarkttheorien wird zudem darauf verwiesen, daß ein Versagen des Preismechanismus am Arbeitsmarkt auch in einer Rationalitätenfalle begründet sein kann, da ein vom Gleichgewichtslohn abweichender Reallohn aus individuell rationalem Verhalten resultieren kann.[5]

---

1 Vgl. ausführlich Willeke (1956), S. 323, 327 und 330, Rothschild (1975), S. 18 sowie Kleinhenz (1993), S. 15 f.

2 Vgl. Willeke (1956), S. 326 f., Rothschild (1975), S. 19 sowie Kleinhenz (1993), S. 14. Kritisch hierzu Soltwedel et al., die eine per se Annahme monopsonistischer Strukturen am Arbeitsmarkt ablehnen, da diese von der Mobilität der Arbeitsanbieter sowie den Gütermarktstrukturen abhänge (vgl. Soltwedel et al. (1990), S. 163 f.).

3 Vgl. Willeke (1956), S. 327, Kleinhenz (1993), S. 14 f. sowie Osbild (1994), S. 21 f. Eine anormale Reaktion des Arbeitsangebots wird insbesondere bei existenzminimalen bzw. sehr hohen Löhnen sowie zur Erhaltung des Lebensstandards vermutet (vgl. Kleinhenz (1993), S. 14 f.).

4 Cobweb-Prozesse können unter der Bedingung eines kurzfristig relativ unelastischen Arbeitsangebots auftreten, da das Angebot auf Lohnveränderung dann lediglich mit einer Zeitverzögerung reagiert. Liegt die Angebotselastizität zudem über der Nachfrageelastizität, so entfernt sich der Arbeitsmarkt immer mehr vom Gleichgewicht.
Empirische Untersuchungen für die USA zeigen Cobweb-Prozesse u. a. für den Markt von Rechtsanwälten (vgl. Hamermesh/Rees (1988), S. 168) sowie für Ingenieure (vgl. Ehrenberg/Smith (1991), S. 314). Eine mögliche Erklärung für Cobweb-Prozesse am Arbeitsmarkt liegt darin, daß sich Schulabgänger bei der Wahl ihres Studiums an der gegenwärtigen Gehaltsituation einzelner Berufe orientieren (vgl. Ehrenberg/Smith (1991), S. 313 f.).

5 Mit dieser These setzen sich insbesondere die Transaktionskostenansätze, die Effizienzlohnhypothese sowie die Kontrakttheorien auseinander. Erstere zielen darauf ab, daß Insider (bereits Beschäftigte) über eine gewisse Verhandlungsmacht bzgl. der Lohnhöhe verfügen, da eine Substitution von Insidern durch Outsider für ein Unternehmen mit Fluktuations- und Einarbeitungskosten verbunden ist. Die Lohnhöhe der Insider kann somit bis zum Lohnsatz der Outsider zuzüglich den Grenzkosten der Fluktuation und

Prinzipiell kann die Institutionalisierung einer spezifischen Arbeitsmarktordnung somit allokativ gerechtfertigt werden. Eine konkrete Differenzierung realisierter Arbeitsmarktordnungen kann dann daran erfolgen ob bzw. in welcher Form die fünf zentralen Arbeitsordnungselemente Lohnfindung, gesetzlicher Arbeitnehmerschutz, Einkommensersatzleistung bei Arbeitslosigkeit, staatliche Arbeitsmarktbehörde und betriebliche Mitbestimmung institutionalisiert sind.[1] Deren (Nicht-)Existenz bzw. Ausgestaltung erlaubt nämlich Rückschlüsse auf die gesellschaftliche Einschätzung möglicher Formen von Marktversagen oder Marktmängel am Arbeitsmarkt im Verhältnis zu den potentiellen Kosten staatlicher Eingriffe in den Arbeitsmarkt. Aufgrund der zentralen Bedeutung, die der Ausgestaltung des Lohnfindungssystems in der Literatur für die Differenzierung von Arbeitsmarktordnungen beigemessen wird,[2] bezieht die vorliegende Arbeit allerdings die genannten Arbeitsmarktordnungselemente nicht in ihrer Gesamtheit ein, sondern beschränkt sich auf eine Analyse möglicher Ausgestaltungsformen von Lohnfindungssystemen.

2. Differenzierung von Arbeitsmarktordnungen anhand des zugrundeliegenden Lohnfindungssystems

Lohnfindungssysteme können zwischen den beiden Extremen einer rein individuellen Lohnfindung und staatlich festgesetzten Löhne variieren.[3] Im

---

Einarbeitung steigen, ohne daß Insider eine Substitution durch Outsider befürchten müssen. In Abhängigkeit der Substitutionsgrenzkosten kann der Lohnsatz der Insider somit den Gleichgewichtslohnsatz am Arbeitsmarkt übersteigen (vgl. Lindbeck/Snower (1987), S. 411-414). Im Rahmen der Effizienzlohntheorien wird argumentiert, daß Unternehmen im Wettbewerb um die Arbeitnehmer mit der höchsten Produktivität bereit sind, den Gleichgewichtslohn übersteigende Löhne zu bezahlen, da angenommen wird, daß Arbeitsmotivation und Produktivität mit steigendem Lohnsatz überproportional zunehmen (für einen Überblick zur Effizienzlohnhypothese vgl. Yellen (1984)). Die Kontrakttheorien berücksichtigen, daß sich der Reallohnsatz i. d. R. nicht auf Auktionsmärkten bildet, sondern Arbeitgeber und Arbeitnehmer zumeist langfristige Verträge über Beschäftigungsverhältnisse abschließen. Diese enthalten einen vereinbarten Lohnsatz, an dem auch bei Abweichen des Marktlohnes festgehalten wird. Vorteilhaft sind derartige Vereinbarungen für die Vertragspartner, da sie unter der Annahme risikoaverser Arbeitnehmer und risikoneutraler Unternehmer zu einer optimalen Risikoverteilung führen (für einen Überblick vgl. u. a. Ramser (1978) sowie Rosen (1985)).

1 Vgl. hierzu auch Kleinhenz, der für Deutschland fünf „Säulen" der Arbeitsmarktordnung unterscheidet (vgl. Kleinhenz (1993), S. 18-20).

2 Vgl. u. a. Kleinhenz (1993), S. 18 und Fitzenberger (1995), S. 77.

3 Vgl. ILO (1973/78), S. 11.

Rahmen einer liberalen Arbeitsmarktordnung werden Löhne durch individuelle Verträge zwischen Arbeitnehmern und Arbeitgebern ausgehandelt. Da diesem Lohnfindungsmodell die neoklassische Vorstellung einer prinzipiellen Funktionsfähigkeit des Preismechanismus am Arbeitsmarkt zugrunde liegt, kommt dem Staat lediglich eine Sicherungsfunktion hinsichtlich der Vertragsfreiheit sowie möglicherweise eine unterstützende Informationsfunktion zu.[1] Im Gegensatz hierzu finden in planwirtschaftlichen Systemen keine Lohnverhandlungen statt, da der Staat im Rahmen der makroökonomischen Planung auch die Löhne festsetzt; eine Lohnfindung über den Markt-Preis-Mechanismus wird grundsätzlich abgelehnt.[2] Ein System kollektiver Lohnfindung, in dem der Koordinationsmechanismus „Verhandlung" eine maßgebliche Rolle spielt, kann als Zwischenform dieser beiden Extreme verstanden werden.[3] Als vorrangige Zielsetzungen einer Institutionalisierung kollektiver Lohnfindungssysteme können die Beseitigung einer angenommenen monopsonistischen Struktur unregulierter Arbeitsmärkte sowie eine möglichst konfliktfreie Lösung von Verteilungsfragen erachtet werden.

Prinzipiell gibt die Existenz eines bestimmten Lohnfindungssystems Aufschluß über die in der Gesellschaft vorherrschende Einstellung hinsichtlich der Frage, welcher Koordinationsmechanismus den Arbeitsmarkt und insbesondere die Lohnfindung dominieren sollte. Da in marktwirtschaftlichen Systemen i. d. R. weder eine ausschließlich individuelle Lohnfindung, noch eine staatliche Lohnfestsetzung existiert, beschränkt sich die Analyse im folgenden auf die Ausgestaltungsmöglichkeiten kollektiver Lohnfindungssysteme. Die Existenz kollektiver Lohnfindung impliziert zwar per se die Annahme von Marktversagen aufgrund einer monopsonistischen Struktur unregulierter Arbeitsmärkte, dennoch können kollektive Lohnfindungssysteme infolge einer unterschiedlichen Einschätzung von Markt- und Staatsversagen in einzelnen Gesellschaften sowie verschiedener gesellschaftlicher Gerechtigkeitskonzeptionen stark in ihrer Ausgestaltung variieren. Im folgenden sollen daher zunächst Unterschiedsmerkmale kollektiver Lohnfindungs-

---

[1] Vgl. Keizer (1992), S. 172.

[2] Vgl. Keizer (1992), S. 173.

[3] Vgl. in diesem Sinn Keizer (1992), S. 173 f. sowie Standing/Sender/Weeks (1996), S. 10.

systeme erarbeitet werden, anhand derer dann eine Klassifizierung von Arbeitsmarktordnungen erfolgt.

Im Rahmen kollektiver Lohnfindungssysteme sind Lohnverhandlungen dahingehend institutionalisiert, daß sich Gewerkschaften als Interessensvertreter der abhängig Beschäftigten[1] und Arbeitgeberverbände als Interessensvertreter der Unternehmer in den Lohnverhandlungen gegenüberstehen.[2] Durch die Substitution individueller durch kollektive Lohnverhandlungen wird die annahmegemäß monopsonistische Struktur des Arbeitsmarktes durch ein bilaterales Monopol ersetzt. Der Lohnsatz liegt dann in Abhängigkeit der Verhandlungsmacht der Tarifparteien zwischen dem Monopson- und Monopolpreis, wobei die stärkste Annäherung an einen gleichgewichtigen Lohnsatz - sofern Effizienzlöhne ausgeschlossen werden - bei einer ausgeglichenen Machtverteilung zwischen den Tarifparteien zu erwarten ist. Diese kann daher als notwendige, nicht jedoch hinreichende Voraussetzung für die Sicherung makroökonomischer Stabilität[3] und einer konfliktfreien Lösung von Verteilungsfragen erachtet werden.[4] Folglich können

---

1 Der Insider-Outsider-Theorie zufolge kann vermutet werden, daß Gewerkschaften nicht vorrangig die Interessen aller Arbeitsfähigen, sondern lediglich die der Beschäftigten vertreten.

2 Vgl. ILO (1973/78), S. 17-26 und 37-45 sowie Schmidt (1996), S. 101.

3 Der Begriff der makroökonomischen Stabilität wird im folgenden als kongruent mit einem hohen Zielerreichungsgrad bei Preisniveaustabilität, Vollbeschäftigung und aussenwirtschaftlichem Gleichgewicht definiert. Im Rahmen kollektiver Lohnverhandlungen wird über Nominallohnzuwächse entschieden. Liegen diese über dem Produktivitätszuwachs und verfügen die Unternehmen aufgrund einer hohen Preiselastizität der Nachfrage auf den Gütermärkten über keinen oder einen nur geringen Preisüberwälzungsspielraum, so kann dies zu einem Reallohnanstieg führen, der c. p. eine Substitution von Arbeit durch Kapital und somit einen negativen Beschäftigungseffekt erwarten läßt. Ist der Preisüberwälzungsspielraum der Unternehmen dagegen sehr hoch, so kann ein Anstieg des Güterpreisniveaus angenommen werden, der - bei einer annahmegemäß restriktiven Geldpolitik - über steigende Zinsen zu einem sinkenden Investitionsvolumen, reduziertem Wirtschaftswachstum und somit langfristig negativen Beschäftigungseffekten führen kann. Verfolgt die Notenbank dagegen keine restriktive Geldpolitik, so ist eine allgemeine Preisniveausteigerung zu erwarten. Hinsichtlich der außenwirtschaftlichen Position können sowohl ein Reallohnanstieg als auch ein Preisniveauanstieg insbesondere zu einem Wettbewerbsnachteil inländischer Unternehmen und somit einer Verschlechterung der Leistungsbilanz führen. Die auch durch die Ausgestaltung des Lohnfindungssystems beeinflußte Lohnhöhe kann somit den Zielerreichungsgrad der Stabilitätskriterien Preisniveaustabilität, Vollbeschäftigung und außenwirtschaftliches Gleichgewicht beeinflussen.

4 Vgl. auch Schmidt (1996), S. 98 und 104.

staatliche Eingriffe in die Vertrags- und Koalitionsfreiheit am Arbeitsmarkt dann allokativ gerechtfertigt sein, wenn sie zu einem Machtausgleich führen; resultieren sie dagegen in einer Machtasymmetrie oder verstärken eine solche, so kann dies in einer verteilungspolitischen Zielsetzung begründet sein.[1] Kollektive Lohnfindungssysteme lassen sich somit u. a. danach unterscheiden inwieweit sie allokativen und distributiven Zielsetzungen Rechnung tragen.

2.1. Kriterien zur Unterscheidung kollektiver Lohnfindungssysteme

Traditionell werden in der Literatur Organisationsstruktur und Organisationsdichte der Tarifparteien als maßgebliche institutionelle Indikatoren[2] für die Bestimmung der Machtverteilung im Rahmen kollektiver Lohnfindungssysteme gesehen.[3] Im folgenden wird diese Annahme dahingehend erweitert und differenziert, daß in Anlehnung an Schmidt eine Unterscheidung von kollektiven Lohnfindungsystemen anhand der institutionellen Kriterien Zentralisierungsgrad, Fragmentarisierungsgrad, Organisationsdichte, Kampfdisparität und Systemopposition vorgenommen wird.[4] Insbesondere soll hierbei auch untersucht werden, welche Wirkungen eine unterschiedliche Ausgestaltung dieser Kriterien auf die beiden Zielsetzungen makroökonomische Stabilität und konfliktfreie Lösung von Verteilungsfragen haben kann.

---

1 Allerdings wird die mögliche Einflußnahme auf die Einkommensverteilung im Rahmen von Lohnverhandlungen langfristig als marginal eingeschätzt, da die Tarifparteien lediglich über die Höhe der Nominallöhne, nicht jedoch der Reallöhne entscheiden können. Ein verteilungspolitischer Spielraum existiert für die Gewerkschaften daher insbesondere zwischen den einzelnen Arbeitnehmergruppen bspw. über eine Einflußnahme auf die Lohnstruktur.

2 Aufgrund seiner ordnungspolitischen Ausrichtung beschränkt sich dieser Arbeitsabschnitt auf die Betrachtung institutioneller Faktoren. Darüber hinaus wird die Machtverteilung zwischen den Tarifparteien durch die konjunkturelle Situation (vgl. Mishel (1986), S. 90 und Keizer (1992), S. 193) sowie die Marktmacht der betroffenen Unternehmen am Gütermarkt beeinflußt (vgl. Craypo (1981), S. 109 sowie ders. (1986), S. 20 f.). Auch ist die Exportorientierung einzelner Industriezweige in diesem Zusammenhang von Bedeutung (vgl. Deaton/Beaumont (1980), S. 203, Hendricks/Kahn (1982), S. 189 sowie Katz (1993), S. 13).

3 Vgl. ILO (1973/78), S. 31 sowie Schmidt (1996), S. 100.

4 Vgl. Schmidt (1996), S. 120 f.; ähnlich auch Kleinhenz (1988), S. 204. Die von Schmidt darüber hinaus betrachtete Exportorientierung wird im folgenden nicht beachtet, da sie keinen institutionellen Faktor des Arbeitsmarktes darstellt.

Schmidt definiert den Zentralisierungsgrad als die „durchschnittliche(n) Ebene, auf der Kollektivverhandlungen über Löhne und Gehälter typischerweise stattfinden".[1] Eine ausschließliche Betrachtung der formalen Abschlußebene von Tarifverträgen kann jedoch im Einzelfall über nur geringe Aussagekraft verfügen, da eine enge Kooperation lokaler oder regionaler Tarifverbände sowie die Lohnführerschaftfunktion einzelner dezentraler Kollektivverträge zu einem ähnlichen Verhandlungsergebnis führen dürften wie zentralisierte Lohnverhandlungen.[2] Daher soll in Hinblick auf den Zentralisierungsgrad im folgenden nicht allein die formale Abschlußebene, sondern auch eine Kooperation der Tarifverbände auf Arbeitgeber- und Gewerkschaftseite berücksichtigt werden. Im allgemeinen wird angenommen, daß die Verhandlungsmacht der Gewerkschaften mit steigendem Zentralisierungsgrad kollektiver Lohnverhandlungen zunimmt.[3] Begründet wird dies mit effektiveren Streikmöglichkeiten[4] sowie einer geringeren Lohnkonkurrenz, die eine reduzierte Nachfrageelastizität am Arbeitsmarkt impliziert.[5] Insbesondere in bezug auf die makroökonomische Stabilität wird dem Zentralisierungsgrad in der Literatur maßgebliche Bedeutung beigemessen. Dabei wird im folgenden in Anlehnung an den von Calmfors/Driffill formulierten „U-Kurven-Ansatz"[6] unterstellt, daß makroökonomische Stabilität sowohl bei dezentralen als auch zentralen Lohnverhandlungen leichter zu erreichen ist als bei einer Dominanz der mittleren Verhandlungsebene.[7]

---

1 Schmidt (1996), S. 120. Allerdings stellt sich für empirische Arbeiten das Problem, daß einzelne Lohnbestandteile auf verschiedenen Ebenen verhandelt werden können, so daß eine Bestimmung des durchschnittlichen Zentralisierungsgrades im Einzelfall schwierig sein kann (vgl. Katz (1993), S. 4).

2 Vgl. ähnlich Soskice (1990), Layard/Nickell/Jackman (1991), S. 54 sowie Meyer (1992), S. 60.

3 Demgegenüber gehen Layard/Nickell/Jackman von einer negativen Wirkung steigender Zentralisierung auf die Gewerkschaftsmacht aus, da Gewerkschaften im Rahmen zentralisierter Kollektivverhandlungen verstärkt makroökonomische Überlegungen in ihrer Verhandlungsstrategie berücksichtigen müßten (vgl. Layard/Nickell/Jackman (1991), S. 29).

4 Vgl. Craypo (1986), S. 34 sowie Mishel (1986), S. 99.

5 Vgl. Hendricks/Kahn (1982), S. 184 sowie Craypo (1981), S. 113.

6 Vgl. grundlegend Calmfors/Driffill (1988) sowie erläuternd Fitzenberger/Franz (1994), S. 324 und 332 bzw. Fitzenberger (1995), S. 80-83.

7 Bis zur Formulierung des „U-Kurven-Ansatzes" von Calmfors/Driffill standen sich in der Literatur der auf der neoklassischen Theorie basierende liberal-pluralistische Ansatz und der neo-korporatistische Ansatz gegenüber. Ersterer vermutet die höchste ma-

Der Fragmentarisierungsgrad von Lohnverhandlungssystemen wird durch die Anzahl der auf gleicher Ebene verhandelnden Tarifverbände determiniert,[1] wobei eine Aufspaltung der Lohnfindung sowohl zwischen als auch innerhalb einzelner Sektoren existieren kann. Eine Fragmentarisierung der Tarifverbände kann einerseits eine stärkere Berücksichtigung sektoraler Rahmenbedingungen bewirken, somit eine vermehrte Lohndifferenzierung induzieren und positive Produktivitäts- und Wachstumseffekte auslösen. Andererseits kann insbesondere eine intraindustrielle Aufspaltung, die bspw. anhand politischer Ausrichtung, ethnologischer Bevölkerungszugehörigkeit, Religionszugehörigkeit oder Gehaltsklassen denkbar ist,[2] in einem Konkurrenzkampf der Gewerkschaften um Mitglieder resultieren, einen erhöhten Verhandlungsdruck implizieren und folglich zu einem verstärkten Verteilungsdruck und negativen Auswirkungen auf die makroökonomische Stabilität führen.[3] Zudem kann vermutet werden, daß mit steigender Fragmentarisierung die Homogenität innerhalb der Tarifverbände zunimmt. Dies

---

kroökonomische Stabilität im Fall dezentraler Lohnverhandlungen, schwacher Interessensgruppen und geringer staatlicher Regulierungen, da diese Bedingungen eine hohe Flexibilität am Arbeitsmarkt und aufgrund der für den einzelnen Unternehmer hohen Preiselastizität der Nachfrage eine an der Produktivität orientierte Entlohnung bewirkt (vgl. Archer (1992), S. 214). Der neo-korporatistische Ansatz dagegen sieht die höchste makroökonomische Stabilität im Fall weitgehend zentralisierter Lohnverhandlungen, regulierender staatlicher Eingriffe am Arbeitsmarkt und einer engen Verflechtung zwischen Regierung und Verbänden, da die Tarifparteien dann gezwungen sind, makroökonomische Rahmendaten in ihre Verhandlungen miteinzubeziehen und zudem mögliche negative Externalitäten von Lohnverhandlungen internalisiert werden (für einen Theorieüberblick vgl. Grande/Müller (1985); für eine formale Darstellung vgl. Mulder (1993); empirische Überprüfungen finden sich u. a. bei Bruno/Sachs (1985), S. 222, 229 und 231 sowie Metcalf (1987), S. 71). Der „U-Kurven-Ansatz" vereint Elemente der vermeintlich gegensätzlichen Positionen und kommt zu dem Ergebnis, daß vorrangig ein mittlerer Zentralisierungsgrad zu makroökonomischer Instabilität führt (für empirische Bestätigungen des „U-Kurven-Ansatzes" vgl. u. a. Heitger (1987), Freeman (1988) sowie Paloheimo (1990)).
Der „U-Kurven-Ansatz" repräsentiert gegenwärtig die dominierende Auffassung in der Arbeitsmarktliteratur, weshalb er auch im folgenden zugrundegelegt wird. Einige Autoren kritisieren jedoch das von Calmfors/Driffil verwendete Zentralisierungsmaß und stellen folglich das Ergebnis der Studie in Frage (vgl. hierzu Schmidt (1996), S. 115).

[1] Vgl. Schmidt (1996), S. 102.
Ähnlich der Bestimmung des Zentralisierungsgrades ist eine Quantifizierung des Fragmentarisierungsgrades jedoch nicht allein anhand der formalen Anzahl von Tarifverbänden möglich, da auch hier mögliche Kooperationsformen zu berücksichtigen sind (vgl. Mishel (1986), S. 97).

[2] Vgl. ILO (1978), S. 32 sowie Schmidt (1996), S. 102 f. und 120.

[3] Vgl. Schmidt (1996), S. 102 und S. 125 f. Vgl. kritisch hierzu Mishel (1986), S. 93, der diese Argumentation für die letzten Jahrzehnte empirisch nicht belegt sieht.

läßt eine erhöhte Bereitschaft der einzelnen Gruppenmitglieder zur Leistung persönlicher Beiträge und infolgedessen eine stärkere Streikbereitschaft erwarten und dürfte daher zusätzlich destabilisierend wirken.

Ein weiterer Faktor für die gewerkschaftliche Verhandlungsmacht ist die Organisationsdichte, die als Anteil der gewerkschaftlich organisierten Arbeitnehmer definiert wird.[1] Ein hoher Organisationsgrad erschwert den Unternehmern die Substitution gewerkschaftlich organisierter durch nichtorganisierte Arbeitnehmer, reduziert somit die Nachfrageelastizität am Arbeitsmarkt und erhöht die Machtposition der Gewerkschaften in kollektiven Lohnverhandlungen.[2] Daher wird vermutet, daß die Möglichkeiten zur Durchsetzung gewerkschaftlicher Zielsetzungen mit steigender Organisationsdichte zunehmen.

Darüber hinaus wird die Machtposition von Gewerkschaften und Arbeitgeberverbänden maßgeblich durch das ihnen in Verhandlungen zur Verfügung stehende Drohpotential bestimmt. Dieses liegt für Arbeitgeber in der Möglichkeit zu Kündigungen und Aussperrung, für Gewerkschaften in der Organisation von Streiks sowie einer begrenzten Beeinflussung der Arbeitsproduktivität.[3] Eine einseitige legislative oder judikative Einschränkung dieses Drohpotentials führt zu einer Machtverschiebung im Rahmen des kollektiven Lohnfindungssystems. Möglich ist dies auf Arbeitgeberseite bspw. durch gesetzliche Kündigungsbestimmungen sowie eine Beschränkung bzw. ein Verbot von Aussperrungen.[4] Auf Gewerkschaftsseite kann das Drohpotential von Streiks insbesondere durch institutionalisierte Auflagen für die Ausrufung eines Streiks eingeschränkt sein.[5] Zudem kann das Drohpotential durch die politische Ausrichtung der Regierung beeinflußt sein, die möglicherweise zugunsten einer Verhandlungsseite in den Lohnfindungsprozeß eingreift bzw. selbst als Arbeitgeber in Lohnverhandlungen fungiert.[6] Schließlich wirkt auch die Tatsache, ob und in welchem Ausmaß

---

1 Vgl. Craypo (1981), S. 111, ders. (1986), S. 28 f. sowie Mishel (1986), S. 93.

2 Vgl. Freeman/Medoff (1981), S. 561.

3 Vgl. Layard/Nickell/Jackman (1991), S. 96.

4 Vgl. Schmidt (1996), S. 100 und 121.

5 Vgl. in diesem Sinn Layard/Nickell/Jackman (1991), S. 96 f.

6 Vgl. Meyer (1987/88), S. 243 und 247 sowie Schmidt (1996), S. 100 und 121.

in einem Arbeitsmarkt Mitbestimmungsregelungen vorliegen auf das Machtverhältnis der Tarifparteien, da eine institutionalisierte Mitbestimmung zu verstärkter Berücksichtigung von Arbeitnehmerinteressen auf seiten der Arbeitgeber führen und somit deren Droh- und Verhandlungsspielraum im Rahmen kollektiver Lohnverhandlungen einschränken dürfte.[1]

Der Begriff der Systemopposition[2] wird im folgenden in Abweichung zu Schmidt nicht allein als Ausdruck der Ablehnung eines marktwirtschaftlichen Systems, sondern darüber hinaus als „Militanz" des jeweiligen Tarifverbandes interpretiert. Da diese als Ausdruck der Präferenzintensität der gewerkschaftlichen Arbeitnehmer bzw. der organisierten Arbeitgeber interpretiert werden kann,[3] ist eine positive Abhängigkeit der Verhandlungsmacht vom gewerkschaftlichen „Militanzgrad" zu vermuten, da streitbare Tarifparteien eher bereit sein dürften, die Opportunitätskosten eines Arbeitskampfes zu tragen und deshalb schneller zu einer Anwendung des ihnen zur Verfügung stehenden Drohpotentials neigen dürften als gemäßigte Verbände.[4] Eine hohe Systemopposition läßt somit relativ starke Verteilungskämpfe und eine geringe Berücksichtigung makroökonomischer Faktoren in den Tarifverhandlungen erwarten.

2.2. Mögliche Cluster an Lohnfindungssystemen

Die angeführten Kriterien zur Bestimmung des Machtverhältnisses im Rahmen kollektiver Lohnverhandlungen sind nicht streng interdependent, sondern können prinzipiell unabhängig voneinander variieren.[5] Empirisch lassen sich dennoch wenige relativ homogene Cluster an Lohnfindungssystemen bilden. Im folgenden wird hierfür auf eine Clusteranalyse von Schmidt[6] Bezug genommen, nach der fünf Cluster von Lohnfindungssystemen unterschieden werden können.

---

1 Vgl. Meyer (1987/88), S. 243 sowie Schmidt (1996), S. 100.

2 Vgl. Schmidt (1996), S. 103 und 120.

3 Vgl. Keizer (1992), S. 192.

4 Vgl. Schmidt (1996), S. 133.

5 Vgl. Schmidt (1996), S. 123.

6 Zu deren Verfahrensweise vgl. Schmidt (1996), S. 127.

Das erste, von Schmidt als atomistische Systeme bezeichnete, Cluster ist durch einen niedrigen Zentralisierungsgrad, mäßige Fragmentarisierung, geringe Organisationsdichte sowie weitgehende Systemakzeptanz der Gewerkschaften gekennzeichnet.[1] Atomistische Systeme basieren primär auf der neoklassischen Annahme funktionsfähiger Arbeitsmärkte, weshalb die Arbeitsmarktordnungen kaum institutionalisierte Kooperationsmechanismen und nur relativ wenig staatliche Regulierungen aufweisen. Der geringe Zentralisierungsgrad sowie die niedrige Organisationsdichte führen zu einer relativ schwachen Gewerkschaftsposition, welche durch die weitgehend unpolitische Ausrichtung der Gewerkschaften noch verstärkt wird. Die niedrige Verhandlungsebene dürfte in Verbindung mit der relativ geringen staatlichen Eingriffsintensität und der schwachen Gewerkschaftsposition zu einer hohen Flexibilität am Arbeitsmarkt führen und somit eine produktivitätsorientierte Lohnbildung sowie einen geringen Verteilungsdruck erwarten lassen, weshalb von atomistischen Lohnfindungssystemen im allgemeinen keine negativen Effekte auf die makroökonomische Stabilität sowie eine relativ konfliktfreie Lösung von Verteilungsfragen zu erwarten sind.

Das zweite Cluster umfaßt Lohnfindungssysteme, die durch einen mittleren Zentralisierungsgrad bei schwacher Fragmentarisierung, mäßiger Organisationsdichte und nur sehr geringer Systemopposition charakterisiert sind. Diese von Schmidt als konsensual bezeichneten Lohnfindungssysteme[2] implizieren durch den höheren Zentralisierungsgrad sowie die geringere Fragmentarisierung eine Stärkung der gewerkschaftlichen Position und eine Reduzierung der Arbeitsmarktflexibilität. Die staatliche Einflußnahme auf das Drohpotential der Tarifparteien ist äußerst gering. Aufgrund des niedrigen Fragmentarisierungsgrades, dem weitgehend ausgewogenen Drohpotential sowie der geringfügigen Systemopposition der Gewerkschaften ist auch im Rahmen konsensualer Lohnfindungssysteme prinzipiell mit einem eher schwachen Verteilungsdruck und einer relativ hohen makroökonomischen Stabilität zu rechnen; allerdings dürfte sich die mittlere Verhand-

---

1 Als Länderbeispiele für atomistische Arbeitsmarktordnungen führt Schmidt die Schweiz, Japan und die USA an (vgl. Schmidt (1996), S. 128).

2 Als Länderbeispiele nennt Schmidt Deutschland, Luxemburg, Niederlande und Österreich (vgl. Schmidt (1996), S. 128).

lungsebene negativ auf die Berücksichtigung makroökonomischer Rahmenbedingungen auswirken.

Die Lohnfindungssysteme des dritten als korporatistisch bezeichneten Clusters[1] sind durch einen hohen Zentralisierungs- aber geringen Fragmentarisierungsgrad, eine hohe Organisationsdichte und niedrige Systemopposition gekennzeichnet. Die Verhandlungsposition der Gewerkschaften ist hier im Vergleich zu konsensualen Lohnfindungssystemen aufgrund des hohen Zentralisierungsgrades, der großen Organisationsdichte sowie dem mäßig eingeschränkten Drohpotential auf Unternehmerseite stärker. Im Gegensatz zu konsensualen sind korporatistische Systeme durch eine vermehrte institutionalisierte Zusammenarbeit von Gewerkschaften, Arbeitgebern und Staat in wirtschaftspolitischen Gremien charakterisiert. Vorrangiges Ziel korporatistischer Systeme ist eine einvernehmliche Lösung der Verteilungskonflikte, die für die politische und wirtschaftliche Stabilität eines Landes relevant sind. Diese Form der Konfliktlösung ist jedoch ausschließlich unter den oben beschriebenen Bedingungen erfolgversprechend, da sie die Existenz weniger zentraler Interessensvertretungen voraussetzt, die die jeweils relevanten Bevölkerungsgruppen unbestritten vertreten und sich durch eine prinzipielle Anerkennung des gegebenen Gesellschaftssystems sowie demokratischen Pluralismus auszeichnen.[2] Sind die notwendigen Voraussetzungen erfüllt, so dürften korporatistische Lohnfindungssysteme zu einer relativ starken Berücksichtigung der makroökonomischen Rahmenbedingungen und einer weitgehend konfliktfreien Lösung von Verteilungsfragen führen. Andererseits lassen die stark zentralisierten Verhandlungen nur eine bedingte Berücksichtigung sektoraler und betriebsspezifischer Rahmenbedingungen zu; eine hieraus folgende geringe Lohndifferenzierung kann zu einer Minderung der allokativen Effizienz führen.[3] Konsensualen und korporatistischen Lohnfindungssystemen liegt somit in deutlich höherem Ausmaß als atomistischen Systemen die Annahme einer

---

[1] Beispiele korporatistischer Lohnfindungssysteme sind nach Schmidt die skandinavischen Länder Dänemark, Finnland, Norwegen und Schweden (vgl. Schmidt (1996), S. 128).

[2] Vgl. auch Nelson (1991), S. 40 sowie Trebilcock (1994), S. 7-9.

[3] Abgelehnt wird damit in Anlehnung an Berthold/Fehn die These, daß eine inflexible Lohnstruktur und geringe Lohndisparität über einen verstärkten strukturellen Wandel positive Wachstumseffekte auslöst (vgl. Berthold/Fehn (1996), S. 69-75).

Machtasymmetrie auf unregulierten Arbeitsmärkten zugrunde, weshalb eine weitgehende Substitution des Marktmechanismus durch den Koordinationsmechanismus „Verhandlung" angestrebt wird.

Im vierten Cluster werden Lohnfindungssysteme zusammengefaßt, die als konfliktorisch bezeichnet werden.[1] Die betrachteten Systeme verfügen über einen niedrigen Zentralisierungsgrad bei hoher Fragmentarisierung. Zudem liegt eine mittlere Organisationsdichte sowie eine geringe Systemopposition der Gewerkschaften vor. Konfliktorische Systeme implizieren aufgrund des niedrigen Zentralisierungsgrades, der hohen Fragmentarisierung sowie der nur mäßigen Organisationsdichte eine eher schwache Machtposition der Gewerkschaften. Auch ermöglicht diese Konstellation prinzipiell eine relativ hohe Arbeitsmarktflexibilität. Andererseits kann der hohe Fragmentarisierungsgrad einen starken Verteilungsdruck für die Gewerkschaften und infolgedessen eine nur geringe Berücksichtigung makroökonomischer Stabilitätsüberlegungen in den Tarifverhandlungen bewirken.

Die letzte Gruppe von Lohnfindungssystemen wird von Schmidt als zentrifugal bezeichnet.[2] Negativ auf die Verhandlungsmacht der Gewerkschaften wirkt sich in diesem Fall der mittlere Zentralisierungsgrad, die hohe Fragmentarisierung sowie die nur mäßige Organisationsdichte aus. Jedoch wird die gewerkschaftliche Machtposition andererseits durch eine hohe Systemopposition der Gewerkschaften sowie eine starke Einschränkung des unternehmerischen Drohpotentials gestärkt. Gegenüber konfliktorischen unterscheiden sich zentrifugale Lohnfindungssysteme vorrangig durch die hohe Systemopposition, die zusammen mit der starken Fragmentarisierung eine geringe Verhandlungsbereitschaft und eine hohe Präferenz zur Anwendung des gegebenen Drohpotentials impliziert. Zentrifugale Lohnfindungssysteme dürften sich daher durch starke Verteilungskämpfe auszeichnen, die in Verbindung mit dem nach Calmfors/Driffill suboptimalen mittleren Zentralisierungsgrad zudem eine geringe makroökonomische Stabilität erwarten lassen. In konfliktorischen und zentrifugalen Lohnfindungssystemen erfolgt

---

1 Als Länderbeispiele führt Schmidt Australien, Belgien, Großbritannien, Irland, Kanada und Neuseeland an (vgl. Schmidt (1996), S. 128).

2 Als zentrifugal sind nach Schmidt die Lohnfindungssysteme von Frankreich, Griechenland, Island, Italien, Portugal und Spanien einzuordnen (vgl. Schmidt (1996), S. 128)

somit häufig eine Abstimmung der individuellen Pläne über Arbeitskämpfe, welche in gewisser Weise als eine weitere Form von Koordinationsmechanismus erachtet werden können. Aus allokativer Sicht ist eine derartige Koordination jedoch insofern paretoinferior, als durch einen Arbeitskampf zumeist das Volkseinkommen und somit letztlich auch der Verteilungsspielraum reduziert wird. Auch ist eine derartige Koordinationsform in Hinblick auf die Zielsetzung einer konfliktfreien Lösung von Verteilungsfragen suboptimal.

Zusammenfassend kann festgestellt werden, daß das Ziel kollektiver Lohnfindungssysteme zum einen in der Beseitigung der vermuteten monopsonistischen Struktur unregulierter Arbeitsmärkte und zum anderen in einer möglichst konfliktfreien Lösung verteilungspolitischer Fragen liegt. Kollektive Lohnfindungssysteme variieren hierbei grundlegend anhand der unterschiedlichen gesellschaftlichen Einschätzung bzgl. der Bedeutung der Monopsonargumentation wie auch den distributiven Zielsetzungen der Arbeitsmarktparteien. Während atomistische Systeme hierbei eine weitgehende Akzeptanz des Marktmechanismus erkennen lassen, wird dieser im Rahmen konsensualer und korporatistischer Systeme überwiegend abgelehnt und durch den Koordinationsmechanismus Verhandlung ersetzt. In Ergänzung zu den bisher betrachteten Koordinationsmechanismen kann in Hinblick auf konflikorische und zentrifugale Lohnfindungssysteme der Arbeitskampf in gewisser Weise als weiterer, allerdings allokativ ineffizienter Koordinationsmechanismus ausgemacht werden.

Von den betrachteten Clustern dürften atomistische und in etwas geringerem Maße korporative Lohnfindungssysteme den höchsten, zentrifugale Systeme dagegen den geringsten Grad an makroökonomischer Stabilität gewährleisten. Eine konfliktfreie Lösung von Verteilungsfragen ist vor allem im Rahmen korporatistischer und konsensualer Systeme zu erwarten. Zwischen atomistischen, konsensualen und korporatistischen Lohnfindungssystemen kann hierbei keine pauschale Bestimmung eines optimalen Lohnfindungssystems erfolgen, da die Effizienz der einzelnen Systeme von der volkswirtschaftlichen Produktionsstruktur abhängt[1] und der Gestaltungs-

---

[1] Vgl. in diesem Sinn Berthold/Fehn (1996), S. 81.

spielraum bzgl. kollektiver Lohnfindungssysteme durch die gesellschaftspolitischen Rahmenbedingungen determiniert wird. Konfliktorische und zentrifugale Lohnfindungssysteme können jedoch in Hinblick auf die Zielsetzungen makroökonomische Stabilität und konfliktfreie Lösung von Verteilungsfragen als tendenziell suboptimal erachtet werden.

IV. Die Sozialordnung

Die grundsätzliche Einbeziehung der Sozialordnung in eine ökonomische Analyse von Wirtschaftssystemen läßt sich durch die hohe Interdependenz von Wirtschafts- und Sozialpolitik begründen. Diese resultiert daraus, daß einerseits der Handlungsspielraum von Sozialpolitik maßgeblich durch die Leistungsfähigkeit einer Volkswirtschaft determiniert wird und andererseits die Ausgestaltung von Sozialpolitik die Leistungsfähigkeit einzelner Individuen bzw. der gesamten Volkswirtschaft beeinflußt, so daß es kaum wirtschaftspolitische Maßnahmen ohne soziale Dimension und umgekehrt gibt.[1]

---

[1] Vgl. Arndt (1957), S. 259 sowie Hamm (1989), S. 364.
In der Literatur werden hierbei konkret insbesondere folgende Wechselwirkungen diskutiert: In Hinblick auf mögliche positive wirtschaftliche Effekte von Sozialpolitik wird angeführt, daß diese durch Humankapitalbildung und die Sicherung des sozialen Friedens zu einer Produktivitätssteigerung führen kann (vgl. Haveman (1988), S. 261 f. sowie Kleinhenz (1989), S. 92); daß über die Transferleistungen eines Systems der Sozialen Sicherung die Konsumgüternachfrage stabilisiert bzw. erhöht werden kann (vgl. Kleinhenz (1986), S. 71, Haveman (1988), S. 263 sowie Lampert (1994), S. 283), und daß Sozialpolitik zu einer geringeren Ablehnung von Strukturwandel und damit zu einer Förderung des Wirtschaftswachstums führen kann (vgl. Abramovitz (1981), insbesondere S. 2 f. sowie Lampert (1994), S. 285). Sozialpolitik kann Wirtschaftswachstum auch insofern unterstützen, als sie dazu führt, daß sich risikoaverse Individuen risikoneutral verhalten, wodurch sich die Ausschöpfung des Produktionspotentials verbessert (vgl. Hübner (1994), S. 99). Mögliche negative wirtschaftliche Effekte werden andererseits durch eine geringere Risiko- und Leistungsbereitschaft (vgl. kritisch hierzu Kleinhenz (1986), S. 64 f.), eine Verringerung des legalen Arbeitsangebotes (vgl. Haveman (1988), S. 265), eine Beeinflussung der volkswirtschaftlichen Sparquote (vgl. Gramlich (1997), S. 147) sowie eine geringere internationale Wettbewerbsfähigkeit (vgl. Lampert (1994), S. 282 f. und Gramlich (1997), S. 147) vermutet.
Die grundlegende Bedeutung der Wirtschafts- für die Sozialpolitik liegt darin, daß die volkswirtschaftliche Leistungsfähigkeit den sozialpolitischen Handlungsspielraum begrenzt (vgl. Liefmann-Keil (1961), S. 139, Kleinhenz (1993), S. 4 sowie Lampert (1994), S. 13), so daß der Sicherung eines leistungsfähigen Wirtschaftssystems an sich bereits eine soziale Dimension zukommt (vgl. in diesem Sinn Eucken (1952/1990), S. 314). Zentrale sozialpolitische Bedeutung wird hierbei in marktwirtschaftlichen Systemen der Verhinderung eines Machtmißbrauchs durch die Sicherung eines leistungsfähigen Wettbewerbs beigemessen (vgl. Hamm (1989), S. 366 f.).

Aufgrund dieser ökonomischen Bedeutung der Sozialpolitik sollen im folgenden die Sozialordnung[1] bzw. deren mögliche Ausgestaltungsformen als weiteres Element zur Differenzierung marktwirtschaftlicher Systeme herangezogen werden. In Übereinstimmung mit den vorangegangenen Arbeitsabschnitten stehen hierbei wiederum die Fragen nach der Bedeutung allokativer und distributiver Elemente bzw. nach der gesellschaftlichen Einschätzung von Markt- und Staatsversagen auf sozialpolitisch relevanten Märkten sowie der distributiven Zielsetzung im Vordergrund des Interesses.

1. Begriffsabgrenzung und Begründung von Sozialpolitik in marktwirtschaftlichen Systemen

1.1. Begriffsabgrenzung

Der Begriff der praktischen Sozialpolitik ist in der Literatur umstritten.[2] Die Problematik einer einheitlichen Definition resultiert zum einen aus den sich im Zeitablauf verändernden gesellschaftlichen Rahmenbedingungen und den sich infolgedessen wandelnden Zielen und Aufgaben von Sozialpolitik. Darüber hinaus ist jede Definition praktischer Sozialpolitik normativ geprägt und somit per se strittig.[3]

Im folgenden wird eine Definition von Kleinhenz zugrundegelegt, in der Sozialpolitik als „"Politik" bzw. "politisches Handeln" zur Lösung "sozialer Probleme" im Rahmen einer bestimmten Gesellschaftsordnung“[4] bezeichnet wird. Da nach Kleinhenz „soziale Probleme“ sowohl durch Marktversagen bzw. Marktmängel auf sozialpolitisch relevanten Märkten als auch durch die von der Gesellschaft als unbefriedigend empfundene Lebenslage einzelner Personengruppen verursacht sein können,[5] enthält diese Definition sowohl eine allokative als auch eine distributive Begründung für Sozialpolitik.

---

1 Unter Sozialordnung soll in diesem Zusammenhang die Summe aller Regelungen, Normen und Institutionen verstanden werden, die sich auf soziale Probleme im oben definierten Sinn beziehen (zum Begriff der „Sozialordnung“ vgl. auch Lampert (1990), S. 64).

2 Für einen Überblick über die Vielzahl definitorischer Ansätze vgl. bspw. Kleinhenz (1970), insbesondere S. 28-39.

3 Vgl. ausführlich Lampert (1994), S. 3.

4 Kleinhenz (1993), S. 4.

5 Vgl. Kleinhenz (1993), S. 4 f.

Die wertfreie Formulierung ermöglicht zudem eine Subsumtion unterschiedlicher Formen von Sozialpolitik, die durch differierende Wertvorstellungen geprägt sind. Der Begriff der „politischen Handlungen" erlaubt darüber hinaus prinzipiell die Einbeziehung sowohl von staatlichen Handlungen als auch von privaten Handlungen mit sozialpolitischer Bedeutung.[1]

Spaltet man den Begriff der staatlichen Sozialpolitik in Einzelbereiche auf, so werden hierzu i. d. R. Maßnahmen zur Sicherung gegen allgemeinene Lebensrisiken, aber auch Bildungs-, Familien-, Wohnungs- und Vermögenspolitik hinzugerechnet.[2] Aufgrund der zentralen Bedeutung, die ihm in realen Sozialordnungen zukommt, beschränkt sich die vorliegende Arbeit jedoch auf die Analyse des Systems der Sozialen Sicherheit, d. h. der „Einrichtungen, die die Bevölkerung insgesamt bzw. Teilgruppen der Bevölkerung gegen allgemeine Lebensrisiken ... sichern helfen".[3]

1.2. Begründung einer staatlichen Sozialpolitik in marktwirtschaftlichen Systemen

Im marktwirtschaftlichen Modell wird die Maximierung der gesellschaftlichen Wohlfahrt über eine dezentrale Planung und marktliche Koordination angestrebt, weshalb Interventionen des Staates in den Marktmechanismus grundsätzlich ökonomisch zu rechtfertigen sind. Bezieht man das Sozialsystem in die ökonomische Analyse mit ein, so müssen auch staatliche Ein-

---

1 Vgl. Kleinhenz (1970), S. 64. Die vorliegende Arbeit bezieht sich im folgenden bei der Analyse von Sozialpolitik in Anlehnung an Weber und Kleinhenz jedoch ausschließlich auf Handlungen des Staates (vgl. Kleinhenz (1970), S. 65).

2 Vgl. bspw. Lampert (1994), S. 3. Neben den genannten Bereichen wird auch die Arbeitsmarktordnung als Bestandteil der Sozialordnung betrachtet. Dies kann mit dem sozialen Gehalt der Arbeitsmarktordnung begründet werden, der darin zum Ausdruck kommt, daß diese die Normen und Institutionen umfaßt, die der „... Regelung der wirtschaftlich begründeten sozialen Beziehungen zwischen Gesellschaftsmitgliedern" (Lampert (1990), S. 64) dienen. Zudem kommt dem Arbeitsmarkt insofern eine besondere soziale Bedeutung zu, als die individuelle Wohlfahrt nicht in erster Linie von staatlichen Transferleistungen, sondern von der Möglichkeit zum Bezug eines Arbeitseinkommens abhängt (vgl. Barr (1992), S. 742). Aufgrund ihrer Komplexität wird die Arbeitsmarktordnung im Rahmen dieser Arbeit jedoch in einem eigenständigen Kapitel behandelt.

3 Pfaff (1989), S. 128.
Infolge dieser Einschränkung wird im folgenden nicht von Sozialordnung, sondern von Sozialsystem gesprochen.

griffe in sozialpolitisch relevante Märkte auf mögliche allokative und/oder distributive Begründungen hin untersucht werden,[1] wobei in Übereinstimmung mit den bisherigen Arbeitsabschnitten Marktversagen als alloktive Begründung und eine vom Prinzip der Leistungsgerechtigkeit abweichende gesellschaftliche Gerechtigkeitskonzeption als distributive Begründung angenommen werden.

In Hinblick auf das System der Sozialen Sicherung kann dann von Marktversagen gesprochen werden, wenn für ein allgemeines Lebensrisiko kein privater Versicherungsmarkt existiert. Als mögliche Ursachen sind hierbei insbesondere nicht oder nur schwer versicherbare Risiken[2] sowie eine asymmetrische Informationsverteilung[3] relevant. Auch können keine Generationenverträge über den privaten Versicherungsmarkt abgeschlossen werden.[4] Da Versicherungen bei unvollständiger Information für risikoaverse Individuen positive Wohlfahrtseffekte erzeugen, kann die Einrichtung einer staatlichen Sicherung im Fall fehlender privater Versicherungsmärkte paretosuperior sein.[5]

Marktmängel im Bereich der Sozialen Sicherung liegen vor, wenn private Versicherungsmärkte zwar existieren, jedoch zu einem suboptimalen Ergebnis und somit zu Wohlfahrtsverlusten führen. Private Versicherungen werden bei fehlender Versicherungspflicht nur dann abgeschlossen, wenn der erwartete Nutzen aus dem Abschluß einer Versicherung größer ist als der Erwartungsnutzen aus einem risikobehafteten Vermögensbesitz ohne

---

1 Vgl. hierzu Klanberg (1989), S. 176.

2 Von nicht oder nur schwer versicherbaren Risiken spricht man, wenn die Risiken nicht zufällig eintreten, keine eindeutige Zuordnung von Versicherungsleistung und versichertem Schadensereignis möglich ist, die versicherten Ereignisse korreliert sind oder die Schadensumme nicht abschätzbar bzw. nach oben nicht begrenzbar ist (vgl. Mugler (1980), S. 76 f.).

3 Vgl. Berthold (1988), S. 342 f. sowie Barr (1992), S. 750-752.
Es ist allerdings möglich, daß trotz asymmetrischer Informationsverteilung ein Versicherungsmarkt zustande kommt; aufgrund der sich hieraus ergebenden Adverse Selection-Problematik kann dieser jedoch nicht zu einem effizienten Marktergebnis führen. Asymmetrische Informationsverteilungen können somit sowohl eine Ursache für Marktversagen als auch für Marktmängel sein.

4 Vgl. Berthold (1988), S. 342 f.

5 Vgl. Hübner (1994), S. 99 und 114.

Versicherung.[1] Unterschätzt ein Individuum infolge seiner Gegenwartspräferenz zukünftige Bedürfnisse[2] und trifft deshalb keine ausreichende individuelle Vorsorge, so kann dies für die Gemeinschaft zu negativen Externalitäten führen.[3] Gleiches gilt, wenn ein Individuum infolge eines bewußten Free Rider-Verhaltens nur in unzureichendem Maße private Versicherungen abschließt. Eine generelle staatliche Versicherungspflicht läßt sich daher aufgrund der Problematik negativer Externalitäten und eines Free Rider-Verhaltens rechtfertigen.

Darüber hinaus können in den einzelnen Versicherungszweigen zusätzliche Marktmängel auftreten: So kann eine private Rentenversicherung keinen Versicherungsschutz hinsichtlich dem korrelierten Risiko einer Inflation bieten.[4] Im Bereich der Krankenversicherung werden Marktmängel insbesondere aufgrund unzureichender Informationen der Patienten hinsichtlich Krankheitsbildern, Therapiemöglichkeiten sowie Kostenstrukturen vermutet, weshalb ein rationales Handeln der Marktteilnehmer nur sehr eingeschränkt möglich ist.[5] Bei privaten Krankenversicherungen stellt sich darüber hinaus ein Adverse Selection-Problem. Können staatliche Regulierungen die genannten Marktmängel im privaten Versicherungsbereich mindern bzw. beseitigen, so können sie prinzipiell zu einer Wohlfahrtssteigerung führen und infolgedessen ökonomisch begründbar sein.

Bereits in Kapitel 1 wurde gezeigt, daß eine staatliche Umverteilungspolitik[6] begründet werden kann, wenn die primäre Einkommensverteilung dem

---

1 Vgl. Rolf/Spahn/Wagner (1988), S. 31.

2 Vgl. Berthold (1988), S. 341 sowie Kleinhenz (1993), S. 40.

3 Vgl. Barr (1987), S. 191 sowie ders. (1992), S. 754.
Bei einer staatlichen Verpflichtung zu sozialen Mindestleistungen und Armutsvermeidung entstehen Kosten in Form staatlicher Unterstützung. Doch auch in Gesellschaften, die keine staatlichen Mindestleistungen garantieren, können externe Kosten, bspw. in Form zunehmender Kriminalität, anfallen.

4 Vgl. Barr (1987), S. 214.

5 Vgl. Barr (1987), S. 293-296, ders. (1992), S. 749 f. sowie Kleinhenz (1993), S. 8.

6 Der folgende Abschnitt konzentriert sich auf Aspekte der interpersonellen Umverteilung, da diese im Vordergrund staatlicher Sozialpolitik steht. Intertemporale Umverteilung, die vorrangig über den Markt durch Ersparnisbildung und die spätere Auflösung von Ersparnissen sowie Versicherungen organisiert ist, wird lediglich in ihrer Bedeutung für die Altersvorsorge berücksichtigt. Da Aspekte einer regionalen Umverteilung

Gerechtigkeitsempfinden einer Gesellschaft widerspricht. Soll die interpersonelle Umverteilung[1] im Rahmen eines Systems der Sozialen Sicherung erfolgen, so rechtfertigt dies staatliche Eingriffe, da sich private Versicherungsmärkte am Äquivalenzprinzip orientieren und deshalb keine interpersonellen Umverteilungswirkungen implizieren.

Aufgrund des trade-offs zwischen Effizienz und „Gerechtigkeit" sowie der Existenz unterschiedlicher Gerechtigkeitskonzeptionen liegt der Ausgestaltung staatlicher Sozialpolitik eine politische Entscheidung bzgl. der gesellschaftlichen Wertvorstellungen zugrunde.[2] Insofern sind die im Rahmen des politischen Systems festgelegten Regeln der politischen Willensbildung für die Ausgestaltung von Sozialpolitik von großer Bedeutung, da diese weitgehend determinieren, welche Interessengruppen ihre Gerechtigkeitsvorstellungen am besten im politischen Prozeß durchsetzen können.[3] Problematisch erscheint die politische Werteentscheidung insofern, als manche Gruppen möglicherweise aufgrund eines mangelnden Organisationsgrades und eines folglich geringen Einflusses keine oder nur eine schwache Vertretung im politischen Willensbildungsprozeß finden.[4]

2. Differenzierung von Sozialsystemen

Sozialpolitik läßt sich in marktwirtschaftlichen Systemen somit prinzipiell rechtfertigen, ihre Ausgestaltung kann bzw. muß jedoch entsprechend den gesellschaftlichen Werten sowie der volkswirtschaftlichen Leistungsfähigkeit eines Landes variieren.[5]

---

bereits in Kapitel II.2.3. behandelt wurden, finden sie im folgenden keine Berücksichtigung mehr.

1 Der Begriff interpersonell wird hier im Sinn von einkommensbezogen definiert. Denn durch jede Versicherung erfolgt eine „interpersonelle Umverteilung" zwischen der Gruppe der Versicherten, bei denen der Risikotatbestand eingetreten ist und der Gruppe der Versicherten, bei denen der Risikotatbestand nicht eingetreten ist. Hierbei handelt es sich jedoch nicht um eine interpersonelle Umverteilung im eigentlichen Sinn, sondern um einen Risikoausgleich, der jeder Versicherung inhärent ist.

2 Das in einer Gesellschaft angestrebte Gerechtigkeitsprinzip kann hierbei u. a. aus den in der Verfassung festgeschriebenen Bürgerrechten und -pflichten abgeleitet werden.

3 Vgl. in diesem Zusammenhang Barr (1992), S. 755 f. sowie Kleinhenz (1993), S. 10.

4 Vgl. Kleinhenz (1993), S. 11.

5 Vgl. in diesem Sinn Lampert (1994), S. 140.

Grundlegendes Ziel staatlicher Sozialpolitik ist die Maximierung der gesellschaftlichen Wohlfahrt. Diese wird zum einen von der allokativen Effizienz des Wirtschaftens determiniert und hängt zum anderen davon ab, ob bzw. inwieweit die den Wertvorstellungen der Gesellschaft entsprechende Verteilung verwirklicht wird.[1] Werden ausschließlich allokative Aspekte berücksichtigt, so kann zwar eine paretooptimale Allokation erzielt werden; diese muß jedoch nicht den gesellschaftlichen Gerechtigkeitsvorstellungen entsprechen, weshalb stets auch der distributive Aspekt des Wohlfahrtsbegriffs zu berücksichtigen ist.[2] Die Bedeutung allokativer und distributiver Elemente im Rahmen realisierter Sozialsysteme kann allerdings variieren, so daß es möglich ist, die Gewichtung beider Elemente als Differenzierungskriterium von Sozialsystemen heranzuziehen. Dies trägt zur Unterscheidung marktwirtschaftlicher Systeme auch insofern bei, als mit der Zunahme von Umverteilungsmaßnahmen die Bedeutung des Koordinationsmechanismus „Markt" gegenüber den Koordinationsmechanismen „Hierarchie" und „Verhandlung" tendenziell abnimmt.

Für eine Differenzierung von Sozialsystemen können insbesondere fünf Kriterien unterschieden werden:[3] Zunächst ist der Umfang der abgedeckten Risikotatbestände relevant, da das staatliche Sicherungssystem die allgemeinen Lebensrisiken Krankheit, Alter, Unfall und Arbeitslosigkeit vollständig oder aber nur in Teilbereichen abdecken kann. Hinsichtlich des relevanten Personenkreises ist zu unterscheiden, ob im Sozialen Sicherungssystem die gesamte Bevölkerung oder lediglich einzelne Personengruppen integriert werden. Darüber hinaus kann eine Differenzierung anhand des Leistungsumfangs erfolgen, wobei Höhe und Dauer der Leistungen Aufschluß darüber geben, ob sich das Sicherungssystem primär am Ziel der Armutsvermeidung oder der Lebensstandardsicherung orientiert. Relevant ist in diesem Zusammenhang auch die Frage nach den für den Leistungsbezug zu erbringenden Voraussetzungen, die in Form eines Bedürftigkeitstests sowie geleisteten Beitragszahlungen existieren können. Allerdings ist auch

---

1 Vgl. Liefmann-Keil (1961), S. 6.

2 Vgl. Liefmann-Keil (1961), S. 7.

3 Vgl. Alber (1982), S. 42 f., Goodin/le Grand (1987), S. 7 und Rolf (1988), S. 516 sowie ähnlich Flora (1986), S. XIX.

eine Gewährung sog. Grundleistungen, die weitgehend jedem zustehen,[1] möglich. Hinsichtlich der Finanzierung kann zwischen beitrags- und steuerfinanzierten Systemen differenziert werden.[2]

Zwar sind die genannten Kriterien prinzipiell nicht interdependent, dennoch lassen sich Sozialsysteme im wesentlichen drei Clustern von Sozialsystemtypen zuordnen: „liberale"[3] Sozialsysteme, in denen die Sicherung gegen allgemeine Lebensrisiken vornehmlich über die private Vorsorge auf Versicherungsmärkten erfolgt, staatliche Sicherungssysteme, die auf dem Versicherungsprinzip[4] basieren und Systeme Sozialer Sicherung, die das Versorgungspinzip[5] zugrunde legen.[6] Zwar stellen reale Sozialsysteme zumeist eine Mischung der einzelnen Systemtypen dar; dennoch lassen sie sich da-

---

1 Derartige Grundleistungen sind i. d. R. an sehr allgemeine Voraussetzungen wie bspw. die Staatsbürgerschaft des betreffenden Landes gekoppelt.
Zu der genannten Dreiteilung möglicher staatlicher Leistungsformen vgl. Atkinson (1988), S. 222-226.

2 Die Erhebung der Beiträge kann dabei nochmals danach untergliedert werden, ob deren Höhe sich an der Leistungsfähigkeit oder am persönlichen Risiko des Versicherten orientiert (vgl. Barr (1992), S. 755).

3 Die Bezeichnung lehnt sich an eine Gliederung von Esping-Andersen an (vgl. Esping-Andersen (1990), S. 26).

4 Versicherungen lassen sich dadurch begünden, daß sie den für den einzelnen nicht kalkulierbaren Eintritt bestimmter Risiken sowie dessen Kosten durch den Risikoausgleich in einem Versicherungspool kalkulierbar machen. In einem engeren Sinn basiert das Versicherungsprinzip auf dem Äquivalenzprinzip und ist Grundlage privater Versicherungen. In einem weiteren Sinn kann hierunter jedoch auch das Sozialversicherungsprinzip, das auf einer relativen Beitragsäquivalenz und einem Rechtsanspruch auf normierte Leistungen basiert, subsumiert werden (weiterführend vgl. Kleinhenz (1993), S. 40 sowie Lampert (1994), S. 223).

5 Im Gegensatz zum Versicherungsprinzip entstehen Ansprüche nach dem Versorgungsprinzip nicht aufgrund geleisteter Beiträge, sondern definierter allgemeiner Voraussetzungen wie bspw. der Staatsbürgerschaft. Auch auf die normierten Leistungen nach dem Versorgungsprinzip besteht ein Rechtsanspruch (vgl. weiterführend Kleinhenz (1993), S. 41 sowie Lampert (1994), S. 223 f.).

6 Vgl. Alber (1982), S. 42 f., Esping-Andersen (1990), S. 26 f. sowie Kleinhenz (1993), S. 40 f.
Eine andere häufig verwendete, auf Wilensky und Lebeaux zurückgehende Untergliederung (vgl. Wilensky/Lebeaux (1965), S. 138) differenziert zwischen residualen und institutionellen Sozialsystemen. Während staatliche Sozialleistungen im Rahmen residualer Systeme lediglich subsidiär im Fall unzureichender privater Sicherung gewährt werden, werden sie im Fall institutioneller Systeme als fester Bestandteil staatlicher Aufgaben gesehen. Somit können liberale Sozialsysteme als residual, Versicherungs- und Versorgungssysteme dagegen als institutionell bezeichnet werden (vgl. auch Flora (1986), S. XXI).

nach differenzieren, welches Modell Sozialer Sicherung innerhalb des gegebenen Sozialsystems dominiert.

2.1. „Liberale" Sozialsysteme

Im Rahmen „liberal" ausgerichteter Sozialsysteme erfolgt die Sicherung gegen grundlegende Lebensrisiken im allgemeinen über freiwillige Vorsorge der Individuen auf privaten Versicherungsmärkten. Der Staat beschränkt sich i. d. R. auf die Schaffung eines allgemeinen Ordnungsrahmens für die privaten Versicherungsmärkte. Zudem kann eine Förderung privater Absicherung durch Subventionen erfolgen.[1] Im Rahmen der privaten Vorsorge kann der Umfang der Leistungen den Präferenzen - d. h. der Risikobereitschaft - des einzelnen Versicherungsnehmers relativ genau angepaßt werden,[2] worin ein grundlegender wohlfahrtsökonomischer Vorteil eines privaten Versicherungssystems liegen kann.[3] Die Finanzierung der Leistungen orientiert sich am Äquivalenzprinzip, nach dem die zu zahlenden Beiträge gemäß des zu versichernden Risikos variieren; die gewährten Leistungen sind beitragsorientiert. Ergänzt wird die private Absicherung in „liberalen" Sozialsystemen häufig durch private und öffentliche Fürsorge,[4] die jedoch kein Sicherungssystem gegen allgemeine Lebensrisiken darstellt, sondern allein der Armutsbekämpfung dient. Die staatlichen Sozialleistungen, auf die im Normalfall kein Rechtsanspruch besteht, sind gering und an eine Bedürftigkeitsprüfung gebunden, deren stigmatisierender Effekt teilweise durchaus gewollt ist.[5] Finanziert werden die Leistungen im Rahmen öffentlicher Fürsorge durch allgemeine Steuern.

---

1 Vgl. Alber (1982), S. 43.

2 Vgl. in diesem Sinn Rolf (1988), S. 519.

3 Die Höhe des Wohlfahrtseffekts variiert hierbei positiv mit der Disparität der Präferenzen (vgl. Atkinson (1988), S. 229). Allerdings kann ein derartiger positiver Wohlfahrtseffekt durch Adverse Selection auf dem relevanten Versicherungsmarkt verhindert werden (vgl. weiterführend Atkinson (1988), S. 229-232).

4 Nach dem Fürsorgeprinzip werden staatliche Leistungen nur im Notfall, also bei Bedürftigkeit, gewährt. Ein Rechtsanspruch auf bestimmte Leistungen existiert nicht (vgl. weiterführend Kleinhenz (1993), S. 40 sowie Lampert (1994), S. 224).

5 Vgl. in diesem Sinn Nichols/Zeckhauser (1982), S. 376.

Das Ziel allokativer Effizienz steht im Vordergrund „liberaler" Sozialsysteme. Marktmängel, die auf privaten Versicherungsmärkten möglicherweise relevant sind, sollen durch die Schaffung eines Ordnungsrahmens reduziert bzw. im Idealfall beseitigt werden. Insbesondere wird hierbei dem Meritorikargument sowie der Möglichkeit negativer Externalitäten bei unzureichender privater Vorsorge durch die Subventionierung privater Versicherungsverträge Rechnung getragen. Da die Beitragserhebung auf dem Prinzip der versicherungstechnischen Äquivalenz basiert, ist eine einkommensbezogene Umverteilung über private Versicherungsmärkte nicht möglich. Jedoch kann in „liberalen" Sozialsystemen eine begrenzte Einkommensumverteilung über die Gewährung bedarfsabhängiger Leistungen im Rahmen staatlicher Fürsorge sowie über eine Staffelung eventuell gewährter Subventionen erfolgen. Ob bzw. welche Umverteilungseffekte hierdurch bewirkt werden, hängt jedoch maßgeblich von der Finanzierung der Leistungen und somit der Ausgestaltung des Steuersystems ab. Allerdings sind mögliche einkommensbezogene Umverteilungseffekte aufgrund des niedrigen Niveaus der gewährten Leistungen als gering einzuschätzen. In distributiver Hinsicht dominieren daher die Prinzipien der Eigenverantwortung und Leistungsgerechtigkeit, die bei Existenz öffentlicher Fürsorge durch das Ziel der Armutsvermeidung ergänzt werden. Als problematisch kann hierbei angesehen werden, daß aufgrund des stigmatisierenden Effektes bedarfsabhängiger Leistungen sowie der mit einer Beantragung verbundenen hohen Transaktionskosten nicht alle als bedürftig eingestuften Personen die ihnen zustehenden Leistungen beantragen und erhalten.[1]

2.2. Versicherungssysteme[2]

Eine generelle Aussage darüber, welche Lebensrisiken im Rahmen eines Versicherungssystems abgedeckt werden, ist nicht möglich, weshalb der Umfang der versicherten Risikotatbestände eher ein Kriterium zur weiteren Untergliederung im Rahmen dieses Clusters darstellt. Auch der versicherte

---

1 Vgl. Atkinson (1988), S. 235.

2 Der Staat kann im Rahmen eines Versicherungssystems durch die Einführung einer Versicherungspflicht auf privaten Märkten sowie die Institutionalisierung einer staatlichen Pflichtversicherung eingreifen. Im folgenden bezieht sich der Begriff - sofern nicht anders kenntlich gemacht - auf ein Pflichtversicherungssystem, da dessen Analyse eine deutlichere Herausstellung der Unterschiede zu den Alternativen eines „liberalen" Systems sowie eines Versorgungssystems ermöglicht.

Personenkreis kann stark variieren, da sich das Versicherungssystem zwar auf die gesamte Bevölkerung beziehen kann, häufig jedoch nur die Teilgruppe der abhängig Beschäftigten umfaßt.[1] Die gewährten Leistungen sind zumindest dem Grunde nach an zuvor erbrachte Beiträge gebunden. Dagegen ist die Höhe der Leistungen nicht unbedingt von den zuvor entrichteten Beiträgen abhängig, sie kann sich auch am Bedarf der Versicherten orientieren.[2] Hinsichtlich des Leistungsumfangs verfolgen Soziale Sicherungssysteme, die auf dem Versicherungsprinzip aufbauen, zumeist das Ziel der Lebensstandardsicherung im Sinn eines stetigen Einkommensbezuges.[3] Der Umfang der Leistungen geht daher im allgemeinen über eine Grundsicherung hinaus, was zu Wohlfahrtsverlusten führen kann, wenn das vorgeschriebende Sicherungsniveau über dem Präferenzniveau der Versicherten liegt. Die Erhebung der Beiträge kann sich prinzipiell - dem Äquivalenzprinzip folgend - am zu versichernden Risiko oder aber am Einkommen, also der Leistungsfähigkeit des Versicherten, orientieren. Basiert das System auf aktuarisch korrekten Erträgen, so werden hauptsächlich allokative Ziele verfolgt,[4] werden darüber hinaus auch interpersonelle Umverteilungsziele angestrebt, orientiert sich die Beitragserhebung zumeist an der anhand des Einkommens gemessenen Leistungsfähigkeit des Versicherten.

Ein Versicherungssystem kann zu positiven Wohlfahrtseffekten führen, wenn der Staat auch Versicherungen anbietet, die aufgrund von Marktversagen am privaten Markt nicht existieren. Darüber hinaus kann eine Versicherungspflicht die Möglichkeit für Free Rider-Verhalten, Adverse Selection[5] sowie die Gefahr negativer Externalitäten infolge unzureichender

---

[1] Vgl. hierzu Rolf (1988), S. 535 oder auch Esping-Andersen (1990), S. 27.
Dabei zeigt die historische Betrachtung, daß Sozialversicherungssysteme im Zeitablauf - d. h. insbesondere mit steigender volkswirtschaftlicher Leistungsfähigkeit - dazu tendieren, sowohl die Zahl der versicherten Risikotatbestände als auch den versicherten Personenkreis zu erweitern (vgl. Alber (1982), S. 61, Flora (1986), S. XXII sowie Lampert (1994), S. 122 f., der diese Entwicklung für das Sozialversicherungssystem in Deutschland nachzeichnet).

[2] Vgl. in diesem Zusammenhang auch Atkinson (1988), S. 224.

[3] Vgl. in diesem Sinn Rolf (1988), S. 525. Dies gilt vor allem für die Risiken Alter und Arbeitslosigkeit. Im Gesundheitssektor wird das Ziel der Lebensstandardsicherung häufig durch das Ziel eines gutsspezifischen Egalitarismus ergänzt.

[4] Daneben kann hierbei das Ziel einer intertemporalen Umverteilung verfolgt werden.

[5] Um Adverse Selection zu vermeiden, muß die Versicherungspflicht jedoch durch einen Kontrahierungszwang ergänzt werden.

persönlicher Vorsorge einschränken; jedoch sind auch negative Effizienzwirkungen insbesondere durch verstärktes Moral Hazard-Verhalten denkbar. Inwieweit ein Versicherungssystem tatsächlich zu einer höheren Effizienz führt, ist wesentlich vom Umfang der versicherten Risikotatbestände sowie des betroffenen Personenkreises abhängig. Prinzipiell ist eine Reduzierung der genannten Marktmängel sowohl durch eine Versicherungspflicht als auch durch die Einführung einer staatlichen Pflichtversicherung erreichbar. Die höhere Eingriffsintensität einer staatlichen Organisation kann deshalb ausschließlich mit der Vermutung steigender Skalenerträge[1] sowie interpersonellen Umverteilungszielen begründet werden.

Aufgrund der vielfältigen Ausgestaltungsmöglichkeiten von Sozialversicherungssystemen können die distributiven Effekte innerhalb dieses Clusters stark variieren. Orientiert sich die Sozialversicherung am Prinzip der monetären Beitragsäquivalenz, so unterscheidet sie sich von privaten Versicherern lediglich in der Organisation, nicht jedoch in den Umverteilungseffekten, die dann nur intertemporal, nicht jedoch interpersonell sein können. Letztere entstehen erst durch die Ergänzung des Versicherungsprinzips um Elemente der Bedarfsgerechtigkeit. Dies kann einerseits durch eine an der Leistungsfähigkeit orientierte Beitragserhebung und andererseits durch eine zumindest teilweise bedarfsorientierte Leistungsgewährung erfolgen.

Eine Berücksichtigung des Kriteriums der Bedarfsgerechtigkeit kann bei der Leistungsausgestaltung durch eine Ergänzung der Beitragsäquivalenz um einzelne bedarfsabhängige Elemente, z. B. in Form von Mindestsätzen oder aber eine rein bedarfsorientierte Leistungsgewährung für alle Versicherten erfolgen. Ebenso wie Mindestsätze führen auch Höchstsätze für die von der Sozialversicherung erbrachten Leistungen zu Umverteilungswirkungen, da in diesem Fall die Einkommensersatzleistungen für Bezieher hoher Einkommen prozentual niedriger ausfallen.[2] Allerdings kann eine Abweichung

---

1 Vgl. Atkinson (1988), S. 229. Allerdings steht diesem Argument die Vermutung gegenüber, daß staatliche Versicherungen aufgrund geringerer Anreize zu effizientem Wirtschaften höhere Verwaltungskosten verursachen als private Versicherer (vgl. auch hierzu Atkinson (1988), S. 228 f.). Eine abschließende Beurteilung dieser gegensätzlichen Vermutungen kann lediglich durch eine empirische Kosten-Nutzen-Analyse erfolgen.

2 Vgl. Alber (1982), S. 66.

vom Äquivalenzprinzip bei der Finanzierung, bspw. in Form von Beitragsbemessungsgrenzen oder Pflichtversicherungsgrenzen, auch zu einer relativ geringeren Belastung von Beziehern hoher Einkommen führen. Während Beitragsbemessungsgrenzen eine relativ stärkere Beitragsbelastung für niedrige Einkommensgruppen implizieren,[1] können durch Pflichtversicherungsgrenzen Bezieher hoher Einkommen von den Kosten einer interpersonellen Umverteilung weitgehend ausgenommen werden.

Führt die Ausgestaltung der Beitragsfinanzierung und Leistungsgewährung zu einer Einkommensumverteilung im Rahmen des Versicherungssystems, so ist der Umfang des versicherten Personenkreises insofern von Bedeutung, als nur die sozialversicherungspflichtigen Personen in die Umverteilung miteinbezogen werden. Daher werden Gruppen, die aufgrund von Pflichtversicherungsgrenzen oder Sonderregelungen von der Sozialversicherungspflicht ausgenommen sind, nicht für die Finanzierung der Umverteilung herangezogen.[2] Darüber hinaus ist es möglich, daß einzelne Personengruppen, die positive Umverteilungseffekte zu erwarten hätten, nicht beitragspflichtig sind und infolgedessen nicht in den Umverteilungsmechanismus des Sozialversicherungssystems integriert werden. Schließlich variiert die distributive Wirkung des Systems auch mit der Anzahl der versicherten Risikotatbestände, da systemimmanente Umverteilungswirkungen zwischen verschiedenen Einkommensniveaus bei gleicher Ausgestaltung der einzelnen Versicherungszweige mit der Ausdehnung des Versicherungsumfangs zunehmen.

Eine eindeutige Aussage über allokative und distributive Wirkungen von Sozialversicherungssystemen ist aufgrund der vielfältigen Ausgestaltungsmöglichkeiten derartiger Systeme nicht möglich. Inwiefern sie zu einer höheren Effizienz beitragen können, hängt maßgeblich vom Umfang der versicherten Risikotatbestände sowie des betroffenen Personenkreises ab. Da die Bedeutung distributiver Ziele im Rahmen von Versicherungssystemen mit dem Umfang der bedarfsorientierten Elemente variiert, die das Versicherungsprinzip ergänzen, ist auch keine generelle Aussage über das im Rah-

---

[1] Vgl. Schmähl (1988), S. 473.

[2] Vgl. Rolf (1988), S. 526 f. sowie Schmähl (1988), S. 483.

men des Systems dominierende Gerechtigkeitspostulat möglich. Allerdings kann aufgrund der Zielsetzung einer Lebensstandardsicherung sowie des grundsätzlich vorhandenen Beitrags-Leistungs-Bezugs eine prinzipielle Anerkennung des Prinzips der Leistungsgerechtigkeit angenommen werden.

2.3. Versorgungssysteme

Ein System sozialer Sicherung, das auf dem Versorgungsprinzip basiert, kann sich auf alle genannten allgemeinen Lebensrisiken beziehen oder aber nur Teilbereiche abdecken, so daß auch hier der Umfang der einbezogenen Risikotatbestände eher als Differenzierungskriterium innerhalb des Clusters dienen kann. Im Gegensatz zu Sozialversicherungssystemen beziehen sich Versorgungssysteme jedoch im allgemeinen auf die gesamte Bevölkerung, da der Leistungsbezug an keine Vorleistungen, sondern lediglich an sehr allgemeine Voraussetzungen, wie bspw. die Staatsbürgerschaft, gebunden ist.[1] Tendenziell orientieren sich Versorgungssysteme eher am Ziel der Armutsvermeidung als der Lebensstandardsicherung.[2] Dennoch kann der Umfang der Leistungen auch in diesen Systemen über eine Grundsicherung hinausgehen und eine an der generellen Wohlfahrtsentwicklung angelehnte Lebensstandardsicherung anstreben.[3] Die Leistungen von Sozialen Sicherungssystemen, die auf dem Versorgungsprinzip basieren, werden über Steuern finanziert.[4] Der vom einzelnen zu leistende Finanzierungsbeitrag orientiert sich daher an den Gerechtigkeitskriterien, die der Steuererhebung zugrundeliegen.[5]

Versorgungssysteme können insbesondere eine Unterbindung von Adverse Selection bewirken. Auch dürften sie - ebenso wie eine staatliche Pflichtversicherung - dann zu einer erhöhten volkswirtschaftlichen Effizienz beitragen, wenn die staatliche Absicherung bei risikoaversen Individuen zu risikoneutralem Verhalten und infolgedessen zu einer verbesserten Nutzung des Produktionspotentials führt. Allerdings dürfte die Existenz eines Ver-

---

1 Vgl. Alber (1982), S. 45.

2 Vgl. Rolf (1988), S. 525.

3 Vgl. in diesem Sinn Esping-Andersen (1990), S. 27.

4 Häufig werden diese Systeme daher auch als Steuer-Transfer-Systeme bezeichnet.

5 Vgl. Rolf (1988), S. 526.

sorgungssystems auch einen starken Anreiz zu Moral Hazard bewirken. Die relativ hohe Eingriffsintensität eines Versorgungssystems läßt sich deshalb vorrangig durch die Zielsetzung einer interpersonellen Umverteilung rechtfertigen.

Kennzeichnend für ein Steuer-Transfer-System ist die Tatsache, daß jedes Gesellschaftsmitglied - unabhängig von erbrachten Vorleistungen - bei Eintreten des Versicherungsfalls Anspruch auf normierte steuerfinanzierte Sozialleistungen hat. Die interpersonellen Umverteilungseffekte eines Steuer-Transfer-Systems hängen somit maßgeblich von der Finanzierungsart dieser Leistungen, d. h. der Ausgestaltung des Steuersystems, ab.[1] Die Höhe der normierten Sozialleistungen ist insofern von Bedeutung, als mit steigendem Leistungsumfang auch möglicherweise vorhandene Umverteilungswirkungen innerhalb des Sozialsystems zunehmen. Ähnlich kann hinsichtlich der einbezogenen Risikotatbestände argumentiert werden, da systemimmanente Umverteilungswirkungen zwischen verschiedenen Einkommensniveaus auch mit der Ausdehnung der in das Versorgungssystem integrierten Risikotatbestände zunehmen. Eine pauschale Bestimmung der distributiven Effekte ist daher nicht möglich. Tendenziell kann jedoch vermutet werden, daß die Umverteilungswirkungen stärker sind als in einem Sozialversicherungssystem, da sich die Steuererhebung zumeist an der Leistungsfähigkeit orientiert, wohingegen die Leistungsgewährung prinzipiell beitragsunabhängig ist und weitgehend jedem Bürger zusteht. Somit wird der Bezug zwischen Leistung und Beitrag, der in Sozialversicherungssystemen zumindest dem Grunde nach besteht, im Fall von Steuer-Transfer-Systemen völlig aufgehoben. Bzgl. des zugrundeliegenden Gerechtigkeitskriteriums dominiert das egalitaristische Prinzip einer Mindestbedarfsgerechtigkeit für alle.

Nimmt man einen Vergleich der drei untersuchten Cluster von Sozialsystemen vor, so kommt der Marktkoordination im Rahmen „liberaler" Sozialsystemtypen die größte Bedeutung zu. In bezug auf Versicherungs- und Ver-

---

1 Relevant erscheint hierbei vor allem, ob die Besteuerung an der Leistung in Form von Einkommen oder am Konsum ansetzt, da eine Konsumbesteuerung aufgrund der marginal höheren Konsumneigung von Beziehern niedriger Einkommen zu einer relativ stärkeren Steuerbelastung bei niedrigen Einkommensklassen führt.
Darüber hinaus ist die Gestaltung der Steuertarife von distributiver Relevanz, da diese in ihrer Wirkung progressiv, linear oder regressiv sein können.

sorgungssysteme kann hier keine eindeutige Aussage getroffen werden, da beide Systemtypen einen breiten Gestaltungsspielraum lassen. Tendenziell kann jedoch, aufgrund der gegenüber dem Versicherungssystem weiteren Auflösung des Beitrags-Leistungs-Bezugs sowie der Orientierung am Egalitarismusprinzip, in Versorgungssystemen die geringste Bedeutung einer Marktkoordination von Sozialpolitik vermutet werden. Für eine abschliessende Beurteilung der Bedeutung des marktlichen Koordinationsmechanismus ist neben den betrachteten Ausgestaltungskriterien jedoch auch relevant, inwieweit im Rahmen des gegebenen Sicherungssystems eine private oder staatliche Produktion gewährter Leistungen[1] bzw. inwieweit eine Einschränkung der Konsumentenfreiheit durch die Gewährung von Sach- statt Geldleistungen erfolgt.

V. Abschließende theoretische Anmerkungen

Im Rahmen der beiden vorangegangenen Kapitel wurde der für die nachfolgende Länderanalyse zugrundegelegte Differenzierungsansatz erarbeitet. Hierfür wurde in Kapitel 1 zunächst die zentrale Überlegung, daß marktwirtschaftliche Systeme anhand der Art und des Umfangs staatlicher Maßnahmen unterschieden werden können, vorgestellt. Als mögliche Formen wurden hierbei in Anlehnung an die Wohlfahrtstheorie allokativ und distrivutiv motivierte Eingriffe differenziert, deren Umfang annahmegemäß mit der gesellschaftlichen Einschätzung von Markt- und Staatsversagen sowie der gesellschaftlich dominierende Gerechtigkeitskonzeption variiert.

In Kapitel 2 erfolgte eine Konkretisierung dieser Kernüberlegungen, indem der Ansatz auf einzelne konstitutive und akzidentielle Systemelemente angewandt wurde, wodurch konkrete Differenzierungskriterien herausgearbeitet werden konnten. In Anlehnung an die in Kapitel 1 vorgestellten Typologieansätze der Systemtheorie wurden hierbei die Koordinations- und Eigentumsordnung als konstitutive Elemente erachtet.

Anhand der in den Kapiteln 1 und 2 erarbeiteten Differenzierungskriterien können marktwirtschaftliche Systeme in einem ersten Schritt - ähnlich wie

---

[1] Von Bedeutung ist diese Überlegung insbesondere im Gesundheitssektor.

bei Luckenbach - in vorrangig alloktiv oder distributiv orientierte Marktwirtschaften unterschieden werden. In einem zweiten Schritt kann anhand des Umfangs und der Begründung staatlicher Eingriffe auf einzelnen volkswirtschaftlichen Ebenen oder Teilmärkten eine weitere Differenzierung vorgenommen werden, bei der bspw. regionalpolitisch ausgerichtete Marktwirtschaften, industriepolitisch orientierte Marktwirtschaften oder makroökonomisch gelenkte Marktwirtschaften als verschiedene mögliche Ausprägungen marktwirtschaftlicher Systeme unterschieden werden können.

Der in den Kapiteln 1 und 2 erarbeitete Differenzierungsansatz wird im folgenden für das Länderbeispiel Südafrika angewandt werden. Vorrangiges Ziel des nachfolgenden Kapitels ist somit eine Einordnung des derzeitigen Wirtschaftssystems im Vergleich zu seiner Ausprägung vor 1994 sowie eine Beurteilung der ANC-Wirtschaftskonzeption und ihrer Veränderungen vor dem Hintergrund des ausgearbeiteten Differenzierungsansatzes.

Kapitel 3

Eine Analyse der Veränderungen des Wirtschaftssystems in Südafrika

I. Das Lenkungssystem[1]

1. Die Eigentumsordnung

Gemäß der im theoretischen Abschnitt der Arbeit getroffenen Einschränkung wird im folgenden vorrangig die in einer quantitativen Beschränkung privater Handlungsrechte resultierende staatliche Institutionalisierung kollektiver Handlungsrechte am Produktionsfaktor Kapital analysiert. Ergänzend hierzu soll das existierende System privater Handlungsrechte jedoch auch auf seine grundlegende Qualität in Form der gegebenen Rechtsicherheit untersucht werden. Denn diese gibt Aufschluß darüber, wie leicht einerseits eine Umwandlung privater in kollektive bzw. gemeinschaftliche Handlungsrechte und andererseits eine staatliche Umverteilung privater Eigentumsrechte juristisch durchsetzbar ist. Somit ist der Aspekt der Rechtsicherheit im Rahmen einer Systemanalyse grundsätzlich von Interesse, da er aufgrund seiner Bedeutung für unternehmerische Investitionen ein maßgebliches Kriterium im Systemwettbewerb darstellt. Für Südafrika ist er darüber hinaus deshalb von besonderer Relevanz, weil weiten Teilen der Bevölkerung während der Apartheid der Erwerb von Handlungsrechten über den Markt versagt war, so daß die im Rahmen der Property Rights-Theorie vorausgesetzte soziale Akzeptanz von privaten Handlungsrechten in Südafrika nur eingeschränkt gegeben ist und Möglichkeiten einer Neuverteilung

---

1 Dem theoretischen Abschnitt der Arbeit entsprechend werden staatliche Eingriffe in die Koordinationsordnung nicht in einem gesonderten Länderkapitel untersucht, sondern finden in den nachfolgenden Abschnitten eine implizite Berücksichtigung. So wird die Preisbildung für den Produktionsfaktor Arbeit insbesondere im Rahmen der Arbeitsmarktordnung, die für den Produktionsfaktor Boden im Rahmen der Eigentumsordnung behandelt. Staatliche Eingriffe in den Preismechanismus am Kapitalmarkt werden im Rahmen der Eigentumsordnung, der makro- und mesoökonomischen Steuerung sowie der Sozialordnung berücksichtigt. In den Kapiteln zur Eigentumsordnung, Wettbewerbspolitik sowie der Sozialordnung finden staatliche Eingriffe in die Preisbildung auf Gütermärkten Berücksichtigung.

privater Handlungsrechte ein zentrales Interesse der gegenwärtigen Politik darstellen.

In Zusammenhang mit diesem länderspezifischen Aspekt erfolgt zunächst eine gesonderte Betrachtung der Handlungsrechte am Produktionsfaktor Boden, da dieser Markt während der Apartheidszeit durch besonders weitreichende Property Rights-Verletzungen geprägt war, weshalb die Frage der Verteilung von Landeigentum in Südafrika ein mit starken Emotionen besetztes und daher politisch brisantes Thema darstellt.[1]

1.1. Zur Struktur privater Handlungsrechte am Produktionsfaktor Boden[2]

1.1.1. Die Property Rights-Situation vor 1994

Die Eigentumsordnung in Südafrika war hinsichtlich der Handlungsrechte am Produktionsfaktor Boden bis Ende der 80er Jahre zum einen durch umfassende Verletzungen der Eigentumsrechte nicht-weißer Bevölkerungsgruppen und zum anderen durch die für die nicht-weiße Bevölkerung stark eingeschränkten Möglichkeiten zum Erwerb von Grundbesitz charakterisiert. Während für die weiße Bevölkerung ein System umfangreich gesicherter Property Rights galt, war es Ziel der offiziellen Regierungspolitik, den Umfang der nicht-weißen Bevölkerungsgruppen zugeordneten Eigentumsrechte zu minimieren. Wesentliche gesetzliche Grundlage für diese Politik war in bezug auf ländliche Gebiete der „Natives Land Act" (1913), der für Schwarze die Möglichkeit zum Grundbesitz auf Homelands[3] be-

---

[1] Ersichtlich wurde dies bspw. an den langwierigen Verhandlungen zum Eigentumsartikel in der Verfassung (vgl. Edmunds (1996)).

[2] Da sich die staatlichen Maßnahmen zur Landverteilung sowohl vor als auch nach 1994 nicht allein auf ländliche Regionen, sondern auch auf städtische Gebiete beziehen, werden diese im folgenden in die Analyse integriert. Insofern geht die folgende Analyse über eine reine Betrachtung des Produktionsfaktors Boden hinaus, da Boden in den städtischen Townships vorrangig als konsumtives Gut interpretiert werden kann.

[3] Innerhalb der Staatsgrenzen Südafrikas wurden im Zuge der Apartheidpolitik die sog. Homelands oder „self-governing territories" Gazankulu, KaNgwane, KwaNdebele, KwaZulu, Lebowa und QwaQwa eingerichtet. Diese Gebiete verfügten durch eigene Verwaltungsstrukturen und Schulsysteme über eine gewisse Eigenständigkeit. Diese war jedoch lediglich Makulatur, da hohe Verwaltungsbeamte von Pretoria eingesetzt wurden und die Homelands in vollständiger finanzieller Abhängigkeit Pretorias standen. Ziel der Apartheidpolitik war eine vollständige Unabhängigkeit der Homelands, da diese in Verbindung mit der staatlichen Siedlungspolitik, die es Schwarzen lediglich erlaubte,

schränkte und eine de facto Enteignung für die Schwarzen bedeutete, die über Grundbesitz in „weißen Regionen" verfügten.[1] In bezug auf städtische Gebiete war insbesondere der „Group Areas Act" (1966) relevant, der zentrale städtische Gebiete als „weiß" klassifizierte und den übrigen Bevölkerungsgruppen genau definierte Stadtteile am Stadtrand zuwies.[2]

Um individuelle Eigentumsrechte schwarzer Bürger möglichst umfassend zu verhindern, wurde darüber hinaus der Grund in Homelands und Townships[3] vor 1990 zumeist als Eigentum des Staates oder des staatlichen „South African Development Trusts" registriert, so daß selbst in den für schwarze Bürger ausgewiesenen Gebieten ein Grunderwerb für diese kaum möglich war.[4] Vielmehr war die Bevölkerung in den Homelands auf die Zuteilung von Nutzungsrechten angewiesen. Diese wurden von den Homelandverwaltungen, die sich zumeist aus von der Regierung in Pretoria eingesetzten Stammesfürsten zusammensetzten, vorgenommen, wobei sich individuelle Ansprüche, die lediglich Männern zustanden, i. d. R. aus der Stammeszugehörigkeit ableiteten.[5] Diese diskretionäre und weitgehend leistungsunabhängige Zuteilung von ausschließlich temporären Nutzungsrechten führte zu einer verminderten Anreizfunktion sowie Rent Seeking und war daher mit einem Effizienzverlust verbunden.

---

innerhalb der Homelands einen festen Wohnsitz zu haben, in letzter Konsequenz dazu geführt hätte, daß Schwarze über keine südafrikanische Staatsbürgerschaft hätten verfügen können. Mit dem Ende der Apartheid erfolgte eine regionale Neugliederung des Landes, die zu einer Aufhebung der früheren Homelandgrenzen führte (vgl. auch Abb. 1 und 2 im Anhang dieser Arbeit).

1 Vgl. Mbaku (1991), S. 144 sowie Mbongwa/van den Brink/van Zyl. (1996), S. 44 f.

2 Vgl. van der Walt/Pienaar (1996), S. 433.

3 Der Begriff Township, der im Englischen allgemein Stadtteil bedeutet, steht in Südafrika für die Stadtteile, die während der Apartheid für die nicht-weiße Bevölkerung ausgewiesen waren. Townships nehmen vielfach die Größe von Städten an und sind in ihrer Art heterogen. Vielfach existieren sie in Form von Slums, in denen die Bevölkerung zumeist in Wellblechhütten wohnt und weder über Elektrizität noch sanitäre Infrastruktur verfügt. Mit dem Ende der Apartheid wurden sämtliche Einschränkungen einer freien Wohnwahl aufgehoben. Aufgrund ihrer geringen Einkommen ist es für die Mehrheit der Schwarzen jedoch nach wie vor nicht möglich, Mieten außerhalb der Townships zu bezahlen, so daß sich die rassische Trennung von Stadtvierteln lediglich langsam verändert.

4 Vgl. Mbongwa/van den Brink/van Zyl (1996), S. 57, Moor/Nieuwoudt (1996), S. 70 sowie DLA (1997), S. 30.

5 Vgl. Mbongwa/van den Brink/van Zyl (1996), S. 58 sowie DLA (1997), S. 30.

Die Property Rights-Politik der Apartheidszeit war politisch und distributiv motiviert, da sie zum einen Kernelement des Konzepts einer „getrennten Entwicklung“ war und zum anderen eine Umverteilung der Eigentumsrechte zugunsten der weißen Bevölkerung im allgemeinen und der weißen zumeist burischen Farmer im besonderen bewirken sollte.[1] Dabei wurde die politische Zielsetzung nur bedingt erreicht, da zwar eine Trennung der Wohngebiete nach Rassen umgesetzt wurde, die angestrebte Reduzierung von Migrationsbewegungen der schwarzen Bevölkerung in städtische Ballungsgebiete jedoch nicht durchgesetzt werden konnte. Die distributive Zielsetzung der Apartheidsregierung konnte dagegen als erfüllt gelten, da die Politik hinsichtlich des Faktors Boden in einer extrem ungleichen Verteilung resultierte, nach der zum Zeitpunkt des Regierungswechsels 1994 etwa 10% der Bevölkerung über 80% des privaten Grundbesitzes verfügten,[2] wobei der Besitz von Land fast ausschließlich auf die weißen Bevölkerungsgruppen beschränkt war.

Aus allokativer Sicht führte die Landpolitik der Apartheid aufgrund der künstlichen Nachfragebeschränkung zu einer Verzerrung des Marktpreises und somit zu einer ineffizienten Allokation des Faktors Boden,[3] die sich u. a. in vielfach brachliegenden Grundstücken weißer Farmer einerseits und der Überbevölkerung der Homelands andererseits zeigte. Verstärkt wurde die allokative Ineffizienz dadurch, daß Schwarzen auch innerhalb der Homelands der Erwerb von Verfügungsrechten weitgehend untersagt war, so daß diese zumeist nur über temporäre, wenig gesicherte Nutzungsrechte verfügten oder in rechtlich ungeklärten bzw. gemäß der vor 1994 gültigen Gesetzgebung illegalen Besitzverhältnissen lebten.[4] In ökonomischer Perspektive führten die in den Homelands somit weitgehend kollektiven Verfügungsrechte in Verbindung mit den wenig gesicherten Nutzungsrechten zu einer verminderten Internalisierung von Externalitäten und einer stark ein-

---

[1] Zudem diente die Enteignung der schwarzen Landbevölkerung der Schaffung eines „Reservoirs“ billiger Arbeitskräfte im Rahmen der einsetzenden Industrialisierung.

[2] Vgl. Payze (1994), S. 1.

[3] Darüber hinaus führte die Siedlungspolitik der Regierung zu einer räumlichen Trennung von Wohnort und Arbeitsplatz für die nicht-weiße Bevölkerung, welche wiederum eine Preisverzerrung am Arbeitsmarkt, hohe Opportunitätskosten in Form von Zeitaufwand und soziale Kosten durch die Auflösung von Familienverbänden induzierte.

[4] Vgl. Claassens (1993), S. 55.

geschränkten Anreizfunktion, weshalb insgesamt ein relativ hoher Effizienzverlust durch die Landpolitik der Apartheidsära angenommen werden kann.

Im Zuge der 1990 einsetzenden politischen Reformen erfolgte 1991 durch die Abschaffung des „Land Act" und des „Group Area Act" eine formale Gleichstellung aller Bevölkerungsgruppen in Hinblick auf die Möglichkeit zum Grunderwerb.[1] Zudem wurde für Townships die Umwandlung temporärer Nutzungsansprüche in umfassende Eigentumsrechte also der zusätzliche Erwerb von Verfügungsrechten ermöglicht.[2] Jegliche Form von Umverteilung oder Entschädigung für frühere Property Rights-Verletzungen wurde im Rahmen der Reformen von 1991 von der Regierung jedoch abgelehnt.[3] Diese Forderungen wurden erstmals auf Druck des ANC im Rahmen der 1993 verabschiedeten Übergangsverfassung anerkannt, die neben dem Recht auf Eigentum auch ein Recht auf Restitution festschrieb.[4] Allerdings ließ die Übergangsverfassung wichtige Fragen unbeantwortet, da weder eine Verfahrensweise für Restitutionsklagen festgelegt, noch die Frage nach der Höhe zu leistender Kompensationszahlungen gegenüber heutigen Eigentümern behandelt wurde.[5]

---

1 Vgl. Minnaar (1994), S. 30 f., Kimble (1996), S. 82 sowie van der Walt/Pienaar (1996), S. 436.

2 Vgl. van der Walt/Pienaar (1996), S. 436.

3 Vgl. Minnaar (1994), S. 35.

4 Während Art. 28 der Übergangserfassung das Recht auf Eigentum sicherte, wurde in Art. 121 und 123 ein Recht auf Restitution definiert. Dieses wurde und wird dann als gegeben angesehen, wenn nach dem 19. 6. 1913 eine Enteignung aufgrund von Rassengesetzgebung stattgefunden hat (vgl. RSA (1993), Art. 6, 121 und 123). Restitutionsklagen aufgrund einer Enteignung vor diesem Datum konnten im Einzelfall durch den Minister genehmigt werden. Als mögliche Formen der Restitution wurden und werden die Rückgabe des Landes, die Bereitstellung alternativen Grundes sowie eine Kompensationszahlung vorgesehen (vgl. RSA (1993), Art. 122).
Die Regelungen der Übergangsverfassung in bezug auf die Grundlage von Restitutionsansprüchen sowie mögliche Formen von Restitution sind durch die endgültige Verfassung von 1996 nicht abgeändert worden und somit nach wie vor rechtsgültig.

5 Vgl. auch Minnaar (1994), S. 45.

1.1.2. Zur verfassungsrechtlichen Eigentumsgarantie und dem staatlichen Landreformprogramm

Alle politischen Grundsatzprogramme des ANC enthalten als einen zentralen Aspekt die Ablehnung der sich in Südafrika infolge von Property Rights-Verletzungen herausgebildeten Landverteilung und die Forderung nach einer Neuverteilung der Handlungsrechte an Grund und Boden. Eine Konzeptionsveränderung kann jedoch sowohl hinsichtlich der angestrebten Struktur an Eigentumsrechten sowie der geforderten politischen Maßnahmen festgestellt werden: Während der ANC in der Freedom Charta die Umwandlung privater in gemeinschaftliche Handlungsrechte forderte,[1] wird in den wirtschaftspolitischen Konzeptionspapieren ab 1990 keine grundsätzliche Einschränkung des Umfangs privater Handlungsrechte am Faktor Boden, sondern eine Umverteilung der gegebenen privaten Handlungsrechte zwischen den Wirtschaftssubjekten angestrebt. Unterschiede weisen die Konzeptionspapiere zwischen 1990 und 1994 jedoch hinsichtlich der geforderten Instrumente zur Umsetzung der angestrebten Umverteilung auf: Sowohl das Discussion Paper (1991) wie auch die Policy Guidelines (1992) forderten eine Landumverteilung, ohne jedoch auf Kompensationsmöglichkeiten einzugehen,[2] weshalb angenommen werden kann, daß eine Kompensation in den genannten Programmen nicht angestrebt wurde. Somit zielten die Konzeptionspapiere von 1991 und 1992 zwar nicht auf eine quantitative Einschränkung privater Property Rights, implizierten jedoch aufgrund der Möglichkeit von kompensationslosen Enteignungen eine starke qualitative Einschränkung. Infolge der Verfassungsverhandlungen, die zu einer Festschreibung des Rechts auf Eigentum in der Übergangsverfassung führten, veränderte der ANC im Rahmen des RDP diese Auffassung dahingehend, daß Enteignungen lediglich gegen Entschädigung möglich sein sollten, wobei jedoch nicht auf Details, wie bspw. die Berechnung der Kompensationshöhe eingegangen wurde.

Somit haben existierende private Handlungsrechte im Rahmen der wirtschaftspolitischen Konzeption des ANC sukzessive an Bedeutung gewonnen, da zunächst die Forderung nach einer quantitativen Beschränkung

---

1 Vgl. ANC (1955).

2 ANC (1991a), S. 8 sowie ders. (1992), S. 31.

aufgegeben und nachfolgende Forderungen nach qualitativen Einschränkungen abgeschwächt wurden. Diese Entwicklung spiegelt auch eine Umorientierung von einer rein distributiv motivierten Eigentumspolitik zu einer stärker allokativen Orientierung wider, die vor dem Hintergrund einer sukzessiven politischen Annäherung an das marktwirtschaftliche Systemmodell erklärbar ist.

In Einklang mit diesem Richtungswandel sucht die Verfassung von 1996 einen Ausgleich zwischen allokativer und distributiver Zielsetzung in Form eines Schutzes bestehender Eigentumsrechte einerseits und der Berücksichtigung früherer Property Rights-Verletzungen andererseits. Zum einen wird durch Art. 25 (1) das Recht auf Eigentum prinzipiell geschützt; Enteignungen können nur dann durchgeführt werden, wenn sie im öffentlichen Interesse liegen und sind grundsätzlich nur gegen Entschädigung[1] möglich.[2] Zum anderen verpflichten Art. 25 (5)-(7) sowie (9) die Regierung gleichverteilte Chancen beim Landerwerb zu sichern, ein Gesetz zu erarbeiten, um Mietern, die aufgrund früherer Rassengesetzgebung in ungeregelten Mietverhältnissen leben, Rechtssicherheit zu gewährleisten und ein Gesetz zur Anerkennung von Restitutionsansprüchen aufgrund von Enteignungen nach dem 19. 6. 1913 zu verabschieden,[3] so daß die wesentlichen Bestandteile eines Landreformprogrammes verfassungsrechtlichen Rang genießen.

Das von der Regierung infolge dieses Verfassungsauftrages ausgearbeitete Landreformprogramm[4] bezieht sich sowohl auf ländliche als auch städtische

---

[1] Art. 25 (3) legt fest, daß die Höhe der Entschädigung folgende Aspekte berücksichtigen muß: (1) gegenwärtige Art der Nutzung, (2) Umstände des Eigentumerwerbs des jetzigen Besitzers, (3) gegenwärtiger Marktwert, (4) gewährte staatliche Finanzunterstützung beim Eigentumserwerb, (5) Grund für die Enteignung. I. d. R. erhalten die Eigentümer eine Entschädigung zu Marktpreisen, außer sie haben das Land infolge von Rassengesetzgebungen zu einem niedrigeren Preis als dem Marktpreis erstanden (vgl. auch o. V. (1995a)).

[2] Vgl. RSA (1996a), Art. 25 (2).

[3] Es wird geschätzt, daß von den etwa 3,5 Mio. durch Enteignung Betroffenen ca. 1,4 Mio. unter die verfassungsrechtliche Regelung fallen (vgl. Randall (1994)). Bis April 1997 wurden etwa 300 Klagen bzgl. ländlicher und 12.130 Klagen bzgl. städtischer Gebiete eingereicht (vgl. DLA (1997), S. 29).

[4] Für einen Überblick zur gesamten Reformgesetzgebung im Rahmen der Landreform vgl. DLA (1997), S. 37.

Gebiete und umfaßt die drei Teilaspekte Restitution,[1] Landneuverteilung und Förderung von Miet- und Pachtsicherheit,[2] wobei alle Teilbereiche der Landreform vorrangig auf freiwilligen Markttransaktionen basieren sollen.[3] Die Regierung sieht ihre hauptsächliche Aufgabe in der Schaffung institutioneller Rahmenbedingungen für den Landreformprozeß sowie finanzieller und beratender Unterstützung[4] für neue Eigentümer.[5] Enteignungen werden lediglich als Ausnahmelösung im Fall eines Scheiterns von freiwilligen Markttransaktionen und dem Vorliegen eines hohen öffentlichen Interesses gesehen.[6] Das in diesem Fall durch die Verfassung gewährte Recht auf

---

1 Eine Konkretisierung des verfassungsrechtlich gesicherten Anspruchs auf Restitution ist durch den „Restitution of Land Rights Act" (1994) erfolgt, der die Befugnisse der neu geschaffenen Institutionen „Land Commission" und „Land Claim Court" (vgl. für einen Überblick auch Klug (1996), S. 402-404) sowie den Ablauf von Rückerstattungsklagen festlegt. Hiernach muß die Landkommission alle Anträge auf Restitution, die die gesetzliche Anspruchsgrundlage erfüllen, annehmen. Sofern sich im Laufe der Untersuchung keine Einigung zwischen den Interessensparteien erzielen läßt, wird die Klage für eine Entscheidung an das „Land Claim Court" weitergeleitet (vgl. RSA (1994), §§ 11, 14 umd 55). Mit der Überweisung der Klage an das Gericht muß gleichzeitig beim Minister für Landfragen eine Begutachtung der Restitutionsforderung beantragt werden. Hierbei soll beurteilt werden, ob die Restitution als prinzipiell durchführbar eingestuft wird, ob der Staat das Land möglicherweise erwerben kann oder ob alternativer Grund zur Verfügung gestellt werden kann (vgl. RSA (1994, § 15). Eine ministerielle Befürwortung der Restitution ist notwendige, nicht jedoch hinreichende Voraussetzung, da das Gericht zudem die Klage als berechtigt erachten muß (vgl. Klug (1996), S. 397).
Eine Abwicklung der bis einschließlich 30. 4. 1998 einzureichenden Klagen durch die Landkommission und das „Land Claim Court" soll innerhalb von fünf Jahren, eine Umsetzung der Urteile innerhalb von zehn Jahren erreicht werden (vgl. DLA (1997), S. 53).

2 Damit stellt das Landreformprogramm eine grundlegende Umsetzung der RDP-Forderungen dar, in dem erstmals die Unterteilung des Landreformprogrammes in die drei Teilbereiche Restitution, Landumverteilung und Veränderung der Miet- und Pachtsituation vorgenommen wurde (vgl. ANC (1994a), S. 20 f.). Als Ziel für eine Landreform wird im RDP gefordert, daß innerhalb von fünf Jahren 30% des landwirtschaftlich nutzbaren Bodens umverteilt werden (vgl. ANC (1994a), S. 22). Als mögliche Maßnahmen hierzu werden die Stärkung von Anspruchsrechten im Fall von bewohntem und bearbeitetem Land, die Verteilung von Staatsland sowie eine Umverteilung mittels marktlicher und nicht-marktlicher Mechanismen vorgeschlagen (vgl. ANC (1994a), S. 21 f.). Auch wurde bereits im RDP die Institutionalisierung eines „Land Claim Court" gefordert (vgl. ANC (1994a), S. 22). Zwar blieben die Aussagen des RDP damit häufig noch unpräzise, dennoch legten sie die Grundlagen für das derzeitige Landreformprogramm.

3 Vgl. DLA (1997), S. 16 und 38.

4 Für einen Überblick zu den finanziellen Hilfsprogrammen im Rahmen der Landreform vgl. DLA (1997), S. 44 sowie 70-76.

5 Vgl. DLA (1997), S. 23 und 41 f. sowie Randall (1994).

6 Vgl. DLA (1997), S. 39 und 43.
Dies wird auch durch die bisher zurückhaltende Anwendung der Enteignungsmöglich-

Kompensation kann insofern gestärkt gelten, als die Höhe der Kompensationszahlung nicht durch die Regierung, sondern lediglich durch ein unabhängiges Gericht festgesetzt werden kann.[1]

Derzeitiger Hauptbestandteil der Landneuverteilung ist das 1995 initiierte Landreformprojekt, durch das die Regierung sich Erfahrungen für weiterreichende Umverteilungsprogramme erhofft.[2] Das Projekt zielt auf eine Förderung der Neuverteilung von Verfügungsrechten über den Markt, indem denjenigen Bürgern oder Gruppen, denen eine eigenständige Finanzierung von Grundstücken nicht möglich ist, der Kredit- und Informationszugang erleichtert bzw. staatliche Finanzhilfen gewährt werden.[3] Da im Rahmen des Projektes auch ein Verkauf von Staatsland vorgesehen ist,[4] führt das Programm nicht allein zu einer Umverteilung, sondern auch zu einer quantitativen Ausweitung privater Verfügungsrechte.

Die sog. „Tenure Reform" soll zur Stärkung von Nutzungsrechten bzw. der Erweiterung von Nutzungsrechten um Verfügungsrechte führen. Um dies zu erreichen, sollen zum einen sämtliche Handlungsrechte des i. d. R. als Staatseigentum registrierten Bodens in ehemaligen Homelands und Townships an deren Bewohner übertragen werden, die durch die häufig jahrzehn-

---

keit durch die Landkommission bestätigt, die erstmals im Januar 1997 eine Enteignung vorgeschlagen hat (vgl. Cook (1997)).

1 Vgl. DLA (1997), S. 58.

2 Vgl. van der Walt/Pienaar (1996), S. 444 f.

3 Vgl. o. V. (1995a), Lund (1996), S. 551 sowie DLA (1997), S. 39.
Notwendige Voraussetzung für die Gewährung derartiger staatlicher Unterstützung ist die Ausarbeitung eines Finanzierungsplans, der auch private Kredite und Finanzmittel miteinschließt sowie eines Nutzungsplans für den betreffenden Grund. Allerdings besteht kein Rechtsanspruch auf staatliche Unterstützung, deren Gewährung letztlich durch ein in jeder Provinz neu institutionalisiertes Komitee entschieden wird (vgl. o. V. (1995a) sowie Lund (1996), S. 557 f).

4 Bei der Einbeziehung von Staatsland hat es sich sowohl im Rahmen der Restitutionsabwicklung als auch des Landneuverteilungsprogrammes als problematisch erwiesen, daß der Regierung kein vollständiger Bericht über staatliche Assets vorliegt, weshalb eine umfangreiche Registrierung staatlicher Besitzstände eingeleitet wurde (vgl. RSA (1994), § 39 sowie DLA (1997), S. 84).
Insgesamt wurden im Rahmen dieses Programmes bis April 1997 372 Projekte in neun Pilotregionen genehmigt (vgl. o. V. (1995a), Lund (1996), S. 552 sowie DLA (1997), S. 39).

telange Nutzung des Landes als de facto Eigentümer erachtet werden.[1] Zum andern sollen die Rechte von Landarbeitern, die zumeist auf weißen Farmen ohne gesicherte Rechte in einer Art Lehnverhältnis leben, gestärkt werden. Im Rahmen des „Labour Tenants Act“ (1996) und des „Extension of Security Tenure Act“ (1997) erfolgt daher eine Stärkung des Wohnrechts von Farmarbeitern, da genaue Kündigungsvorschriften festgelegt werden.[2] Zudem wird Farmarbeitern das Recht auf einen Kaufantrag bzgl. des von ihnen bewohnten und bearbeiteten Grundes zugesprochen.[3]

1.1.3. Beurteilung

Die Formulierung eines Landreformprogrammes ist insofern problematisch, als einerseits die prinzipielle Sicherung existierender privater Property Rights eine notwendige Voraussetzung für Investitionen ist, andererseits eine rein formale Gleichstellung in Hinblick auf den Erwerb zukünftiger Eigentumsrechte die Akzeptanz einer Ausgangsverteilung impliziert, die nicht das Ergebnis freiwilliger Markttransaktionen, sondern gezielter Diskriminierung ist. Ein derartiger ahistorischer Ansatz berücksichtigt weder frühere Property Rights-Verletzungen, noch die infolge der Apartheidsgesetzgebung künstlich herbeigeführte Verschiebung von Angebot und Nachfrage und hierdurch induzierte Preisverzerrungen. Zudem wird der materiel-

---

1 Das Trustland der Homelands soll im Zuge der Landreform i. d. R. als Gemeineigentum an den gesamten Stamm übertragen werden, der wiederum eine interne Regelung für die Aufteilung von Verfügungs- und Nutzungsrechten erarbeiten soll. Der Staat versieht hierbei die Kontrollfunktion, daß die Aufteilung nach demokratischen Grundsätzen erfolgt, keine Grundrechte verletzt werden und die Interessen aller Betroffenen Berücksichtigung finden (vgl. Hartley (1996) sowie DLA (1997), S. 10 und 66 f.).
Als problematisch hat sich diese Regelung insofern erwiesen, als es teilweise - infolge fehlender Registrierungen - schwierig ist, etwaige Eigentumsansprüche zu überprüfen (vgl. Hartley (1998)). Die hierdurch verursachte Verzögerung und Unsicherheit bzgl. Eigentumsansprüchen wird zum einen von ehemaligen Homelandverwaltern für persönliche Bereicherungsversuche genutzt und verhindert zum anderen notwendige Investitionen (vgl. Cross (1997) sowie DLA (1997), S. 34).

2 Vgl. RSA (1996a), Chap. 2 sowie RSA (1997a), Chap. 4.

3 Vgl. RSA (1996a), Chap. 3.
Erzielen Eigentümer und Farmarbeiter keine Einigung hinsichtlich des Kaufanliegens, so wird eine endgültige Entscheidung durch das „Land Claim Court“ getroffen. Der Eigentümer des Grundes hat in diesem Fall ein Anrecht auf Kompensation gemäß den Regelungen für Restitutionsklagen (vgl. RSA (1996a), § 23). Farmarbeiter können für den Erwerb des von ihnen beanspruchten Landes staatliche Finanzunterstützung beantragen (vgl. RSA (1996a), § 27).

len Benachteiligung der nicht-weißen Bevölkerung, die zumeist nur über geringe Eigenmittel und einen infolge der gegenwärtigen Kreditstruktur eingeschränkten Kreditzugang verfügt,[1] keine Rechnung getragen, so daß diesen Bevölkerungsgruppen eine Wahrnehmung ihres formalen Marktteilnahmerechts i. d. R. nicht möglich ist.[2]

Das von der Regierung gegenwärtig verfolgte Landreformprogramm, das die drei Aspekte Restitution, Redistribution und Besitzrechtreform umfaßt, ist durch die prinzipielle Anerkennung gegebener Eigentumsrechte geprägt, da es hauptsächlich auf freiwilligen Markttransaktionen basiert und Enteignungen nur in Einzelfällen und gegen Entschädigung zuläßt. Staatliche Eingriffe sind vorrangig auf Krediterleichterungen, Finanzierungshilfen und Informationsbereitstellung konzentriert und zielen daher auf den Abbau existierender Markteintrittsbarrieren.

Das somit verfolgte Konzept einer Landreform bei prinzipieller Eigentumsicherheit, das Enteignungen nur gegen Kompensation zuläßt, bedarf zusätzlich einer Entscheidung bzgl. der Höhe der zu leistenden Entschädigungen. Hierbei existiert wiederum ein Konflikt, da Rechtssicherheit von Property Rights und ein stabiler Investitionsrahmen eine Entschädigung zu Marktpreisen bedingen, diese jedoch wiederum einen ahistorischen Ansatz darstellt, der weder frühere Property Rights-Verletzungen berücksichtigt, noch in Betracht zieht, daß heutige Eigentümer das Land infolge der Apartheidsgesetzgebung und staatlicher Subventionen häufig weit unter dem damaligen Marktpreis gekauft haben.[3] Die Regierung versucht dieser Problematik insofern Rechnung zu tragen, als sie prinzipiell zwar eine Entschädigung zu Marktpreisen vorsieht, bei der Festlegung der Kompensationshöhe aber nach Art. 25 (3) auch die Umstände des Landerwerbs sowie frühere staatliche Subventionshilfen mitberücksichtigt werden. Aus verteilungspolitischer Sicht könnte man die gewählte Subventionslösung jedoch insofern als pro-

---

[1] Vgl. Minnaar (1994), S. 30 sowie Payze (1994), S. 3.

[2] Vgl. auch DLA (1997), S. 17 und 24.

[3] Vgl. Claassens (1993), S. 55 und 57 sowie Payze, S. 3.
Binswanger verweist zudem darauf, daß der Preis für landwirtschaftlich genutzte Flächen durch Agrarpolitik manipuliert werden kann, so daß die Bestimmung eines effizienten Marktpreises schwierig ist (vgl. Binswanger (1993), S. 52).

blematisch erachten, als sie bei einer annahmegemäß unelastischen Angebotskurve allein zu einer Verschiebung der Nachfragekurve und somit einer Preiserhöhung für Grundstücke führen dürfte, die letztlich einen Verteilungseffekt zugunsten von jetzigen Grundbesitzern impliziert.

Die gegenwärtige Landreform stellt eine weitreichende Umsetzung der im RDP formulierten Reformvorstellungen des ANC dar. Entsprechend der erfolgten politischen Umorientierung von der Forderung nach einer quantitativen und qualitativen Einschränkung privater Handlungsrechte zu deren prinzipieller Akzeptanz, ist die Landreform durch eine relativ geringe Eingriffsintensität geprägt und gewährt eine prinzipielle Sicherung gegebener Property Rights. Diese Ausgestaltung ist kongruent mit der verstärkten politischen Berücksichtigung der allokativen Funktion privater Eigentumsrechte. Insbesondere könnte hierbei die Umwandlung kollektiver in private Eigentumsrechte im Rahmen der Landneuverteilung sowie der Tenure Reform zur Zielsetzung allokativer Effizienz beitragen, wenn die den einzelnen Stämmen übertragenen Eigentumsrechte nach marktlichen Kriterien in private Handlungsrechte umgewandelt werden.

Im Vergleich zu der Situation während der Apartheidszeit kann derzeit insofern eine Stärkung des privaten Property Rights-Systems festgestellt werden, als vor 1990 lediglich weiße Bürger über gesicherte Eigentumsrechte verfügten. Gegenwärtige Investitionshindernisse leiten sich demzufolge weniger aus neuen Property Rights-Verletzungen, als vielmehr aus der infolge der Apartheidspolitik häufig unsicheren Rechts- und Anspruchslage ab. Die langsame Abwicklung der Landreform könnte sich deshalb als problematisch erweisen, da diese insbesondere in Homelands und Townships Unsicherheit in bezug auf Eigentumsverhältnisse impliziert und infolgedessen Investitionen verzögert und Korruption erleichtert.[1] Eine weitere Verzögerung der Stärkung privater Eigentumsrechte insbesondere in den früheren Homelands ist jedoch nicht auszuschließen, da diese auf den politischen Widerstand der traditionellen Führer stößt, deren Macht durch eine Umwandlung kollektiver in private Handlungsrechte beschränkt wird.[2]

---

1 Vgl. DLA (1997), S. 69.

2 Vgl. auch Hartley (1998).

1.2. Zur Bedeutung staatlicher Unternehmen

Staatliche Unternehmensgründungen[1] setzten in Südafrika 1923 mit der Gründung des Elektrizitätswerkes Eskom ein. Sie waren vorrangig distributiv und politisch motiviert, da Staatsbetriebe zunächst zur Schaffung von Arbeitsplätzen sowie zur Kapitalbildung der weißen und insbesondere der burischen Bevölkerung beitragen sollten, während sie nachfolgend der Sicherung staatlicher Unabhängigkeit angesichts internationaler Sanktionspolitik dienten.[2] Bis zu Beginn des 2. Weltkrieges blieben staatliche Unternehmensgründungen auf wenige Unternehmen im Energiesektor und der Stahlindustrie beschränkt.[3] Mit zunehmendem ökonomischen Autarkiestreben und angesichts der wachsenden internationalen Sanktionspolitik erfolgte jedoch eine sektorale Ausweitung, so daß die staatliche Produktion in Südafrika heute nicht auf Infrastruktur- und Dienstleistungen beschränkt ist, sondern darüber hinaus zahlreiche Industrie-[4] sowie einige Konsumgüter[5] umfaßt.[6]

---

1 Die Gründung eines staatlichen Unternehmens kann in Südafrika entweder durch ein spezielles Gesetz oder im Rahmen des „South Africa Companies Act" (1973) erfolgen (vgl. Clark (1988), S. 338 und 341-344), wobei grundsätzlich die Unternehmensformen einer staatlichen Behörde, eines öffentlichen bzw. gemischt-öffentlichen Unternehmens oder eines Joint Ventures möglich sind. Letztere werden im folgenden - gemäß der im theoretischen Abschnitt erfolgten Abgrenzung - jedoch nur dann dem öffentlichen Sektor zugerechnet, wenn der Staat über eine Kapitalmehrheit verfügt.

2 Vgl. ausführlich Kapitel 3 Abschnitt II.2.1.

3 Vgl. Clark (1988), S. 338 und 341-344.

4 Bedeutend sind hierbei die Produktion von Öl, Aluminium, Stahl und chemischen Produkten sowie der Maschinenbau (vgl. Clark (1988), S. 353).

5 Insbesondere existieren staatliche Unternehmen bzw. Unternehmensbeteiligungen bei der Produktion von Textilien, Papier, Porzellan und Seife (vgl. Clark (1988), S. 353).

6 Auch quantitativ nahm die Bedeutung des staatlichen Sektors in Südafrika zu. So stieg die Zahl der Staatsangestellten zwischen 1920 und 1985 sowohl absolut als auch relativ kontinuierlich an. Allerdings beziehen sich statistische Zahlen stets auf den staatlichen Sektor im allgemeinen, schließen also die staatliche Verwaltung mit ein, so daß der Verfasserin keine Daten hinsichtlich des Anteils staatlicher Unternehmen am B.S.P., den Bruttoanlageinvestitionen oder der Beschäftigung zur Verfügung stehen, weshalb hier keine globale Analyse der Bedeutung staatlicher Unternehmen am gesamten Produktionssektor erfolgen kann.

1.2.1. Privatisierungsinitiativen vor 1994

Eine konzeptionelle Abkehr von der offiziellen Politik staatlicher Unternehmensgründungen trat 1987 mit der Verabschiedung des „White Paper on Privatisation and Deregulation“ ein[1], in dem die Regierung die Privatisierung von Staatsunternehmen grundsätzlich als einen Ansatz zur Förderung von Wirtschaftswachstum befürwortete[2] und lediglich die Privatisierung natürlicher Monopole ablehnte.[3]

Zwar läßt die Argumentation des Weißpapiers prinzipiell vermuten, daß die Regierung nach 1987 verstärkt die allokative Funktion von Eigentumsrechten berücksichtigte und durch die Stärkung privater Property Rights die allokative Effizienz und folglich die gesellschaftliche Wohlfahrt zu steigern suchte. Die konkrete Befürwortung von Privatisierungsmaßnahmen dürfte jedoch primär distributiv motiviert bzw. durch politische Notwendigkeit bedingt gewesen sein,[4] da zum einen vermutet werden kann, daß die Regierung angesichts absehbarer politischer Veränderungen versuchte, private Property Rights in Südafrika zu fördern, um somit den Spielraum für mögliche Umverteilungsmaßnahmen einer neuen Regierung einzuschränken und zum anderen durch Privatisierungseinnahmen das, infolge der Schuldenkrise und erhöhter Staatsausgaben, seit den 70er Jahren stark angestiegene Haushaltsdefizit[5] abbauen zu können hoffte. Zwar dürfte auch die in den 80er Jahren - vor dem Hintergrund einer wirtschaftstheoretischen Renaissance der Neoklassik sowie dem politischen und ökonomischen Reformprozeß in planwirtschaftlichen Systemen erklärbare - weltweite Ten-

---

[1] Eine Ausnahme stellte die Privatisierung des Kohle-, Öl- und Gaswerks Sasol dar, da die Regierung bereits 1979 70% ihrer Anteile an Sasol verkauft hatte.

[2] Vgl. RSA (1987), Abs. 4.2.
Eine Bekräftigung und Konkretisierung dieses politischen Konzeptionswandels erfolgte 1988 im Rahmen der Parlamentseröffnungsrede des damaligen Staatspräsidenten P. W. Botha, in der dieser eine grundsätzlich positive Haltung bzgl. einer Privatisierung der staatlichen Unternehmen Iscor (Stahlwerk), Eskom (Elektrizitätswerk), Foskor (Chemiekonzern), SATS (staatliches Transportunternehmen), Mossgas (Energie-konzern) sowie Post und Telkom signalisierte (vgl. Botha (1988), S. 8 sowie ergänzend Mahadea (1988), S. 150).

[3] Vgl. RSA (1987), Abs. 5.2.5.

[4] Vgl. hierzu Mahadea (1988), S. 150, Truu (1992), S. 103 und 106, Fine (1995), S. 6 und 9, Mahadea (1995), S. 96 sowie Rix/Jardine (1996), S. 63.

[5] Vgl. ausführlich Kapitel 3 Abschnitt II.1.

denz zu verstärkter Privatisierung die südafrikanische Entscheidung beeinflußt haben, allerdings kann dieser Aspekt als eher nachrangig in seiner Bedeutung eingeschätzt werden.

Die 1987/88 angekündigten Privatisierungspläne der Regierung wurden im folgenden jedoch nur langsam und in geringem Ausmaß umgesetzt, da diese Politik zum einen einen Stellenabbau im Staatssektor implizierte und sich somit gegen die Interessen einer Kernwählerschaft der NP richtete und zum anderen der ANC sich zu diesem Zeitpunkt gegen jedwede Privatisierungsmaßnahmen wendete und mit einer Renationalisierung im Fall eines Regierungswechsels drohte.[1] So fand 1989/90 lediglich eine (Teil-) Privatisierung dreier staatlicher Unternehmen[2] sowie eine Umstrukturierung und „Kommerzialisierung"[3] im öffentlichen Transport- und Telekommunikationswesen statt.[4] Zwischen 1990 und 1994 kam der Privatisierungsprozeß infolge der politischen Transformation und der Ablehnung staatlicher Privatisierungsmaßnahmen durch den ANC fast vollständig zum Erliegen.[5]

---

[1] Vgl. Mahadea (1995), S. 97.

[2] 1989 erfolgte die Privatisierung des bereits zuvor privatwirtschaftlich geführten Stahlunternehmens Iscor sowie der Verkauf von 30,7% staatlicher Anteile des Aluminiumwerks Alusaf (vgl. Reddy/Moodley (1993), S. 76 sowie Brynard (1995), S. 30 f.). 1990 wurden zudem die Sorghum Breweries privatisiert (vgl. Brynard (1995), S. 33).

[3] Der hier verwendete Begriff „Kommerzialisierung" bzw. „kommerzialisieren" stellt eine Übernahme des englischen Ausdrucks „commercialisation" ins Deutsche dar. Dieser impliziert eine Veränderung staatlicher Unternehmensführung durch die Einführung privatwirtschaftlicher Effizienzkriterien, um somit die Wettbewerbsfähigkeit von Staatsunternehmen zu erhöhen (vgl. Reddy/Moodley (1993), S. 74 sowie Brynard (1995), S. 30).

[4] Als Vorbereitung für mögliche Privatisierungsschritte wurde 1990 die staatliche Behörde SATS in das Unternehmen Transnet umgewandelt und kommerzialisiert. Zugleich erfolgte eine interne Aufspaltung von Transnet in Spoornet (Schienenverkehr), SAA (Luftfahrt), Portnet (Schiffahrt), Autonet (Straßenverkehr), Petronet (Pipelinesystem) und PX (Kontainerdienst) sowie eine Deregulierung der Inlandsstrecken von SAA (vgl. Reddy/Moodley (1993), S. 76 sowie Brynard (1995), S. 32).
1991 wurden Post und Telkom in zwei unabhängige Unternehmen getrennt, wobei Telkom zeitgleich kommerzialisiert wurde, wohingegen das Postunternehmen weiterhin staatlich subventioniert wird (vgl. Reddy/Moodley (1993), S. 76 sowie Brynard (1995), S. 32).

[5] Vgl. o. V. (1994a), S. 33, o. V. (1994b), S. 89 sowie Brynard (1995), S. 33.
Ausnahmen stellten die Kommerzialisierung des Waffenunternehmens Denel sowie der Flughafengesellschaft im Jahr 1993 dar (vgl. Butcher (1996a), S. 56).

1.2.2. Der Konzeptionswandel des ANC hinsichtlich staatlicher Unternehmen

Bis zu seiner Legalisierung 1990 war die Position des ANC bzgl. der Rolle staatlicher Unternehmen durch die 1955 verfaßte Freedom Charta geprägt, in der eine umfassende Nationalisierung und Kontrolle des privaten Unternehmenssektors gefordert wurde.[1] Diese Forderung, die Nelson Mandela bei seiner Freilassung 1990 umgehend bekräftigte, wurde vom ANC bis 1994 weitgehend beibehalten,[2] wobei sowohl die Gründung neuer Staatsunternehmen als auch eine Verstaatlichung bestehender Unternehmen als notwendig erachtet wurde, um die Versorgungssicherheit bei Grundbedürfnissen der Bevölkerung zu sichern, die Arbeitnehmerposition zu stärken, schwarze Bevölkerungsgruppen zu fördern und Investitionen in Wachstumssektoren zu lenken.[3]

Diese Begründungen für eine quantitative Stärkung kollektiver Eigentumsrechte zeigen zum einen, daß der ANC vor 1994 die Kosten potentiellen Staatsversagens deutlich geringer schätzte als die Kosten potentiellen Marktversagens. Zum anderen verdeutlichte die Argumentation, daß die Überlegungen des ANC hinsichtlich der Rolle staatlicher Unternehmen nicht nur allokativ, sondern vorrangig distributiv geprägt waren, da die Institutionalisierung kollektiver Eigentumsrechte primär als Möglichkeit zur Förderung der schwarzen Bevölkerungsgruppen erachtet wurde.

Auch im RDP werden Verstaatlichungen als politische Option gesehen,[4] allerdings konzentrieren sich die Forderungen nach staatlicher Produktion seit 1994 auf den Versorgungssektor, da insbesondere der Elektrizitätsversorgung, der Telekommunikation sowie dem Nahverkehr eine zentrale Bedeutung bei der Umsetzung des RDP-Zieles einer umfassenden Versorgung

---

1 Vgl. ANC (1955).

2 Zwar wurden auch potentielle Probleme von Verstaatlichungen sowie die Möglichkeit einer Reduzierung staatlicher Produktion in einigen Sektoren diskutiert (vgl. ANC (1991b), S. 3 sowie ders. (1992), Abs. D.7.2.), dennoch veränderte sich die grundsätzlich positive Haltung des ANC gegenüber einer Politik der Nationalisierung nicht.

3 Vgl. ANC (1991a), Abs. 6.3., ders. (1991b), S. 2. sowie ders. (1992), Abs. D.7.2.

4 Vgl. ANC (1994a), Abs. 4.2.5.2.

der Bevölkerung bei sog. Grundbedürfnissen beigemessen wird.[1] Obwohl diese Position auch im White Paper zum RDP vertreten wird, impliziert das Weißpapier erstmals eine explizite Abkehr von einer Politik der Verstaatlichung. Denn zum einen enthält das White Paper keine Hinweise mehr auf mögliche Verstaatlichungen, zum anderen wird erstmals die Umstrukturierung, Kommerzialisierung und Privatisierung staatlicher Unternehmen zur Finanzierung des RDP vorgeschlagen.[2] Dabei stellen Privatisierungen für die Regierung - nach eigenen Angaben - kein per se-Ziel dar, sondern werden als Bestandteil eines Umstrukturierungsprozesses im öffentlichen Sektor gesehen, der in dessen Effizienzsteigerung resultieren soll.[3] Bekräftigt wird die veränderte Auffassung hinsichtlich der Rolle von Staatsunternehmen auch im Gear-Programm, das eine Umstrukturierung des öffentlichen Sektors durch Kommerzialisierung und Privatisierung fordert, wobei auch hier auf die besondere Bedeutung des Versorgungssektors verwiesen wird, in dem weitere staatliche Investitionen für notwendig erachtet werden.[4] Ebenso wie in Hinblick auf private Eigentumsrechte am Produktionsfaktor Boden lassen die allgemeinen wirtschaftspolitischen Konzeptionspapiere des ANC somit ab 1994 auch hinsichtlich des Produktionsfaktors Kapital eine verstärkte Akzeptanz privater Eigentumsrechte erkennen.

Eine Konkretisierung möglicher Privatisierungsschritte der Regierung erfolgte 1995 mit der Veröffentlichung des „Discussion Paper on Restructuring of State Assets", das Staatsbetriebe in drei Kategorien untergliedert: erstens Unternehmen, denen eine wichtige Rolle bei der Umsetzung des

---

1 Vgl. ANC (1994a), Abs. 2.7.7., 2.7.8., 2.8.3., 2.9.3. sowie 4.4.4.1.

2 Vgl. ANC (1994b), Abs. 2.3.7. sowie 3.16.
Intern wurden Privatisierungen als politische Option erstmals auf der ANC-Parteienkonferenz 1994 diskutiert (vgl. auch Rix/Jardine (1996), S. 64).

3 Vgl. auch Seidman-Makgetla (1995), S. 3.

4 Vgl. Department of Finance (1996), Abs. 7.1. und 7.2.
Neben den allgemeinen wirtschaftspolitischen Regierungsprogrammen zeigte sich die veränderte Auffassung bzgl. der Rolle staatlicher Unternehmen auch an politischen Äußerungen; so stellte Vizepräsident Mbeki am 29. 10. 1994 in einem „statement by the acting president" einen Sechs-Punkte-Plan zur Restrukturierung des öffentlichen Sektors vor, durch den eine Effizienzsteigerung in der staatlichen Produktion erzielt werden soll. Unter anderem schließt dieses Programm auch die teilweise oder vollständige Privatisierung von Staatsbetrieben ein, die u. a. zur Finanzierung von RDP-Zielen sowie einer Förderung der schwarzen Bevölkerung führen soll (vgl. Mbeki (1994), S. 3-4).

RDP beigemessen wird,[1] zweitens Unternehmen, denen zwar keine zentrale Rolle für die Umsetzung des RDP zukommt, deren Produktion aber dennoch als wichtige strategische Infrastrukturleistung eingestuft wird[2] und drittens Unternehmen, die keinerlei strategische Funktionen erfüllen.[3] Während das Papier für die ersten beiden Unternehmenskategorien eine vollständige Privatisierung ablehnt, Joint Ventures mit privaten Unternehmen jedoch nicht ausschließt, wird eine Privatisierung von Betrieben der dritten Kategorie prinzipiell befürwortet, wobei jedoch eine Einzelfallbetrachtung gefordert wird.[4]

Das dominierende Entscheidungskriterium im Rahmen des Privatisierungskonzepts der Regierung ist somit die Bedeutung, die den einzelnen Unternehmen für die Umsetzung des RDP beigemessen wird. Da dieses vorrangig auf eine verbesserte Versorgung der Bevölkerung bei Grundbedürfnissen zielt, wird insbesondere eine staatliche Produktion im Versorgungsbereich gefordert. Nachrangig findet auch die potentielle strategische Bedeutung einzelner Unternehmen für die politische und ökonomische Unabhängigkeit Südafrikas im Rahmen des Privatisierungskonzepts Beachtung, wobei insbesondere auf Unternehmen der Waffen- und Ölindustrie Bezug genommen wird. Zwar konzentriert sich die Forderung nach staatlicher Produktion somit auf Sektoren, in denen international eine hohe staatliche Beteiligung besteht, die primär mit der Existenz potentieller natürlicher Monopole begründet wird.[5] Diese mögliche allokative Begründung ist für die Entschei-

---

1 Hierzu zählen insbesondere Unternehmen des Versorgungssektors. Konkret werden Telkom, Eskom (Elektrizitätswerk), Spoornet (Schienenverkehr), Portnet (Schiffahrt), Airport Company (Flughafengesellschaft), Post und SABC genannt (vgl. Ministry for Public Enterprises (1995), S. 9 und 13).

2 U. a. führt die Studie hier Unternehmen wie Armscor und Denel (Waffenbau), Petronet (Pipelinesystem), SAA (Fluglinie), Mossgas (Energiekonzern) oder Soekor (Ölförderung) an (vgl. Ministry for Public Enterprises (1995), S. 9 und 13).

3 Zur dritten Kategorie werden bspw. Sun Air (Fluglinie), Autonet (Straßenbau), Safcol (Forstwirtschaft), Alexcor (Diamantenmine), Aventura (Tourismus) oder PX (Kontainerdienste) gezählt (vgl. Ministry for Public Enterprises (1995), S. 9 und 13).

4 Vgl. Ministry for Public Enterprises (1995), S. 7 und 9.

5 Allerdings ist diese Argumentation in der Literatur umstritten, da ökonometrische Untersuchungen in der Mehrzahl zu dem Ergebnis führen, daß in den zentralen Versorgungsindustrien Stromversorgung, Transport sowie Post- und Telekommunikationswesen nicht porinzipiell steigende Skalenerträge vorliegen, so daß eine staatliche Produktion in diesen Sektoren nicht grundsätzlich allokativ zu begründen ist. Im Bereich der Stromversorgung lassen sich zwar für den Stromtransport sowie bedingt auf der Vertei-

dung der Regierung jedoch nicht maßgeblich, da diese allein aufgrund von distributiven Überlegungen erfolgt. Ebenso wie die vorhergegangene ANC-Forderung nach einer weitreichenden Nationalisierung sind auch die angestrebten Privatisierungsmaßnahmen nicht vorrangig allokativ, sondern distributiv bzw. politisch begründet.

1.2.3. Privatisierungspolitik seit 1994

Trotz des konzeptionellen Wandels des ANC schreitet der Privatisierungsprozeß auch seit den Wahlen nur langsam fort. Als hauptsächlicher Grund hierfür kann der Widerstand des Gewerkschaftsverbandes Cosatu ausgemacht werden, der die Privatisierungspläne der Regierung strikt ablehnt.[1] Eine Umsetzung der Privatisierungsvorhaben wurde politisch letztlich erst im Februar 1996 durch die Unterzeichnung des „National Framework Agreement" (NFA) zwischen der Regierung und den Gewerkschaftsverbänden Cosatu, Nactu und Fedsal möglich.[2]

Das NFA legt Verfahrensregeln für den Umstrukturierungsprozeß von Staatsunternehmen fest, die im wesentlichen einer Stärkung der Arbeitnehmerstellung dienen sollen.[3] Dies erfolgt zunächst durch die Verpflichtung

---

lerstufe - sinkende Durchschnittskosten lassen sich insbesondere bei großen Städten aufzeigen (vgl. Primeau (1975), S. 192 f.) - steigende Skalenerträge nachweisen, dies gilt jedoch nicht für die Stromerzeugung, für die somit kein Marktversagen infolge einer subadditiven Kostenfunktion vorliegt (vgl. Blankart (1979), S. 7). Auch für den Schienenverkehr zeigen empirische ökonometrische Studien für die USA lediglich kurzfristig sinkende, langfristig jedoch konstante Durchschnittskosten (vgl. Griliches (1972), insbesondere S. 36 und 39 f. sowie Keeler (1974), insbesondere S. 207). In Hinblick auf das Postwesen kommen bestehende Studien dagegen zu keinem einheitlichen Ergebnis; so kommt Merewitz für die USA zu dem Ergebnis steigender Skalenerträge (vgl. Merewitz (1971), insbesondere S. 507); Haldi dagegen, der die Postdienste nochmals unterteilt, kommt für den kostenstärksten Bereich des Sortierens zu dem Ergebnis konstanter bzw. sogar abnehmender Skalenerträge (vgl. Haldi (1970), insbesondere S. 362 f.). Die Begründung eines staatlichen Monopols aufgrund von Marktversagens ist in bezug auf das Postwesen somit strittig. Weitgehend abgelehnt wird sie infolge der technologischen Weiterentwicklung inzwischen für den Telekommunikationsbereich.

1 Vgl. Seidman-Makgetla (1995), S. 4 sowie Butcher (1996b), S. 51 f.
Darüber hinaus stoßen die Privatisierungsvorhaben auch bei Teilen des ANC auf starken ideologischen Widerstand.

2 Der Vertrag besitzt bis zum 27. 4. 1999 Gültigkeit.

3 Vgl. Butcher (1996c), S. 25.

der Regierung zur Einbeziehung von Angestellten betroffener Betriebe und Gewerkschaften bei der Formulierung des Privatisierungskonzepts[1] sowie der Ausarbeitung eine Sozialplans, im Fall privatisierungsbedingter Arbeitsplatzverluste.[2] Darüber hinaus verpflichtet sich die Regierung zur Förderung von Umverteilung und Black Empowerment[3] bei der Ausarbeitung und Durchführung von Privatisierungskonzepten[4] sowie dazu Privatisierungseinnahmen investiv zu verwenden.[5] Die Vereinbarungen im Rahmen des NFA implizieren somit eine Schwächung allokativer Kriterien und führen zu einer weiteren Stärkung der distributiven Ausrichtung des Privatisierungsprogramms.

---

1 Vgl. Ministry for Public Enterprises (1996), Abs. 5.3.
Zur Umsetzung dieser Verpflichtung sieht das NFA die Institutionalisierung von drei Verhandlungsstrukturen vor: 1) wird Regierung und Gewerkschaften das Recht zugesprochen, Arbeitsgruppen für die Privatisierungsvorhaben der einzelnen Sektoren einzusetzen, 2) wird auf nationaler Ebene eine paritätisch besetzte Arbeitsgruppe eingesetzt, in der Regierung und Arbeitnehmervertreter über die Ausgestaltung einzelner Privatisierungsvorhaben beraten, 3) werden auf Unternehmensebene Arbeitsgruppen aus Arbeitnehmer-, Regierungs- und Managementvertretung eingesetzt (vgl. Ministry for Public Enterprises (1996), Abs. 6.1. sowie Diagramme 1-3).
Bei den bisher erfolgten Privatisierungen hat sich jedoch gezeigt, daß der de facto Einfluß der Gewerkschaften dennoch begrenzt ist, da das NFA den Gewerkschaften zwar ein Mitspracherecht bei der Politikformulierung, nicht jedoch bei der konkreten Umsetzung einräumt. Zudem können die Gewerkschaften ihnen formal zustehende Rechte häufig aufgrund fehlenden Personals nicht oder nur unzureichend wahrnehmen (vgl. Chalmers/Grawitzky (1996) sowie dies. (1997)).

2 Vgl. Ministry for Public Enterprises (1996), Abs. 5.3. sowie ergänzend Butcher (1996c), S. 26 und Rix/Jardine (1996), S. 66.

3 Black Empowerment hat eine Veränderung der gegebenen Eigentumsstruktur im Unternehmenssektor - insbesondere in Hinblick auf die Verteilung des Aktienbesitzes - zum Ziel. Gefördert werden soll der Eigentumsanteil der schwarzen Bevölkerungsgruppen am Unternehmenssektor. Hierzu sollen private Empowermentinitiativen wie bspw. das „National Empowerment Consortium" (vgl. ausführlicher McKay (1996)), aber auch der staatliche National Empowerment Fund (NEF) beitragen. Letzterem steht ein durch die Regierung finanzierter Investment Trust zur Verfügung; außerdem hat sich die Regierung verpflichtet, 10% des Aktienanteils bei jedem Privatisierungsvorhaben dem NEF zu vergünstigten Konditionen zu offerieren. Unternehmensanteile am NEF können von Schwarzen erworben werden, wobei gegenwärtig noch eine finanzielle Unterstützung in Form zinsgünstiger Kredite diskutiert wird (vgl. Chalmers (1996), o. V. (1997a) sowie Chalmers (1998a)). Strittig ist das Empowermentkonzept, weil ihm vorgeworfen wird, lediglich die Vermögensbildung einer kleinen, bereits relativ bessergestellten Bevölkerungsschicht zu fördern (vgl. Adam/Slabbert/Moodley (1997), S. 167 f.).

4 Vgl. Ministry for Public Enterprises (1996), Abs. 5.5. sowie ergänzend Butcher (1996c), S. 26 und Rix/Jardine (1996), S. 66.

5 Vgl. Ministry for Public Enterprises (1996), Abs. 4.3. sowie Rix/Jardine (1996), S. 66.

Insgesamt hat die Regierung seit 1994 drei Privatisierungsprojekte erfolgreich abgeschlossen. Zu 100% wurden sechs regionale Radiostationen des staatlichen Rundfunk- und Fernsehsenders SABC[1] sowie die Fluglinie Sun Air verkauft.[2] Die bedeutendste Privatisierungsmaßnahme war der Verkauf eines 30%igen Anteils von Telkom an ein Konsortium von SBC Communications und Telekom Malaysia zu R 5,58 Mrd.[3] Bestandteil des Kaufvertrages ist eine Verpflichtung des Konsortiums zu einem R 53 Mrd. Investitionsplan[4] und einem Weiterbildungsprogramm von R 2,3 Mrd. sowie die Zusage, bis zum Jahr 2000 den Anteil schwarzer Manager auf 35% anzuheben,[5] als Gegenzug garantiert die Regierung Telkom für weitere fünf Jahre eine Monopolstellung bei Telefongrundleistungen.[6]

Mit der (Teil-)Privatisierung von lediglich drei Staatsunternehmen hat die Regierung das erklärte Privatisierungsziel für 1997 deutlich unterschritten, da zusätzlich die Privatisierung der staatlichen Unternehmen Post und Postbank, Autonet (Straßenbau), Airport Company (Flughafengesellschaft), SAA (Fluglinie), Aventura (Ferienparks), Alexkor (Diamantenmine) sowie Safcol (Forstwirtschaft) vorgesehen war.[7] Eine weitgehende Privatisierung

---

1 Es handelt sich hierbei um die Sender Radio Highveld, Radio Jacaranda, Radio Oranje, Radio Algoa, East Coast Radio sowie KFM (vgl. Butcher (1996a), S. 58).

2 Die Fluggesellschaft wurde an das Rethabile Comair Konsortium für R 50 Mio. verkauft; zusätzlich übernimmt das Konsortium die Schulden von Sun Air in Höhe von R 47 Mio. Das Black Empowerment-Unternehmen Rethabile erhält 55% und Comair 25% der Firmenanteile; die verbleibenden Anteile gehen zu 5% an die Beschäftigten von Sun Air und zu 15% an den NEF (vgl. Hlope (1997) sowie Mnyanda (1997)).

3 Vgl. Bridge (1997), Chalmers (1997a) sowie Hlope (1997).
Die Regierung hat sich verpflichtet von dem Gesamtbetrag von $ 1,26 Mrd. lediglich $ 260 Mio. zur Schuldentilgung zu verwenden, wohingegen der Hauptanteil von $ 1 Mrd. wieder an Telkom für die Finanzierung anstehender Infrastrukturleistungen zurückfließt (vgl. Hirschler & Staff (1997) sowie Sigcau (1997), S. 24).

4 Hierbei verpflichtet sich das Konsortium, innerhalb von fünf Jahren 2,8 Mio. neue Telefonanschlüsse zu schaffen (vgl. Chalmers (1997a)).

5 Vgl. Chalmers (1997a) sowie Sigcau (1997), S. 24.
Die sozialpolitischen Zugeständnisse sind hauptsächlich eine Folge des gewerkschaftlichen Widerstands gegen die Teilprivatisierung (vgl. auch Butcher (1996b), S. 53 sowie Grawitzky (1997)).

6 Vgl. Bridge (1997) sowie o. V. (1997b).
Zur Einhaltung der staatlichen Regulierungen am Telekommunikationsmarkt wurde im Rahmen des „Telkom Act“ die „South African Telecommunications Regulatory Authority“ (Satra) gegründet (vgl. RSA (1996b), Chap. 2 sowie Bridge (1997)).

7 Vgl. auch o. V. (1997c).

dieser Unternehmen ist nun für 1998 geplant: so sollen Minderheitsbeteiligungen an SAA und der Flughafengesellschaft an einen strategischen Partner,[1] 100% von Aventura und Alexkor[2] sowie Anteile an Safcol verkauft werden. Weitere Privatisierungsvorhaben, die bzgl. Mossgas (Energiekonzern) und Escom (Elektrizitätswerk) existieren, sind dagegen noch wenig fortgeschritten, so daß deren Privatisierung auch 1998 nicht zu erwarten ist.

Die Ursachen für das langsame Fortschreiten des Privatisierungsprozesses können vorrangig in den Beschlüssen des NFA gesehen werden: Das Entgegenkommen der Regierung im Rahmen des NFA hat zwar prinzipiell eine politische Durchsetzung von Privatisierungsmaßnahmen ermöglicht, jedoch wird der Privatisierungsprozeß durch die im NFA festgeschriebene Verpflichtung zur Bildung gemeinsamer Komitees, die den jeweiligen Privatisierungsplänen zustimmen müssen, deutlich verzögert.[3] Zudem wird die Findung neuer Investoren durch die im Rahmen des NFA gemachte Zusage zur Aufnahme sozialer Verpflichtungen in die Privatisierungsverträge sowie die Tatsache, daß im Bereich der Versorgungsindustrien lediglich Minderheitsbeteiligungen veräußert werden, erschwert.[4] Darüber hinaus wird der Privatisierungsprozeß jedoch auch durch interne Kompetenzstreitigkeiten der Regierung verzögert, da Ministerien, die über eine Weisungsbefugnis gegenüber einzelnen Staatsunternehmen verfügen,[5] mit dem Ministerium für

---

1 Sigcau (1997), S. 22.
Generell wird eine weitere Kommerzialisierung und Privatisierung von Transnet angestrebt: Neben dem Verkauf von Minderheitsbeteiligungen an SAA und der Flughafengesellschaft soll Autonet innerhalb von 4-7 Jahren vollständig privatisiert werden. Im öffentlichen Nahverkehr soll das im Januar 1997 als eigenständiges Unternehmen abgespaltene Metrorail Konkurrenz durch die Vergabe von Konzessionen für das Schienensystem erhalten; die Vergabe einer ersten Teilkonzession ist für Oktober 1998 vorgesehen. Dagegen sollen die Teilunternehmen PX (Kontainerdienst), Spoornet (Schienenverkehr) und Portnet (Schiffahrt) vor einer evtl. Privatisierung zunächst umstrukturiert werden, da sie gegenwärtig Verluste erwirtschaften. Petronet (Pipelinesystem) soll als einziges Teilunternehmen von Transnet vollständig in staatlichem Besitz bleiben, da es als strategischer Grundserviceleister eingestuft wird (vgl. Chalmers (1997b) sowie Sigcau (1997), S. 8-11).

2 Allerdings wird die Privatisierung von Aventura und Alexkor derzeit durch Restitutionsansprüche im Rahmen der Landreform verzögert (vgl. Chalmers (1997c) sowie Chalmers/Grawitzky(1998)).

3 Vgl. o. V. (1997c).

4 Vgl. o. V. (1997c).

5 So untersteht bspw. Transnet der direkten Kontrolle des Transportministeriums.

öffentliche Unternehmen um die Leitung des Privatisierungsprozesses streiten.[1] Der prinzipiellen theoretischen Umorientierung ist deshalb bisher keine weitreichende Umsetzung gefolgt.

1.2.4. Beurteilung

Die Auffassung des ANC hinsichtlich der Bedeutung staatlicher Unternehmen im Rahmen des Wirtschaftssystems hat sich seit 1990 deutlich gewandelt. Während Nelson Mandela noch 1990 eine umfassende Verstaatlichung bzw. Neugründung von Staatsbetrieben in allen Wirtschaftssektoren forderte, wurde die Notwendigkeit von Staatsunternehmen im folgenden auf den Versorgungssektor sowie für die politische und ökonomische Unabhängigkeit Südafrikas strategisch wichtige Industrien eingeschränkt. Somit steht spätestens seit 1995 nicht mehr die Frage nach möglichen Verstaatlichungen bzw. der Gründung neuer Staatsbetriebe, sondern die Frage nach Privatisierungsmöglichkeiten im Vordergrund.

Dieser Konzeptionswandel ist als Teil des gesamten wirtschaftspolitischen Konzeptionswandels des ANC zu sehen, denn die prinzipielle Ordnungsentscheidung zugunsten eines marktwirtschaftlichen Systems impliziert die grundsätzliche Akzeptanz privater Eigentumsrechte an Produktionsfaktoren. Zudem steht die Regierung vor einem Finanzierungsengpaß, da einerseits im Rahmen der makroökonomischen Politik eine Reduzierung des Haushaltsdefizits angestrebt wird, die Regierung andererseits jedoch die Verpflichtung zu umfangreichen Infrastrukturinvestitionen im Rahmen des RDP eingegangen ist; explizit soll die Privatisierung staatlicher Unternehmen daher zur Reduzierung der Staatsverschuldung und zur Finanzierung des RDP beitragen.[2]

Die Regierung versucht durch den Privatisierungsprozeß eine Reduzierung

---

1 Vgl. Chalmers/Grawitzky (1996).

2 Vgl. Brynard (1995), S. 29 und 33 f., Mahadea (1995), S. 98 sowie o. V. (1997d). Außerdem wird die Politik einer außenwirtschaftlichen Öffnung durch die Privatisierungsmaßnahmen erleichtert, da diese zu ausländischen Direktinvestitionen und somit einer Erhöhung der Devisenreserven der Notenbank beitragen, wodurch wiederum eine Liberalisierung der Wechselkurse erleichtert wird (vgl. auch o. V. (1997d)).

der Staatsverschuldung, die Finanzierung des RDP, die Förderung von Black Empowerment durch einen breiteren Aktienbesitz in der Bevölkerung und verstärkte Humankaptialbildung sowie eine Stärkung des Wettbewerbs zu erzielen.[1] Dabei kam dem Ziel einer verbesserten Grundversorgung der Bevölkerung bisher insbesondere bei der Telkomteilprivatisierung Bedeutung zu. Eine Berücksichtigung erfolgte hierbei insofern, als sich die Investoren zu einem umfangreichen Investitionsprogramm verpflichteten, wobei sich die Regierung bereit erklärte, dieses mit einem Großteil des Kauferlöses finanziell zu fördern. Das Ziel einer Schuldenreduzierung wurde im Fall von Telkom somit dem der RDP-Finanzierung untergeordnet. Dem Black Empowerment-Ziel wurde sowohl bei der Sun Air-, als auch bei der Telkom Privatisierung Rechnung getragen. Während dies im Fall von Sun Air durch eine Aktienbeteiligung des Black Empowerment-Unternehmens Rethabile, des NEF sowie der Belegschaft umgesetzt wurde, beinhaltet der Telkom-Vertrag eine Verpflichtung zu Affirmative Action im Managementbereich sowie ein umfangreiches Weiterbildungsprogramm für Mitarbeiter.

Ausdrücklich soll die Privatisierung von Staatsunternehmen auch zu einer Stärkung des Wettbewerbs führen. In ihrem Konzeptionspapier zur Wettbewerbspolitik hat die Regierung daher auf die Notwendigkeit einer Deregulierung verwiesen, sofern statutorische Monopole privatisiert werden sollen.[2] Von Bedeutung war der wettbewerbspolitische Aspekt bei den bisher erfolgten Privatisierungen insbesondere im Fall von Telkom. Eine Liberalisierung des Telekommunikationsmarktes wurde hierbei jedoch - als Gegenleistung für investive und soziale Zusagen des Unternehmens - um weitere fünf Jahre verschoben. Zwar ist eine gewisse Wettbewerbsstärkung durch die Gründung einer unabhängigen, aus Steuermitteln finanzierten Regulierungsbehörde für den Telekommunikationsmarkt (Satra),[3] die eine

---

[1] Vgl. u. a. o. V. (1994b), Ministry for Public Enterprises (1995), Abs. 2.2. und 2.3., ders. (1996), S. 2 f. sowie Burger (1996), S. 246 f.

[2] Vgl. DTI (1997a), Abs. 5.1.3.
Auch die staatliche Wettbewerbsbehörde hat bereits auf die Problematik einer umfangreichen Privatisierung ohne begleitende Deregulierungsmaßnahmen verwiesen (vgl. o. V. (1997e)).

[3] Vgl. RSA (1996b), Abs. 2 und 18.
Satra ist den allgemeinen wirtschaftspolitischen Zielen wie Black Empowerment, Förderung von KMUs sowie Wettbewerbs- und Innovationsförderung verpflichtet (vgl. RSA (1996b), S. 2).

Einhaltung der eingegrenzten Monopolstellung von Telkom gewährleisten soll,[1] erfolgt. Dennoch ist eine deutliche Unterordnung der wettbewerbspolitischen gegenüber der distributiven Zielsetzung zu erkennen.

Insgesamt hat der ANC seit 1990 die Forderung nach einer weitreichenden Nationalisierung des Unternehmenssektors zugunsten der einer umfangreichen Privatisierung aufgegeben. Der konzeptionellen Umorientierung ist bisher jedoch noch keine weitreichende Umsetzung gefolgt, da lediglich drei Privatisierungsvorhaben erfolgreich abgeschlossen wurden, wobei die regionalen Radiostationen von untergeordneter ordnungspolitischer Relevanz sind und bei Telkom lediglich eine Minderheitsbeteiligung von 30% verkauft wurde, so daß das Unternehmen gemäß der im theoretischen Teil zugrundegelegten Definition nach wie vor als staatlich zu bezeichnen ist. Die Tatsache, daß die Regierung auch bei zukünftigen Privatisierungen zumeist nur zum Verkauf von Minderheitsbeteiligungen bereit ist, könnte hierbei als Indiz dafür gedeutet werden, daß innerhalb des ANC weiterhin ein starker ideologischer Widerstand gegen eine umfassende Privatisierung von Staatsunternehmen besteht.

Die bisher durchgeführten Privatisierungsmaßnahmen bestätigten grundsätzlich die Vermutung einer primär distributiv motivierten Politik, da die abgeschlossenen Privatisierungen eine Förderung des RDP sowie Black Empowerment in den Vordergrund stellten, ökonomische Begründungen einer Schuldenreduzierung[2] sowie der Wettbewerbsstärkung demgegenüber jedoch zurückgestellt wurden. Insbesondere die Zurückstellung wettbewerbspolitischer Aspekte läßt hierbei fraglich erscheinen, ob die erfolgten Privatisierungsmaßnahmen zu der erhofften Effizienzsteigerung führen können. Auch bleibt angesichts der Tatsache, daß die Regierung zumeist

---

1 Telkom hat lediglich ein Monopol auf sog. Grundleistungen im Telekommunikationsbereich. So ist eine Aufgabe von Satra darin zu sehen, den Wettbewerb in anderen Telekommunikationsbereichen zu sichern. Dies hat sie bisher insbesondere dadurch wahrgenommen, daß der Versuch von Telkom auch Internetdienste als Grundleistungen zu definieren, abgelehnt wurde (vgl. Lamberti (1998)).

2 Bisher erfolgte Privatisierungen zeigen, daß die Regierung die Einnahmen aus Unternehmen, denen keine Bedeutung für das RDP beigemessen wird, vorrangig zur Schuldentilgung verwendet, wohingegen die Einnahmen aus der Privatisierung von Unternehmen mit RDP-Relevanz vorrangig zur Infrastrukturentwicklung eingesetzt werden.

nur zum Verkauf von Minderheitsbeteiligungen bereit ist, abzuwarten, inwieweit der erfolgte konzeptionelle Wandel zu einer deutlichen de facto Stärkung privater Property Rights führen wird. Dagegen sind die bisher durchgeführten Privatisierungsmaßnahmen aufgrund der starken Berücksichtigung einer RDP-Förderung sowie Black Empowerment als kongruent mit der distributiven Zielsetzung des staatlichen Privatisierungsprogrammes anzusehen.

2. Wettbewerbspolitik[1]

Aussagen über den Konzentrationsgrad[2] der südafrikanischen Wirtschaft sind aufgrund unzureichender statistischer Daten nur eingeschränkt möglich.[3] Die wenigen existierenden Studien lassen jedoch einen überdurchschnittlich hohen Konzentrationsgrad vermuten.[4]

---

1 Wettbewerbsrecht, als zentraler Bestandteil der Wettbewerbspolitik, hat eine privatrechtliche und eine öffentlich-rechtliche Komponente. Während erstere Fairneß im Wettbewerb um Kunden sichern soll (Unterbindung von unlauterem Wettbewerb), soll letztere den Wettbewerb zwischen den Marktteilnehmern sicherstellen. Der privatrechtliche Aspekt, der in Südafrika durch Fallrecht geregelt wird, ist nicht Bestandteil der nachfolgenden Analyse, die sich lediglich auf den öffentlich-rechtlichen Aspekt bezieht (für einen Überblick zur südafrikanischen Rechtsprechung in Hinblick auf unlauteren Wettbewerb vgl. als Standardwerk van Heerden (1995)).

2 Unter wirtschaftlicher Konzentration wird im folgenden die Dominanz und demzufolge ökonomische Macht einzelner Unternehmen innerhalb eines spezifischen Marktes oder Sektors verstanden (vgl. hierzu auch Fourie/Lewis/Pretorius (1995), S. 5).

3 Vgl. Du Plessis (1978), S. 257, Fourie/Smit (1989), S. 242 sowie Fourie/Lewis/Pretorius (1995), S. 5.

4 Erste umfangreiche Studien zum Konzentrationsgrad der südafrikanischen Wirtschaft wurden Ende der 70er Jahre durch die Mouton Kommission und Du Plessis vorgenommen. Beide Studien ermittelten sowohl hinsichtlich absoluter als auch relativer Meßgrößen einen hohen wirtschaftlichen Konzentrationsgrad für Südafrika (vgl. Spandau (1977), S. 300 sowie Du Plessis (1978), S. 260 f., 263 und 267 f.). Eine Studie von Fourie/Smit aus dem Jahr 1989 zeigte, daß die Einbeziehung von Importen, die in den vorangegangenen Studien außer acht gelassen worden waren, zu einer Reduzierung des Konzentrationsgrades führt (vgl. Fourie/Smit (1989), S. 244-246); dennoch kamen auch Fourie/Smit zu dem Ergebnis einer überdurchschnittlichen und für die Jahre 1972-1982 zunehmenden Wirtschaftskonzentration (vgl. Fourie/Smit (1989), S. 251). Diese hat bis Mitte der 90er Jahre keine wesentliche Veränderung erfahren; so verwiesen Fourie/Lewis/Pretorius in einer Studie von 1995 darauf, daß der durchschnittliche C3-Wert (= Marktanteil der drei größten Unternehmen in einem Sektor) für Südafrika bei 56%, der durchschnittliche C4-Wert (= Marktanteil der vier größten Unternehmen in einem Sektor) bei 63% liegt (vgl. Fourie/Lewis/Pretorius(1995). S. 5).

Problematisch erscheint dieser hohe Konzentrationsgrad aus wettbewerbstheoretischer Sicht insbesondere deshalb, weil die hohe und zunehmende Konzentration der südafrikanischen Volkswirtschaft nicht vorrangig auf marktliche Überlegenheit einzelner Unternehmen, sondern staatliche Eingriffe wie Importzölle, Devisenbeschränkungen und staatlich gewährte Monopole zurückgeführt wird.[1] Eine effektive Wettbewerbspolitik ist aus theoretischer Sicht daher von großer Bedeutung für die Funktionsfähigkeit des marktwirtschaftlichen Systems in Südafrika, weshalb der in der südafrikanischen Öffentlichkeit und Politik geführten wettbewerbspolitischen Diskussion zentrale Bedeutung zukommt. Im folgenden werden deshalb sowohl die Wettbewerbspolitik vor 1994 als auch die Entwicklung wettbewerbspolitischer Aussagen des ANC analysiert.

2.1. Wettbewerbspolitik vor 1994

Eine allgemeine staatliche Wettbewerbspolitik und -gesetzgebung setzte in Südafrika 1955 mit dem „Regulation of Monopolistic Conditions Act“ ein.[2] Ziel des Gesetzes war die Kontrolle bzw. Unterbindung von wettbewerbswidrigem Verhalten, sofern dieses gegen das öffentliche Interesse verstieß.[3] Zur Umsetzung staatlicher Wettbewerbspolitik wurde im Rahmen des Gesetzes das Board of Trade and Industries institutionalisiert, welches als Wettbewerbsbehörde auf ministerielle Anweisung, monopolistische Strukturen einzelner Märkte auf mögliche Verstöße gegen das öffentliche Interesse untersuchen sollte. Im Fall eines derartigen Verstoßes, konnte der Minister Verhandlungen mit dem jeweiligen Unternehmen anordnen, bei deren Scheitern das Board mögliche Sanktionsmaßnahmen vorschlug, die jedoch wiederum nur durch den Minister verhängt werden konnten.[4] Unternehmen

---

[1] Auch haben die Deinvestitionen westlicher Firmen in den 80er Jahren zu einer weiteren Konzentration beigetragen (zu möglichen Ursachen der hohen wirtschaftlichen Konzentration vgl. ausführlich Tregenna-Piggott (1980a), S. 65, Mouton/Lambrechts (1982), S. 13 f., Naudé (1986), S. 81, McGregor/McGregor (1990), S. 369 sowie Lewis (1994), S. 4-6).

[2] Zwar erfolgte die erste wettbewerbspolitische Gesetzgebung bereits 1907 mit dem „Cape Meat Trade Act“, der eine Monopolisierung des Fleischhandels verhindern sollte (vgl. Bekker (1992), S. 622); allerdings war die wettbewerbspolitische Gesetzgebung vor 1955 durch ad hoc-Beschlüsse charakterisiert und zeigte sich äußerst fragmentarisch (vgl. u. a. Mouton/Lambrechts (1982), S. 1-3 und Bekker (1992), S. 622-626).

[3] Vgl. Walsh/Paxton (1975), S. 161.

[4] Vgl. Tregenna-Piggott (1980b), S. 25-27, ders. (1980a), S. 74, Mouton/Lambrechts

konnten gegen derartige ministerielle Verfügungen bei einem durch das Gesetz institutionalisierten Revisionsgericht Einspruch erheben.

Die Wettbewerbsgesetzgebung von 1955 untersagte keine bestimmten Marktstrukturen oder spezifisches Marktverhalten per se.[1] Monopole wurden nicht prinzipiell abgelehnt, sondern lediglich mögliches wettbewerbswidriges Verhalten von Monopolisten sollte im Rahmen einer Einzelfallbetrachtung durch Kontrollmaßnahmen verhindert werden.[2] Auch konnten keine vorbeugenden Maßnahmen gegen wettbewerbswidriges Verhalten erlassen werden, da Übernahmen nicht ex ante untersagt, sondern lediglich ex post wieder aufgelöst werden konnten.[3] Die Wettbewerbsgesetzgebung von 1955 stellte somit eine weitgehend konsequente Umsetzung freiheitlicher Wettbewerbskonzeptionen dar. Allerdings wurde der somit zugrundegelegte Marktverhaltensansatz dahingehend abgeschwächt, daß er dem Konzept des öffentlichen Interesses untergeordnet wurde, so daß auch eindeutig wettbewerbswidriges Verhalten zugelasen werden konnte, sofern unterstellt wurde, daß dieses dem öffentlichen Interesse diente.

Kritisiert wurden an der Gesetzgebung von 1955 im wesentlichen drei Aspekte: Zum einen war das Gesetz nicht bindend und wenig präzise, da es lediglich die Möglichkeit, nicht jedoch die Verpflichtung zum Einschreiten bei wettbewerbswidrigem Verhalten beinhaltete,[4] weder eine Definition von öffentlichem Interesse noch des Monopolbegriffs enthielt und sich die Monopolkontrolle am nur schwer zu bestimmenden Kriterium der Produktionseffizienz orientierte.[5] Die drei genannten Aspekte eröffneten in der

---

(1982), S. 4, Bekker (1992), S. 627 sowie Legh (1994), S. 26 f. und 31.

1 Vgl. Beacham (1974), S. 122, Tregenna-Piggott (1980b), S. 24 und 27 f., ders. (1980a), S. 73 sowie Legh (1994), S. 24 f.
Als einzige Ausnahme wurde 1969 ein per se-Verbot für vertikale Preisbindung eingeführt (vgl. Spandau (1975), S. 325).

2 Vgl. Beacham (1974), S. 122, Spandau (1975), S. 327, Tregenna-Pigott (1980b), S. 28 f., Mouton/Lambrechts (1982), S. 3 sowie Bekker (1992), S. 629.

3 Vgl. Spandau (1975), S. 327, Tregenna-Piggott (1980a), S. 73 und 75, Mouton/Lambrechts (1982), S. 3, Tregenna-Piggott (1982), S. 254, Bekker (1992), S. 627 sowie Legh (1994), S. 25 und 30.

4 Vgl. Beacham (1974), S. 126, Spandau (1975), S. 329, Tregenna-Piggott (1980b), S. 24, ders. (1980a), S. 73, Mouton/Lambrechts (1982), S. 3 sowie Legh (1994), S. 25.

5 Vgl. auch Beacham (1974), S. 125.

Summe einen weitreichenden Handlungsspielraum, der zu einer überwiegend diskretionären Wettbewerbspolitik führte und allokativ ineffizientes Rent Seeking induzierte. Zum zweiten wurde die stark eingeschränkte Kompetenz der Wettbewerbsbehörde kritisiert. So konnte das „Board of Trade and Industries" nicht eigenständig, sondern lediglich auf Anweisung des Ministers Untersuchungen einleiten, Verhandlungen führen oder Sanktionen erlassen, woraus sich ein starker politischer Einfluß und lange Abwicklungszeiten ableiteten. Staatsunternehmen waren völlig von der Gesetzgebung ausgenommen. Neben diesen eingeschränkten Kompetenzen war die Wettbewerbsbehörde durch eine unzureichende Infrastruktur sowie mangelhafte finanzielle Ausstattung in ihrer Effektivität eingeschränkt.[1] Zudem waren die möglichen Strafgebühren nicht indexiert, weshalb sie im Zeitablauf ihre Abschreckungs- und Sanktionswirkung verloren.[2]

1979 kam es mit der Verabschiedung des „Maintenance of Promotion of Competition Act" zu einer wettbewerbstheoretischen Umorientierung. Durch das Gesetz wurde das „Competition Board" als neue Wettbewerbsbehörde institutionalisiert.[3] Im Gegensatz zum vorangegangen „Board of Trade and Industries" ist es nicht in ein Ministerium eingegliedert, sondern stellt eine autonome Institution dar, die eigenständig Untersuchungen ansetzen und Verhandlungen führen kann.[4] Zudem wurde der Zuständigkeitsbereich der Wettbewerbsbehörde deutlich erweitert. So untersucht das „Competition Board" nicht nur wettbewerbswidriges Verhalten, sondern auch geplante Firmenzusammenschlüsse und bestehende Monopole.[5] Erstmals existiert somit die Möglichkeit einer aktiven Wettbewerbspolitik, in deren Rahmen bereits ex ante-Firmenzusammenschlüsse untersagt werden können, sofern eine begründete Vermutung existiert, daß sie zu einer gegen das öffentliche Interesse verstoßenden Wettbewerbsminderung führen.[6] Auch

---

1 Vgl. Legh (1994), S. 31 f.

2 Vgl. Bekker (1992), S. 629 sowie Legh (1994), S. 32.

3 Vgl. RSA (1979), § 3.
Zum Zeitpunkt der Fertigstellung dieser Arbeit war das Gesetz von 1979 nach wie vor in Kraft.

4 Vgl. RSA (1979), § 6 (1a), Tregenna-Piggott (1980a), S. 79, Mouton/Lambrechts (1982), S. 9 sowie Doig (1994), S. 23.

5 Vgl. Naudé (1986), S. 78, Fourie (1987), S. 333 f., Bekker (1992), S. 634-638 sowie Fourie/Lewis/Pretorius (1995), S. 20 f.

6 Vgl. Mouton/Lambrechts (1982), S. 9, Doig (1994), S. 27 sowie Fourie/Lewis/Preto-

wird der Wettbewerbsbehörde durch die neue Gesetzgebung die Ermittlung gegen Staatsunternehmen ermöglicht, die zuvor von der Wettbewerbsgesetzgebung ausgenommen waren.[1]

Das Gesetz selbst enthält zwar keine Wettbewerbsdefinition und somit auch keinen expliziten Bezug auf eine Wettbewerbskonzeption, die Umorientierung von einer ex post-Kontrolle zu einer antizipativen Wettbewerbspolitik spiegelt jedoch eine Annäherung an die Workability-Konzeptionen wider. Diese Einschätzung wird durch die ab 1984 explizite Orientierung des „Competition Boards" am Konzept der „workable competition" von Clark bestätigt.[2] Allerdings erfolgt keine vollständige Umsetzung dieser Konzeption, da zwar strukturelle Überlegungen in die wettbewerbspolitischen Entscheidungen miteinbezogen werden, sich das „Competition Board" in seiner Beurteilung von Wettbewerb jedoch weiterhin vorrangig auf das Marktverhaltenskriterium stützt.[3] Darüber hinaus erwies sich die wettbewerbstheoretische Ausrichtung des „Competition Boards" während der 80er Jahre insofern als inkonsistent, als dieses sich einerseits erneut der Argumentation freiheitlicher Wettbewerbskonzeptionen annäherte und staatliche Eingriffe zur Wettbewerbssicherung vermehrt mit dem Hinweis auf die Überlegenheit des Marktmechanismus ablehnte,[4] andererseits jedoch eine höhere Bereitschaft zu per se-Verboten und Untersuchungen hinsichtlich monopolistischer Marktstrukturen erkennen ließ.[5] Grosso modo kann die Wettbewerbspolitik nach 1984 als kombinierter Struktur-Verhaltens-Ansatz

---

rius (1995), S. 26.
Allerdings befaßt sich das Competition Board lediglich mit horizontalen Firmenzusammenschlüssen, vertikale Fusionen werden nicht untersucht (vgl. Legh (1994), S. 86 sowie Fourie/Lewis/Pretorius (1995), S. 25).

1 Vgl. RSA (1979), § 6 (1a) (i) sowie Mouton/Lambrechts (1982), S. 9.
Allerdings blieben der Finanzsektor sowie die Marketing Control Boards noch bis 1985 von der Gesetzgebung ausgenommen. Trotz der Gesetzesausdehnung auf beide Bereiche ist das Competition Board auch im folgenden nicht gegen die monopolistische Struktur im Finanz- und Agrarsektor vorgegangen (vgl. auch Doig (1994), S. 23 sowie Legh (1994), S. 38 f.).

2 Vgl. Naudé (1986), S. 77 sowie Fourie (1987), S. 338 f.

3 Drei von vier Definitionsaspekten hinsichtlich der Existenz von Wettbewerb des „Competition Boards" beziehen sich auf das Marktverhalten, lediglich eines dagegen auf die Marktstruktur (vgl. RSA (1979)).

4 Vgl. u. a. RSA (1983a), S. 31.

5 Vgl. Fourie (1987), S. 350 f.

bezeichnet werden, so daß keine uneingeschränkte wettbewerbstheoretische Zuordnung möglich ist. Gegenüber der Ausrichtung vor 1979 ist jedoch eine deutliche Annäherung an die Workability-Konzeptionen zu erkennen.

Die Effektivität der Wettbewerbspolitik bleibt trotz der Gesetzesreform von 1979 eingeschränkt. Dies liegt zum einen an den verbleibenden Kompetenzbeschränkungen der Wettbewerbsbehörde, da diese ausschließlich gegen horizontale, nicht jedoch vertikale Firmenzuschammenschlüsse vorgehen kann.[1] Zudem kann das „Competition Board" Marktkonzentrationen lediglich in bezug auf den Monopolparagraphen untersuchen, welcher einen extrem hohen Konzentrationsgrad voraussetzt und daher den Untersuchungsspielraum der Wettbewerbsbehörde stark eingrenzt.[2] Auch wird die Effektivität der Wettbewerbspolitik durch die weiterhin umfangreichen politischen Einflußnahmemöglichkeiten begrenzt. Denn das „Competition Board" kann keine politischen Entscheidungen treffen, sondern hat gegenüber dem Minister eine lediglich beratende Funktion, während die letztendliche Entscheidungsgewalt beim Minister verbleibt.[3] Auch kann der Minister jede Untersuchung mit dem Hinweis auf das öffentliche Interesse unterbinden.

Neben der eingeschränkten Kompetenz zeigt sich die weiterhin existierende Unverbindlichkeit und Gewährung von Handlungsspielräumen als Defizit. So eröffnet auch das Wettbewerbsgesetz von 1979 lediglich die Möglichkeit, nicht jedoch die Verpflichtung zu Eingriffen bei wettbewerbswidrigem Verhalten.[4] Des weiteren stellt das Konzept des öffentlichen Interesses weiterhin das finale Entscheidungskriterium für wettbewerbspolitische Entscheidungen dar, ohne daß diese Konzeption näher de-

---

1 Vgl. Fourie/Lewis/Pretorius (1995), S. 25 sowie DTI (1997a), Abs. 3.3.3.

2 Vgl. Fourie/Lewis/Pretorius (1995), S. 21.

3 Vgl. Bekker (1993), S. 77 und 88, Legh (1994), S. 54, Jafta (1996), S. 6 sowie Fourie/ Lewis/Pretorius (1995), S. 11.
Die Möglichkeit zur aktiven Einflußnahme wird von den Ministern auch wahrgenommen, die wiederholt nicht den Empfehlungen des Competition Boards gefolgt sind (vgl. Fourie/Lewis/Pretorius (1995), S. 11 f.).

4 Als Ausnahme gelten hierbei die 1986 in der „Government Notice 801" festgelegten per se-Verbote von vertikaler Preisbindung, Submissions-, Preis-, Marktanteils- und Konditionenkartellen (vgl. Bekker (1993), S. 80-83).

finiert wird.[1] Eine diskretionäre Politik wird zudem durch die fehlende Monopoldefinition[2] sowie eine fehlende Anzeigepflicht für Unternehmenszusammenschlüsse[3] gefördert. Auch die Tatsache, daß für Untersuchungen von Firmenzusammenschlüssen einerseits zwar die Vermutung auf eine erhebliche Wettbewerbsminderung vorliegen muß, diese aber andererseits nicht definiert wird, läßt dem „Competition Board" erheblichen Handlungsspielraum.

Die Wettbewerbspolitik wird allerdings nicht allein durch inhaltliche, sondern auch formale und organisatorische Defizite gekennzeichnet. So erweisen sich Wettbewerbsverfahren als äußerst langwierig, da zum einen die Möglichkeit eines doppelten Verfahrens durch getrennte Einreichung beim „Competition Board" und Minister besteht; zum anderen stellt ein Verstoß gegen das Wettbewerbsgesetz nach südafrikanischem Recht ein strafrechtliches Vergehen dar, welches i. d. R. aufgrund der Überlastung der Gerichte lediglich nachrangige Behandlung findet.[4] Des weiteren mindert die unzureichende organisatorische und personelle Ausstattung des „Competition Boards"[5] sowie die trotz Anhebung gegenüber 1955 nach wie vor geringen Sanktionsmöglichkeiten[6] die Effektivität der Wettbewerbspolitik.

Insgesamt erfolgte vor 1994 in wettbewerbstheoretischer Sicht eine Umorientierung von einer rein freiheitlichen Wettbewerbskonzeption zu einem kombinierten Marktstruktur-Verhaltens-Ansatz europäischer Prägung. Sowohl vor diesem Wandel, der 1979 mit der Verabschiedung eines neuen, bis heute gültigen Wettbewerbsgesetzes eintrat, wie auch danach zeigte sich ein nur begrenzter Einfluß der Politik des „Competition Boards" auf den Konzentrationsgrad der Volkswirtschaft. Als wesentliche Ursachen hierfür sind zum einen die eingeschränkte Kompetenz der Wettbewerbsbehörde und

---

1 Das Competition Board hat im Laufe der Zeit mehrere, jedoch vage und inkonsistente Definitionsansätze erarbeitet, deren Uneindeutigkeit stark zur diskretionären Wettbewerbspolitik beigetragen hat (vgl. Fourie (1987), S. 334-338, Doig (1994), S. 39, Fourie/Lewis/Pretorius (1995), S. 21 sowie Jafta (1996), S. 2).

2 Vgl. Doig (1994), S. 24 und 39 sowie Legh (1994), S. 44.

3 Vgl. DTI (1997a), Abs. 3.3.4.

4 Vgl. DTI (1997a), Abs. 3.4.2. und 3.4.6.

5 Vgl. Smith (1992), S. 477 sowie Fourie/Lewis/Pretorius (1995), S. 11 f.

6 Vgl. Bekker (1993), S. 85 f. sowie Fourie/Lewis/Pretorius (1995), S. 13.

zum anderen die mangelnde behördliche und zivilrechtliche Umsetzung der gegebenen Gesetzgebung auszumachen.

Aus ökonomischer Sicht ist die bisherige Wettbewerbspolitik insofern zu kritisieren, als sie durch ihre diskretionäre Ausrichtung zu Rent Seeking und somit direkt zu allokativer Ineffizienz beigetragen hat. Darüber hinaus konnte sie aufgrund ihrer geringen Effektivität den vorrangig durch staatliche Maßnahmen induzierten und daher annahmegemäß mit einer Effizienzminderung einhergehenden Konzentrationsprozeß nicht nachhaltig beeinflussen. Dagegen durfte der Umverteilungsprozeß dieser mit nichtleistungsbedingten Renten verbundenen Konzentration im Rahmen der Apartheidskonzeption durchaus gewollt gewesen sein, da die Umverteilung zugunsten von Produzenten aufgrund der gegebenen Eigentumsverhältnisse zugleich eine Umverteilung zugunsten der weißen Bevölkerungsgruppen implizierte und somit mit den distributiven Zielsetzungen der Regierungen vor 1990 kongruent war.

2.2. Die wettbewerbspolitische Konzeption des ANC und ihre Umsetzung seit 1994

Der ANC hat in seinen wirtschaftspolitischen Grundlagenprogrammen bis 1995 zwar durchweg auf die Notwendigkeit staatlicher Wettbewerbspolitik verwiesen, hat sich inhaltlich hierbei jedoch nicht vorrangig auf Marktstruktur und Marktverhalten in einzelnen Teilsektoren, sondern auf die gegebene Eigentumskonzentration sowie die Dominanz der südafrikanischen Wirtschaft durch wenige Konglomerate bezogen.[1] Sofern auf Wettbewerbspolitik i. e. S. der Marktdominanz Bezug genommen wurde, dominierte eine strukturalistische Argumentation, die entsprechend der Struktur-Verhaltens-These unterstellte, daß einzelne Marktstrukturen spezifisches Marktverhalten implizieren.[2] Gefordert wurde demzufolge eine strikte Anti-Trust-Politik amerikanischer Prägung, die monopolistische Marktstrukturen per se

---

[1] Vgl. ANC (1991a), Abs. 7.3., ders. (1992), Abs. D.2.1., ders. (1994a), Abs. 4.4.6.2. sowie ders. (1994b), Abs. 3.8.1.

[2] Vgl. ANC (1991a), Abs. 7.3 sowie ders. (1994b), Abs. 3.6.7.
Diese These wurde zwar in den Policy Guidelines von 1992 dahingehend abgeschwächt, daß eine per se-Ablehnung negiert wurde (vgl. ANC (1992), Abs. D.2.1.); sie wurde jedoch nicht aufgegeben.

unterbinden sollte[1] und somit eine gegenüber der bestehenden Gesetzgebung deutlich erhöhte Eingriffsintensität wettbewerbspolitischer Maßnahmen impliziert hätte.

Die wettbewerbspolitischen Aussagen der ANC-Grundlagenprogramme blieben insgesamt jedoch vage und beinhalteten keine konkreten Reformvorschläge zur existierenden Gesetzgebung, da zwar die Forderung nach einem Marktstrukturansatz erhoben, jedoch nicht näher ausgeführt wurde. Allerdings zeigt die Argumentation, daß die wettbewerbspolitische Zielsetzung nicht vorrangig an der Sicherung einer effizienten Allokation, sondern an gesellschaftspolitischen Vorgaben orientiert war.[2] Die Forderung nach einer Abschaffung der Pyramidenstrukturen südafrikanischer Unternehmen war daher auch nicht primär durch das Ziel einer volkswirtschaftlichen Effizienzsteigerung, sondern einer ökonomischen und gesellschaftlichen Umstrukturierung von Eigentumsrechten zugunsten schwarzer Bevölkerungsgruppen bestimmt.[3]

1995 wurde im Auftrag des Industrie- und Handelsministeriums erstmals ein ausschließlich wettbewerbspolitisches Konzeptionspapier veröffentlicht. Auch hierin wurde betont, daß Wettbewerbspolitik nicht allein einer effizienten Faktorallokation und leistungsgerechten Verteilung dient, sondern zugleich positiv auf die Förderung politischer Zielsetzungen wie Black Empowerment wirkt.[4] Allerdings wurde, im Gegensatz zu den vorangegangenen allgemeinen Konzeptionspapieren, darauf verwiesen, daß es sich hierbei um sekundäre Effekte handelt, die nicht die primäre Zielsetzung der Wettbewerbspolitik darstellen sollten.[5] Konkret wurde in dem Arbeitspapier eine Stärkung der Wettbewerbsbehörde durch die Gewährung erhöhter Autonomie,[6] eine Verschärfung möglicher Sanktionsmaßnahmen[7] sowie

---

[1] Vgl. z. B. ANC (1992), Abs. D.2.1., ders. (1994a), Abs. 4.4.6.2. oder ders. (1994b), Abs. 3.8.1.

[2] Insbesondere wurde wiederholt darauf verwiesen, daß Wettbewerbspolitik die politische Zielsetzung des Black Empowerment unterstützen solle (vgl. bspw. ANC (1991a), Abs. 7.3 oder ders. (1994a), Abs. 4.4.6.3.).

[3] Vgl. in diesem Sinn auch Smith (1992), S. 467.

[4] Vgl. Fourie/Lewis/Pretorius (1995), S. 2 und 27.

[5] Vgl. Fourie/Lewis/Pretorius (1995), S. 2.

[6] Danach sollte die Wettbewerbsbehörde auch die Möglichkeit zur Verhängung von

eine Anzeigepflicht für Firmenzusammenschlüsse[1] gefordert. Zudem wurde vorgeschlagen, den Ansatz der Monopolvermutung hin zum Konzept der Marktdominanz zu erweitern, wodurch sich der Untersuchungsspielraum für die Wettbewerbsbehörde und somit deren Kompetenz deutlich erweitern würde.[2] Vorrangig bezogen sich die konkreten Reformvorschläge somit auf eine Effektivitätssteigerung der Wettbewerbspolitik.

In wettbewerbstheoretischer Hinsicht hob sich das Konzeptionspapier von 1995 von den vorangegangenen Grundsatzpapieren des ANC insofern ab, als die Struktur-Verhaltens-These und infolgedessen der reine Marktstrukturansatz der Workability-Konzeptionen abgelehnt wurde.[3] Auch forderten die Autoren hinsichtlich des wettbewerbspolitischen Instrumentariums die Marktmißbrauchskontrolle in den Vordergrund zu stellen,[4] worin ein weiterer Hinweis für ein Abrücken von den theoretischen Grundlagen der Workability-Konzeptionen gesehen werden kann. Dennoch sollte die Wettbewerbspolitik nicht auf den Marktverhaltensansatz reduziert werden, da die Studie auch den wettbewerbstheoretischen Ansatz freiheitlicher Wettbewerbskonzeptionen, nach dem gegebene Marktstrukturen stets als effizient erachtet werden und lediglich eindeutig wettbewerbswidriges Verhalten unterbunden werden soll, explizit ablehnte.[5] Gefordert wurde daher eine Kombination von Marktstruktur und -verhaltensansatzes europäischer Prägung,[6] die keine grundlegende wettbewerbstheoretische Neuorientierung gegenüber der bestehenden Gesetzgebung darstellte.

Sanktionen erhalten (vgl. Fourie/Lewis/Pretorius (1995), S. 17 f.). Der politische Einfluß wäre somit auf die Ernennung der Mitglieder der Wettbewerbsbehörde beschränkt; eine direkte Einflußnahme durch den Minister wäre nicht mehr möglich.

7 Zum einen wurde vorgeschlagen, den möglichen Strafumfang deutlich zu erhöhen, wobei explizit auf das Strafmaß der Europäischen Union, das max. 10% des Jahresumsatzes erreichen kann, Bezug genommen wurde (vgl. Fourie/Lewis/Pretorius (1995), S. 18).
Darüber hinaus sollten Wettbewerbsvergehen nicht mehr als strafrechtliche, sondern zivilrechtliche Delikte eingestuft werden, um eine Beschleunigung und höhere Effektivität der Verfahren zu erzielen (vgl. Steyn (1995)).

1 Vgl. Fourie/Lewis/Pretorius (1995), S. 25.

2 Vgl. Steyn (1995).

3 Vgl. Fourie/Lewis/Pretorius (1995), S. 22.

4 Vgl. Fourie/Lewis/Pretorius (1995), S. 22.

5 Vgl. Fourie/Lewis/Pretorius (1995), S. 9.

6 Vgl. Fourie/Lewis/Pretorius (1995), S. 22.

Mit dem Konzeptionspapier von 1995 erfolgte eine Verschiebung vom marktstrukturorientierten Konzept hin zu einem kombinierten Marktstruktur-Verhaltensansatzes. Zudem wurde im Gegensatz zu früheren wettbewerbspolitischen Forderungen, nicht mehr die Auflösung gegebener Eigentums- und Unternehmensstrukturen, sondern die Marktdominanz in Teilmärkten in den Vordergrund der wettbewerbstheoretischen Konzeption des ANC gerückt. Die Forderung nach einer Auflösung der Pyramidenstruktur südafrikanischer Unternehmen wurde aufgegeben, da sich diese als nützlich für die Politik des Black Empowerment erwiesen hatten. Aufgrund der im Rahmen des Konzeptionspapieres vorgesehenen Kompetenzerweiterungen für die Wettbewerbsbehörde zielte das Arbeitspapier vorrangig auf eine höhere Effektivität der Wettbewerbspolitik, nicht jedoch auf eine wettbewerbstheoretische Neuorientierung. Problematisch war der Ansatz wiederum infolge fehlender Definitionen, da weder der Begriff des Marktes, der Marktdominanz noch des Mißbrauchs von Marktdominanz konkret definiert wurden.[1] Der Ansatz des öffentlichen Interesses, wurde zwar als zu vage kritisiert, ein konkreter Reformvorschlag wurde jedoch auch hier nicht erbracht.[2] Infolge dieses Definitionsmangels wäre auch bei einer Umsetzung des Konzeptionspapieres von 1995 weiterhin ein relativ großer Spielraum für eine diskretionäre Wettbewerbspolitik zu erwarten gewesen.

Das Konzeptionspapier von 1995 wurde nach seiner Veröffentlichung politisch jedoch nicht weiter verfolgt. Als Ursache hierfür kann vermutet werden, daß die Regierung die geringe Berücksichtigung gesellschaftspolitischer Zielvorstellungen im Rahmen des Konzeptionspapieres als unzureichend erachtete. Diese Vermutung bestätigte sich durch die Veröffentlichung eines zweiten Konzeptionspapiers im Dezember 1997. Auch in diesem wurde eine Stärkung der Wettbewerbsbehörde durch die Eliminierung politischer Einflußnahme,[3] eine verbesserte Infrastruktur der Behörde[4] sowie die Ausweitung des Monopolansatzes zum Konzept der Marktdominanz[5] gefordert. In wettbewerbstheoretischer Hinsicht wurde weiterhin

---

[1] Vgl. Jafta (1996), S. 13 und 15.

[2] Vgl. Fourie/Lewis/Pretorius (1995), S. 21.

[3] Vgl. DTI (1997a), Abs. 8.3.1.

[4] Vgl. DTI (1997a), Abs. 9.2.1.

[5] Vgl. DTI (1997a), Abs. 2.4.5.

eine Mischung aus Marktstruktur- und Marktverhaltensansatz vertreten.[1] Im Vergleich zu 1995 wurde jedoch eine weitaus stärkere Orientierung der Wettbewerbspolitik an gesellschaftspolitischen Zielvorstellungen, insbesondere dem des Black Empowerment gefordert.[2]

Im Mai 1998 legte die Regierung einen ersten Gesetzesentwurf für eine Reform der Wettbewerbsgesetzgebung vor, der weitgehend die in den Konzeptionspapieren von 1995 und 1997 betonten Defizite der derzeitigen Rechtslage berücksichtigt. So ist eine erhebliche Kompetenzerweiterung der Wettbewerbsbehörde vorgesehen, da diese nach der neuen Gesetzesvorlage auch im Fall vertikaler Absprachen Untersuchungen einleiten kann,[3] das Konzept der Monopolvermutung durch das der Marktdominanz ersetzt wird[4] und der Behörde eine autonome Entscheidungsbefugnis zugestanden wird.[5] Darüber hinaus reduziert die neue Gesetzesvorlage durch konkrete Definitionen für Marktdominanz und Marktmißbrauch[6] die Möglichkeit diskretionärer Entscheidungen. Schließlich dürfte die Effektivität der Wettbewerbsaufsicht durch die vorgesehene Anzeigepflicht von Unternehmenszusammenschlüssen[7] sowie die deutlich verschärften Sanktionsmaßnahmen[8] merklich steigen.

Diese Ansatzpunkte sind aus ökonomischer Sicht positiv zu bewerten, da sie zu einer effektiveren Wettbewerbspolitik und folglich zu einer verbesserten allokativen Effizienz führen können. Problematisch erscheint jedoch, daß der Gesetzesvorschlag auch die im Konzeptionspapier von 1997 formulierte nicht-wettbewerbspolitische Zielsetzung einer Förderung von Black Empowerment übernimmt.[9] Mögliche Zielkonflikte, die sich aus dieser erweiter-

---

[1] Vgl. DTI (1997a), Abs. 1.3.1., 2.4.5., 4.3.2. sowie 8.2.4.

[2] Vgl. DTI (1997a), Abs. 1.3.3.-2.4.

[3] Vgl. DTI (1998), Abs. 5.

[4] Eine dominierende Marktstellung wird hierbei prinzipiell dann angenommen, wenn ein Unternehmen einen Marktanteil von mehr als 35% hat (vgl. DTI (1998), Abs. 7).

[5] Vgl. DTI (1998), Abs. 32.

[6] Vgl. DTI (1998), Abs. 8 und 9.

[7] Vgl. DTI (1998), Abs. 13 (1).

[8] Strafgebühren können in Zukunft max. eine Höhe von 10% des Jahresumsatzes betragen (vgl. DTI (1998), Abs. 62 (2).

[9] Vgl. DTI (1998), Abs. 1 (f).

ten Zielsetzung für die Wettbewerbspolitik ergeben können, werden hierbei im Rahmen der Gesetzesvorlage nicht weiter betrachtet. Generell besteht jedoch die Gefahr, daß die Zielsetzung allokativer Effizienz infolge der vorgesehenen Ausnahmeregelungen für Black Empowerment-Unternehmen[1] zugunsten einer distributiv motivierten Umstrukturierung der gegebenen Eigentumsstruktur zurückgestellt wird. Auch erscheint die diskretionäre Macht des Ministers, der Firmenzusammenschlüsse im Fall eines öffentlichen Interesses genehmigen bzw. untersagen kann,[2] problematisch, da sie allokativ ineffizientes Rent Seeking induzieren dürfte.

In wettbewerbstheoretischer Hinsicht basiert auch die neue Gesetzesvorlage auf einem kombinierten Struktur-Verhaltens-Ansatz. Die vorgesehenen per se-Verbote, die angestrebte umfassende Fusionskontrolle sowie die Möglichkeit zu Entflechtungsmaßnahmen lassen hierbei eine theoretische Nähe zu den Workability-Konzeptionen erkennen. Allerdings nehmen Regelungen zur Mißbrauchsaufsicht den größten Teil der Gesetzesvorlage ein, so daß auch deutliche Elemente freiheitlicher Wettbewerbskonzeptionen erkennbar sind. Im Gegensatz zur Gesetzgebung der Europäischen Union, an der die neue Gesetzesvorlage stark orientiert ist, sind hierbei nur wenige Ausnahmeregelungen vorgesehen,[3] wodurch einerseits die Gefahr diskretionärer Politik verringert wird, andererseits jedoch auch die Gefahr einer zu geringen Flexibilität der Wettbewerbspolitik besteht.

Insgesamt läßt sich ein Wandel in der wettbewerbspolitischen Konzeption des ANC von einem reinen Marktstrukturansatz zu einem kombinierten Struktur-Verhaltensansatz feststellen. Diese Umorientierung läßt sich vorrangig durch die Integration Südafrikas in den Weltmarkt erklären, da zum einen ein Ausbleiben ausländischer Investitionen aufgrund einer rigiden Wettbewerbspolitik verhindert werden soll. Zum anderen wird erkannt, daß infolge existierender Skalenerträge und der geringen Marktgröße Südafrikas inländische Unternehmen am Weltmarkt teilweise nur mit einer für den

---

1 Vgl. DTI (1998), Abs. 10 (2) sowie 18 (1).

2 Vgl. DTI (1998), Abs. 18.

3 Mögliche Gründe für eine Ausnahmeregelung im Bereich Marktmißbrauch sind: (1) Exportförderung, (2) Black Empowerment und (3) strukturelle Krise einer Branche (vgl. DTI (1998), Abs. 10).

Binnenmarkt dominanten Marktposition wettbewerbsfähig sind.[1] Diese Argumentation zeigt eine gewisse Annäherung an die freiheitlichen Wettbewerbskonzeptionen, deren absolute Akzeptanz gegebener Marktstrukturen jedoch weiterhin abgelehnt wird. Zwischen 1995 und 1997 fand zudem eine Konzeptionsverschiebung dahingehend statt, daß gesellschaftspolitische Veränderungen, die zunächst lediglich als mögliche Sekundäreffekte staatlicher Wettbewerbspolitik erachtet wurden, später als explizite Zielsetzung der Wettbewerbspolitik definiert wurden, so daß die Bedeutung distributiver Aspekte der Wettbewerbspolitik ab 1997 erneut zunimmt. Die 1998 veröffentlichte Gesetzesvorlage wird zu einer deutlich höheren Effektivität der Wettbewerbsbehörde führen. Inwieweit die Wettbewerbspolitik in Zukunft zu einer höheren allokativen Effizienz beitragen kann, bleibt jedoch maßgeblich von der Bedeutung abhängig, die der Zielsetzung einer Förderung von Black Empowerment im Rahmen der konkreten Wettbewerbspolitik beigemessen werden wird.

II. Makro- und mesoökonomische Steuerung

1. Konjunkturpolitik

Das folgende Kapitel gibt zunächst einen kurzen Überblick zur makroökonomischen Entwicklung in Südafrika seit dem 2. Weltkrieg. Daran anschließend werden die konzeptionellen Grundlagen der Geld-, Wechselkurs- und Fiskalpolitik vor und nach 1994 analysiert, wobei auch auf die Veränderungen in der makroökonomischen Konzeption des ANC eingegangen wird. Da die Grundlagen der gegenwärtigen Konjunkturpolitik in Südafrika jedoch nicht immer mit dem Regierungswechsel 1994, sondern zum Teil bereits in den 80er Jahren gelegt wurden, ist hierbei eine relativ ausführliche Analyse der konjunkturpolitischen Entwicklung vor 1994 notwendig.

Im wesentlichen läßt sich die gesamtwirtschaftliche Entwicklung Südafrikas in zwei Phasen unterteilen: Während die 50er und 60er Jahre Wachstumsraten von durchschnittlich 5%, niedrige Inflationsraten und ein geringes Haushaltsdefizit aufwiesen,[2] erfolgte seit 1973 eine kontinuierliche Ver-

---

[1] Vgl. DTI (1997a), Abs. 1.3.2.1. und 1.3.2.3.

[2] Vgl. Kahn/Senhadji/Walton (1992), S. 2, Smit (1992) sowie Moll (1993a), S. 237.

schlechterung der makroökonomischen Situation mit abnehmenden Wachstumsraten, merklich höheren Inflationsraten, steigendem Haushaltsdefizit sowie einer deutlichen Verschlechterung der Leistungsbilanz.[1] Die parallel hierzu auftretende Zunahme konjunktureller Schwankungen waren weniger die Folge klassischer Konjunkturzyklen, sondern hauptsächlich durch interne und externe Schocks verursacht.[2]

Ein Ende des letzten, seit 1989 anhaltenden, konjunkturellen Abschwungs zeichnete sich 1993 ab, als nach drei Jahren erstmals wieder eine positive Wachstumsrate des realen B.S.P. und der Bruttoinvestitionen, starke Exportsteigerungen sowie ein deutlicher Rückgang der Inflationsrate verzeichnet werden konnten.[3] Dieser konjunkturelle Aufschwung hat sich 1994 und 1995 weiter verstärkt, 1996 und 1997 jedoch mit einer gegenüber dem Vorjahr rückläufigen Wachstumsrate des B.S.P., der Investitionen sowie Exporte an Substanz verloren.[4]

---

1 Vgl. Lombard/Stadler/Du Toit (1979), S. 12, 21 und 25-27, Kahn/Senhadji/Walton (1992), S. 2 f., Smit (1992) sowie Moll (1993a), S. 238-241; vgl. auch Abb. 5, 6, 7 und 9 im Anhang dieser Arbeit.
Der kurze Aufschwung in den Jahren 1980/81 war auf den starken Anstieg des Goldpreises infolge der Irankrise zurückzuführen.

2 Interne Schocks hatten in Südafrika i. d. R. politische Ursachen, wie bspw. die politischen Unruhen von Sharpville (1960) und Soweto (1976). Externe Schocks wurden hauptsächlich durch Preisschwankungen für Rohstoffe am Weltmarkt - wobei insbesondere auf die Ölpreisschocks und die infolge des Zusammenbruchs von Bretton Woods starken Schwankungen des Goldpreises zu verweisen ist -, aber auch durch politische Entscheidungen wie die Kündigung südafrikanischer Kredite im Ausland (1983 und 1985) ausgelöst (vgl. Kahn/Senhadji/Walton (1992), S. 4 f., Solomon (1992), S. 29 f., Moll (1993a), S. 238 f. sowie Wohlmuth (1996), S. 11).

3 Vgl. Fajgenbaum et al. (1996), S. vi sowie Department of Finance (1997a), S. 2.10. f.

4 Vgl. Department of Finance (1997a), S. 2.10. f. sowie SARB (1998).

1.1. Geldpolitik[1]

1.1.1. Überblick zu Veränderungen in der geldpolitischen Konzeption seit 1945

1.1.1.1. Der Zeitraum von 1945 bis 1989[2]

Die Zeitspanne von 1945-1980 war durch eine pragmatisch orientierte Geldpolitik dominiert,[3] die keine konsequente Umsetzung einer geldpolitischen Theoriekonzeption erkennen ließ.[4] Die weitgehend diskretionäre Politik sowie die tendenzielle Unterordnung der Geldpolitik im Rahmen der Konjunkturpolitik implizierten jedoch eine eher keynesianische Ausrichtung.[5] Diese Einschätzung wurde durch die, den geldpolitischen Forderungen des Keynesianismus entsprechende, primäre Anwendung von Zinspolitik und Kreditlimitierung sowie der Orientierung am Zinssatz als geldpolitischem Indikator[6] bekräftigt. Allerdings erfolgte keine rein keynesianische Geldpolitik, da Zinspolitik und Kreditlimitierung durch eine Mindestreservepolitik ergänzt wurden, die primär an der Geldmenge ansetzte und somit eher ein Instrument monetaristischer Geldpolitik darstellte.

Nach 1980 erfolgte in Anschluß an den Bericht der sog. de Kock-Kommission sowie der Ernennung de Kocks zum Notenbankchef eine erste Annäherung der Geldpolitik an die monetaristische Konzeption. Diese Neuorientierung zeigte sich zum einen in der Zielsetzung, die bisher vorwiegend diskretionäre Geldpolitik durch eine möglichst weitgehende Regelbindung zu ersetzen[7] sowie den hiermit verbundenen Forderungen nach einer For-

---

1 Im folgenden Abschnitt erfolgt eine Analyse der Geldpolitik als wirtschaftspolitisches Instrument im Rahmen der Konjunkturpolitik. Daher bezieht sich die Analyse weniger auf technische Elemente und Auswirkungen der Geldpolitik, sondern konzentriert sich auf die - in der Ausgestaltung der Geldpolitik - erkennbare konjunkturtheoretische Konzeption.

2 Für einen weiter zurückreichenden Überblick vgl. Franzsen (1983), S. 88-101.

3 Insbesondere in den 60er Jahren wurde die Geldpolitik hierbei durch die politische Zielsetzung der Apartheid geprägt, da durch niedrige Zinssätze Kapitalinvestitionen erleichtert werden sollten, die wiederum zu einer höheren Unabhängigkeit der Volkswirtschaft von schwarzen Arbeitskräften führen sollten (vgl. auch Abschnitt zur Industriepolitik (Kapitel 3, Abschnitt II.2.1.1.1.) dieser Arbeit).

4 Vgl. de Kock (1978), S. 199 und 208 sowie Addleson (1989), S. 5.

5 Vgl. in diesem Zusammenhang de Kock (1978), S. 199 sowie Addleson (1989), S. 5.

6 Vgl. Scott (1988), S. 87.

7 Vgl. Addleson (1989), S. 12 und 14.

mulierung monetärer Zielgrößen[1] und einer verstärkten Orientierung der Geldpolitik am Ziel der Geldwertstabilität.[2] Darüber hinaus erfolgte eine stärkere Marktorientierung im Rahmen des geldpolitischen Instrumentariums über die Ablösung direkter Instrumente mit hoher Eingriffsintensität durch eher indirekt wirkende monetäre Instrumente,[3] worin eine gewisse Skepsis bzgl. der Leistungsfähigkeit staatlicher Eingriffe gesehen werden kann.

Die 80er Jahre waren somit durch eine Zunahme monetaristischer Elemente in der geldpolitischen Konzeption der südafrikanischen Notenbank charakterisiert. Eine vollständige Adaption der monetaristischen Theorie erfolgte jedoch nicht, da keine strikte Einhaltung monetärer Zielgrößen gefordert wurde, sondern diese lediglich als Orientierungsdaten verstanden wurden, so daß die Geldpolitik weiterhin ein stark diskretionäres Element enthielt[4] und die monetaristische Zielsetzung eines konstanten Geldmengenwachstums nicht verwirklicht wurde. Zudem erfolgte die Geldpolitik nicht über eine Kontrolle der Geldbasis, sondern mittels Zinspolitik. Die theoretische Annäherung an die monetaristische Konzeption spiegelte sich darüber hinaus nur in begrenztem Umfang in der tatsächlichen Geldpolitik der Notenbank in den 80er Jahren wider, da sich diese aufgrund der geringen de facto-Unabhängigkeit der Notenbank sowie der starken politischen Interventionen[5] während der 80er Jahre weiterhin als stark diskretionär erwies.[6]

Die inkonsequente Umsetzung der monetaristischen Theorie infolge politischer Interventionen kann neben der Schuldenkrise 1983/85[7] sowie stei-

---

1 Vgl. de Kock (1981), S. 330 sowie Addleson (1989), S. 12 und 14.

2 Vgl. Mohr (1985), S. 3.

3 Vgl. Meijer (1984/85), S. 9 sowie Addleson (1989), S. 14 f.

4 Vgl. Meijer (1984/85), S. 9, Scott (1988), S. 88 f. sowie Addleson (1989), S. 12.

5 Vgl. in diesem Zusammenhang Addleson (1989), S. 19, Azar (1990), S. 123 f., Jones/Müller (1992), S. 328, Moll (1993a), S. 247 f. sowie Herbst (1994), S. 157.

6 Vgl. Moll (1993a), S. 247.

7 Im Rahmen der Sanktionen aufgrund der Apartheidspolitik wurde Südafrika ab 1983 der Zugang zu IMF-Krediten verweigert. 1985 kündigten amerikanische Banken an, daß kurzfristige Kredite südafrikanischer Schuldner nicht mehr verlängert würden, was in Südafrika ein massives Liquiditätsproblem und erhebliche Zahlungsbilanzschwierigkeiten verursachte (vgl. Wood (1995), S. 76 f.).

genden Staatsausgaben als exogene Ursache für den sich in einer stark steigenden Geldmenge und hohen Inflationsraten widerspiegelnden geringen Erfolg der Geldpolitik in den 80er Jahren ausgemacht werden.[1] Darüber hinaus zeigte sich die Umlaufgeschwindigkeit und somit die Geldnachfrage während der 80er Jahre in Südafrika als wenig stabil, so daß eine grundlegende monetaristische Annahme nicht erfüllt war.[2] Allerdings lag das Scheitern auch in der institutionellen Ausgestaltung der südafrikanischen Geldordnung begründet, die in mindestens zweierlei Hinsicht einer monetaristisch orientierten Geldpolitik entgegenwirkt, da erstens der südafrikanische Bankensektor stark monopolisiert ist und zweitens Geschäftsbanken in Südafrika nicht nur gegen ihre Bargeldreserven, sondern ihre gesamten liquiden Vermögenswerte Kredite gewähren können. Beide Aspekte induzieren eine umfangreiche Kreditvergabe der Geschäftsbanken, wodurch eine Geldmengenkontrolle für die Notenbank deutlich erschwert wird.[3]

1.1.1.2. Der Zeitraum nach 1989

Eine konsequentere Umsetzung der unter de Kock begonnenen Umorientierung zu einer monetaristischen Geldpolitik erfolgt seit 1989. Im Gegensatz zu früher wird die Sicherung der Geldwertstabilität seither nicht mehr nur als eines mehrerer wirtschaftspolitischer Ziele der Notenbank, sondern als deren vorrangige Aufgabe erachtet.[4] Dies impliziert einen höheren Stellenwert der Geldpolitik, der wiederum eine weitgehende Akzeptanz der monetaristischen Ansicht hinsichtlich der Bedeutung monetärer Impulse für die konjunkturelle Entwicklung vermuten läßt. In Ergänzung dieser verstärkten Ausrichtung auf das wirtschaftspolitische Ziel der Inflationsvermeidung erfolgt eine explizite Ablehnung antizyklischer Konjunkturpolitik[5] und eine mittelfristige Orientierung an monetären Zielgrößen, wobei die Geldmenge M3 als monetäre Ankergröße verwendet wird. Trotz der Verwendung des Geldmengenindikators M3, für den keine konkrete Wachstumsrate, sondern ein Geldmengenkorridor vorgegeben wird, entspricht die Geldpolitik somit weitgehend der grundlegenden monetaristischen Forde-

---

1 Vgl. Azar (1990), S. 120 f. und 123 f. sowie Moll (1993a), S. 242 und 244.

2 Vgl. Scott (1988), S. 99.

3 Vgl. ausführlich Azar (1990), S. 120 f.

4 Vgl. Stals (1993), S. 31 sowie ders. (1997a), S. 1 f.

5 Vgl. Moll (1993b), S. 3.

rung nach einer verstetigten Geldpolitik in Form eines konstanten Geldmengenwachstums. Hauptsächliches Instrument der Geldpolitik ist - in Abweichung zur monetaristischen Theorie - jedoch nach wie vor die Zinspolitik, die allerdings durch Offenmarktpolitik ergänzt wird.[1] Betrachtet man den Erfolg dieser Politik, so ist festzustellen, daß die von der Notenbank gesetzten Geldmengenziele insbesondere seit 1994 - hauptsächlich aufgrund eines Anstieges des privaten Kreditvolumens - jeweils weit überschritten wurden.[2] Daher verwendet die Notenbank die Geldmenge M3 derzeit nur noch begrenzt als Indikator und orientiert sich zunehmend direkt an der Inflationsrate.[3] Dies stellt jedoch eine erneute Abkehr von einer strikt monetaristischen Politik dar, da eine auf die jährliche Einhaltung einer Inflationsvorgabe ausgerichtete Geldpolitik unweigerlich diskretionären Charakter trägt und daher im Rahmen des Monetarismus abgelehnt wird.

Die konsequentere Umsetzung einer monetaristischen Geldpolitik seit 1989 wurde im wesentlichen durch zwei Veränderungen ermöglicht: Zum einen wurde 1989 mit Chris Stals ein überzeugter Vertreter monetaristischer Geldpolitik als Notenbankchef ernannt, dem eine konsequente Umsetzung seiner geldpolitischen Vorstellungen durch die Tatsache erleichtert wurde, daß F. W. de Klerk 1989 P. W. Botha als Regierungschef ablöste und im Gegensatz zu seinem Vorgänger bereit war, der Notenbank geldpolitische Souveränität zuzugestehen.[4] Zum andern wurde 1989 mit dem „South African Reserve Bank Act" ein neues Notenbankgesetz verabschiedet, das, unter dem Eindruck des weltweiten Einflusses der monetaristischen Theorie in den 80er Jahren, explizit die Sicherung der Geldwertstabilität als vorrangige Aufgabe der Zentralbank[5] festschreibt.[6] Dies bedeutet ein deutlich stärkeres

---

1 Vgl. Moll (1993b), S. 4.

2 Vgl. Fajgenbaum et al. (1996), S. 99, Department of Finance (1997a), S. 2.7., Stals (1997b), S. 34 sowie ders. (1998).

3 Vgl. Stals (1997b), S. 34. Diese Umorientierung wird durch die geplante Vorgabe politischer Inflationsziele durch die Regierung weiter bekräftigt (vgl. auch Ensor (1998a)).

4 Vgl. Azar (1990), S. 128, Moll (1993b), S. 11 sowie Herbst (1994), S. 157.

5 Die 1920 gegründete südafrikanische Zentralbank ist ein Aktienunternehmen, wobei der Staat kein Aktionär der Zentralbank ist. Der individuelle Aktienbesitz ist auf 10.000 Aktien pro Person limitiert (vgl. RSA (1989), § 22). Das Direktorium der Zentralbank setzt sich aus 14 Direktoren zusammen, von denen die eine Hälfte durch die Regierung ernannt und die andere Hälfte durch die Aktionäre gewählt wird (vgl. RSA (1989), § 4).

6 Vgl. RSA (1989), § 3.

Gewicht für das ökonomische Ziel der Geldwertstabilität gegenüber früher, als die Inflationsvermeidung lediglich eine mehrerer Zielvorgaben der Notenbank war. Zudem wird der Notenbank eine größere Unabhängigkeit gegenüber politischer Einflußnahme gesichert,[1] da als einzige Auflage ein jährlicher Bericht des Notenbankchefs gegenüber dem Parlament, dem Finanzminister sowie den Aktionären vorgeschrieben ist.[2] Somit sind seit 1989 mit der stärkeren Notenbankautonomie sowie der expliziten Verpflichtung zur Sicherung der Preisniveaustabilität wichtige Ursachen für das Scheitern einer monetaristisch orientierten Geldpolitik in den 80er Jahren beseitigt worden. Problematisch bleibt für eine monetaristische Geldpolitik jedoch weiterhin die Bankenstruktur sowie die Regelungen zur Kreditvergabe durch Geschäftsbanken, die in den letzten Jahren zu einem starken Anstieg der Geldmenge M3 geführt haben, die sich für die Notenbank als lediglich bedingt kontrollierbar erwiesen hat.

1.1.2. Aussagen des ANC zur Geldpolitik und zur Stellung der Notenbank

Die wirtschaftspolitischen Programme des ANC 1991 und 1992 enthielten wenig konkrete Aussagen zur Geldpolitik. Im Discussion Document von 1991 wurde die monetaristische Geldpolitik der Notenbank abgelehnt.[3] Darüber hinaus wurde lediglich darauf verwiesen, daß die zukünftige Geldpolitik keine makroökonomische Instabilität verursachen solle.[4] Ähnlich pauschal wurde in den Policy Guidelines davon gesprochen, daß Geld-, Wechselkurs- und Fiskalpolitik derart zu koordinieren seien, daß sie ein stabiles makroökonomisches Umfeld und Wirtschaftswachstum förderten.[5] Die Pauschalität der geldpolitischen Aussagen des ANC läßt keinen Schluß hinsichtlich dessen geldtheoretischer Ausrichtung vor 1994 zu bzw. legt darüber hinaus die Vermutung nahe, daß vor 1992 innerhalb des ANC keine fundierte Analyse geldtheoretischer Fragen erfolgte. Aus der expliziten Ablehnung der Notenbankpolitik der 80er Jahre sowie der fehlenden Auseinandersetzung mit der Rolle der Geldpolitik, der andererseits eine in-

---

1 Vgl. Moll (1993b), S. 3.

2 Vgl. RSA (1989), §§ 31 und 32.

3 Vgl. ANC (1991a), S. 10.

4 Vgl. ANC (1991a), S. 12.

5 Vgl. ANC (1992), S. 25.

tensive Beschäftigung mit fiskalpolitischen Aspekten gegenüberstand, läßt sich tendenziell jedoch eine theoretische Nähe zu Keynes ableiten.

Detaillierter befaßte sich der ANC mit geldpolitischen Fragen erstmals im Rahmen des RDP-Basisdokuments, wobei einerseits festgestellt wurde, daß eine politische Einflußnahme auf die Politik der Notenbank vermieden werden sollte, andererseits jedoch betont wurde, daß die Geldpolitik am allgemeinen Ziel der wirtschaftlichen und gesellschaftlichen Entwicklung, d. h. der Umsetzung des RDP auszurichten sei.[1] Als primäre Funktion der Notenbank wurde somit nicht die Sicherung der Geldwertstabilität, sondern die Förderung allgemeiner wirtschafts- und gesellschaftspolitischer Zielsetzungen gesehen. Dies implizierte eine deutliche Unterordnung des wirtschaftspolitischen Ziels der Preisniveaustabilität, die nicht weiter theoretisch begründet wurde. Allerdings läßt die unter Bezugnahme auf Keynes formulierte These einer RDP-induzierten Beschäftigungswirkung die Akzeptanz der Phillipskurve vermuten, so daß der ANC die Unterordnung der Inflationsvermeidung wohl in positiven Beschäftigungswirkungen begründet sah. Dennoch kann angenommen werden, daß die auch im RDP wenig fundierte Auseinandersetzung mit geldpolitischen Fragestellungen zumindest teilweise Resultat einer Geringschätzung der Bedeutung und Wirkung monetärer Impulse war.

Eine erste Umorientierung der geldpolitischen Ausrichtung erfolgte im Rahmen des White Papers, das erstmals die Sicherung der Geldwertstabilität als vorrangige Aufgabe der Notenbank definiert.[2] Dieser Bedeutungszugewinn der Inflationsvermeidung im Vergleich zu den übrigen wirtschaftspolitischen Zielsetzungen zeigt eine verstärkte Berücksichtigung monetärer Impulse, denen daher offensichtlich eine höhere Bedeutung für die Entwicklung realer Größen beigemessen wird als in den vorangegangenen Konzeptionspapieren. Diese veränderte Einschätzung wird durch das Gear-Programm, das die Bedeutung der Geldwertstabilität betont und die Notwendigkeit einer jährlichen Geldmengenzielsetzung hervorhebt,[3] weiter ver-

---

1 Vgl. ANC (1994a), S. 112.

2 Vgl. ANC (1994b), S. 25-27.

3 Vgl. Department of Finance (1996), S. 10 und S. 2 Anhang.
Diese Position wurde zuletzt im Medium Term Budget Policy Statement bekräftigt (vgl.

deutlicht. Die im Gear-Programm somit erstmals formulierte Akzeptanz der Geldmenge als geldpolitischem Indikator kann hierbei als eine weitere Annäherung an die monetaristische Theorie interpretiert werden.

Eine Prognose hinsichtlich der zukünftigen Entwicklung der südafrikanischen Geldpolitik bleibt problematisch. Zwar ist durch das Notenbankgesetz von 1989 eine institutionelle Stärkung der Unabhängigkeit der Zentralbank sowie eine explizite Verankerung des Ziels der Geldwertstabilität erfolgt. Jedoch variiert die de facto-Umsetzung dieser gesetzlichen Regulierungen mit der politischen Konzeption der Regierung. In diesem Zusammenhang bleibt abzuwarten, ob bzw. inwieweit die Regierung trotz starker öffentlicher Kritik insbesondere von seiten Cosatus an der gegenwärtigen monetaristischen Orientierung festhalten wird.[1] Ein starker Stimmenverlust bei den Wahlen 1999 könnte auch deshalb leicht zu einer Reform der jetzigen Geldpolitik führen, weil die Notwendigkeit einer konsequenten Inflationsvermeidung im Bewußtsein der Bevölkerung wenig verankert ist.[2] Des weiteren wird die zukünftige Geldpolitik der Notenbank auch davon abhängen, inwiefern Tito Mboweni, der designierte Nachfolger Chris Stals ab 1999, die gegenwärtige Geldpolitik weiterführen wird. Da die monetaristische Ausrichtung der derzeitigen Geldpolitik weitgehend mit der Person Chris Stals verbunden wird, haben die Märkte auf die Benennung des Arbeitsministers Mboweni im Juli 1998 als zukünftigen Notenbankchef zunächst mit einem deutlichen Kursverlust reagiert. Eine fundierte Einschätzung der geldpolitischen Orientierung Mbowenis ist zum gegenwärtigen Zeitpunkt jedoch noch nicht möglich. Positiv auf eine mögliche Beibehaltung der gegenwärtigen Politik könnte sich auswirken, daß Mbwoweni für eine Übergangsphase von einem Jahr von Stals eingeführt wird und ihm der große Parteirückhalt prinzipiell die Durchsetzung auch unpopulärer Entscheidungen zur Sicherung der Geldwertstabilität erleichtern dürfte.

Department of Finance (1997b), S. 11).

[1] Hierbei bleibt abzuwarten, inwieweit sich die gegenwärtigen Absichten eines durch die Regierung vorgegebenen Inflationsziels sowie einer dem Notenbankdirektorium zur Seite zu stellenden Beratergremiums (vgl. Ensor (1998a)), den Versuch darstellen, die Notenbanksouveränität einzuschränken.

[2] Vgl. in diesem Sinn Herbst (1994), S. 158.

1.2. Wechselkurspolitik[1]

1.2.1. Überblick zur Wechselkurspolitik vor 1994

Bis 1971 war das Währungssystem Südafrikas durch das System fester Wechselkurse im Rahmen von Bretton Woods bestimmt, wobei eine direkte Anbindung der südafrikanischen Währung[2] an das Pfund Sterling existierte.[3] Währungsrestriktionen bestanden vor 1961 lediglich in begrenztem Umfang für Inländer.[4] Da die ab Ende der 50er Jahre durch innenpolitische Unruhen und eine verschärfte internationale Isolierung Südafrikas bedingte Zunahme von Kapitalexporten[5] nicht durch eine entsprechende Exportsteigerung ausgeglichen werden konnte, verzeichnete Südafrika Ende der 50er/Anfang der 60er Jahre ein steigendes Zahlungsbilanzdefizit, auf das die Regierung 1961 mit der Einführung des Blocked Rand Systems[6] reagierte, um auch ausländische Investoren an einem Kapitalabzug zu hindern.[7]

---

1 Die Wechselkurspolitik kann als integraler Bestandteil der Geldpolitik gesehen werden. Zum einen beeinflußt ein An- bzw. Verkauf von Devisen durch die Notenbank direkt die Geldmengenentwicklung; zum anderen kann eine Geldmengenerhöhung über eine Zins- und Einkommensveränderung die Importquote sowie Kapitalbewegungen und folglich den Wechselkurs beeinflussen. Darüber hinaus sind Geldwertstabilität und realer Wechselkurs direkt korreliert. Trotz dieses engen Zusammenhangs wird die Wechselkurspolitik aus Gründen der Übersichtlichkeit hier in einem eigenen Abschnitt betrachtet.

2 Bis 1961 war Südafrika Mitglied der Sterlingzone. Infolge der - durch die Unruhen von Sharpville ausgelösten - Währungsturbulenzen erfolgte 1961 ein Austritt aus der Sterlingzone und die Ablösung des südafrikanischen Pfundes durch den Rand.

3 Vgl. de Kock (1981), S. 331, Franzsen (1983), S. 112 sowie van der Merwe (1996), S. 2.

4 Vgl. van der Merwe (1996), S. 2.

5 Vgl. Lombard (1973), S. 55-57 sowie Franzsen (1983), S. 109.

6 Kernbestandteil des Blocked Rand/Financial Rand Systems war die Trennung von Inländern und Ausländern in zwei Währungspools, um positive Anreize für ausländische Investitionen und negative Anreize für einen Kapitalabfluß zu setzen. Ausländer konnten (Des-)Investitionen lediglich in Blocked Rand durchführen, die gegenüber dem Commercial Rand einen deutlichen Kursabschlag hatten. Da Zinszahlungen sowie Gewinne jedoch in Commercial Rand anfielen, implizierte dieses System einen starken Anreiz für Investitionen. Der Kurs des Blocked Rand wurde in diesem System im wesentlichen durch ausländisches Angebot und ausländische Nachfrage nach Rand bestimmt (vgl. Kahn (1989), S. 252).
Das System blieb im wesentlichen - mit einer Unterbrechung zwischen 1983 und 1985 - bis 1995 in Kraft. Eine Änderung erfolgte lediglich dahingehend, daß die in Blocked-Rand durchführbaren Transaktionen mit dem Wechsel zu Security-Rand (1976) und Financial Rand (1979) erweitert wurden (vgl. Kahn (1989), S. 252. Zum Financial-Rand System vgl. ausführlich Shuttleworth (1989)).

7 Vgl. Franzsen (1983), S. 110, Kahn (1989), S. 252 sowie van der Merwe (1996), S. 2.

Diese Maßnahme konnte als weitgehend konsistent mit der in den 60er Jahren keynesianisch orientierten makroökonomischen Politik gesehen werden. Denn ein Defizit in der Zahlungsbilanz wird nach der Keynesianischen Konzeption bei festen Wechselkursen über einen Produktions- und Beschäftigungsrückgang ausgeglichen. Da dies jedoch insbesondere in einem konjunkturellen Abschwung, wie er 1960/61 in Südafrika existierte, zu vermeiden ist, können Kapitalkontrollen zur Vermeidung einer Zinserhöhung im Rahmen der Keynesianischen Konzeption gerechtfertigt sein.[1]

Nach dem Zusammenbruch von Bretton Woods war die Wechselkurspolitik in den 70er Jahren durch starke konzeptionelle Schwankungen geprägt, die zu einer wechselnden Anbindung des Rands an den Dollar, das Pfund Sterling sowie einen Währungskorb führten.[2] Generell war die Wechselkurspolitik bis 1980 jedoch durch die Zielsetzung geprägt, den Rand gegenüber internationalen Leitwährungen stabil zu halten, worin wiederum eine Übereinstimmung mit der tendenziell keynesianischen Ausrichtung in den 60er und 70er Jahren gesehen werden kann. Denn sofern angenommen wird, daß eine durch expansive Fiskalpolitik induzierte potentielle Zunahme des Importvolumens aufgrund der Importsubstitutionspolitik relativ gering ist und Kapitalexporte infolge des Blocked Rand Systems eingeschränkt bzw. Kapitalimporte künstlich attraktiv gehalten werden, kann in einem System fester Wechselkurse ein erhöhter Multiplikatoreffekt vermutet werden.

Die allgemeine Umorientierung der Geldpolitik unter de Kock führte in den 80er Jahren auch zu einer Veränderung der theoretischen Konzeption der Notenbank in bezug auf die Währungspolitik. Konkret wurde gefordert, die externe Stabilität des Randes in Zukunft ebenso wie die interne Stabilität

---

1 Vgl. Herr (1991), S. 167.
Zudem war die Regierung an einer hohen Bewertung des Randes zur Unterstützung der ab Ende der 50er Jahre betriebenen Förderung kapitalintensiver Industrien interessiert, da Importe von Kapitalgütern möglichst günstig gehalten werden sollten (vgl. Terreblanche (1997), S. 37).

2 Vgl. Lombard (1973), S. 59-61, Franzsen (1983), S. 116 sowie van der Merwe (1996), S. 3.

verstärkt durch marktorientierte Instrumente zu erhalten.[1] In diesem Zusammenhang wurde kurzfristig eine Lockerung der Währungskontrollen und langfristig ein flexibler Wechselkurs angestrebt.[2] Diese Umorientierung in der Währungspolitik war insofern kongruent mit der ab 1980 verstärkt angestrebten monetaristischen Geldpolitik, als eine autonome Geldpolitik und infolgedessen die Umsetzung des im Monetarismus geforderten konstanten Geldmengenwachstums lediglich in einem System flexibler Wechselkurse realisierbar ist.[3] Darüber hinaus spiegelte sich in der Forderung nach weitgehend flexiblen Wechselkursen die (neo)klassisch-monetaristische Skepsis gegenüber der Notwendigkeit und Wirksamkeit staatlicher Eingriffe in den Marktmechanismus wider.

Die theoretische Umorientierung führte 1983 zur Abschaffung der permanenten Wechselkursanbindung an den Dollar, so daß das vorrangige Ziel der Wechselkurspolitik im folgenden lediglich auf der Abschwächung von Währungsschwankungen nicht jedoch auf einer Konstanthaltung des Wechselkurses lag, was zu einer deutlichen Reduzierung der Notenbankeingriffe in den Währungsmarkt führte.[4] Darüber hinaus wurden die existierenden Kapitalkontrollen Anfang der 80er Jahre weitgehend aufgehoben, da zunächst 1979 das System des Securities Rand durch das weniger restriktive Financial Rand System abgelöst[5] und 1983 völlig abgeschafft wurde.[6] Allerdings fand die Politik einer Kapitalmarktöffnung aufgrund der Schuldenkrise von 1983/1985 ein Ende. Diese, durch die Kündigung internationaler Kredite ausgelöste Krise führte aufgrund des hohen Standes an privater

---

1 Vgl. Addleson (1989), S. 12

2 Vgl. Scott (1988), S. 91, Addleson (1989), S. 15 f., Kahn (1989), S. 253 sowie van der Merwe (1996), S. 4.

3 Lediglich eine Notenbank, die barometrische Preisführerin ist, kann auch in einem System fester Wechselkurse eine autonome Geldpolitik verfolgen. Für Südafrika trifft dieser Fall jedoch nicht zu.

4 Vgl. de Kock (1981), S. 331, Scott (1988), S. 92 sowie Moll (1993a), S. 249.

5 Vgl. Franzsen (1983), S. 118.

6 Vgl. Addleson (1989), S. 15 f., Kahn (1989), S. 253 sowie van der Merwe (1996), S. 6 f.
Diese weitgehende Aufhebung von Kapitalkontrollen wurde durch ein außenwirtschaftlich positives Umfeld ermöglicht, da 1982/83 dem konjunkturbedingt niedrigen Importvolumen hohe Einkommen aus Goldexporten sowie Kapitalimporte entgegenstanden, so daß kein Abwertungsdruck auf den Wechselkurs existierte (vgl. Scott (1988), S. 207).

kurzfristiger Verschuldung im Ausland[1] zu einer Liquiditätskrise und Zahlungsbilanzschwierigkeiten, weshalb 1985 eine Wiedereinführung des Financial Rand Systems zur Stabilisierung der Zahlungsbilanz und des Wechselkurses erfolgte.[2] Nachfolgend wurden bis 1994 lediglich marginale Lockerungen der Kapitalmarktbeschränkungen vorgenommen,[3] so daß nicht nur der Versuch einer monetaristischen Geldpolitik, sondern auch die Einführung eines Systems flexibler Wechselkurse in den 80er Jahren als gescheitert gelten mußte.

Insgesamt kann festgestellt werden, daß die Wechselkurspolitik der Notenbank vor 1994 nicht an einem konkreten wirtschaftspolitischen Ziel ausgerichtet war, sondern sich an einem Zielbündel orientierte, das u. a. Inflationsvermeidung, die Stabilisierung des Goldpreises sowie die Außenhandelsposition berücksichtigte.[4] Eine Veränderung der Wechselkurspolitik fand hauptsächlich in den 80er Jahren durch die Lockerung der Dollaranbindung und die hiermit verbundene Verringerung der Notenbankeingriffe in den Währungsmarkt sowie die abnehmende Eingriffsintensität der Notenbankpolitik statt.[5] Trotz der Reduzierung der Eingriffsquantität und -intensität im Rahmen der Wechselkurspolitik blieb der internationale Kapitalmarkt bis 1994 jedoch - mit Ausnahme der Jahre 1980-85 - stark reglementiert.

---

1 Zwischen 1983 und 1985 stiegen die kurzfristigen Schulden des privaten Sektors im Ausland stark an. Dies war insbesondere auf die Finanzierungsstruktur privater Banken zurückzuführen, die langfristige Kreditvergabe durch kurzfristige Kreditaufnahme im Ausland finanzierten. Die Schuldenkrise von 1985 war somit vor allem auch Resultat einer nachlässigen Bankenaufsicht durch die Zentralbank (vgl. Scott (1988), S. 106-108).

2 Allerdings blieb die Kapitalbilanz Südafrikas trotz dieser Maßnahmen von 1985-1993 negativ (vgl. Padayachee (1995), S. 169).
Zur Entwicklung des Wechselkurses vgl. auch Abb. 8 im Anhang dieser Arbeit.

3 Vgl. van der Merwe (1996), S. 8.

4 Vgl. Harvey/Jenkins (1992), S. 6.

5 Diese veränderte Wechselkurspolitik führte in den 80er Jahren zu einem deutlichen Wertverlust des zuvor überbewerteten Rands gegenüber den wichtigsten Weltwährungen (vgl. Harvey/Jenkins (1992), S. 7-10).
Allerdings verweisen Harvey/Jenkins darauf, daß dies nicht zu einer starken Förderung des Exports geführt hat, da der Rand im selben Zeitraum gegenüber den wichtigsten Handelspartnern Südafrikas real konstant geblieben ist bzw. sogar an Wert gewonnen hat (vgl. Harvey/Jenkins (1992), S. 13-17 und 33).

1.2.2. Wechselkurspolitik seit 1994

Die Regierungsübernahme durch den ANC ließ zunächst eine weitere Beschränkung von internationalen Kapitaltransfers erwarten, da der ANC im Discussion Document von 1991 von der Notwendigkeit staatlich kontrollierter Wechselkurse sprach[1] und im RDP eine verstärkte Bekämpfung illegaler Kapitalflucht ankündigte.[2] Diese Forderungen konnten als weitgehende konzeptionelle Übereinstimmung mit der tendenziell keynesianischen Orientierung beider Konzeptionspapiere erachtet werden, da sich aus dieser - wie bereits gezeigt wurde - eine Rechtfertigung für Kapitalkontrollen ableiten läßt, die auch mit der keynesianischen Überzeugung einer Notwendigkeit und Wirksamkeit staatlicher Stabilisierungseingriffe in Einklang steht. Im Rahmen der allgemeinen makroökonomischen Konzeptionsneuorientierung des ANC erfolgte nach 1994 jedoch auch eine Revision der Wechselkurskonzeption, die sich in den Forderungen nach einer vollständigen Abschaffung von Kapitalkontrollen sowie einem flexiblen Wechselkurs zeigt[3] und als kongruent mit der Annäherung an eine monetaristisch orientierte Geldpolitik gelten kann.[4]

Die theoretische Neuorientierung des ANC hinsichtlich der Währungspolitik zeigt sich auch in der de facto-Politik, die seit 1995 zu einer stetigen Liberalisierung des Devisenmarktes geführt hat. 1995 wurde der Financial Rand abgeschafft, so daß für Ausländer seither im wesentlichen keine Devisenbeschränkungen mehr bestehen.[5] Darüber hinaus ist seit 1995 eine schrittweise Lockerung der Währungsbeschränkungen für Unternehmen und institutionelle Anleger sowie 1997/98 schließlich die weitgehende Aufhebung von Währungskontrollen für Privatpersonen erfolgt.[6]

---

1 Vgl. ANC (1991a), S. 11.

2 Vgl. ANC (1994a), S. 112 f.

3 Vgl. Department of Finance (1996), S. 11.
Diese Zielsetzung wird im Medium Term Budget Policy Statement bekräftigt (vgl. Department of Finance (1997b), S. 12 f.).

4 Zudem ist die Freigabe von internationalen Kapitalbewegungen eine Voraussetzung für steigende Kapitalimport, die zur Finanzierung des aufgrund der außenwirtschaftlichen Liberalisierung seit 1994 negativen Leistungsbilanzsaldos notwendig sind.

5 Vgl. van der Merwe (1996), S. 8-10.

6 Seit 1995 ist es südafrikanischen Unternehmen möglich, im Ausland zu investieren, wobei die genehmigte Investitionshöhe schrittweise - zuletzt am 11. 3. 1998 - erhöht

In Übereinstimmung mit der monetaristisch ausgerichteten Geldpolitik basiert die Wechselkurspolitik der Notenbank derzeit auf einem weitgehend flexiblen Wechselkurs, wobei Eingriffe in den Währungsmarkt lediglich der Dämpfung kurzfristiger Schwankungen dienen.[1] Dagegen hat die Notenbank nicht versucht, den zwischen 1993 und 1996[2] tendenziellen nominellen wie realen Außenwertverlust des Rand zu verhindern.[3] Dieser wird im Gegenteil durchaus als Möglichkeit für eine Steigerung der Exporte und einen Ausgleich der Leistungsbilanz gesehen.[4]

---

wurde. Im Juni 1995 wurde institutionellen Anlegern zugestanden, bis zu 5% ihrer Vermögenswerte in ausländischen Währungen zu halten; 1996 wurde dies auf 10%, 1998 auf 15% erhöht.

Privatpersonen können seit 1. 7. 1997 bis zu R 200.000, seit 11. 3. 1998 bis zu R 400.000 im Ausland anlegen; außerdem wurden die ausführbaren Beträge für Auswanderer und Touristen deutlich erhöht (vgl. Manuel/Stals (1997), o. V. (1997f), S. 1 sowie Ensor (1998b)).

Die Tatsache, daß diese Lockerungen zu keinem massiven Kapitalabfluß geführt haben, bestätigt die Vermutung, daß bereits zuvor - trotz der existierenden Währungsrestriktionen - Kapital illegal ins Ausland verlagert wurde (vgl. hierzu auch Smit/Mocke (1991), insbesondere S. 106 f. sowie van der Merwe (1996), S. 18).

1 Vgl. van der Merwe (1996), S. 22.

2 Seit Ende 1996 konnte der Wert des Randes im langfristigen Durchschnitt weitgehend konstant gehalten werden (vgl. Stals (1998)).

3 Vgl. Department of Finance (1997a), S. 2.11.
Dieser ist primär auf den starken Importanstieg und die aufgrund eines niedrigen Goldpreises geringen Einkommen aus dem Goldexport zurückzuführen. Andererseits hat die sinkende Inflationsrate zu vergleichsweise hohen Realzinsen geführt, die relativ hohe Kapitalimporte induzieren. Auch ist seit 1995 infolge der weltwirtschaftlichen Integration und stärkeren Exportorientierung sowie des steigenden realen Wechselkurses ein Ansteigen der Exporte zu verzeichnen, so daß im Trend lediglich ein mäßiger Druck auf den Rand existiert.

4 Allerdings düfte der erwartete positive Wechselkurseffekt auf den Exportsektor aufgrund der hohen Importabhängigkeit der Exportsektoren nur bedingt zum Tragen kommen (vgl. auch Abschnitt zur Industriepolitik der vorliegenden Arbeit (Kapitel 3, Abschnitt 2.1.2.).

1.3. Fiskalpolitik[1]

1.3.1. Überblick zur Fiskalpolitik vor 1994

Zwischen 1946 und 1975, insbesondere jedoch ab Anfang der 60er Jahre, dominierte in Südafrika die keynesianisch fundierte Überzeugung einer Notwendigkeit umfangreicher staatlicher Interventionen im Rahmen einer antizyklischen Fiskalpolitik zur Stabilisierung der gesamtwirtschaftlichen Entwicklung.[2] Diese Überzeugung zeigte sich u. a. 1968 in der Institutionalisierung eines „Stabilization Accounts", auf dem im Konjunkturaufschwung eine Rücklagenbildung erfolgen sollten, deren Auflösung im Konjunkturabschwung der Finanzierung zusätzlicher Staatsinvestitionen dienen sollte. Ab 1975 fand eine Umorientierung in der Fiskalpolitik statt, die vor dem Hintergrund des (neo)klassisch-monetaristischen Arguments von Crowding Out-Effekten zu einer offiziellen Aufgabe antizyklischer Fiskalpolitik führte.[3] Angestrebt wurde im folgenden daher vorrangig die Verbesserung angebotsrelevanter Rahmenbedingungen insbesondere durch einen staatlichen Schuldenabbau.

Die de facto-Fiskalpolitik ließ jedoch keine konsequente Umsetzung einer konjunkturtheoretischen Konzeption erkennen und spiegelte somit auch die theoretische Umorientierung in den 70er Jahren nur bedingt wider. Insbesondere auf der Einnahmenseite erwies sich die Fiskalpolitik im betrachteten Zeitraum als prozyklisch. Dies war primär darauf zurückzuführen, daß die progressiv ausgestaltete Einkommensteuer aufgrund einer fehlenden Indexierung bei Inflation zu kalter Progression führte, auf die die Regierung mit ad hoc-Angleichungen reagierte. Hieraus resultierte zwischen 1970 und 1976 eine deutliche Erhöhung der direkten Steuerbelastung von Privatper-

---

1 Der folgende Abschnitt untersucht die Rolle der Fiskalpolitik in Südafrika als wirtschaftspolitisches Instrument zur gesamtwirtschaftlichen Stabilisierung im Rahmen der Konjunkturpolitik. Die Fiskalpolitik umfaßt Maßnahmen, die die Einnahmen und Ausgaben staatlicher Gebietskörperschaften betreffen, wobei im folgenden lediglich auf die nationale Ebene Bezug genommen wird. Auf die Struktur des Steuersystems hinsichtlich der Gewichtung von direkten und indirekten Steuern, Unternehmens- und Personensteuern etc. sowie das Finanzsystem in Form der gegebenen Finanzstrukturen zwischen den einzelnen Gebietskörperschaften wird nicht näher eingegangen.

2 Vgl. Browne (1983), S. 146 und 153, Mohr (1989), S. 282 sowie Moll (1993a), S. 237.

3 Diese Umorientierung wurde auch in der Ernennung von O. P. F. Horwood zum Finanzminister 1975 erkennbar, da Horwood ein früherer Wirtschaftsprofessor als Supply-Sider galt (vgl. Browne (1983), S. 162 f.).

sonen als Prozentsatz des Einkommens[1] trotz einer dominierend schlechten konjunkturellen Situation.[2] 1979/80 erfolgte eine Steuerentlastung während eines konjunkturellen Aufschwungs, die von einer wieder zunehmenden Belastung im nachfolgenden Konjunkturabschwung zwischen 1981 und 1983 abgelöst wurde. Auch der konjunkturelle Abschwung zwischen 1989 und 1993 war von einer Zunahme der privaten Steuerbelastung begleitet.[3]

Auf der Ausgabenseite läßt sich seit Ende des 2. Weltkrieges[4] ein weitgehend kontinuierlicher Anstieg erkennen.[5] Hervorzuheben sind hierbei einerseits die Jahre 1968-1975, die einen überproportionalen Anstieg der Staatsausgaben aufwiesen sowie die Folgeperiode zwischen 1976 und 1981, als die Regierung, infolge der offiziellen Ablehnung expansiver Fiskalpolitik, eine Haushaltskonsolidierung verfolgte, die auf einer Reduzierung staatlicher Investitionen und einer gewissen Reallohnsenkung im öffentlichen Dienst basierte.[6] Allerdings stiegen die prozentualen Staatsausgaben am B.S.P. nachfolgend wieder an. Parallel hierzu ist eine Verschiebung in der Ausgabenstruktur festzustellen, da nach einem hauptsächlichen Wachstum der Investitionsausgaben in den 50er Jahren ein paralleler Anstieg von Investitions- und Konsumausgaben in den 60er Jahren und Anfang der 70er Jahre folgte, wohingegen die zusätzlichen Staatsausgaben ab Mitte der 70er Jahre vorwiegend konsumtiven Charakter trugen.[7]

Als wesentliche Ursachen für den erfolgten Zuwachs staatlicher Ausgaben sowie der Strukturverschiebung werden das Bevölkerungswachstum, die Demokratisierung der Gesellschaft, Verstädterung, die Altersstruktur der

---

1 Vgl. Browne (1983), S. 157 sowie Mohr (1989), S. 288. Die deutliche Steigerung der Staatseinnahmen in diesen Jahren ist insbesondere auf die kalte Progression im Rahmen des Einkommensteuersystems zurückzuführen (vgl. Browne (1983), S. 157).

2 Südafrika befand sich zwischen 1969 und 1977 mit Ausnahme einer kurzen konjunkturellen Erholung 1973/74 in einer Abschwungphase (vgl. Abb. 5 im Anhang).

3 Vgl. Mohr (1989), S. 289, Abedian/Biggs (1995), S. 335, 339 und 342 sowie Abb. 5 im Anhang der vorliegenden Arbeit.

4 Zur Fiskalpolitik zwischen 1933 und 1945 vgl. Browne (1983), S. 134-143.

5 Vgl. Lombard/Stadler/DuToit (1979), S. 28, Browne (1983), insbesondere S. 166, Calitz (1988), S. 25, Gouws (1992), S. 26 f. sowie Smit (1992), S. 55. Vgl. auch Abb. 9 im Anhang.

6 Vgl. Mohr (1989), S. 285 f.

7 Vgl. Browne (1983), S. 166 sowie Smit (1992), S. 54.

weißen Bevölkerung sowie die Sicherheitspolitik genannt,[1] so daß sich die Ausgabenpolitik nicht vorrangig stabilisierungsorientiert, sondern als durch politische und strukturelle Faktoren determiniert erweist. Die Umsetzung einer keynesianischen Ausgabenpolitik zeigt sich in Südafrika somit als weitgehend inkonsequent, da zwischen 1945 und 1975 eine relativ stetige Zunahme der prozentualen Staatsausgaben am B.S.P. erfolgte,[2] die kaum zyklische Schwankungen aufwies und nicht vorrangig stabilisierungsorientiert war. Zwar fiel die Haushaltskonsolidierung zwischen 1976 und 1980 in einen konjunkturellen Aufschwung, stellte jedoch bereits die Abkehr von einer keynesianisch orientierten Fiskalpolitik dar und war somit nicht Bestandteil einer antizyklischen Politik. Einer konsequenten Umsetzung der Keynesschen Theorie widerspricht auch der bereits in den 60er Jahren festzustellende Anstieg konsumtiver Ausgaben, da sich aus dem theoretischen Modell aufgrund des Multiplikatoreffekts insbesondere die Forderung nach einer Variation kreditfinanzierter Investitionen zur Stabilisierung konjunktureller Schwankungen ableiten läßt.[3] Eine der offiziellen Rhetorik entsprechend konsequente Umsetzung antizyklischer Fiskalpolitik erfolgte somit nicht. Andererseits wurde auch der ab Mitte der 70er Jahre angebotsorientierten Argumentation nicht Rechnung getragen, da der Konsolidierungsphase zwischen 1976 und 1981 wiederum eine fiskalpolitische Expansion folgte, die mit einer weitgehenden Nichteinhaltung aufgestellter Haushaltsziele verbunden war,[4] so daß die durch einen staatlichen Schuldenabbau an-

---

1 Vgl. Calitz (1988), S. 29, Solomon (1992), S. 23 sowie van der Berg (1992a). Insbesondere der ab den 80er Jahren unter Botha vorgenommene Versuch einer Reform der Apartheid ließ die konsumtiven Staatsausgaben stark ansteigen. Denn im Rahmen dieses durch eine „Zuckerbrot-und-Peitsche"-Strategie geprägten Reformversuchs stiegen einerseits die Ausgaben für innere Sicherheit zur Unterdrückung von politischen Aufständen stark an. Andererseits führte der Versuch einer schrittweisen Verbesserung der Lebensbedingungen nicht-weißer Bevölkerungsgruppen zu einem starken Anstieg der Sozialausgaben.

2 Vgl. Abb. 9 im Anhang.

3 Vgl. Mohr (1989), S. 287.

4 Vgl. Mohr (1989), S. 286 sowie Cox et al. (1993), S. 12. Zwar führte bereits der Haushalt 1976/77, der trotz einer negativen Wachstumsrate restriktiv ausgelegt war, zu einer Reduzierung des Haushaltsdefizits (vgl. Mohr (1989), S. 284). Bis 1981 erfolgte eine weitere Schuldenreduzierung durch den Abbau staatlicher Investitionen und sinkender Reallöhne einerseits (vgl. Mohr (1989), S. 285 f.) sowie - infolge eines ab 1978 einsetzenden konjunkturellen Aufschwungs - steigender Einnahmen und der Einführung neuer Steuern andererseits (vgl. Browne (1983), S. 163 sowie Mohr (1989), S. 285 f.). Die Zunahme staatlicher Sozial- und Sicherheitsausgaben sowie die wirtschaftliche Verschlechterung in den 80er Jahren führten jedoch zu einer wiederum ansteigenden Staatsverschuldung in den 80er und Anfang der 90er

gestrebte Angebotspolitik bis 1994 nicht erreicht wurde. Ursache hierfür war eine politisch sowie strukturell begründete Erhöhung der Staatsausgaben, die die Schwierigkeit einer rein stabilitätspolitisch orientierten Staatsausgabenvariation verdeutlichte.

Insgesamt läßt die Fiskalpolitik des betrachteten Zeitraums somit keine konsequente Umsetzung konjunkturpolitischer Konzeptionen erkennen, sondern ist vorrangig an gesellschaftspolitischen Zielsetzungen orientiert.[1] Zwar kann die Fiskalpolitik bis Mitte der 70er Jahre als vorrangig keynesianisch und nachfolgend als neoklassisch orientiert bezeichnet werden. Diese theoretische Orientierung bzw. Umorientierung spiegelt sich jedoch nur bedingt in der de facto durchgeführten Fiskalpolitik wider, die sich aufgrund ihrer politisch-strukturellen Ausrichtung als weitgehend diskretionär und in ihrer Wirkung häufig prozyklisch erweist. Zudem erfolgte in den 70er Jahren keine vollständige Umorientierung, da das 1968 eingerichtete „Stabilization Account" weiter beibehalten und bedingt als Instrument antizyklischer Fiskalpolitik genutzt wurde.[2]

1.3.2. Wandel der fiskalpolitischen Konzeption des ANC und Fiskalpolitik seit 1994

Das Discussion Document, die Policy Guidelines sowie das RDP-Basisdokument waren durch das, vom ANC formulierte, sog. „growth through redistribution"-Konzept bestimmt,[3] innerhalb dessen zwei Argumentationslinien unterschieden werden konnten. Die erste Richtung argumentierte entlang der Unterbeschäftigungshypothese von Keynes und forderte eine Erhöhung der aggregierten Nachfrage durch eine expansive Fiskalpolitik. Im Rahmen der zweiten, am Engelschen Gesetz orientierten, Argumentations-

---

Jahre.

1 Dies implizierte zunächst einen starken Ausbau des öffentlichen Sektors zur Förderung der weißen Bevölkerung und hierbei insbesondere der Afrikanerbevölkerung. Später führte der sukzessive Abbau der Apartheidspolitik zu einer starken Zunahme staatlicher Sozialausgaben (vgl. in diesem Sinn Moll (1993a), S. 254).

2 Vgl. Browne (1983), S. 161 und 165.

3 Zwar wurde das Konzept explizit nur im Discussion Document von 1991 erwähnt und im RDP in „growth and redistribution" abgeändert, inhaltlich erfuhr es von 1991 bis 1994 jedoch keine inhaltliche Veränderung. Vgl. insbesondere ANC (1991a), S. 4, ders. (1992), S. 23, ders. (1994a), S. 6 und S. 81 sowie Kershoff (1994), S. 8.

linie sollte durch Umverteilungsmaßnahmen eine Veränderung der Nachfragestruktur zugunsten arbeitsintensiver Produkte erzielt werden, da angenommen wurde, daß eine Umverteilung zugunsten der Bezieher niedriger Einkommen zu einer direkten Nachfragesteigerung lokal produzierter Güter und folglich eine steigenden Arbeits- und Güternachfrage führen würde.[1] Beide Argumentationsansätze unterstellten somit eine aus unzureichender effektiver Nachfrage resultierende Unterauslastung des gegebenen Produktionspotentials und standen daher in theoretischer Nähe zu Keynes. In konzeptioneller Übereinstimmung hiermit wurden staatliche Stabilisierungseingriffe für notwendig und möglich erachtet, weshalb eine starke wirtschaftspolitische Rolle des Staates gefordert wurde, die auch erkennen läßt, daß der ANC eine Globalsteuerung für möglich hielt.[2]

Eine erste Umorientierung der fiskalpolitischen Konzeption erfolgte mit dem White Paper. Während das RDP nämlich noch quantitative Zielsetzungen, unabhängig von den hiermit verbundenen Kosten anstrebte, wird im White Paper betont, daß eine Umsetzung der RDP-Ziele durch die gegebene Budgetrestriktion determiniert ist.[3] Erstmals verpflichtet sich die Regierung zur Reduzierung des Haushaltsdefizits[4] und schließt im Gegensatz zum RDP-Basisprogramm eine Neuverschuldung zur Finanzierung von RDP-Projekten aus.[5] Abgelehnt wird somit eine kreditfinanzierte Ausgabenerhöhung zur Schließung der angenommenen Nachfragelücke, worin eine erste Abweichung von der keynesianischen Orientierung der vorangegangenen Konzeptionspapiere gesehen werden kann. Die eher angebotsorientierte Zielsetzung einer Defizitreduzierung dürfte zudem eine zumindest bedingte Akzeptanz des neoklassisch-monetaristischen Crowding Out-Arguments

---

1 Vgl. zu beiden Argumentationsrichtungen ANC (1991a), S. 4-6, Moll (1991), S. 314 sowie Mboweni (1992), S. 204 f.

2 Vgl. ANC (1992), S. 23 und 25 sowie ANC (1994a), S. 80 und 87.

3 Vgl. Kershoff (1994), S. 9. Diese Prioritätensetzung wurde zuletzt im „Medium Term Budget Policy Statement" wiederholt (vgl. Department of Finance (1997b), S. 3 und 16).

4 Vgl. ANC (1994b), S. 4, 22 und 30.

5 Vgl. zu diesem Gegensatz ANC (1994a), S. 142 sowie ders. (1994b), S. 14 f.
Konkret wird im White Paper festgelegt, daß im H. H. 1994/95 2,5 Mrd. Rand für RDP-Projekte bereitgestellt werden sollen; diese Summe soll jährlich um weitere R 2,5 Mrd. erhöht werden, bis ein jährlicher Betragt von R 12,5 Mrd. im Finanzhaushalt erreicht ist (vgl. ANC (1994b), S. 14).

implizieren. Darüber hinaus steht sie in Einklang mit der zunehmenden Bedeutung, die der Geldpolitik und dem Ziel der Preisniveaustabilität beigemessen wird.

Die im White Paper stattfindende Schwerpunktverschiebung zugunsten von Preisniveaustabilität und Schuldenabbau wird mit dem Gear-Programm weiter verstärkt, da hier ein gegenüber den Zielvorgaben von 1994 beschleunigter Abbau des Haushaltsdefizits vorgesehen wird[1] und eine explizite Ablehnung expansiver Fiskalpolitik erfolgt.[2] Darüber hinaus findet mit Gear eine eindeutige Umorientierung von einer nachfrageorientierten zu einer angebotsorientierten Argumentation statt, was sich u. a. darin zeigt, daß wirtschaftliches Wachstum nicht mehr als Folge, sondern vielmehr als Voraussetzung für Umverteilung erachtet wird und staatliche Investitionen nicht mehr durch ein gesamtwirtschaftliches Nachfragedefizit, sondern die Notwendigkeit einer Produktivitätssteigerung begründet werden.[3] Zudem scheint die Forderung die Haushaltssanierung nicht über Steuererhöhungen, sondern eine Kürzung von Konsumausgaben zu erzielen, an der neoklassischen Argumentation einer Verbesserung von angebotsrelevanten Rahmenbedingungen orientiert zu sein.

Insgesamt zeigt die Analyse der wirtschaftspolitischen Konzeptionspapiere des ANC hinsichtlich der Fiskalpolitik somit eine Umorientierung von einer sich an Keynes anlehnenden nachfrageorientierten Argumentation zu einer eher angebotsorientierten Stabilitätspolitik, die vermehrt eine Verbesserung angebotsrelevanter Rahmenbedingungen und insbesondere eine Reduzierung der Staatsverschuldung in den Vordergrund stellt.

Die ab dem White Paper erkennbare Priorität makroökonomischer Stabilität spiegelt sich hierbei auch in der Haushaltsentwicklung wider, da das Haushaltsdefizit als Prozentsatz des B.S.P. von 5,7% im Jahr 1994/95 kontinu-

---

1 Vgl. Department of Finance (1996), S. 2, 4 und 7.
Diese Zielsetzung wurde im Rahmen des Medium Term Budget Policy Statement von 1997 erneut bestätigt (vgl. Department of Finance (1997b), S. 15).

2 Vgl. Department of Finance (1996), S. 3.

3 Vgl. Department of Finance (1996), S. 15.

ierlich auf 5,1% im Haushalt 1996/97 zurückgeführt worden ist.[1] Für das Haushaltsjahr 1997/98 ist, in Übereinstimmung mit der Gear-Zielsetzung, ein allgemeines Defizit von 4% vorgesehen,[2] was einer realen Kürzung der staatlichen Ausgaben um etwa 2,5% entspricht. Angestrebte distributive Zielsetzungen werden daher vorrangig durch eine Umverteilung im Rahmen des Sozialhaushaltes sowie über eine Finanzumverteilung zwischen den Provinzen verfolgt. Mit Bezug auf die Einnahmenseite wird darauf verwiesen, daß das Steuersystem auf die internationale Wettbewerbsfähigkeit Südafrikas auszurichten sei.[3] Schließlich zeigt sich die angebotsorientierte Ausrichtung daran, daß die Haushaltsziele nicht antizyklisch ausgerichtet sind, sondern im Rahmen einer mittelfristigen Finanzplanung festgelegt werden.[4]

Die bisher erzielte Verringerung des Haushaltsdefizits wurde allerdings weitgehend durch eine reale Rückführung der staatlichen Investitionsausgaben erreicht, wohingegen eine Reduzierung der Konsumausgaben durch eine Senkung der Reallöhne im öffentlichen Dienst politisch nicht durchsetzbar war.[5] Dies ist insofern problematisch, als empirische Untersuchungen die Vermutung nahelegen, daß eine restriktive Haushaltspolitik nur dann zu einem langfristigen Abbau der Staatsverschuldung führt, wenn sie vorwiegend auf einer Kürzung staatlicher Konsumausgaben basiert.[6] Auch

---

1 Im Haushaltsjahr 1995/96 beträgt das Defizit 5,4% (vgl. Department of Finance (1997a), Anhang B.53 und B.54).

2 Vgl. Department of Finance (1997a), Anhang B.53 und B.54 sowie Manuel (1997), S. 18.

3 Vgl. Manuel (1997), S. 12.
Angestrebt wird insbesondere eine Verminderung der Steuerhinterziehung, die in Verbindung mit einer verbreiterten Steuerbasis eine Senkung der Steuersätze ermöglichen soll.
Der Problematik einer häufig prozyklischen Einkommensteuerwirkung wird durch die schrittweise Reduzierung der Steuerklassenzahl Rechnung getragen (vgl. Department of Finance (1997a), S. 7.9. sowie Anhang C). Darüber hinaus verliert die Problematik mit der abnehmenden Inflationsrate an Bedeutung.

4 Vgl. Department of Finance (1997a), S. 1.10 und 4.2.
Um das Ziel einer mittelfristigen Finanzplanung umzusetzen wird für 1998/99 erstmals ein dreijähriger H. H.-Plan aufgestellt, der am 11. 3. 1998 veröffentlicht wurde und eine mittelfristige Planung auf nationaler und regionaler Ebene ermöglichen soll (vgl. Department of Finance (1997b), S. 31).

5 Vgl. hierzu u. a. Simkins (1996), S. 89 f., Biggs (1997), S. 14 sowie Department of Finance (1997a), S. 3.7. und Anhang B.65 und B.66.

6 Vgl. Alesina/Perotti (1995), S. 210 und 227-229, dies. (1996), insbesondere S. 13-18,

widerspricht die konkrete Haushaltspolitik damit der in Gear formulierten Zielsetzung einer Umstrukturierung der Staatsausgaben durch die Minderung konsumtiver und Steigerung investiver Ausgaben.[1] Diese mangelhafte Zielerreichung zeigt die politische Schwierigkeit eines mittels einer Reduzierung von Konsumausgaben erzielten Schuldenabbaus. Dabei ist eine Korrektur dieser strukturellen Problematik aufgrund der Ablehnung von Gear durch die Gewerkschaften und der demzufolge geringen Bereitschaft zu einer realen Lohnsenkung sowie dem Kostendruck im Sozialen Sicherungssystem auch in naher Zukunft nicht zu erwarten.

Die größte Bedrohung der restriktiven Haushaltspolitik geht gegenwärtig allerdings von der hohen Verschuldung der regionalen Haushalte aus.[2] Die Institutionalisierung eigener Provinzhaushalte ist 1996 mit der Verabschiedung der Verfassung erfolgt[3] und wurde im Haushaltsjahr 1997/98 erstmals verwirklicht. Die hohe Schuldenproblematik der Provinzen resultiert daher bedingt aus der mangelnden Erfahrung sowie fehlenden Referenzwerten, die zu teilweise unrealistischen Haushaltsvorgaben für die Provinzregierungen geführt haben.[4] Sie ist aber auch Folge einer durch mangelnde Kontrollmechanismen und unzureichend qualifizierte Beamte verursachten Mißwirtschaft.[5] Als strukturelles Problem muß zudem die fiskalische Gliederung in eine vorrangig zentrale Steuererhebung und eine teilweise föderale Ausgabenpolitik erachtet werden, die nach Ter-Minassian eine geringe Anreizstruktur zur Haushaltsdisziplin impliziert.[6] Zwar strebt die Regierung eine bedingte Hoheit der Provinzen bei der Steuererhebung an. Aufgrund des gegenwärtigen Managementdefizits in den Provinzregierungen kann dies jedoch nur eine langfristige Lösungsmöglichkeit darstellen.[7]

McDermott/Westcott (1996a), insbesondere S. 7 sowie dies. (1996b), insbesondere S. 14 f.

1 Vgl. Department of Finance (1996), S. 5 und 7.

2 Vgl. auch Jenvey/Steyn/Chothia (1998).

3 Vgl. RSA (1996c), § 214(1).

4 Vgl. Steyn (1998).

5 Vgl. Steyn (1998).

6 Vgl. Ter-Minassian (1997), S. 8.

7 Vgl. Steyn (1998).

Die Übergangsphase von einem autoritären zu einem demokratischen System wirkt häufig infolge vielfacher distributiver Forderungen destabilisierend.[1] Inwieweit die derzeitige Angebotsorientierung in der südafrikanischen Konjunkturpolitik in Zukunft beibehalten wird, dürfte maßgeblich vom Wahlergebnis 1999 abhängen. Zwar ist die gegenwärtige politische Mehrheit des ANC nicht gefährdet, eine - sich bspw. in einer geringen Wahlbeteiligung ausdrückende - politische Unzufriedenheit der Bevölkerung könnte jedoch zu einer Stärkung der interventionistisch orientierten Kräfte innerhalb des ANC und infolgedessen zu einer Lockerung der Haushaltspolitik führen. Auch die Drohung Cosatus einer Auflösung der Drei-Parteien-Allianz und Gründung einer neuen Partei im linken Spektrum[2] könnte hierdurch weitere Unterstützung finden, worauf der ANC, der organisatorisch nach wie vor stark auf Cosatu angewiesen ist, mit einer Reform der gegenwärtigen makroökonomischen Politik reagieren könnte.[3] Andererseits ist die institutionelle Konstellation einer weitgehend unabhängigen Zentralbank sowie einer starken Einparteienregierung für eine makroökonomische Stabilisierung tendenziell förderlich.[4] Darüber hinaus ist die wirtschaftspolitische Glaubwürdigkeit der Regierung stark mit einer konsequenten Umsetzung der Gear-Strategie verbunden, weshalb eine völlige konzeptionelle Abkehr derzeit wenig wahrscheinlich erscheint.[5]

---

1 Vgl. Alesina (1991), S. 31.

2 Derartige Spekulationen sind u. a. durch die Subventionierung der SACP durch Cosatu verursacht (vgl. auch Haffajee/Ka'Nkosi (1997)).

3 Vgl. in diesem Zusammenhang auch Kershoff (1994), S. 10 und Price (1994), S. 182.

4 Vgl. Alesina (1991), S. 28-30.

5 Vgl. Calitz (1997), S. 15.

2. Strukturpolitik

2.1. Industriepolitik[1]

2.1.1. Industriepolitik vor 1994

Die in den 20er Jahren einsetzende staatliche Industriepolitik hatte ihren Ursprung primär in der schlechten ökonomischen Situation großer Teile der weißen Bevölkerung und der hiermit verbundenen Legitimationskrise der 1910 gegründeten Union.[2] Vorrangiges Ziel der Industriepolitik war daher zunächst die Schaffung qualifizierter Arbeitsplätze für die weiße Bevölkerung sowie die Förderung von Kapitalbildung für Weiße im allgemeinen und der burischen Bevölkerung im besonderen.[3] Beides sollte durch eine Beschleunigung des Industrialisierungsprozesses zum Auf- bzw. Ausbau des sekundären Sektors und eine hiermit verbundene Diversifikation der Produktionsstruktur erzielt werden.[4] Mit einer sich sukzessive verbessern-

---

[1] Industriepolitik wird im folgenden - in Übereinstimmung mit dem theoretischen Abschnitt der Arbeit - relativ eng als gezielte Förderung einzelner Sektoren definiert. Allgemeine Technologieförderung und Bildungspolitik bleiben im folgenden daher - trotz ihrer strukturpolitischen Relevanz - unberücksichtigt.
Des weiteren wird aufgrund der Spezialisierung auf den industriellen Sektor die Strukturpolitik hinsichtlich des Agrarsektors außer acht gelassen, was aufgrund des abnehmenden Anteils des Agrarsektors an der gesamtwirtschaftlichen Produktion zu rechtfertigen ist. Dennoch soll hier kurz darauf verwiesen werden, daß weiße Farmer in Südafrika vor 1994 durch staatliche Preisfestsetzungen, die Zulassung von Vertriebsmonopolen, Zollschutz und die umfangreiche Vergabe günstiger Kredite gezielt gefördert wurden (vgl. ausführlich Jones/Müller (1992), S. 138-142 und 236-238).

[2] Vgl. Clark (1994), S. 42 und 45-47.
Insbesondere waren unter den Weißen die Afrikaner durch die ökonomische Krise betroffen, deren Ursachen primär in der Mechanisierung der Landwirtschaft, der allgemeinen weltwirtschaftlichen Krise nach dem 1. Weltkrieg sowie der gezielten Förderung der Goldminen durch die Regierung auf Kosten der Arbeitnehmer (so zerschlug die Regierung bspw. mehrfach Lohnstreiks der Minenarbeiter durch das Militär) lagen (vgl. Makgetla/Seidman (1980), S. 62 sowie Clark (1994), S. 42, 44 und 47).

[3] Vgl. u. a. Zarenda (1977), S. 34 f., Makgetla/Seidman (1980), S. 63 und 66, Clark (1988), S. 128 f., McCarthy (1992), S. 450, Fine/Rustomjee (1996), S. 181 und 183, Chang (1997), S. 1 sowie Mc Carthy (1998), S. 67 f.
Während die Politik in den 30er und 40er Jahren vorrangig auf eine Verbesserung der ökonomischen Situation der unteren Einkommensklassen der burischen Bevölkerung gerichtet war, zielte sie im Zuge der langsamen Lebensstandardverbesserung in den 50er und 60er Jahren vermehrt auf eine Förderung der mittleren und oberen Einkommensklassen. Dies erfolgte primär durch eine selektive Förderung der burischen Unternehmer und der burischen Kapitalbildung, weshalb in diesem Zusammenhang auch von „Afrikaner-Kapitalismus" gesprochen wird (vgl. auch Terreblanche (1997), S. 34).

[4] Vgl. Clark (1994), S. 43, 48, 59 f. und 69.

den Beschäftigungslage für die weiße Bevölkerung[1] sowie angesichts drohender internationaler Isolation infolge des 2. Weltkrieges und der Apartheidspolitik wurde die ursprüngliche Zielsetzung jedoch zunehmend durch ökonomisches Autarkiestreben abgelöst.[2] Die Ausrichtung der Industriepolitik war somit lediglich zu Beginn auf die Förderung der Industrien ausgerichtet, von denen hohe Beschäftigungs- und Wachstumseffekte erwartet wurden, während sie nachfolgend allein durch politisches Autarkiestreben determiniert war.[3] Als industriepolitische Instrumente dominierten vor 1994 eine selektive Förderung einzelner Sektoren durch die Gründung von Staatsunternehmen und eine protektionistische Außenhandelspolitik.[4]

2.1.1.1. Staatliche Unternehmensgründungen als strukturpolitisches Instrument

Eine erste Umsetzung dieser industriepolitischen Strategie erfolgte mit den Gründungen des Elektrizitätswerkes Eskom (1923) und des Eisen- und Stahlwerkes Iscor (1934).[5] Dabei beruhte die Auswahl des Energiesektors sowie der Stahl- und Eisenproduktion zum einen auf der Initialfunktion, die die Regierung beiden Sektoren für den Industrialisierungsprozeß beimaß.[6] Zum anderen wurde den Sektoren ein relativ großes Potential für die Schaffung qualifizierter Arbeitskräfte zugeschrieben,[7] so daß die Auswahl der geförderten Sektoren in Einklang mit der generellen industriepolitischen Zielsetzung einer Förderung von Sektoren mit hohem Beschäftigungs- und Wachstumspotential gesehen werden kann.

---

1 Vgl. Moritz (1994), S. 17.

2 Vgl. Rangasamy (1990), S. 10 f., McCarthy (1992), S. 454 sowie Joffe et al. (1995), S. 35.
Zwar war in der Industriepolitik bereits ab dem 2. Weltkrieg ein vermehrtes Autarkiestreben erkennbar (vgl. O'Meara (1983), S. 138 f.), erst nach 1959 wurde dieses jedoch zur vorrangigen Zielsetzung.

3 Zur politischen Ausrichtung der südafrikanischen Strukturpolitik vgl. u. a. Wellings/Black (1986), S. 1, Levy (1992), S. 16, Maasdorp (1992), S. 173, McCarthey (1992), S. 450 f., ders. (1997), S. 67 f. sowie Chang (1997), S. 1.

4 Vgl. McCarthy (1988), S. 9 sowie Moritz (1994), S. 13.

5 Vgl. Jones/Müller (1992), S. 168-170, Clark (1994), S. 49 sowie Fine/Rustomjee (1996), S. 181.
Zuvor existierte eine direkte Beteiligung des Staates am Wirtschaftsprozeß nur in Form von SAR, die als staatliche Behörde geführt wurde (vgl. Clark (1988), S. 81 f.).

6 Vgl. Kooy/Robertson (1966), S. 208 sowie Clark (1994), S. 49.

7 Vgl. in diesem Sinn Kooy/Robertson (1966), S. 208.

Mit Beginn des 2. Weltkrieges erfolgte eine erste Veränderung in der industriepolitischen Strategie, da die kriegsbedingte Reduzierung internationaler Importe zu einer erhöhten Notwendigkeit ökonomischer Unabhängigkeit im Konsumgüterbereich führte, weshalb bereits ab Ende der 30er Jahre Autarkieüberlegungen eine zunehmende Rolle bei der Auswahl begünstigter Sektoren spielten.[1] Eine demzufolge einsetzende Förderung der Konsumgüterindustrie erfolgte im wesentlichen mittels der 1939 gegründeten IDC, durch die primär ausländisches Kapital für private Investitionen mobilisiert werden sollte.[2] Dabei förderte die IDC die von ihr unterstützten Firmen jedoch nicht allein durch die Aufbringung von Kapital, sondern i. d. R. auch durch die Gewährung einer Monopolstellung am Binnenmarkt.[3] Zum maßgeblichen Selektionskriterium für geförderte Industriesektoren wurde die Sicherung wirtschaftlicher Unabhängigkeit jedoch insbesondere ab den 60er Jahren. Dies läßt sich angesichts der infolge von Sharpville (1960) zunehmenden internationalen Kritik der Apartheidspolitik und hiermit verbundener Sanktionsaufrufe durch die UN-Vollversammlung sowie den UN-Sicherheitsrat[4] erklären. Nachfolgende Staatsinvestition konzentrierten sich daher im wesentlichen auf Sektoren, die für die Sicherung staatlicher und ökonomischer Unabhängigkeit als entscheidend angesehen wurden. Dies umfaßte insbesondere den Energiesektor,[5] den Waffenbau[6] und in geringerem

---

[1] Vgl. Kooy/Robertson (1966), S. 219.

[2] Vgl. Clark (1988), S. 271 sowie dies. (1994), S. 130 und 137.
Ab Anfang der 50er Jahre wurden mittels der IDC jedoch auch Staatsunternehmen gegründet. Allerdings war hiermit bereits ein erneuter Wandel verbunden, da mit den Gründungen von Sasol I (1950) und Foskor (1951) eine Ab- und Rückkehr von Konsumgüterinvestitionen hin zur Grundstoffindustrie erfolgte, wodurch das Ziel einer Differenzierung der Produktionsstruktur zumindest teilweise aufgegeben wurde (vgl. Clark (1988), S. 344-347).
Zur Entwicklung des Anteils der Konsumgüter- bzw. Kapitalgüterindustrie an Produktion und Beschäftigung vgl. auch Abb. 11a und 11b im Anhang.

[3] Vgl. Clark (1988), S. 272.

[4] 1962 verabschiedete die UN-Vollversammlung eine Resolution, die zum Boykott südafrikanischer Produkte sowie zu einem Exportstop nach Südafrika aufrief. 1963 forderte der UN-Sicherheitsrat seine Mitglieder zu einem Waffenboykott gegenüber Südafrika auf. 1977 wurde vom UN-Sicherheitsrat ein für Mitgliedstaaten bindendes Waffenembargo beschlossen (vgl. Clark (1988), S. 349 f. sowie o. V. (1988), S. 137).

[5] Als wichtigstes Unternehmen ist hierbei das Kohle-, Öl- und Gaswerk Sasol zu nennen, das erstmals 1950 in Betrieb genommen und 1974 und 1979 durch Sasol II und III erweitert wurde. 1965 wurde als staatliches Unternehmen zur Ölförderung Soekor gegründet. 1987 erfolgte die in Betriebnahme des Energiekonzerns Mossgas (zur Entwicklung dieser Unternehmen vgl. Jones/Müller (1992), S. 284 f.).

[6] Hierfür wurde 1967 der staatliche Waffenkonzern Armscor gegründet (vgl.

Maße den Transportbereich.[1] In Ergänzung zu diesem auswärts gerichteten Autarkiestreben war die Industriepolitik nach 1959 unter Verwoerd[2] zudem durch die Zielsetzung einer stärkeren Unabhängigkeit der Wirtschaft von schwarzen Arbeitskräften geprägt, weshalb eine gezielte Förderung kapitalintensiver Industrien mittels einer hohen Bewertung des Rand,[3] niedriger Zinssätze,[4] Steuerabschreibungen sowie einer künstlichen Verteuerung des Faktors Arbeit durch verstärkte Mobilitätshindernisse am Arbeitsmarkt einsetzte.[5]

Bereits ab dem 2. Weltkrieg, verstärkt jedoch ab 1959 orientierte sich die Selektion geförderter Industriesektoren somit nicht mehr an deren Beschäftigungs- und Wachstumspotential, sondern wurde durch politisches Autarkiestreben determiniert. War die Industriepolitik bereits zu Beginn auch distributiv motiviert und zielte auf eine selektive Förderung der burischen Bevölkerung, so verlor sie im folgenden zunehmend jegliche allokative Rechtfertigung, da sich die staatlichen Eingriffe weder durch positive Externalitäten, noch oligopolistische Marktstrukturen oder eine Spezialisierung auf komparative Vorteile rechtfertigen ließen. Allerdings erwies sich die verfolgte industriepolitische Strategie auch in Hinblick auf ihre distributivpolitische Zielsetzung lediglich als bedingt erfolgreich.

Die Gründung von Staatsunternehmen führte nämlich nur bedingt zu einer gegenüber dem privaten Sektor verstärkten Schaffung qualifizierter Arbeitsplätze für die weiße Bevölkerung, da sich die neu gegründeten staatlichen Unternehmen nach der Anfangsphase kaum in ihrer Personalpolitik

---

Jones/Müller (1992), S. 283).

1 Eine Förderung erfolgte hierbei - abgesehen von Transnet - durch die Gründung des staatlichen Schiffsbauunternehmens Safmarine (1946) sowie des Motorenwerkes Atlantis-Diesel-Engines (vgl. Jones/Müller (1992), S. 280).

2 Hendrik Verwoerd, der als Minister für „Native Affairs" weitgehend die Apartheidskonzeption entwickelte, war zwischen 1958 und 1966 Premierminister Südafrikas.

3 Eine Überbewertung des Randes gegenüber dem Dollar existierte insbesondere in den Jahren 1973-1981 (vgl. Smit (1992), S. 53).
Vgl. hierzu auch den Abschnitt zur Wechselkurspolitik (Kapitel 3, Abschnitt II.1.2.) in dieser Arbeit.

4 Vgl. auch Abschnitt zur Geldpolitik in dieser Arbeit (Kapitel 3, Abschnitt I.1.1.1.1.)

5 Vgl. Terreblanche (1997), S. 37 sowie Abschnitt der Arbeitsmarktordnung (Kapitel 3, Abschnitt III.) dieser Arbeit.

von privaten Unternehmen unterschieden.[1] Zwar erzielte die Regierung nachfolgend einen fast vollständigen Abbau „weißer" Arbeitslosigkeit sowie der „weißen" Armutsproblematik,[2] jedoch war dieser Erfolg nicht vorrangig auf ein infolge der industriepolitischen Strategie höheres Wirtschaftswachstum zurückzuführen, sondern war vielmehr durch eine Verbesserung makroökonomischer Rahmendaten[3] bedingt, die der Regierung den Ausbau der Infrastruktur und der staatlichen Bürokratie sowie die Errichtung eines Sozialstaates für die weiße Bevölkerung ermöglichten.

Die Gründung staatlicher Unternehmen dürfte die Entwicklung bzw. den Ausbau des sekundären Sektors in Südafrika unterstützt und beschleunigt haben. Zudem trug die Auswahl der Sektoren, in denen staatliche Investitionen stattfanden, maßgeblich zur Entwicklung der gegenwärtigen industriellen Struktur bei, da die staatlichen Unternehmensgründungen einen Anstoß für nachfolgende private Investitionen in denselben oder produktionstechnisch angebundenen Sektoren legten.[4] Die starke Konzentration südafrikanischer Produktion bzw. Exporte in den kapitalintensiven Bereichen der Eisen- und Stahl-, Metall- sowie chemischen Industrie[5] kann somit u. a. durch die Politik staatlicher Unternehmensgründungen, ergänzt um eine protektionistische Außenhandelspolitik, erklärt werden.[6] Zwar hat Südafrika hierdurch eine weitreichende ökonomische Unabhängigkeit in strategischen

---

1 Vgl. O'Meara (1983), S. 79 sowie Clark (1994), S. 96-101 und 103.
Staatliche Budgetrestriktionen sowie der politische Druck von Unternehmern führten dazu, daß Escom und Iscor im Wettbewerb mit privaten Unternehmen stehen und keine staatlichen Subventionen erhielten. Folglich waren sie auf Partnerschaften mit Privatunternehmen angewiesen und glichen ihre Firmenpolitik - einschließlich der Personalpolitik - der privater Unternehmen an (vgl. Clark (1988), S. 1 f., 81, 130 sowie 132-134).

2 Vgl. Clark (1994), S. 102 f.

3 So führte zunächst der ab 1932 stark ansteigende und auf hohem Niveau stagnierende Goldpreis zu hohen Einkommen aus dem Goldexport und legte somit die Grundlage für vermehrte Investitionen und hohe Wachstumsraten. Später wurden diese infolge des 2. Weltkrieges sowie durch die weltweite Prosperität in den 50er und 60er Jahren gesichert (vgl. Kooy/Robertson (1966), S. 218-220, O'Meara (1983), S. 119 und 146 sowie Terreblanche (1997), S. 34). Darüber hinaus wurde der Abbau der weißen Arbeitslosigkeit durch eine diskriminierende Arbeitsmarktpolitik gefördert.

4 Sasol trug maßgeblich zur Entwicklung der chemischen Industrie, Atlantis-Diesel-Engines zur Entwicklung der Automobilindustrie und Armscor zur Entwicklung der Elektronikindustrie bei (vgl. Jones/Müller (1992), S. 280-285).

5 Vgl. Field (1995), S. 21 sowie Abb. 11a und 11b im Anhang der vorliegenden Arbeit.

6 Vgl. Levy (1992), S. 16.

Industriezweigen erzielt, so daß die politische Zielsetzung der apartheidsorientierten Industriepolitik durchaus erreicht wurde. Allerdings ist die hiermit verbundene strukturelle Entwicklung angesichts dessen, daß in Südafrika die Produktionsfaktoren Kapital sowie qualifizierte Arbeitskräfte im Verhältnis zu unqualifizierten Arbeitskräften knapp sind,[1] allokativ als problematisch zu erachten, da sie eine Förderung der industriellen Sektoren bedeutet, in denen Südafrika über einen komparativen Nachteil verfügen dürfte.[2] Folglich dürfte die südafrikanische Industriepolitik tendenziell zu einem Wohlfahrtsverlust geführt haben. Darüber hinaus wurde die ursprüngliche Zielsetzung einer Diversifikation der Produktionsstruktur nur partiell erreicht, da sich staatliche Unternehmensgründungen - abgesehen von der während der Kriegsjahre durch die IDC verfolgte Förderung der Konsumgüterindustrie - auf den Bereich der Schwerindustrie konzentrierten.

2.1.1.2. Außenhandelspolitik als strukturpolitisches Instrument

Parallel zum Beginn einer Politik staatlicher Unternehmensgründungen in den 20er Jahren gestaltete sich die Außenhandelspolitik Südafrikas ab 1924 als Importsubstitutionspolitik.[3] Primäre Zielsetzung war auch hier zunächst die Schaffung von Arbeitsplätzen für die weiße Bevölkerung.[4] Allerdings war die Außenhandelspolitik ebenso wie die Politik staatlicher Unternehmensgründungen nicht konsequent auf diese Zielsetzung ausgerichtet, da sie in ihrer Ausgestaltung darüber hinaus ab dem 2. Weltkrieg maßgeblich durch die Notwendigkeit stärkerer Autarkie sowie die Abwehr von Zah-

---

1 Vgl. McCarthy (1988), S. 21.
Für Daten zur Kapitalintensivierung und Unterauslastung des Produktionsfaktors Arbeit vgl. auch Smit (1992), S. 48-50.

2 Vgl. hierzu auch Levy (1992), S. 16.
Neben der gezielten Förderung kapitalintensiver Sektoren im Rahmen der Industriepolitik trugen jedoch auch die Rohstoffvorkommen Südafrikas, insb. die Goldminen, zu dieser Entwicklung bei (vgl. auch Presidential Commission (1996), Abs. 94).

3 Vgl. Kooy/Robertson (1966), S. 212 f., Kleu (1973), S. 108, Zarenda (1977), S. 24 und 34 f., Levy (1992), S. 9, Bell (1993), S. 81, Belli/Finger/Ballivian (1993), S. 1 sowie Moritz (1994), S. 13. Die Importsubstitutionspolitik setzte mit der Institutionalisierung des BTI 1924 ein und wurde ab Mitte der 50er Jahre nochmals deutlich intensiviert (vgl. Marais (1981), S. 36).

4 Vgl. Kooy/Robertson (1966), S. 214 und 222 f.

lungsbilanzproblemen geprägt war.[1] Als wirtschaftspolitische Instrumente der Importsubstitutionspolitik wurden ab 1925 Zölle eingesetzt, die nach 1945 durch Importkontingente ergänzt wurden.[2] Letztere verstärkten die Importsubstitutionspolitik insbesondere ab den 50er Jahren deutlich,[3] ihre Einführung und Ausgestaltung war ursächlich jedoch nicht primär durch strukturpolitische Zielsetzungen bedingt, sondern erfolgte zur Abwehr von Zahlungsbilanzproblemen.[4]

Die durch die Importsubstitutionspolitik hervorgerufene Strukturveränderung der Importe folgte dem gängigen Entwicklungsmuster, nach dem Importsubstitution anfänglich einen Importrückgang bei kurzfristigen Konsumgütern bewirkt und im weiteren Verlauf zu einer verminderten Importabhängigkeit bei langfristigen Konsumgütern, Halbfertigprodukten und schließlich Kapitalgütern führt.[5] Allerdings war die in Südafrika erfolgte Importsubstitution hauptsächlich in bezug auf Konsumgüter und teilweise bzgl. Halbfertigprodukte erfolgreich, wohingegen in Hinblick auf Kapitalgüter eine starke Importabhängigkeit bestehen blieb.[6] Insgesamt bewirkte die Importsubstitutionspolitik infolge des insbesondere zum Aufbau kapitalintensiver Industrien erhöhten Bedarfs an Investitionsgütern keine Reduktion der Importquote, sondern resultierte hauptsächlich in einer Strukturver-

---

1 Vgl. McCarthy (1988), S. 9 sowie Moritz (1994), S. 13 f.

2 Vgl. Kleu (1973), S. 113, Zarenda (1977), S. 43, Lachman/Bercuson (1992), S. 33, Bell (1993), S. 82 sowie Hirsch (1993), S. 23.

3 Vgl. in diesem Sinn Levy (1992), S. 9 sowie Hirsch (1993), S. 23.

4 Vgl. Kooy/Robertson (1966), S. 222, Kleu (1973), S. 111 sowie Ratcliffe (1979), S. 405.

5 Vgl. Zarenda (1977), S. 111 und 117, McCarthy (1988), S. 13 f,. Holden (1990), S. 262 f. sowie Hirsch (1993), S. 36.

6 Vgl. Harvey/Jenkins (1992), S. 26.
Die Importsubstitutionspolitik erzielte im wesentlichen zwei Ergebnisse: Zum einen ermöglichte sie durch eine Erhöhung der Grenzkosten ausländischer Anbieter ein absolutes Wachstum international nicht wettbewerbsfähiger Industrien im Konsumgüterbereich, wobei sie insbesondere in den Bereichen Textil und Holzverarbeitung zu stark sinkenden Importquoten führte. Zum anderen förderte sie den Aufbau einer Schwerindustrie, deren relativer Produktionsanteil sich von 36,8% im Jahr 1925 auf 63,2% im Jahr 1982 erhöhte. Dieser absolute und relative Produktionsanstieg der Schwerindustrie führte allerdings nicht zu einer Reduzierung von Importen an Investitionsgütern, da diese zum Aufbau der neuen Industriezweige sowie als Inputfaktoren vermehrt benötigt wurden (vgl. auch McCarthy (1988), S. 11 und 13 f.).

änderung von Importen[1] und Produktion.

Hinsichtlich der Produktionsstruktur trug die Importsubstitutionspolitik zum einen zu einer Verlagerung von arbeitsintensiven zu kapitalintensiven Gütern bei[2] und führte zum anderen zu einer Diversifikation der Produktionsstruktur. Aus allokativer Sicht erscheint sie daher problematisch, weil sie zum einen zu der bereits durch staatliche Unternehmensgründungen geförderten Spezialisierung auf kapitalintensive Industrien beitrug und zum anderen durch die außenwirtschaftliche Protektion vielfach zu einer Fragmentarisierung der Produktion führte, die eine Nutzung steigender Skalenerträge ausschloß und somit eine ineffiziente Produktion induzierte.[3] Die Importsubstitutionspolitik beeinflußte die südafrikanische Produktionsstruktur zwar deutlich, stellte aber dennoch keine konsequente ex ante-Förderung ausgewählter Sektoren im Rahmen einer strategischen Industriekonzeption dar. Denn der gewährte Zollschutz war das Resultat politischen Lobbyings einzelner Sektoren, da das BTI in seiner Erhebung von Zöllen i. d. R. nicht selbst initiativ wurde, sondern auf Anträge der Industrie reagierte.[4] Infolge dieser Politik war das Zollsystem Südafrikas äußerst komplex und unbeständig, wodurch ein hoher Grad von Unsicherheit im Außenhandelssystem hervorgerufen wurde, der wettbewerbsverzerrend und wachstumshemmend wirkte.[5] Zudem förderte die Ausgestaltung des Zollsystems Rent Seeking sowie eine ineffiziente Faktorallokation und implizierte somit negative Wohlfahrtseffekte.[6]

Die Importsubstitutionspolitik führte in Südafrika im wesentlichen zu zwei Wohlfahrtseffekten: Zum einen kam es infolge der über den Weltmarktpreisen liegenden inländischen Preise zu einer Erhöhung der Produzentenrente und einer Reduzierung der Konsumentenrente.[7] Zum anderen folgte

---

1 Vgl. McCarthy (1988), S. 13, ders. (1992), S. 455 sowie Jones/Müller (1992), S. 177 und 349 f.

2 Vgl. auch Abb. 11a und 11b im Anhang.

3 Vgl. ähnlich Desai/Habib (1997), S. 502.

4 Vgl. Belli/Finger/Ballivian (1993), S. 3, Fine/Rustomjee (1996), S. 189-191 sowie Mc Carthy (1998), S. 69.

5 Vgl. auch Belli/Finger/Ballivian (1993), S. 3 sowie McCarthy (1998), S. 69.

6 Vgl. Levy (1992), S. 12-14.

7 Da Südafrika eine kleine Volkswirtschaft ist, kam es durch die Einführung von Zöllen

aus den zollbedingt verteuerten Inputfaktoren eine Aufteilung der Produzentenrente zu Lasten exportorientierter Unternehmen, weshalb ein negativer Anreiz für Exporte existierte. Um diesen abzumildern wurde ab Anfang der 70er Jahre parallel zur Importsubstitutionspolitik eine staatliche Förderung für die Exportindustrie eingeführt.[1] Diese Maßnahmen, die während der 70er und 80er Jahre durch einen partiellen Abbau von Importkontingenten ergänzt wurden, können als erste Liberalisierungsphase bezeichnet werden, da sie das Außenhandelssystem für exportorientierte Unternehmen neutraler gestalteten.[2] Auch im Rahmen der verstärkt exportorientierten Außenhandelspolitik erfolgte jedoch keine gezielte Förderung einzelner Sektoren, da die Exportanreize für alle Sektoren zugänglich waren.[3] Zudem

---

im Rahmen der Importsubstitutionspolitik zu keiner Verbesserung der externen Terms of Trade.

1 Vgl. Belli/Finger/Ballivian (1993), S. 2, Hirsch (1993), S. 24-29, Moritz (1994), S. 21 sowie McCarthy (1998), S. 70.
Dieser Wandel in der Außenhandelspolitik ist vor allem auch vor dem Hintergrund der ab 1976 einsetzenden Rezession zu erklären, die über einen konjunkturellen Abschwung hinausging und die strukturelle Krise der südafrikanischen Volkswirtschaft verdeutlichte. Denn infolge der zunehmenden Kapitalintensität in der Produktion behinderte die Politik der Importsubstitution in Verbindung mit der Politik „billiger Arbeitskräfte" ein weiteres Wirtschaftswachstum in Südafrika.
Als wichtigstes Instrument dieser Politik wurde 1990 GEIS eingeführt, in dessen Rahmen weitgehend alle Exportunternehmen durch direkte Subventionen gefördert wurden (vgl. ausführlich Bell (1993), S. 20, Black (1993), S. 213, Hirsch (1993), S. 107-109, Moritz (1994), S. 21 f., Lachman/Bercuson (1992), S. 36 sowie McCarthy (1998), S. 70). Zur Problematik von GEIS vgl. Hirsch (1993), S. 109 sowie Joffe et al. (1995), S. 57.
Ein Überblick zu den gesamten derzeit gewährten Exportanreizen in Südafrika vgl. IDC (1996) sowie DTI (1997b).

2 Vgl. Bell (1993), S. 84-89 sowie Hirsch (1993), S. 24 f.
Trotz dieser tendenziellen Liberalisierung des Außenhandels fanden jedoch auch gegenläufige Entwicklungen statt, wie bspw. die Einführung einer Importsteuer 1987 sowie die Erhöhung von Zöllen zur Kompensation von wegfallenden Importkontingenten (vgl. Hirsch (1993), S. 26).
Das gegenwärtige Außenhandelssystem entspricht in seinem Protektionsgrad dem Durchschnitt von Entwicklungsländern, liegt jedoch weit über dem Durchschnitt der Industrieländer (vgl. Belli/Finger/Ballivian (1993), S. 1 und 7 sowie Moritz (1994), S. 20). Am stärksten geschützt sind hierbei Konsumgüter, gefolgt von Kapitalgütern und Halbfertigprodukten. In einer sektoralen Gliederung wird der höchste Zollschutz dem Fertigungssektor vor der Landwirtschaft und dem Bergbau gewährt. Allerdings wird der effektive Schutz des Agrarsektors hierbei zu gering bewertet, da dieser neben Zöllen durch zahlreiche Kontingente geschützt ist (vgl. Belli/Finger/Ballivian (1993), S. 1 und 7).

3 Vgl. Bell (1990), S. 16.
Das BTI veröffentlichte 1987 zwar einen Bericht, in dem eine selektive Förderung einzelner Sektoren mit Exportpotential durch sog. „Structural Adjustment Programme" ge-

wurde die durch das diskretionäre und instabile Außenhandelssystem bedingte Bevorzugung großer, kapitalintensiver Unternehmen durch die Exportförderung nicht abgebaut, so daß diese keinen grundlegenden strukturellen Wandel implizierte. Wohlfahrtsmindernd dürfte sich ausgewirkt haben, daß das Außenhandelssystem ab den 70er Jahren widersprüchliche Elemente enthielt, da einerseits exporthemmende und andererseits exportfördernde Maßnahmen existierten. Diese Komplexität des Systems implizierte einen hohen Verwaltungsaufwand, der tendenziell mit einer Ressourcenverschwendung verbunden gewesen sein dürfte.

In Konklusion läßt sich festhalten, daß die Außenhandelspolitik Südafrikas vor 1994 auf keiner gezielten Förderung einzelner Sektoren basierte, sondern sich vielmehr als diskretionäre Politik darstellte, die durch ad hoc-Entscheidungen infolge politischen Lobbyings geprägt war. Die Politik war somit nicht allokativ begründbar, sondern führte im Gegenteil zu starken Wettbewerbsverzerrungen, da zum einen die außenwirtschaftliche Protektion einzelner Unternehmen oder Sektoren von deren Möglichkeiten zu politischer Einflußnahme abhängig war und zum anderen KMUs durch die mit der hohen Instabilität des Außenhandelssystems verbundenen Opportunitätskosten benachteiligt waren.[1] Darüber hinaus implizierte das Außenhandelssystem aufgrund seiner Komplexität hohe Verwaltungskosten und führte vielfach zu einem Schutz ineffizienter Produktion, weshalb es mit hohen allokativen Ineffizienzen verbunden gewesen sein dürfte. Doch auch das ursprünglich distributive Ziel einer Arbeitsplatzschaffung für weiße Arbeitnehmer wurde nur partiell erreicht, da die in nachfolgenden Jahren vorrangig geschützten Industrien primär schwarze Arbeitnehmer beschäftigten.[2] Eine gewisse distributive Orientierung kann allerdings in der erkennbaren Bevorzugung burischer Unternehmen bei der Gewährung pro-

---

fordert wurde. Dieser Ansatz wurde jedoch 1990 kurz nach der Einführung der ersten „Structural Adjustment Programmes" für die Textil- und Automobilindustrie (1989) aufgrund des hohen Verwaltungsaufwandes wieder aufgegeben und schließlich durch GEIS ersetzt (vgl. Hirsch (1993), S. 27-29). Allerdings blieben die Förderprogramme für die Textil- und Automobilindustrie bestehen (vgl. ausführlich zu diesen Programmen Jones/Müller (1992), S. 281, Levy (1992), S. 17, Bell (1993), S. 89, Hirsch (1993), S. 104-107 sowie McCarthy (1998), S. 68 und 70.

1 Vgl. Fine/Rustomjee (1996), S. 187.

2 Vgl. Kooy/Robertson (1966), S. 223.

tektionistischer Maßnahmen ausgemacht werden.[1] Auch kann die Umverteilung von Konsumenten zu Produzenten als konsistent mit der Apartheidsideologie gesehen werden, da dies infolge eines fast ausschließlich weißen Unternehmertums i. d. R. die weiße Bevölkerung begünstigte.

Zusammenfassend zeigt sich die Industriepolitik vor 1994 somit lediglich zu Beginn allokativ motiviert. Vorrangig war sie jedoch durch die politische Zielsetzung staatlicher Autarkie, ergänzt um das distributive Ziel einer einseitigen Förderung der Afrikanerbevölkerung, geprägt. Diese Ausrichtung der Politik führte insbesondere infolge von drei Faktoren zu allokativer Ineffizienz: Zunächst induzierte die Politik staatlicher Unternehmensgründungen trotz des relativ reichlichen Produktionsfaktors „unqualifizierter Arbeit" zu einer Spezialisierung auf große, kapitalintensive Unternehmen und führte zu einem Schutz ineffizient produzierender Industrien. Diese Entwicklung wurde im Rahmen der Importsubstitutionspolitik weiter verstärkt, weshalb diese als zweite Ursache allokativer Ineffizienz ausgemacht werden kann. Schließlich trugen das im Rahmen des Außenhandelssystems geförderte Rent Seeking bzw. die wettbewerbsverzerrende Wirkung des Außenhandelsystems zu allokativer Ineffizienz bei, so daß die südafrikanische Industriepolitik vor 1994 in der Summe tendenziell zu einem negativen Wohlfahrtseffekt geführt haben dürfte. Zwar ist die allokative Kritik aufgrund der distributiv-politischen Zielsetzung nur begrenzt relevant, jedoch wurde auch letztere durch die Industriepolitik nur begrenzt erreicht, denn die erfolgte Arbeitsplatzschaffung für die weiße Bevölkerung kann nur eingeschränkt auf die gewählte industriepolitische Strategie zurückgeführt werden.[2] Erfolgreich war die südafrikanische Industriepolitik vor 1994 somit vorrangig in Hinblick auf die Zielsetzung ökonomischer Autarkie, die jedoch mit einem negativen Wohlfahrtseffekt infolge ineffizienter Produktion „erkauft" wurde.

---

1 Vgl. Fine/Rustomjee (1996), S. 187.

2 Allerdings dürfte die staatliche Industriepolitik durch ihre positive Wirkung auf die Entwicklung eines industriellen Sektors und die hiermit verbundene Schaffung qualifizierter Arbeitsplätze durchaus zur Bildung eines burischen Kleinbürgertums beigetragen haben (vgl. auch O'Meara (1983), S. 220 f.).

2.1.2. Die industriepolitische Konzeption des ANC und ihre Umsetzung seit 1994

Die industriepolitischen Aussagen des ANC im Rahmen der allgemeinen politischen Konzeptionsprogramme seit 1991 fordern durchgehend eine Außenhandelsliberalisierung und stärkere Exportorientierung einerseits sowie eine selektive Förderung einzelner Sektoren andererseits.[1] Eine Verschiebung fand jedoch hinsichtlich der als förderungswürdig eingestuften Industrien statt. Während im Discussion Document, dem RDP und dem White Paper zum RDP die gezielte Förderung derjenigen Sektoren im Vordergrund stand, die für die Umsetzung des RDP, d. h. insbesondere den Ausbau der sozialen Infrastruktur notwendig sind,[2] orientiert sich die Auswahl der zu fördernden Industrien im Gear-Programm verstärkt an potentiellen komparativen Vorteilen.[3] Somit fand zwischen 1991 und 1996 eine Umorientierung von einer durch politische Zielsetzungen überlagerten industriepolitischen Konzeption, die als Wiederaufnahme der Industriepolitik während der Apartheid interpretiert werden könnte, zu einer stärker allokativ orientierten Industriepolitik statt.

Der Einsatz staatlicher Unternehmensgründungen als industriepolitisches Instrument wird von der neuen Regierung nicht weitergeführt, da im Gegenteil Staatsunternehmen verstärkt privatisiert werden sollen.[4] Die Außenhandelspolitik ist im wesentlichen durch eine Fortsetzung bzw. Intensivierung der bereits in den 70er Jahren begonnenen Liberalisierung und stärkeren Exportorientierung charakterisiert, wobei konkrete Reformmaßnahmen durch eine Vereinbarung im Rahmen von GATT vorgegeben sind. Diese enthält im wesentlichen die Zusage Südafrikas, noch bestehende Importkontingente durch Zölle zu ersetzen, die existierende Zollstruktur zu vereinfachen und erhobene Importzölle abzubauen.[5] Zudem hat sich Südafrika zur

---

1 Vgl. ANC (1991a), S. 7, ders. (1994a), S. 88, ders. (1994b), S. 24 sowie Department of Finance (1996), S. 4 und 11-13.

2 Vgl. ANC (1992), S. 7, ders. (1994a), S. 88 sowie ders. (1994b), S. 24.

3 Vgl. Department of Finance (1996), S. 11-13.

4 Vgl. Kapitel I.2.2.2.

5 Vgl. für eine detailliertere Ausführung Hirsch (1995), S. 51 f.
Auch im ersten Quartal 1998 bleibt das Zollsystem mit rund 8000 verschiedenen Tarifen jedoch äußerst komplex. Allerdings sehen Vereinbarungen mit der WTO einen Abbau auf 28 Tarife im Laufe des Jahres vor (vgl. Dludlu (1998a)). Inwiefern dieses Ziel

Aufgabe von GEIS verpflichtet, das vertragsgemäß 1997 ausgelaufen ist[1] und derzeit vorwiegend durch verschiedene Subventionsprogramme zur Stärkung der internationalen Wettbewerbsfähigkeit südafrikanischer Unternehmen[2] ersetzt wird. Diese verstärkte Liberalisierung des Außenhandels ist insofern von strukturpolitischer Relevanz, als sie die existierende Benachteiligung der Exportindustrie in Südafrika abbaut und infolge eines verstärkten Wettbewerbs zu einem Produktionsrückgang in den Sektoren führen wird, die sich am Weltmarkt als nicht wettbewerbsfähig erweisen.[3] Sie impliziert jedoch keine ex ante-Auswahl einzelner Industrien und kann somit nicht als Industriepolitik i. e. S. definiert werden.[4]

Eine allgemeine Förderung von Investitionen erfolgt gegenwärtig primär durch Steueranreize, wobei im Rahmen von Gear zwei Programme initiiert wurden. Zum einen existiert die Möglichkeit für Sonderabschreibungen bei Unternehmenserweiterungen und -neugründungen im Fertigungssektor während des Zeitraums zwischen 1. Juli 1996 und 31. September 1999.[5] Zum anderen besteht für Unternehmensneugründungen mit einem Investitionsumfang von über R 3 Mio. die Möglichkeit einer Steuerbefreiung von bis zu sechs Jahren.[6] Gewährung bzw. Umfang der Steuerbefreiung variieren dabei anhand der Kriterien Arbeitsplatzschaffung, Standortwahl und Industriesektor.[7] Während das Sonderabschreibungsprogramm lediglich in geringem Ausmaß durch seine Beschränkung auf den Fertigungssektor strukturpoliti-

---

erreicht werden kann, ist jedoch fraglich, da Südafrika aufgrund bürokratischer Ineffizienz bereits zu Beginn des Jahres in einigen Bereichen hinter den GATT-Vereinbarungen zur Liberalisierung des Außenhandels zurückblieb (vgl. Dludlu (1998a)).

1 Vgl. Dludlu (1998b).

2 Für einen Überblick zu exportfördernden Maßnahmen vgl. DTI (1997b).

3 Da es sich hierbei zum Teil um Industrien mit einer hohen Arbeitskräftekapazität handelt, ist in diesen Bereichen kurz- bis mittelfristig jedoch mit einer Strukturerhaltungspolitik zu rechnen.

4 In begrenztem Ausmaß findet derzeit eine selektive Förderung der Textil- und Automobilindustrie statt, da diese im Rahmen des GATT-Berichtes als sensible Sektoren identifiziert werden und ihnen daher eine gegenüber anderen Sektoren verlängerte Anpassungsphase sowie ein höherer Zollschutz zugestanden wurde (vgl. Hirsch (1995), S. 52).

5 Vgl. Department of Finance (1996), S. 13 und S. 25 Anhang.

6 Vgl. Department of Finance (1996), S. 13 und S. 25 f. Anhang sowie IDC (1996), S. 18.

7 Vgl. Department of Finance (1996), S. 13 und S. 25 f. Anhang sowie IDC (1996), S. 18.

sche Relevanz hat, findet mit dem Steuerbefreiungsprogramm eine gezielte Förderung einzelner Sektoren und Regionen statt.[1] Strategische und somit für das Programm qualifizierbare Industrien werden hierbei vor allem in den Bereichen Lebensmittelproduktion, Textil- und Lederindustrie, Holz- und Papierindustrie, chemische Industrie, Baugewerbe, Maschinenbau, Elektroindustrie, Schiffbau und Automobilindustrie gesehen.[2] Zwar ist diese Liste an förderungswürdigen Industrien relativ umfangreich, dennoch kann sie als Anzeichen für eine strategische Industriepolitik der Regierung interpretiert werden, da sie eine selektive Gewährung von Investitionsanreizen impliziert.[3]

Daß die Regierung eine strategische Industriepolitik anstrebt, wird zudem durch die Auftragsvergabe für insgesamt zwölf Clusterstudien unterstrichen. Ziel dieser Studien ist es zum einen, strategische Industrien, d. h. Sektoren in denen Südafrika über potentielle komparative Vorteile verfügt, zu identifizieren und zum anderen mögliche Ursachen einer geringen internationalen Wettbewerbsfähigkeit der südafrikanischen Industrie in den einzelnen Sektoren zu ermitteln.[4] Die Clusterstudien werden als Grundlage für den Aufbau eines gezielten Förderprogramms für strategische Industrien gesehen.[5] Insofern kann vermutet werden, daß die in Ansätzen bereits vorhandene strategische Industriepolitik der Regierung nach Abschluß der Clusterstudien eine weitere Intensivierung erfahren wird.[6]

Der Abbau von Außenhandelskontrollen sowie die Privatisierung von Staatsunternehmen werden zu einem Abbau der gegebenen Preisverzerrungen führen und sind aus allokativer Sicht somit positiv zu beurteilen. Dies gilt auch für die Vereinfachung des Außenhandelssystems, die sich effizienzsteigernd auswirken dürfte. Die Politik einer selektiven Förderung ein-

---

1 Zur regionalpolitischen Relevanz vgl. Abschnitt II.2.3. dieses Kapitels.

2 Vgl. IDC (1996), S. 22-24.

3 Vgl. auch McCarthy (1998), S. 73.

4 Vgl. Sacob (1996), S. 1 und 5 sowie McCarthy (1998), S. 72.

5 Vgl. Department of Finance (1996), S. 13.

6 Allerdings ist darauf hinzuweisen, daß die Umsetzung einer Industriepolitik innerhalb der Regierung umstritten und außerhalb des Ministeriums für „Trade and Industry" vielfach auf Kritik gestoßen ist.

zelner Industrien muß für Südafrika jedoch als problematisch erachtet werden, da die Gefahr unzureichender Informationen zur Umsetzung einer wohlfahrtssteigernden industriepolitischen Konzeption aufgrund der in Südafrika häufig schwierigen Datenerhebung sowie des geringen Reservoirs an Experten von besonderer Relevanz sein dürfte.[1] Zudem besteht - selbst unter der Annahme ausreichender Informationen - angesichts der Korruptionsproblematik im öffentlichen Sektor eine hohe Wahrscheinlichkeit zur Verfolgung gesamtwirtschaftlich suboptimaler Strategien, so daß eher fraglich ist, ob die angestrebte Industriepolitik zu positiven Wohlfahrtseffekten führen kann.

Zusammenfassend kann man festhalten, daß Südafrika sowohl vor als auch nach 1994 eine strategische Industriepolitik verfolgt hat. Verändert haben sich jedoch sowohl die Begründung, als auch die angewandten Instrumente dieser Politik. War die Industriepolitik während der Apartheid maßgeblich durch distributive und politische Zielsetzungen überlagert, so steht seit 1994 eine gezielte Förderung der Industrien im Vordergrund, in denen für Südafrika komparative Vorteile am Weltmarkt gesehen werden, so daß die Industriepolitik stärker allokativ orientiert ist. Die verstärkte Exportorientierung der Industriepolitik dürfte sich angesichts eines geringen weltwirtschaftlichen Wachstums jedoch als schwierig erweisen,[2] zumal die Kosten des relativ reichlich vorhandenen Produktionsfaktor „unqualifizierte Arbeit“ im Vergleich zu asiatischen Ländern relativ hoch sind. Zwar kann sich der Realverlust des Randaußenwerts zwischen 1993 und 1996 positiv auf die Wettbewerbsfähigkeit südafrikanischer Unternehmen auswirken, jedoch ist dieser Effekt negativ abhängig vom Importanteil der Inputfaktoren, welcher im Fall der dominierenden Exportsektoren Südafrikas - Eisen- und Stahlindustrie sowie chemische Industrie - relativ hoch ist, so daß der Wechsel-

---

1 Diese Vermutung wird auch durch empirische Untersuchungen in anderen Entwicklungs- und Schwellenländern gestützt, die tendenziell einen geringen Erfolg staatlicher Industrieplanung ermitteln (vgl. auch Kirkpatrick/Lee/Nixson (1984), S. 203 f.).

2 Ein direkter Vergleich zu der eher exportorientierten Entwicklungsstrategie der asiatischen Länder erscheint somit nur bedingt sinnvoll, da deren Entwicklung vor dem Hintergrund eines hohen weltwirtschaftlichen Wachstums erfolgte und infolge des kalten Krieges mit einer hohen Subventionierung durch die USA verbunden war. Aufgrund der veränderten Rahmenbedingungen sind für Südafrika daher keine ähnlichen Erfolge zu erwarten (vgl. auch Leysens/Thompson (1984), S. 60-63).

kurseffekt nur bedingt zum Tragen kommen dürfte.[1] Die verstärkte Orientierung an komparativen Vorteilen ist aus allokativer Sicht zwar positiv zu beurteilen, dürfte jedoch angesichts der Rahmenbedingungen mit relativ hohen Strukturanpassungskosten verbunden sein, die zu politischer Unzufriedenheit beitragen können. Die Ergänzung der Liberalisierungspolitik durch strukturerhaltende Maßnahmen erscheint kurz- bis mittelfristig somit wohlfahrtsökonomisch zu rechtfertigen, sofern sie nicht in einer permanenten Subventionierung ineffizienter Sektoren resultiert.

2.2. Politik zur Förderung von KMUs[2]

Die im theoretischen Abschnitt der Arbeit angesprochene Definitionsproblematik in bezug auf KMUs ist auch in Hinblick auf Südafrika von Relevanz, weshalb keine einheitliche, sondern eine Vielzahl unterschiedlicher Definitionen für diese Unternehmensgruppe existiert.[3] Da sich die vorliegende Arbeit auf eine Analyse der Regierungspolitik beschränkt, wird im folgenden auf die, durch das DTI im Rahmen des Gesetzes zur Förderung kleiner und mittelständischer Unternehmen vorgenommene Definition Bezug genommen. Diese setzt als qualitatives Kriterium die Existenz eines wirtschaftlich eigenständigen Unternehmens voraus, das sich im Besitz und unter der Leitung einer Privatperson befindet.[4] Als quantitative Kriterien werden die Mitarbeiterzahl, der Jahresumsatz sowie das Betriebsvermögen verwendet.[5] Somit stimmt die Definition der südafrikanischen Regierung im wesentlichen mit der im theoretischen Abschnitt dieser Arbeit vorgenommenen Begriffsabgrenzung überein und berücksichtigt durch die Verwendung quantitativer und qualitativer Kriterien die maßgeblichen KMU-Cha-

---

1 Vgl. auch Abschnitt zur Wechselkurspolitik (Kapitel 3, Abschnitt I.1.2.2.) im Rahmen der vorliegenden Arbeit.

2 Im folgenden wird ausschließlich auf die Wirtschaftspolitik in bezug auf KMUs durch die Regierung eingegangen. Daneben existieren zahlreiche Initiativen der Privatwirtschaft zur Förderung von KMUs sowie NGOs, die sich auf die Unterstützung dieses Sektors konzentrieren. Beides wird im folgenden jedoch außer acht gelassen. Für einen Überblick außerstaatlicher Initiativen in Hinblick auf KMUs vgl. u. a. BMI (1992), S. 21-25, Thomas (1992), S. 483 f., Christodoulou/Kirsten/Badenhorst (1994), S. 13-18 sowie DTI (1995), S. 13 f.

3 Vgl. für einen Überblick Lucas (1992), S. 17-24.

4 Vgl. RSA (1996d), Abs. 1(xv).

5 Die quantitativen Regelungen in bezug auf die Unternehmensgrößenzuordnung variieren hierbei nach Sektoren (vgl. ausführlich RSA (1996d), S. 20).

rakteristika. Da die Zuordnung zu einer Unternehmenskategorie die Erfüllung aller vorgegebenen Kriterien erfordert, ist die Definition relativ strikt ausgelegt.

Im Vergleich zu Industrieländern stellen sich KMUs in Südafrika insofern heterogener dar, als sie sich nicht allein anhand der Unternehmensgröße unterscheiden, sondern sich darüber hinaus auch in einen formellen und informellen Sektor aufteilt, wobei Unternehmen des informellen Sektors dadurch charakterisiert werden können, daß sie i. d. R. ohne offizielle(n) Registrierung, Buchführung und Unternehmensstandort agieren.[1] Das Ausmaß des informellen Sektors ist definitionsgemäß nur schwierig zu ermitteln,[2] zumeist wird ihm in Südafrika angesichts hoher Arbeitslosigkeit und eines lückenhaften Systems Sozialer Sicherung jedoch eine relativ große Bedeutung für die Einkommenssicherung beigemessen,[3] weshalb er im Rahmen einer Politik zur Förderung kleiner Unternehmen einzubeziehen ist. Folglich gestaltet sich eine solche Förderpolitik schwierig, da sie aufgrund der angesprochenen Heterogenität sehr unterschiedliche Interessen und Probleme zu berücksichtigen hat.

2.2.1. Überblick zur Wirtschaftspolitik in bezug auf KMUs vor 1994

Kleine Unternehmen spielten in der Wirtschaftsgeschichte Südafrikas eine untergeordnete Rolle. Die Bildung einer breiten Schicht selbständiger Unternehmer wurde maßgeblich durch die Apartheidspolitik behindert, da diese zum einen schwarze Unternehmensgründungen durch gesetzliche Restriktionen weitestgehend unterband[4] und zum anderen bei der gezielten

---

[1] Vgl. Vosloo (1988), S. 62, Lucas (1992), S. 7, Cawker/Whiteford (1993), S. 107, Riley (1993), S. 7, Ahmad et al. (1994), S. 38 sowie DTI (1995), S. 9.

[2] Vgl. auch Riley (1993), S. 7.
Im October Household Survey wird der Anteil des informellen Sektors am B.S.P. mit 6,7% und an der Beschäftigtenzahl mit 16,5% angegeben (vgl. Kershoff (1996), S. 6 und 8).

[3] Zwar ist der Beitrag, den der informelle Sektor zu Wachstum und Beschäftigung leisten kann, umstritten (vgl. Kershoff (1996), S. 32-34), seine armutsmindernde Wirkung wird dagegen kaum bestritten.

[4] Als wichtigste gesetzliche Regelungen sind hierbei der Land Act (1913), der Black Urban Areas Act (1923), der Development Trust and Land Act (1936) sowie die Group Area Acts (1950), (1957) und (1966) zu nennen, die in einer strikten Reglementierung von Landerwerb und Wohnrecht der schwarzen Bevölkerung resultierten (vgl. Thomas

Unterstützung der burischen Bevölkerung nicht an der Förderung eines gewerblichen Mittelstandes, sondern primär der Gründung von Staatsunternehmen ansetzte.[1] Die Gruppe der Kleinunternehmer rekrutierte sich somit lange Zeit vorrangig aus der relativ kleinen Bevölkerungsschicht nicht-burischer Weißer sowie in geringerem Umfang den indischen und muslimischen Gemeinden. Dies führte - angesichts der politischen und bürokratischen Dominanz der Afrikaner - zu einer schwachen politischen Interessensvertretung für KMUs und einer wirtschaftspolitischen Konzentration auf die Interessen von Großunternehmen.[2]

Eine stärkere politische Wahrnehmung kleiner Unternehmen erfolgte erst ab den 70er Jahren.[3] Hervorgerufen wurde sie einerseits durch eine zunehmende Tendenz zur Selbständigkeit bei der burischen Bevölkerung und andererseits durch die ab Mitte der 70er Jahre einsetzende wirtschaftliche Stagnation, die in Verbindung mit einer starken Landflucht der schwarzen Bevölkerung in einer deutlichen Zunahme des informellen Sektors resultierte. Allerdings ging die stärkere politische Wahrnehmung in den 70er Jahren, abgesehen von einer Förderung kleiner Unternehmen in den Homelands, die allein durch die Apartheidsideologie einer getrennten Entwicklung begründet war, nicht mit einer konkreten Förderung einher. Diese setzte erst zu Beginn der 80er Jahre mit der Gründung der SBDC[4] sowie einer partiellen Deregulierungspolitik ein.[5] Auch hierbei konnte jedoch nicht von einer

---

(1992), S. 482, Riley (1993), S. 5 f. sowie DTI (1995), S. 11).

1 Vgl. Thomas (1992), S. 482.

2 Vgl. Ratcliffe (1979), S. 419, Hetherington (1989), S. 218, Thomas (1992), S. 482, Cawker/Whiteford (1993), S. 108 sowie Fine/Rustomjee (1996), S. 192 f.

3 Zwar erfolgte bereits in den 60er Jahren eine gewisse Beachtung, die u. a. an der ab 1962 einsetzenden Förderung von KMUs durch die IDC erkennbar wird. Allerdings blieben diese ersten Fördermaßnahmen weitgehend unbedeutend (vgl. Ratcliffe (1979), S. 419 sowie Fine/Rustomjee (1996), S. 192 f.).

4 Die SBDC hat einerseits die Interessensvertretung kleiner und mittlerer Unternehmen zum Ziel und vergibt andererseits Kredite an Unternehmer dieser Zielgruppe. Darüber hinaus unterstützt sie KMUs auch durch Informationen und Fortbildung (vgl. BMI (1992), S. 16, Thomas (1992), S. 483 sowie Cawker/Whiteford (1993), S. 114 f.).

5 Vgl. Vosloo (1988), S. 64 f., Cawker/Whiteford (1993), S. 115, Riley (1993), S. 7 sowie Ahmad et al. (1994), S. 38.
Ausgangspunkt für die Deregulierungspolitik waren die Empfehlungen des President's Council Reports von 1985 (vgl. RSA (1985), S. 65). Als bedeutendste Deregulierungsmaßnahmen sind hierbei der „Close Corporations Act" (1984) sowie der „Business Act" (1991) zu nennen. Ersterer schaffte die Grundlage für die neue Unternehmensform

KMU-Förderpolitik im definierten Sinn gesprochen werden, da die Deregulierungsmaßnahmen zum einen lediglich eine partielle Reduzierung bestehender Benachteiligungen darstellten und zum anderen auch in den 80er Jahren die direkte staatliche Förderung für KMUs hinter der für Großunternehmen deutlich zurückblieb,[1] so daß die KMU-Diskriminierung zwar reduziert wurde, grundsätzlich jedoch bis 1994 weiter existierte.

Folglich stellten Untersuchungen zu Beginn der 90er Jahre nach wie vor eine Benachteiligung von KMUs fest, die vorrangig aus strikten Regulierungen hinsichtlich der Ausweisung von Gewerbegebieten,[2] begrenztem Kreditzugang,[3] stark monopolistischen Marktstrukturen[4] sowie der Benach-

---

der „Close Corporation", die kleine Unternehmen dadurch fördert, daß sie eine Beschränkung der persönlichen Haftung bei - gegenüber der Kapitalgesellschaft - stark vereinfachten gesetzlichen Vorschriften ermöglicht (vgl. ausführlich Henning/ Bleimschein (1990), S. 628). Letzterer führte zu einer Abschaffung des umfangreichen Lizenzsystems für Unternehmen (vgl. Cawker/Whiteford (1993), S. 116).
Darüber hinaus erfolgte eine Reduzierung der Regulierungen hinsichtlich schwarzer Unternehmen, die im Rahmen des Versuchs einer Reform der Apartheidspolitik zur Schaffung eines schwarzen, systemstabilisierenden Mittelstands führen sollte (vgl. Riley (1993), S. 6 f., Ahmad et al. (1994), S. 38 sowie Moritz (1994), S. 47).

1 Vgl. Thomas (1992), S. 485 sowie Fine/Rustomjee (1996), S. 193.

2 Vgl. Cawker/Whiteford (1993), S. 117.

3 Vgl. Riley (1993), S. 25 f., 37 und 60, Ahmad et al. (1994), S. 38 f. sowie DTI (1995), S. 11 f. und 25-29.
Eine von Levy durchgeführte Befragung zeigt, daß der begrenzte Kreditzugang insbesondere eine Restriktion für schwarze Unternehmer darstellt (vgl. Levy (1996), S. 12 f. und 26 f.).
Infolge des begrenzten Kreditzugangs für die schwarze Bevölkerung haben sich in Südafrika sog. stokvels gebildet. Hierbei handelt es sich um Nachbarschaftssparvereine, deren Mitglieder wöchentlich, 14tägig oder monatlich einen Beitrag zahlen. Die Geldentnahme verläuft dann nach zwischen den Mitgliedern festgelegten Regeln. Die Aufnahme in einen stokvel erfolgt lediglich auf Empfehlung, da aufgrund fehlender schriftlicher Satzungen die Zuverlässigkeit der Mitglieder von großer Bedeutung ist (vgl. Lukhele (1990), S. 1). Schätzungsweise 25% der städtischen Bevölkerung sind Mitglieder eines stokvels. Es wird angenommen, daß sich die Anzahl der stokvels in den städtischen Ballungsgebieten auf etwa 24.000 beläuft, ihre monatlichen Einnahmen werden insgesamt auf etwa R 52 Mio. geschätzt (vgl. Lukhele (1990), S. 2-3).

4 Vgl. Riley (1993), S. 27 und 61, Ahmad et al. (1994), S. 38 f., DTI (1995), S. 11 f. sowie Joffe et al. (1995), S. 23 f. Dagegen führt die Untersuchung von Levy zu dem Resultat, daß die stark monopolisierten Marktstrukturen zu keiner starken Behinderung von KMUs führen (vgl. Levy (1996), S. 19-24). Dieses abweichende Untersuchungsergebnis kann evtl. darauf zurückgeführt werden, daß Levys Befragung lediglich bereits relativ etablierte Unternehmen einbezogen hat (vgl. Levy (1996), S. 3 f.).

teiligung von KMUs im Rahmen der Außenhandelspolitik[1] resultierte. Darüber hinaus existierte innerhalb der Gruppe der Kleinunternehmer eine apartheidsbedingte Benachteiligung von Schwarzen infolge einer schlechteren Ausbildung[2] sowie der vorwiegend auf die Bedürfnisse weißer Unternehmer ausgerichteten Institutionen zur KMU-Förderung.[3]

2.2.2. Die politische Konzeption des ANC zur KMU-Förderung und ihre Umsetzung seit 1994

Alle wirtschaftspolitischen Konzeptionspapiere des ANC enthalten die Forderung nach einer gezielten KMU-Förderung.[4] Eine Konkretisierung dieser Zielsetzung erfolgte jedoch erstmals im Rahmen des RDP sowie des zugehörigen White Papers und wurde nach Regierungsantritt in einem White Paper des DTI spezifiziert.

Die Konzeptionspapiere des ANC sowie des DTI betonen die Notwendigkeit einer Korrektur gegebener Benachteiligungen für KMUs bei Kreditzugang, Markteintritt, Ausbildung und Interessensvertretung.[5] Die politischen Forderungen beschränken sich jedoch nicht auf eine Neutralisierungspolitik, sondern beziehen sich darüber hinaus auch auf eine gezielte Förderpolitik, die allokativ mit den positiven Effekten dieser Unternehmen hinsichtlich der Förderung von Wirtschaftswachstum, der Schaffung von Arbeitsplätzen sowie der Förderung von Wettbewerb begründet wird.[6] Diese allokativ orientierte Argumentation stellt allerdings nur einen Teilaspekt der politischen Intention des ANC dar, da die Förderung kleiner Unternehmen insbesondere auch den Prozeß des Black Empowerment beschleunigen und somit zu einer gleichmäßigeren Einkommensverteilung beitragen soll.[7] Auf-

---

1 Vgl. Belli/Finger/Ballivian (1993), S. 24, Hirsch (1993), S. 117 f., Moritz (1994), S. 21 sowie Joffe et al. (1995), S. 75-77.

2 Vgl. Riley (1993), S. 62, Moritz (1994), S. 47 sowie Joffe et al. (1995), S. 73.

3 Vgl. Ahmad et al. (1994), S. 41.

4 Vgl. ANC (1991a), S. 7, ders. (1992), S. 24, ders. (1994a), S. 94, DTI (1995), S. 7 und 24 sowie Department of Finance (1996), S. 13.

5 Vgl. ANC (1994), S. 94 sowie DTI (1995), S. 11 f. und 25-39.

6 Vgl. ANC (1994b), S. 26 sowie DTI (1995), S. 5, 10 und 15 f.

7 Deutlich wird diese Zielsetzung insbesondere in den Abschnitten 3.4.7. und 3.5.1. des DTI-Papieres.

grund der Dominanz schwarzer Unternehmer im Bereich der Microunternehmen sowie im informellen Sektor kann daher angenommen werden, daß diesen Gruppen im Rahmen der Konzeption des ANC besondere Bedeutung beigemessen wird.

Konkrete Handlungsvorgaben enthalten die ANC-Konzeptionspapiere kaum, sie betonen jedoch, daß die Förderpolitik der Regierung vorrangig den Kreditzugang für kleine Unternehmen erleichtern soll. Dies soll allerdings nicht durch eine umfangreiche Subventionierung, sondern durch die Bereitstellung von Krediten zu gegebenen Marktzinsen erfolgen,[1] so daß ein Abbau institutioneller Hindernisse im Vordergrund der Politik steht. Ergänzend wird eine nicht-finanzielle Unterstützung in Form von Beratung, Marketing, Ausbildungsprogrammen, Infrastrukturentwicklung und vereinfachtem Technologiezugang angestrebt.[2] Um dies zu erreichen, soll einerseits eine Reform bestehender Institutionen insbesondere der SBDC in Hinblick auf eine stärkere Problemberücksichtigung schwarzer Unternehmerinteressen durchgeführt werden[3] und zum anderen die Gründung neuer Institutionen zur Beratung und Kreditvergabe erfolgen.[4] Zudem sollen bereits existierende und neue Gesetze auf eine mögliche Benachteiligung von KMUs hin untersucht und gegebenenfalls reformiert werden.[5] Schließlich wird eine verstärkte Berücksichtigung von KMUs im Rahmen öffentlicher Auftragsvergaben gefordert.[6]

Eine politische Umsetzung der genannten Forderungen ist bisher insbesondere durch die Verabschiedung des „National Small Business Act" (1996) sowie im Rahmen von Gear (1996) erfolgt. Durch den NSBA wurden der National Small Business Council als Interessensvertretung für KMUs sowie die Ntsika Enterprise Promotion Agency, die die nicht-finanzielle Unter-

---

1 Vgl. Thomas (1995), S. 22.

2 Vgl. ANC (1994b), S. 25 sowie DTI (1995), S. 26-29 und 33-36.

3 Zur Diskussion um die Organisationsstruktur der SBDC vgl. ausführlich Thomas (1995), S. 23.

4 Vgl. DTI (1995), S. 41-45.

5 Vgl. DTI (1995), S. 25 f.

6 Vgl. DTI (1995), S. 28.

stützung für KMUs koordinieren soll, institutionalisiert.[1] Im Rahmen von Gear ist zudem ein Programm zur finanziellen Förderung von Unternehmensneugründungen, deren Investitionsumfang R 3 Mio. nicht übersteigt, eingerichtet worden.[2] Darüber hinaus hat die Regierung verschiedene Programme zur Kreditvergabe und Import-/Exportgarantievergabe initiiert, die vorwiegend durch die IDC sowie die neu gegründeten Organisationen Khula Enterprise Finance Limited und Khula Credit Guarantee Limited abgewickelt werden.[3] Die Politik zur Förderung von KMUs umfaßt somit sowohl finanzielle als auch beratende Unterstützung und setzt im wesentlichen alle politischen Forderungen der Konzeptionsprogramme um. Politisch ist das Programm insofern problematisch, als es langfristig orientiert ist und insbesondere den eingeschränkten Kapitalzugang bisher nur in geringem Ausmaß verbessern konnte.[4] Aufgrund dessen geäußerte politische Forderungen nach einer gezielten Subventionierung einzelner Kleinunternehmen sind aus allokativer Sicht jedoch negativ zu werten, da sie zu einer Wettbewerbsverzerrung führen würden. Auch dürfte die Umsetzung einer derartigen Politik infolge eines staatlichen Informationsproblems sowie der hohen Korruption in der öffentlichen Verwaltung zu starkem Rent Seeking führen.

Obwohl die Regierung eine spezifische Förderpolitik für KMUs ausführlich begründet, sind die bisherigen politischen Maßnahmen nicht diskriminierend gegenüber Großunternehmen, sondern zielen auf eine wettbewerbliche Gleichstellung aller Unternehmensgrößen. Eine derartige Politik ist allokativ positiv zu beurteilen, da sie gegebene Preisverzerrungen abbauen und zu einer höheren Effizienz beitragen dürfte. Auch könnte dies zu einer vermehrten Produktion in arbeitsintensiven Sektoren und somit tendenziell zu einer stärkeren Spezialisierung auf Produktionszweige führen, in denen Südafrika über komparative Vorteile verfügt. Die besondere Förderung schwarzer Unternehmen ist aufgrund deren überproportionaler Diskriminierung in der Vergangenheit im Rahmen einer Neutralisierungspolitik zwar durchaus zu rechtfertigen, eine primäre Konzentration der Förderpolitik auf

---

1 Vgl. RSA (1996d), S. 4-14.

2 Vgl. IDC (1996), S. 17 f.

3 Vgl. ausführlich IDC (1996), S. 46-48 sowie DTI (1997b), S. 4-11 und 16 f.

4 Vgl. Loxton (1997).

Microunternehmen sowie den informellen Sektor könnte sich jedoch insofern als problematisch erweisen, als das Wachstumspotential dieses Wirtschaftssektors zumeist eher gering eingeschätzt wird.[1] Somit bleibt auch abzuwarten, inwieweit die derzeitige KMU-Politik zu einer gleichmäßigeren Einkommensverteilung beitragen kann.

2.3. Regionalpolitik

Südafrika ist durch eine starke regionale Produktions- und Einkommensdisparität geprägt. So zeigt eine Untersuchung der University of South Africa, daß der Anteil der drei Provinzen Gauteng, Western Cape und Kwazulu-Natal am B.S.P. 1995 mehr als zwei Drittel, allein der von Gauteng mehr als 37% betrug.[2] Eine ähnliche Disparität besteht hinsichtlich der Einkommensverteilung, denn während in Gauteng und dem Western Cape 1995 mehr als 50% der Bevölkerung den beiden obersten und max. 20% der Bevölkerung den beiden untersten national definierten Einkommensklassen zugerechnet wurden, gehörten im Eastern Cape lediglich 24% der Bevölkerung den beiden höchsten, jedoch 59% der Bevölkerung den beiden untersten Einkommensklassen an.[3]

Diese starken Disparitäten lassen sich primär aufgrund regionaler Ressourcen und historischer Entwicklungen erklären: Initialzündung für die industrielle Entwicklung Gautengs war die Entdeckung von Gold- und Diamantenminen, die einen Konzentrationsprozeß im Witwatersrandgebiet in Gang setzte. Im Western Cape und Kwazulu-Natal tragen insbesondere die städtischen Ballungszentren Kapstadt und Durban zum B.S.P. bei, deren agglomerative Entwicklung zum einen historisch erklärt werden kann - so war Kapstadt die erste und lange Zeit dominierende weiße Siedlung in Südafrika - und zum anderen durch deren Bedeutung als Hafenstädte und das jeweils fruchtbare und klimatisch begünstigte Hinterland bestimmt ist.

---

[1] Vgl. auch Kershoff (1996), S. 32 f.

[2] Vgl. Halbach (1997), S. 35.

[3] Vgl. Abb. 12 im Anhang.

2.3.1. Regionalpolitik 1960-1994

Erste Maßnahmen zur Dezentralisierung der Industrie erfolgten in Südafrika bereits in den 30er Jahren,[1] eine konsequente Umsetzung staatlicher Regionalpolitik setzte jedoch erst mit der Gründung des „Permanent Committee for the Location of Industry" im Jahre 1960 ein,[2] wobei sich nachfolgend bis 1994 im wesentlichen drei Phasen staatlicher Regionalpolitik unterscheiden lassen.

Die Regionalpolitik zwischen 1960 und 1982 war ebenso wie die sektorale Strukturpolitik durch politische Zielsetzungen überlagert.[3] Sie wurde explizit als Instrument der im Rahmen der Apartheidsideologie verfolgten Politik einer „getrennten Entwicklung" gesehen, nach der sich Schwarze lediglich in den als Homelands ausgewiesenen Regionen ständig niederlassen durften und ein auch temporärer Zuzug der schwarzen Bevölkerung in städtische Ballungsgebiete verringert und langfristig unterbunden werden sollte.[4] Um das Ziel einer vollständigen und dauerhaften Trennung „weißer und schwarzer Lebensräume" zu erreichen, sollte die Regionalpolitik „weiße" Kapitalinvestitionen am Rande von bzw. ab 1968 auch in den Homelands fördern und somit den Zuzug schwarzer Arbeitnehmer in die Ballungszentren vermindern. Folglich war die Regionalpolitik kongruent mit der allgemeinen Apartheidspolitik, da sie bestehende gesetzliche Mobilitätshemmnisse für die schwarze Bevölkerung[5] ergänzen und unterstützen sollte.

---

1 Hierbei ist insbesondere auf die ab den 40er Jahren durch die IDC gegründeten Staatsunternehmen in unterentwickelten Regionen zu verweisen. Allerdings existierte kein Programm zur gezielten Beeinflussung privater Investitionen. Der ökonomische Effekt regionalpolitischer Maßnahmen vor 1960 ist weitgehend unbekannt, wird aber als eher gering angenommen (vgl. Rwigema (1995), S. 528 f.).

2 Vgl. Wellings/Black (1986), S. 2, Glaser (1987), S. 34, Maasdorp (1992), S. 173 sowie Rwigema (1995), S. 520 f.
Für einen Überblick zur regionalpolitischen Entwicklung vor 1960 vgl. Pretorius/Addleson/Tomlinson (1986a) sowie Glaser (1987), S. 28-34.

3 Vgl. u. a. Ratcliffe (1979), S. 399 f. sowie Glaser (1987), S. 48 f.

4 Vgl. Wellings/Black (1986), S. 1 und 10 f., Geyer (1989), S. 380 sowie Maasdorp (1992), S. 173.
Als weitere Zielsetzung trat nach der Zulassung schwarzer Gewerkschaften in den 70er Jahren die Schwächung der gewerkschaftlichen Tarifverhandlungsposition durch die Schaffung einer Lohnkonkurrenz für schwarze Arbeitnehmer in den Ballungsräumen hinzu (vgl. Bell (1984), S. 19 f. sowie Wellings/Black (1986), S. 11).

5 Insbesondere sind hierbei der „Black Urban Areas Act" (1923), der „Group Areas Act"

Als regionalpolitische Instrumente setzte die Regierung zwischen 1960 und 1967 auf finanzielle Anreize in Form von Steuererleichterungen und direkten Subventionen insbesondere für Transport- und Kapitalkosten. Da diese jedoch von den Unternehmen kaum wahrgenommen wurden, erhöhte die Regierung ab 1967 mit der Verabschiedung des „Physical Planning Act" die Eingriffsintensität regionalpolitischer Instrumente deutlich, da sie nicht nur die Höhe der gewährten Subventions- und Steueranreize anhob, sondern darüber hinaus eine restriktivere Ausweisung von Industriegebieten in den Ballungsräumen beschloß und eine unternehmerische Expansion in diesen Gebieten generell untersagte, sofern diese mit einer Zunahme an schwarzen Arbeitskräften verbunden war.[1]

Eine fundamentale Wende in der südafrikanischen Regionalpolitik trat 1982 ein, da die Homelandkonzeption grundsätzlich aufgegeben wurde, so daß Homelands nachfolgend nicht mehr als eigenständige Wirtschaftsräume erachtet, sondern als Bestandteil der Provinzen anerkannt wurden.[2] Folglich wurde das bestehende enge Dezentralisierungskonzept zugunsten einer allgemeinen Förderung unterentwickelter Regionen aufgegeben, wobei insgesamt 49 Entwicklungspunkte und acht Entwicklungsregionen[3] festgelegt wurden.[4]

Mit der Verabschiedung des „Regional Industrial Development Program" (1991) fand schließlich eine weitgehende Aufgabe gezielter regionaler Förderpolitik statt, da die Investitionsförderung auf alle Unternehmensneugründungen außerhalb der Ballungsräume PWV und Durban ausgedehnt wurde.[5] Zudem erfolgte eine Umorientierung der Anreizstruktur, da sich die gewährte Subventionshöhe nicht mehr an Kosten, sondern am Investitions-

---

(1948) sowie der „Abolition of Passes and Coordination of Document Act" (1952) zu nennen.

1 Vgl. Wellings/Black (1986), S. 2 f. sowie Jones/Müller (1992), S. 289 f.

2 Vgl. Glaser (1987), S. 43 sowie Rwigema (1995), S. 522.

3 Die Zahl wird später auf 9 erweitert (vgl. Glaser (1987), S. 43).

4 Vgl. ausführlich Dewar/Todes/Watson (1986), S. 365, Pretorius/Addleson/Tomlinson (1986b), S. 243, Maasdorp (1990), S. 128-130, Wilsenach/Ligthelm (1993), S. 363 f. sowie Rwigema (1995), S. 522.

5 Vgl. Maasdorp (1992), S. 179, Wilsenach/Ligthelm (1993), S. 367 f., Drewes/Bos (1995), S. 247 sowie Reekie (1995), S. 532.

umfang und erzielten Profiten orientierten,[1] wodurch die Effizienz der gewährten Subventionen erhöht werden sollte.[2]

Die Anreizstruktur der südafrikanischen Regionalpolitik vor 1991 implizierte eine positive Abhängigkeit der Subventionshöhe von den Produktionskosten, weshalb derartige Investitionen in der Tendenz insbesondere für ineffiziente Unternehmen interessant waren.[3] In Verbindung mit der parallelen Unternehmensbesteuerung in den Ballungsräumen wird angenommen, daß die staatliche Regionalpolitik in einem volkswirtschaftlichen Effizienzverlust und einem Nettoverlust an Arbeitsplätzen resultiert hat.[4] Darüber hinaus trugen insbesondere die staatlichen Vorschriften zur Unterbindung einer Beschäftigungszunahme von schwarzen Arbeitnehmern im Rahmen des „Physical Planning Act" zur Kapitalintensivierung der Produktion bei,[5] die - wie bereits im Abschnitt zur Industriepolitik dargestellt - als ineffizient, da den komparativen Vorteilen Südafrikas entgegenstehend, angenommen werden kann. Schließlich ermöglichte das Anreizsystem aufgrund des zugrundeliegenden Kostenansatzes umfangreiche Mißbrauchsmöglichkeiten durch die Manipulation von Kostenaufstellungen.[6] Insgesamt kann daher vermutet werden, daß die Regionalpolitik in Südafrika vor 1982 tendenziell zu einer Faktorfehlallokation führte.

Diese Einschätzung ist aus ökonomischer Sicht prinzipiell als problematisch zu erachten, allerdings kann hieraus noch kein generelles Scheitern der südafrikanischen Regionalpolitik abgeleitet werden, da diese vorrangig durch die politische Zielsetzung einer „getrennten Entwicklung" und nicht durch allokative Überlegungen motiviert war. Im Rahmen der Apartheidsideologie stellte die Umsetzung „getrennter Lebensräume" für die schwarze und weiße Bevölkerung eine Wertvorstellung dar, deren Umsetzung per se zu

---

1 Vgl. Maasdorp (1992), S. 179, Wilsenach/Ligthelm (1993), S. 367 f. sowie Drewes/Bos (1995), S. 249.

2 Vgl. Wilsenach/Ligthelm (1993), S. 365, Drewes/Bos (1995), S. 261 f. sowie Rwigema (1995), S. 526.

3 Vgl. Maasdorp (1992), S. 176 sowie Rwigema (1995), S. 528.

4 Vgl. Rwigema (1995), S. 526.

5 Vgl. Wellings/Black (1986), S. 3.

6 Vgl. Maasdorp (1992), S. 177 sowie Rwigema (1995), S. 528.

einer Wohlfahrtssteigerung führte, da sie einen ungewünschten interkulturellen Austausch verhinderte. Allerdings wurde diese Zielsetzung durch die Regionalpolitik nicht erreicht, da diese nicht zu einem deutlichen Wirtschaftswachstum in den Homelands bzw. angrenzenden Regionen führte[1] und somit den Zuzug der schwarzen Bevölkerung in die Ballungsräume nicht aufhalten konnte; vielmehr gewann dieser insbesondere infolge der wirtschaftlichen Krise ab Mitte der 70er Jahre an Dynamik. Umstritten bleibt, inwiefern die Regionalpolitik überhaupt zu einer Dezentralisierung der Produktion beigetragen hat, da einige Autoren darauf verweisen, daß erfolgte Industrieansiedelungen in regionalen Randgebieten - insbesondere bei arbeitsintensiven Sektoren - das Resultat steigender Lohnkosten in den Ballungszentren waren und somit auch ohne staatliche Regionalpolitik stattgefunden hätten.[2]

Infolge des Scheiterns der Homelandpolitik setzte in den 80er Jahren und Anfang der 90er Jahre eine sukzessive Erweiterung des regionalpolitischen Ansatzes an, wobei spätestens ab 1991 nicht mehr von einer Regionalpolitik im definierten Sinn gesprochen werden kann. Auch dieser erweiterte regionalpolitische Ansatz führte jedoch nicht zu der angestrebten Abmilderung bzw. Umkehr von Konzentrationsprozessen; vielmehr stellte die University of South Africa trotz existierender Migrationsbewegungen zwischen 1988 und 1995 eine weitere Zunahme wirtschaftlicher Konzentration fest.[3] Eine wesentliche Erklärung für das Scheitern der Regionalpolitik nach 1982 dürfte in der Vielzahl der gewählten Förderpunkte liegen, die im Einzelfall zu einem nur geringen finanziellen Investitionsanreiz führte, der offensichtlich die standortbedingten Nachteile unterentwickelter Regionen nicht ausgleichen konnte.[4] Die Regionalpolitik vor 1994 muß daher als weitgehend verfehlt gelten, da sie einerseits allokativ ineffizient war und andererseits nicht zu einer Umkehr gegebener Agglomerationseffekte bzw. einer Angleichung der Lebensverhältnisse oder einer Entwicklung der Homelands

---

[1] Vgl. Dewar/Todes/Watson (1986), S. 371 f. und 375 sowie Maasdorp (1990), S. 131.

[2] Zu dieser These vgl. Bell (1984), S. 9, Glaser (1987), S. 35 f. und 41 bzw. Bell (1990), S. 10 f.; kritisch hierzu vgl. Wellings/Black (1986), S. 12 und 14.

[3] Vgl. Halbach (1997), S. 35.

[4] Für eine kritische Auseinandersetzung mit der regionalpolitischen Konzeptionserweiterung in den 70er und 80er Jahren vgl. Black/Roux (1991), S. 453, Wilsenach/Ligthelm (1993), S. 364 f. sowie Drewes/Bos (1995), S. 257-263.

führte. Folglich konnte sie auch den Zuzug der schwarzen Bevölkerung in die Ballungsgebiete, der im Rahmen der Apartheidsideologie verhindert werden sollte, nicht einschränken.

2.3.2. Die regionalpolitische Konzeption des ANC und ihre Umsetzung seit 1994

Sowohl das Discussion Document als auch das RDP betonen die Notwendigkeit eines regionalen Ausgleichs durch die Förderung unterentwickelter Regionen, enthalten jedoch keine detaillierte Auseinandersetzung mit regionalökonomischen Grundlagen. Auch werden keine expliziten Begründungen für eine staatliche Regionalpolitik oder konkrete Maßnahmen zur Umsetzung einer derartigen Politik genannt.[1] Tendenziell lassen die Texte jedoch ein distributiv motiviertes Streben nach regionaler Förderpolitik erkennen. Darüber hinaus kritisiert das RDP an der gegebenen Regionalpolitik deren diskretionäres Element sowie die breiten Mißbrauchsmöglichkeiten, weshalb aus dem RDP auch die Forderung nach einer auf verbesserte Effizienz zielenden und somit allokativ motivierten regionalpolitischen Reform abgeleitet werden kann.

Eine konkrete politische Umsetzung regionalpolitischer Vorstellungen des ANC erfolgte durch die Veröffentlichung eines Programms zur „Regionalen Entwicklung“, das insgesamt über 50 Standorte und Regionen als förderungswürdig definiert.[2] Als staatliches Instrument einer regionalpolitischen Förderung wird hierbei das im Rahmen von Gear initiierte Steuerbefreiungsprogramm gesehen, da der Umfang der gewährten Steuerbefreiung standortabhängig ist.[3] Gleichzeitig endete die Gültigkeit des RIDP mit der Einführung des Steuerbefreiungsprogrammes,[4] so daß in Zukunft ein einheitliches Instrumentarium sektoraler und regionaler Strukturpolitik gegeben ist. Die durch das RIDP eingeführte Orientierung an Investitionsvolumen und Rentabilität der unternommenen Investitionen bleibt hierbei prinzipiell erhalten. Im wesentlichen soll die regionale Förderpolitik nicht über direkte

1 Vgl. ANC (1991a), S. 7 sowie ders. (1994a), S. 83.

2 Vgl. IDC (1996), S. 22-24.

3 Vgl. Department of Finance (1996), S. 13.

4 Vgl. McCarthy (1998), S. 79.

staatliche Investitionen, sondern durch eine Mobilisierung privater Investitionen erfolgen.[1] Konkret wird der staatliche Finanzierungsanteil regionalpolitischer Projekte auf 10% des gesamten Investitionsvolumens begrenzt.[2]

Begründet wird eine gezielte Förderpolitik einzelner Regionen dadurch, daß die Umorientierung im Rahmen der Außenhandelspolitik von einer Importsubstitutionspolitik zu einer verstärkten Exportorientierung nicht nur mit einem sektoralen, sondern auch einem regionalen Strukturwandel verbunden ist, dessen soziale Auswirkungen durch eine gezielte Förderpolitik gemildert werden sollen,[3] um somit die gesellschaftliche Akzeptanz für den Strukturwandel zu sichern. Diese Argumentation verdeutlicht einerseits die enge Verbindung von sektoraler und regionaler Strukturpolitik und verweist andererseits auf eine distributive Motivation von Regionalpolitik in Südafrika.

Darüber hinaus zielt das verabschiedete regionalpolitische Programm auf eine selektive Förderung von Regionen, die im Rahmen der Apartheidspolitik bewußt diskriminiert wurden.[4] Eine derart motivierte Förderung läßt sich nicht nur distributiv rechtfertigen, sondern kann, angesichts der aus ökonomischer Sicht unbegründeten Benachteiligung dieser Regionen und insbesondere unter der Annahme pfadabhängiger Wachstumsprozesse, auch eine allokative Rechtfertigung regionaler Förderpolitik darstellen.

Als primäres Ziel ihres regionalpolitischen Programmes nennt die Regierung die regionale und nationale Förderung von Wirtschaftswachstum sowie die Schaffung von Arbeitsplätzen.[5] Somit zielt die Förderpolitik nicht allein auf eine Umlenkung von ökonomischen Renten zugunsten bisher unterentwickelter Regionen, sondern geht von der Möglichkeit aus, daß Regionalpolitik durch die Freisetzung bisher ungenutzter Produktionspotentiale zu einer Wohlfahrtssteigerung beitragen kann. Explizit betont das DTI hierbei

---

1 Vgl. Jourdan et al. (1996), S. 4.

2 Vgl. Jourdan et al. (1996), S. 5.

3 Vgl. Jourdan et al. (1996), S. 1.

4 Vgl. Jourdan et al. (1996), S. 1.

5 Vgl. Jourdan et al. (1996) sowie DTI (1997c).

die Notwenigkeit staatlicher Infrastrukturmaßnahmen, um die Nutzung des gegebenen Entwicklungspotentials einzelner Regionen nicht durch ein Infrastrukturdefizit zu behindern.[1] Dieser allokativ orientierte Ansatz ist jedoch insofern problematisch als sich die Bestimmung regionaler Entwicklungspotentiale in der Realität als nur schwer umsetzbar erweist.[2]

Sofern eine regionale Förderpolitik angestrebt wird, erscheint eine gezielte Auswahl einzelner Förderstandpunkte im Rahmen der Regionalpolitik deshalb sinnvoll, weil lediglich bei einer begrenzten Anzahl regionaler Wachstumspunkte eine Nutzung agglomerationsabhängiger positiver Externalitäten möglich sein dürfte. Auch ist eine staatliche Förderpolitik lediglich dann erfolgreich, wenn die gesetzten Anreize die relativen Standortnachteile der geförderten Region übersteigen, weshalb eine Konzentration von Finanzierungsmitteln einer breiten Streuung vorzuziehen ist. In dieser Hinsicht scheint das südafrikanische Regionalprogram jedoch suboptimal, da die Auswahl von 50 Förderpunkten kaum als gezielte Regionalpolitik bezeichnet werden kann. Zwar läßt die Regierung gegenwärtig - ähnlich der Clusterstudien im Rahmen der Industriepolitik - auch regionale Studien zur Identifizierung einzelner Wachstumsregionen durchführen,[3] so daß für die Zukunft eine stärker selektive Förderung einzelner Regionen vermutet werden kann.[4] Derzeit dürfte die Regionalpolitik jedoch infolge einer zu breiten Streuung in ihrer Effektivität eingeschränkt sein.

Der regionalpolitische Ansatz der südafrikanischen Regierung scheint - in analoger Weise zu dem gewählten industriepolitischen Ansatz - aufgrund des hohen Informationsbedarfs sowie der Notwendigkeit einer an der Gesamtwohlfahrt orientierten Bürokratie problematisch. Auch bedarf die erfolgreiche Umsetzung einer regionalen Förderpolitik einer umfassenden Zusammenarbeit und hoher Qualifikation aller politischen und bürokrati-

---

1 Vgl. DTI (1997c).

2 Vgl. Giersch (1963), S. 393-400.

3 Vgl. Department of Finance (1996), S. 13, Boyd (1996) sowie IDC (1996), S. 35.

4 Diese Vermutung wird durch ein gemeinschaftliches Arbeitspapier von Mitarbeitern des Ministry of Trade & Industry, Department of Transport und der DBSA bestätigt, in dem explizit darauf verwiesen wird, daß die Regierung sowohl hinsichtlich sektoraler als auch regionaler Strukturpolitik eine selektive Förderungspolitik verfolgt (vgl. Jourdan et al. (1996), S. 1).

schen Ebenen.[1] Diese Vorbedingung dürfte in Südafrika aufgrund der vielfachen Organisations- und Qualifikationsdefizite auf lokaler und regionaler Ebene nur bedingt erfüllt sein. Doch selbst unter der Annahme vollkommener Information und eines leistungsfähigen Verwaltungsapparates kann die wohlfahrtssteigernde Wirkung von Regionalpolitik in Frage gestellt werden, da, angesichts des Wettbewerbs der Regionen um Subventionsmittel, ein effizienzmindernder Rent Seeking-Prozeß zu erwarten ist.[2] Darüber hinaus wird die regionale Strukturpolitik durch die gegenwärtig gerade in ländlichen Räumen im Zuge der Landreform noch vielfach ungeklärten Eigentumsansprüche erschwert, da diese einen negativen Anreiz für Unternehmen zur Investition in neuen Regionen darstellen.[3] Schließlich verweist der zunehmende Umfang südafrikanischer Investitionen in anderen afrikanischen Staaten, der sich insbesondere bei arbeitsintensiven Sektoren feststellen läßt, u. a. auf die Problematik relativ inflexibler Arbeitsmarktstrukturen in Südafrika,[4] die einer Angleichung regionaler Disparität über den Marktmechanismus innerhalb Südafrikas möglicherweise entgegenstehen, weshalb der Produktionsfaktor Kapital bei zunehmenden Agglomerationskosten nicht in unterentwickelten Regionen Südafrikas, sondern in Nachbarregionen abwandert.[5] Eine stärkere Berücksichtigung arbeitsmarktpolitischer Fragestellungen scheint daher im Rahmen der Regionalpolitik notwendig.

Zusammenfassend kann festgestellt werden, daß die Regierung seit den Wahlen 1994 eine sowohl sektorale als auch regionale Strukturpolitik verfolgt hat. Als Ziele dieser Politik werden insbesondere die Förderung von Wirtschaftswachstum und die Schaffung von Arbeitsplätzen sowie eine distributiv motivierte Angleichung von Lebensbedingungen und eine Milderung strukturwandelbedingter Sozialkosten genannt. Insbesondere die Überzeugung, daß staatliche Strukturpolitik zu einer verbesserten Faktorallokation und folglich höherer gesellschaftlicher Wohlfahrt beitragen kann, legt hierbei die Vermutung nahe, daß der ANC im mesoökonomischen

[1] Vgl. auch Jourdan et al. (1996), S. 5.

[2] Vgl. in diesem Zusammenhang auch Jourdan et al. (1996), S. 8.

[3] Vgl. Dludlu (1998c). Vgl. auch den Abschnitt zur Eigentumsordnung (Kapitel 3, Abschnitt I.1.1.3).

[4] Vgl. hierzu auch den Abschnitt zur Arbeitsmarktordnung (Kapitel 3, Abschnitt III).

[5] Vgl. auch McCarthy (1998), S. 81.

Bereich die Kosten potentiellen Marktversagens relativ höher schätzt als die eines potentiellen Staatsversagens. Dabei läßt sich aufgrund der gegenwärtig verfolgten sektoralen und regionalen Clusterstudien für die Zukunft tendenziell eine weitere Stärkung selektiver Strukturförderung erwarten. Problematisch erscheint diese Politik - abgesehen von den in den einzelnen Bereichen bereits besprochenen potentiellen Informations- und Umsetzungsschwierigkeiten - deshalb, weil die Vielzahl der initiierten Programme, die von der Regierung mit anscheinend wechselnder Intensität verfolgt werden, in Südafrika auf Unternehmerseite zu Planungsunsicherheit geführt und den Eindruck einer unberechenbaren Wirtschaftspolitik erweckt hat.[1] Diese Perzeption kann jedoch zu einem Scheitern der aktuellen Strukturpolitik führen, da eine konstante Wirtschaftspolitik von Unternehmen als wesentliche Investitionsvoraussetzung gesehen werden dürfte.

III. Die Arbeitsmarktordnung

1. Grundlagen zur Arbeitsmarktsituation und zur historischen Entwicklung der Arbeitsmarktordnung in Südafrika

Angaben zur Beschäftigungssituation in Südafrika variieren stark, da zum einen keine allgemein akzeptierte Definition von Arbeitslosigkeit für Schwellen- und Entwicklungsländer existiert[2] und sich zum anderen die Datenerhebung - unabhängig von der gewählten Definition - als schwierig erweist.[3] Bis 1987 haben die CSS für die Ermittlung der Arbeitslosenquote

---

1 Vgl. hierzu Dludlu (1997c).

2 Umstritten ist hierbei insbesondere die Frage, ob Beschäftigte im informellen Sektor und in der Subsistenzwirtschaft als arbeitslos betrachtet werden sollen (vgl. Sadie/Comm/Martins (1994), S. 1 f.). Baskin verweist darauf, daß dies notwendig sei, da diese Beschäftigungsformen die Folge mangelnder Beschäftigungsmöglichkeiten im formellen Sektor und eines unzureichenden Sozialen Sicherungssystems sind (vgl. in diesem Sinn Baskin (1994), S. 68). Dagegen betonen Cawker/Whiteford, daß sich Beschäftigte in der Subsistenzwirtschaft oder im informellen Sektor selbst nicht als arbeitslos betrachten würden, da sie ein eigenes Einkommen erzielen (vgl. Cawker/ Whiteford (1993), S. 3). Allerdings vermuten sie eine Unterbewertung der gegebenen Arbeitslosigkeit in Schwellen- und Entwicklungsländern, durch die Tatsache, daß viele Arbeitswillige angesichts der schlechten Arbeitsmarktlage resignieren und daher nicht aktiv nach einer Beschäftigung suchen (vgl. Cawker/Whiteford (1993), S. 4).

3 Die Zahl der offiziell als arbeitslos registrierten Personen ist in Südafrika nicht aussagekräftig, da es sich hierbei i. d. R. nur um diejenigen handelt, die einen Anspruch auf Arbeitslosengeld haben. Denn für den Bezug von Arbeitslosengeld ist die Registrierung Voraussetzung. Da jedoch nur ein Bruchteil der Arbeitslosen einen Anspruch auf Arbeitslosengeld geltend machen kann, ist diese Zahl nicht geeignet, um die Höhe der Ar-

eine im internationalen Vergleich strikte Definition zugrundegelegt, nach der lediglich die Personen als arbeitslos gerechnet wurden, die über 15 Jahre waren, arbeitswillig und arbeitsfähig waren, keiner bezahlten Beschäftigung oder selbständigen Tätigkeit nachgingen, die letzten sieben Tage vor dem Interview für eine Beschäftigung verfügbar waren und sich in den vorangegangenen vier Wochen aktiv um eine Beschäftigung bemüht hatten.[1] Seit 1987 wird neben dieser strikten Definition eine auch im internationalen Vergleich weite Definition von Arbeitslosigkeit verwendet, nach der jede arbeitswillige und arbeitsfähige Person über 15 Jahre, die keiner Beschäftigung oder selbständigen Arbeit nachgeht als arbeitslos gerechnet wird.[2] Dem October Household Survey von 1995[3] zufolge lag die Arbeitslosenquote in Südafrika im Oktober 1995 nach der engen Definition bei 16,5%, nach der weiten Definition bei 29,3%.[4] Betrachtet man jedoch alle Personen als arbeitslos, die keine Beschäftigung im formellen Sektor finden, so liegen die Schätzungen der Arbeitslosenquote für 1995 zwischen 43,4%[5] und 50%.[6]

Auch unter Berücksichtigung der Datenproblematik in Südafrika und unabhängig von der gewählten Definition von Arbeitslosigkeit zeigen die Zahlen einen sehr hohen Grad an Arbeitslosigkeit,[7] der Beschäftigungsfragen im

---

beitslosigkeit zu bestimmen (vgl. Standing/Sender/Weeks (1996), S. 107). Die Arbeitslosenzahlen der CSS basieren daher auf Umfragen und Schätzungen, die lediglich als Richtdaten gelten können.

1 Vgl. Bhorat/Leibbrandt (1996), S. 144 sowie Standing/Sender/Weeks (1996), S. 108.

2 Vgl. Bhorat/Leibbrandt (1996), S. 144 sowie Standing/Sender/Weeks (1996), S. 108.

3 Arbeitsmarktdaten über Südafrika finden sich vorwiegend in folgenden Quellen: Population Census (alle 5 Jahre), Manpower Survey (jährlich), October Household Survey (jährlich seit 1993) sowie für 1993 im Saldru Household Survey. Dabei erscheint der October Household Survey aufgrund seiner jährlichen Überarbeitung und der gewählten Grundgesamtheit als eine der aussagekräftigsten statistischen Unterlagen (vgl. auch Fajgenbaum et al. (1996), S. 9 sowie Standing/Sender/Weeks (1996), S. 68-71). Dennoch können auch die Zahlen des October Household Surveys nur als grobe Richtdaten verstanden werden. Standing/Sender/Weeks vermuten z. B., daß der October Household Survey insbesondere aufgrund mangelhafter Kooperationsbereitschaft der Befragten, der Ausnahme bestimmter Beschäftigungsgruppen sowie der unbekannten Zahl illegal beschäftigter Einwanderer aus anderen afrikanischen Staaten die Beschäftigtenzahl zu gering schätzt (vgl. Standing/Sender/Weeks (1996), S. 69 f.).

4 Vgl. CSS (1996a), S. 5.

5 Vgl. da Silva (1996), S. 8.

6 Vgl. South African Foundation (1996), S. 91.

7 Signifikant für den südafrikanischen Arbeitsmarkt ist hierbei die Bedeutung strukturel-

allgemeinen und Fragen bzgl. der Ausgestaltung der Arbeitsmarktordnung im besonderen in der gegenwärtigen wirtschaftspolitischen Diskussion eine zentrale Bedeutung zukommen läßt.[1] Als eine Ursache für die hohen Arbeitslosenzahlen,[2] insbesondere jedoch für die Arbeitslosenstruktur,[3] kann hierbei die ideologisch bedingte Reglementierung des Arbeitsmarktes während der Apartheidszeit gesehen werden. Aus diesem Grund sollen im folgenden kurz wesentliche Elemente der Arbeitsmarktgesetzgebung vor 1994 skizziert werden.[4]

Ziel der Apartheidsgesetzgebung am Arbeitsmarkt war zum einen der Schutz weißer Arbeitnehmer vor „schwarzer Konkurrenz"[5] und zum anderen die Sicherung eines Arbeitsproletariats insbesondere für weiße Farmer und Minenbesitzer durch die Diskriminierung schwarzer Arbeitnehmer.[6] Als Beginn einer systematischen Institutionalisierung der Apartheidspolitik am Arbeitsmarkt wird der „Industrial Conciliation Act" von 1924 angesehen,[7]

---

ler Arbeitslosigkeit, da der hohen Arbeitslosigkeit andererseits ein Arbeitskräftemangel hinsichtlich hochqualifizierter Fachkräfte gegenübersteht. Dabei wird erwartet, daß sich diese, für Entwicklungsländer typische Situation (vgl. de Gasparis (1987), S. 7), infolge des gegenwärtigen Brain Drains einerseits und der hohen Geburtenraten bei der schwarzen Bevölkerung andererseits in den nächsten Jahren noch verstärken wird (vgl. Cawker/Whiteford (1993), S. 18 f., Sadie/Comm/Martins (1994), S. 14 f. sowie Mills (1995), S. 9).

1 Vgl. auch Wohlmuth (1996), S. 1.

2 Vgl. Roux (1991), hier S. 107 sowie Cawker/Whiteford (1993), S. 22-39, die allgemein mögliche Ursachen der hohen Arbeitslosigkeit untersuchen.

3 Untersuchungen sowohl der CSS als auch der Universität Kapstadt zeigen, daß bei einer nach Rassen getrennten Erhebung Schwarze am stärksten von Arbeitslosigkeit betroffen sind; daß Frauen mehr als Männer, Jugendliche häufiger als andere Altersgruppen arbeitslos sind. Zudem sind Personen mit einem niedrigen Bildungsgrad sowie die ländliche Bevölkerung überproportional von Arbeitslosigkeit betroffen. Dabei nimmt die Wahrscheinlichkeit von Arbeitslosigkeit für den einzelnen mit einer Kumulierung der genannten Eigenschaften zu (für einen Überblick über die statistischen Erhebungen vgl. Roux (1991), S. 104, Bhorat/Leibbrandt (1996), S. 145-149 sowie Fajgenbaum et al. (1996), S. 9-11).

4 Für einen ausführlichen historischen Überblick zur Entwicklung der Arbeitsmarktordnung in Südafrika vgl. Bendix (1996), S. 77-104.

5 Hierbei sollten zum einen weiße Arbeitnehmer mit niedriger Qualifikation vor einer Lohnkonkurrenz durch schwarze Arbeitnehmer mit gleicher Qualifikation geschützt werden. Zum anderen sollten Tätigkeiten, die eine höhere Qualifikation erfordern, für weiße Arbeitnehmer gesichert werden.

6 Vgl. Hofmeyr (1994), S. 13.

7 Dem Ziel einer Schaffung eines „schwarzen Arbeitsproletariats" bzw. der Benachteiligung schwarzer Arbeitnehmer dienten bereits zuvor der „Native Labour Regulation

der die Grundlage für ein auf Tarifautonomie basierendes Lohnfindungssystem in Südafrika legte,[1] gleichzeitig jedoch eine institutionalisierte Spaltung des Arbeitsmarktes nach Rassen bewirkte, da Schwarze von der Definition als Arbeitnehmer und somit von der Teilnahme am Lohnfindungsprozeß ausgeschlossen wurden.[2] Insbesondere in seiner Neuformulierung von 1956, die schwarzen Arbeitnehmern die Ausübung zahlreicher Tätigkeitsfelder verbot (sog. „job reservation" Politik),[3] kann der „Industrial Conciliation Act" als Eckstein einer systematischen Diskriminierung schwarzer Arbeitnehmer im Rahmen der Arbeitsmarktordnung während der Apartheid gesehen werden.[4]

Die Apartheidsgesetzgebung am Arbeitsmarkt führte in Verbindung mit der apartheidsbedingten Siedlungspolitik, die Schwarzen das Wohnrecht in Städten versagte, zu einer starken Einschränkung der Mobilität und infolge-

---

Act" (1911), der es schwarzen Arbeitnehmern untersagte, ihren Arbeitsplatz zu verlassen oder zu streiken und insbesondere der „Land Act" (1913), der die Enteignung schwarzer Farmer bewirkte (vgl. Finnemore (1996), S. 23 sowie Terreblanche (1996), S. 5-7 und 14-17). Darüber hinaus gab es insbesondere im Bergbausektor eine Benachteiligung schwarzer Arbeitnehmer, denen höherqualifizierte Beschäftigungen untersagt wurden (vgl. Mbaku (1991), S. 140 und 142, Jones/Müller (1992), S. 52 f. sowie Terreblanche (1996), S. 9).
Für einen ausführlichen Überblick zur Organisation des Arbeitsmarktes vor 1924 vgl. Bendix (1996), S. 77-81.

1 Vgl. hierzu Jones/Müller (1992), S. 57, Moll (1993c), S. 246 sowie Bendix (1996), S. 81.

2 Vgl. Jones/Müller (1992), S. 57, Bendix (1996), S. 81 sowie Finnemore (1996), S. 8 und 27.

3 Die Politik der „job reservation" hat vor 1956 insbesondere im Bergbau existiert, wo der „Mines and Works Act" von 1911 32 verschiedene Tätigkeiten ausschließlich für Weiße reservierte (vgl. u. a. Mbaku (1991), S. 140 und 142). Durch den „Industrial Conciliation Act" von 1956 wurde sie jedoch zur offiziellen, auf den gesamten Arbeitsmarkt ausgedehnten Politik. Ihre Hochphase erreichte sie zwischen 1967 und 1974.
Ergänzt wurde die job reservation Politik ab 1953 durch den „Bantu Education Act", der ein getrenntes Bildungssystem für Schwarze institutionalisierte, das lediglich eine niedrige Grundausbildung vermittelte, jedoch keine höhere Bildung oder Berufsqualifizierung zuließ (zur Bantu-Erziehung vgl. van Aardt (1994), S. 26 sowie von Rimscha (1994), S. 123 f.).

4 Vgl. Jones/Müller (1992), S. 181 f. sowie Standing/Sender/Weeks (1996), S. 14. Zwar stellte der „Industrial Conciliation Act" den Eckstein der Apartheidspolitik am Arbeitsmarkt dar, darüber hinaus wurde das Apartheidsprinzip als Gestaltungsprinzip der südafrikanischen Arbeitsmarktordnung jedoch durch zahlreiche weitere Arbeitsgesetze institutionalisiert (für einen ausführlicheren Überblick vgl. u. a. Mbaku (1991), S. 139-147, Fallon (1992), S. 3-5, Finnemore (1996), S. 21-30 sowie Standing/Sender/Weeks (1996), S. 12-14).

dessen zu einer künstlichen Verknappung des Faktors Arbeit.[1] Die hieraus resultierende Verzerrung der Faktorpreisrelationen trug zum Ausbau kapitalintensiver Industriesektoren bei und implizierte eine mit negativen Wohlfahrtseffekten verbundene Faktorfehlallokation.[2] Die ökonomischen Auswirkungen dieser Politik wurden bereits in den 60er Jahren insbesondere in Form eines Mangels an qualifizierten Facharbeitern sichtbar[3] und führten in Verbindung mit der deutlichen Verschlechterung der wirtschaftlichen Situation ab Mitte der 70er Jahre vor allem von seiten der verarbeitenden Industrie zu verstärkten Forderungen nach einer Liberalisierung des Wirtschaftssystems im allgemeinen und der Apartheidsgesetzgebung am Arbeitsmarkt im besonderen.[4] Diese setzte schließlich 1979 mit einer erneuten Reform des „Industrial Conciliation Act" ein,[5] die u. a. eine bedingte Zulassung gemischter[6] und schwarzer Gewerkschaften vorsah. 1981 wurde der „Industrial Conciliation Act" durch den „Labour Relation Act" abgelöst, der eine uneingeschränkte Zulassung schwarzer Gewerkschaften beinhaltete und somit schwarzen Arbeitnehmern erstmals die Teilnahme am Lohnfindungsprozeß ermöglichte. Zudem erfolgte eine schrittweise Liberalisierung bzgl. der Berufswahl und Arbeitsmobilität, so daß man bereits ab 1986 von einem Ende der im Rahmen der Arbeitsmarktordnung institutionalisierten

---

1 Vgl. Jones/Müller (1992), S. 182-184.
Als entscheidende Gesetze sind in diesem Zusammenhang der „Black Urban Areas Consolidation Act" (1923), der „Group Areas Act" (1948) sowie der „Abolition of Passes and Coordination of Documents Act" (1952) zu nennen.

2 Vgl. in diesem Sinn auch Terreblanche (1996), S. 37.

3 Vgl. Hofmeyr (1996), S. 234 f.

4 Vgl. Lipton/Simkins (1993), S. 7, Ottaway (1993), S. 147, Hofmeyr (1994), S. 15 f. sowie Terreblanche (1996), S. 40, 42 und 49. Zudem übte eine in Durban 1973 stattfindende Streikwelle, einerseits politischen Druck aus und verdeutlichte andererseits, daß schwarze Arbeitnehmer auch ohne offizielle gewerkschaftliche Vertretung zur Organisation von Arbeitskämpfen in der Lage waren. Diese Ereignisse führten zu einer verstärkten Reformbereitschaft bzgl. der Arbeitsmarktordnung, da hiervon ein Abbau der zunehmenden Militanzbereitschaft der Arbeitnehmer erhofft wurde (vgl. Finnemore (1996), S. 30. Eine ausführliche Analyse der Durban Streiks findet sich bei Hofmeyr (vgl. Hofmeyr (1994), S. 16-25)).

5 Grundlage für diese Reformen waren die Empfehlungen der sog. „Wiehahn Kommission", die 1977 mit dem Ziel eingesetzt wurde, mögliche Reformen für die Arbeitsmarktordnung zu erarbeiten und die in ihrem Abschlußbericht Anfang 1979 die uneingeschränkte Zulassung von Gewerkschaften sowie den Abbau rassischer Diskriminierung am Arbeitsmarkt forderte (vgl. Department of Labour and Mines (1979)).

6 Sog. „gemischten" Gewerkschaften war eine Aufnahme von Indern und Farbigen, nicht jedoch von Schwarzen gestattet.

Diskriminierung schwarzer Arbeitnehmer sprechen kann.[1]

Aufgrund der erfolgten starken Diskriminierung am Arbeitsmarkt während der Apartheid stellte die Stärkung der Arbeitnehmerrechte für den ANC stets ein zentrales Anliegen dar. Die erhobenen Forderungen sind hierbei nicht primär allokativ begründet, sondern distributiv motiviert und sollen vorrangig einer erhöhten Arbeitsmarktsicherheit für Arbeitnehmer dienen. In den wirtschaftspolitischen Konzeptionspapieren wird zum einen eine Verbesserung gesetzlicher Arbeitnehmerschutznormen in bezug auf Arbeitszeit, Urlaub, Mutterschutz und Krankengeld und zum anderen eine Stärkung der gewerkschaftlichen Position durch ein garantiertes Recht auf Gewerkschaftsmitgliedschaft und Streik angemahnt.[2] Die 1955 in der Freedom Charta verankerte Zielsetzung eines verfassungsrechtlich geschützten Rechts auf Arbeit wurde allerdings mit der zunehmenden Akzeptanz eines marktwirtschaftlichen Systems in den 90er Jahren aufgegeben und durch die Forderungen nach einer Politik der Affirmative Action[3] sowie betrieblicher Mitbestimmung ersetzt.[4] Als neues Element wird im Rahmen des White Papers zum RDP die Gründung von Schlichtungsorganen und Drei-Parteien-Verhandlungen zwischen Gewerkschaften, Arbeitgeberverbänden und Staat gefordert,[5] die ein korporatistisches Lohnfindungssystem am Arbeitsmarkt als Zielsetzung des ANC nahelegen. In jüngster Zeit ist insofern eine gewisse Veränderung in der arbeitsmarktpolitischen Konzeption des ANC auszumachen, als das Gear-Programm nicht mehr vorrangig einen distributiv motivierten Ausbau der Arbeitnehmerrechte fordert, sondern die Notwendigkeit einer verstärkten Flexibilität am Arbeitsmarkt sowie einer produktivitätsorientierten Entlohnung hervorhebt.

---

[1] Vgl. Jones/Müller (1992), S. 293 sowie Hofmeyr (1994), S. 13 f. Dies bedeutete jedoch nicht das Ende einer de facto Diskriminierung (vgl. ausführlich zu möglichen Formen nicht-institutionalisierter Diskriminierung und ihren Ursachen Barker (1992), S. 164 f. sowie Standing/Sender/Weeks (1996), S. 384).

[2] Vgl. ANC (1955), ders. (1991a), S. 13 sowie ders. (1994a), S. 113.

[3] Affirmative Action kann als Programm definiert werden, das auf die Beseitigung einer ungleichen Stellung einzelner Bevölkerungsgruppen am Arbeitsmarkt zielt, sofern diese das Resultat gezielter Diskriminierung ist (vgl. auch Presidential Commission (1996), Abs. 434).

[4] Vgl. ANC (1991a), S. 9 und 14 sowie ders. (1994a), S. 114f.

[5] Vgl. ANC (1994b), S. 26f.

2. Ausgestaltung der Arbeitsmarktordnung

2.1. Allgemeiner Überblick

Die neue Arbeitsmarktordnung Südafrikas wird im wesentlichen durch den „Labour Relations Act“ (1995), der die Rahmenbedingungen des Lohnfindungssystems, Kündigungsgründe und -verfahren sowie Mitbestimmungsmöglichkeiten festlegt und den „Basic Conditions of Employment Act“ (1997), der die gesetzlichen Arbeitnehmerschutznormen umfaßt, konstituiert. Um die Besonderheiten des südafrikanischen Arbeitsmarktes zu verdeutlichen, wird im folgenden - trotz der Beschränkung des theoretischen Abschnitts auf das Lohnfindungssystem - ein kurzer Überblick über die Entwicklung der Arbeitnehmerschutzpolitik, der staatlichen Arbeitsmarktbehörde sowie Mitbestimmungsregelungen seit 1994 gegeben,[1] bevor, dem theoretischen Abschnitt der Arbeit entsprechend, eine ausführliche Analyse des Lohnfindungssystems erfolgt.

Während im BCEA die gesetzliche Kündigungsfrist festgesetzt ist,[2] definiert der LRA „faire“ bzw. „unfaire“ Entlassungen und legt Einspruchsmöglichkeiten für Arbeitnehmer im Fall einer Kündigung fest. Unterschieden wird im Rahmen des LRA dabei zwischen grundsätzlich unzulässigen Kündigungen[3] und potentiell gerechtfertigten Kündigungen.[4] Bei letzteren liegt die Beweispflicht, daß es sich um eine sowohl inhaltlich wie auch prozessual faire Kündigung handelt beim Arbeitgeber. Entscheidungen hinsichtlich der Zulässigkeit von Kündigungen können - sofern keine Einigung zwischen Arbeitnehmer und Arbeitgeber im Rahmen eines CCMA-Schlichtungsverfahrens[5] erzielt werden kann - durch das Arbeitsgericht (Labour

---

1 Die Ausgestaltung der Arbeitslosenversicherung wird dagegen im Kapitel zur Sozialordnung behandelt (vgl. Kapitel 3, Abschnitt IV.1.2.).

2 Je nach Beschäftigungsdauer beträgt diese 1, 2 oder 4 Wochen (vgl. RSA (1997b), §37(1)).

3 Prinzipiell unzulässig sind Kündigungen aufgrund von Gewerkschaftsmitgliedschaft, Teilnahme an einem gesetzlich legalen Streik, Schwangerschaft sowie Diskriminierung (vgl. RSA (1995), §187(1)).

4 Kündigungen können prinzipiell bei Fehlverhalten des Arbeitnehmers sowie aufgrund ökonomischer Notwendigkeit gerechtfertigt sein (vgl. RSA (1995), §187(2)).

5 Das CCMA ist eine mit Juristen besetzte staatliche Institution, deren Ziel in der Schlichtung von Streitigkeiten am Arbeitsmarkt liegt.
Zur rechtlichen Grundlage der CCMA vgl. RSA (1995), Chap. VII, Part A. Zum organisatorischen Aufbau sowie der Zielsetzung der CCMA vgl. Dekker (1996), S. 35-

Court) und in letzter Instanz durch das Arbeitsberufungsgericht (Labour Appeal Court) getroffen werden. Im wesentlichen stellen die im LRA aufgeführten Regelungen eine Kodifizierung der existierenden Rechtsprechung dar.[1] Sie implizieren somit keine grundlegenden inhaltlichen Änderungen, führen jedoch zu einer erhöhten Rechtssicherheit, da die bisherige Rechtsprechung, aufgrund der vagen Definition des Fairnessbegriffs, ein stark diskretionäres Element enthielt.[2] Dies wiederum kann in der Tendenz als Stärkung der Arbeitnehmerrechte interpretiert werden, da eine Kündigung für Arbeitnehmer in Zukunft berechenbarer ist.

Arbeitnehmerschutznormen können dem Schutz aller Beschäftigten sowie spezifischer, als besonders schwach gesehener Personengruppen am Arbeitsmarkt dienen. Die allgemeinen gesetzlichen Arbeitnehmerschutznormen sind für Südafrika im BCEA festgeschrieben und umfassen neben dem bereits besprochenen Kündigungsschutz Regelungen zu Arbeitszeit, Urlaub, Mutterschutz und Kinderarbeit.[3] Eine spezifische Förderung wird am Ar-

---

39.
Neben dem CCMA existiert in Südafrika eine unabhängige Organisation mit dem Namen „Independent Mediation Services of South Africa“ (IMSSA), die von den Arbeitsmarktparteien zur Schlichtung von Konflikten beauftragt werden kann (vgl. hierzu auch o. V. (1996a)).

1 Vgl. Landman (1995), S. 41 sowie Bendix (1996), S. 372 f.
Die existierende Rechtsprechung stimmt weitgehend mit den ILO-Empfehlungen zum Kündigungsschutz überein (vgl. Landman (1995), S. 41 sowie Bendix (1996), S. 372 f.).

2 Vgl. Bendix (1996), S. 374 f.

3 Die im Rahmen der 1997 verabschiedeten Reform des BCEA impliziert in fast allen Bereichen eine Ausdehnung des gesetzlichen Arbeitnehmerschutzes. Zudem führt sie zu einer Vereinheitlichung der Regulierungen sowie einer Ausdehnung der geschützten Arbeitnehmerkreise (zur folgenden Tabelle vgl. RSA (1983b) sowie RSA (1997b)).

	BCEA 1997	BCEA 1983
Arbeitszeit: ①		
täglich	8 / 9 h.	8 / 9¼ h.
wöchentlich	45 h.	46 / 48 / 60 h.
Überstunden:		
täglich	3 h.	3 h.
wöchentlich	10 h.	10 h.
Zuschlag	50%	33%
Pausen:		
Essenspause	1 h. alle 5 h.	1 h. alle 5 h.
tägliche Ruhezeit	12 h.	12 h.
Feiertagsarbeit ②	mindestens 100% Zuschlag	100%

beitsmarkt für Schwarze, Frauen und Behinderte im Rahmen des sog. Affirmative Action Programms[1] der Regierung angestrebt. Nach der vom Arbeitsministerium vorgelegten Gesetzesvorlage müssen alle Arbeitgeber für eine Abschaffung bestehender Diskriminierungen in ihren Unternehmen Sorge tragen.[2] Arbeitgeber mit 50 und mehr Angestellten werden in diesem Zusammenhang verpflichtet, in Abstimmung mit den betrieblichen Arbeitnehmervertretern einen Plan zum Abbau existierender Diskriminierungen und zur Förderung bisher benachteiligter Personengruppen für ihr Unternehmen zu erstellen. Die Einhaltung dieses vom Arbeitsministerium zu ge-

Sonntagsarbeit ③	50% / 100% Zuschlag	50%
Nachtarbeit	indiv. zu vereinbarende Zulage	-
Urlaub	21 Tage	14 Tage
Mutterschutz	4 Monate bezahlt Arbeitsplatzgarantie	3 Monate unbezahlt, keine Arbeitsplatzgarantie
Kinderarbeit (Mindestalter)	15	15

① Sofern der Arbeitnehmer mehr als 5 Tage die Woche arbeitet, ist die Stundenzahl auf 8 Stunden pro Tag festgesetzt, ansonsten kann sie 9 Stunden betragen. Nach der Gesetzgebung von 1983 waren hierfür ebenfalls 8 bzw. 9¼ Stunden festgelegt; gesonderte Regelungen galten für Sicherheitspersonal.
Die wöchentliche Arbeitszeit betrug nach der alten Gesetzgebung 60 Stunden für Sicherheitspersonal, 48 Stunden für Schichtarbeiter und 46 Stunden für alle übrigen Beschäftigten.
② Nach dem neuen Gesetz ist der jeweils höhere Betrag eines 100%igen Zuschlages oder dem Tageslohn zuzüglich der nach Stunden abgerechneten Arbeitszeit zu leisten.
③ Die Zuschlagshöhe hängt davon ab, ob der Arbeitnehmer üblicherweise sonntags arbeitet oder nicht.

1 Grundlage des Programmes ist bisher die Gesetzesvorlage „Employment Equity Bill" (vgl. Department of Labour (1997)), die im Juni 1998 in Kraft treten soll.
Während die prinzipielle Notwendigkeit einer Förderung bisher benachteiligter Personengruppen breite Zustimmung findet, zeigt sich die Umsetzung der Affirmative Action Politik als problematisch, da sie in einigen Fällen in einer neuen Diskriminierung resultiert, indem Arbeitnehmer lediglich aufgrund ihrer Zugehörigkeit zu einer vormals benachteiligten Personengruppe, jedoch ohne notwendige Qualifikationen eingestellt bzw. befördert werden. Zudem führt der Druck auf Unternehmen zur Einstellung von schwarzen Mitarbeitern, aufgrund der begrenzten Zahl höherqualifizierter Schwarzer teilweise zu einer „Ämteranhäufung" der geringen Anzahl von Schwarzen, die über eine qualifizierte Ausbildung verfügen und verstärkt damit die bereits existente hohe Ungleichverteilung der Einkommen (vgl. hierzu o. V. (1995c), S. 19 f. sowie Bendix (1996), S. 592 f.).

2 Jeffery verweist darauf, daß die Gesetzesvorlage derart zu interpretieren ist, daß jede unterproportionale Repräsentation der zu fördernden Personengruppen als Diskriminierung gedeutet werden kann. (vgl. Jeffery (1998)).

nehmigenden Plans unterliegt einer jährlichen Kontrolle.[1] Sofern die von Unternehmerseite durchgeführten Schritte vom Arbeitsministerium hierbei als unzureichend erachtet werden, kann dieses eine Strafgebühr gegenüber dem Unternehmen verhängen.[2] Zusätzlich wird für Arbeitnehmer eine gesetzliche Grundlage geschaffen, um gegen Diskriminierung am Arbeitsmarkt zu klagen, wobei die Beweislast beim Arbeitgeber liegt.[3]

Das Arbeitsministerium verfügt landesweit über 175 lokale Arbeitsämter.[4] Diese werden von Arbeitgebern und Arbeitnehmern jedoch kaum zur Besetzung freier Stellen bzw. zur Stellensuche in Anspruch genommen, da sie als ineffizient gelten.[5] Infolgedessen sind bei den staatlichen Arbeitsämtern i. d. R. nur diejenigen Personen als arbeitslos registriert, die einen Anspruch auf Arbeitslosenunterstützung geltend machen können. Die Vermittlung freier Stellen erfolgt dagegen weitgehend über den privaten Sektor, während sich die Tätigkeit der Arbeitsämter vorrangig auf die Antragsabwicklung von Arbeitslosengeld beschränkt. Problematisch ist neben der geringen Akzeptanz die regionale Konzentration staatlicher Arbeitsämter auf Großstädte, infolge derer in ländlichen Gebieten keine ausreichende Arbeitsmarkttransparenz bzw. Mobilitätsförderung erzielt wird, obwohl gerade dort ein starkes Informationsdefizit besteht.[6] Somit existiert zwar eine staatliche Arbeitsmarktbehörde, diese wird ihrer Funktion, über eine verbesserte Transparenz und Mobilität am Arbeitsmarkt zu einer effizienten Faktorallokation beizutragen, in ihrer gegenwärtigen Ausgestaltung jedoch nicht gerecht. Allerdings ist geplant, im Rahmen eines von der EU finanzierten Reformprojekts die Ausbildung der Arbeitsamtangestellten zu verbessern sowie ein

---

1 Vgl. Department of Labour (1997), S. 12 sowie §§10,13,16,17 und 18.

2 Die max. Höhe der Strafgebühr beträgt im ersten Jahr R 500 000 und erhöht sich in den folgenden 4 Jahren um jeweils R 100 000 (vgl. Department of Labour (1997), S. 44).

3 Vgl. Department of Labour (1997), §§4-7.

4 Vgl. Smith (1998). Institutionalisiert sind die Arbeitsämter durch den „Guidance and Placement Act“ (1981).

5 Der Förderung von Transparenz am Arbeitsmarkt durch Informationsbereitstellung, die in konkreter Arbeitsplatzvermittlung resultieren kann, wurde von seiten des Staates bisher keine maßgebliche Bedeutung beigemessen. Dies läßt sich zum einen damit erklären, daß die Apartheidsregierung diesem Problem aufgrund der bisher kaum existierenden „weißen“ Arbeitslosigkeit keine Bedeutung beigemessen hat. Zum anderen erweist sich Arbeitsplatzvermittlung in Südafrika als schwierig, da keine standardisierte Struktur von Berufsqualifikationen existiert.

6 Vgl. Standing/Sender/Weeks (1996), S. 433.

Computersystem aufzubauen, das Arbeitgebern über das Internet den Zugang zu sog. „Job Banks“ ermöglichen und somit zu einer höheren Vermittlungsquote der Arbeitsämter beitragen soll.[1]

Durch den LRA wurden zum ersten Mal in der Geschichte Südafrikas auch Mitbestimmungsrechte für Arbeitnehmer im Rahmen sog. Workplace Foren gefördert und institutionalisiert.[2] Workplace Foren bilden den Rahmen, innerhalb dessen Arbeitnehmervertreter begrenzte Informations-, Beratungs- und Mitbestimmungsrechte im Unternehmen wahrnehmen können.[3] Sie können in Firmen mit über 100 Beschäftigten auf Antrag einer oder mehrerer Gewerkschaften, die insgesamt mindestens 50% der Arbeitnehmer vertreten müssen, eingerichtet werden. Die Arbeitnehmervertreter für ein Workplace Forum werden nach einer Nominierung durch die Gewerkschaften von der gesamten Belegschaft gewählt. Allerdings bleiben diese Mitbestimmungsmöglichkeiten bisher weitgehend ungenutzt, da die Gewerkschaften ihr Initiativrecht zur Gründung von Workplace Foren nicht nutzen, weil sie hierdurch eine Einschränkung des Einflusses der betrieblichen Gewerkschaftsvertreter sowie ihrer Verhandlungsmacht in den Bargaining Councils befürchten.[4]

---

1 Vgl. Smith (1998).

2 Zwar gab es ab 1953 für schwarze Arbeitnehmer „Work Committees“ sowie ab 1973 für alle Arbeitnehmer „Liaison Committees“ in den Firmen. Diese dienten jedoch hauptsächlich zur Kontrolle der Arbeitnehmer und gewährten den Arbeitnehmern keine wirklichen Mitbestimmungsrechte (vgl. Mapadimeng (1995), S. 39 und 44 f. sowie Bendix (1996), S. 86 und 93 f.). Darüber hinaus gab es ab den 80er Jahren in einigen Firmen Initiativen zur Einführung begrenzter Mitbestimmungsrechte; hierbei handelte es sich jedoch um freiwillige Projekte (vgl. Mapadimeng (1995), S. 66-69 sowie Bendix (1996), S. 567).
Zur Ausgestaltung und Zielsetzung der Workplace Foren vgl. RSA (1995), Chap. I, Sec. 1, Abs. d(iii) sowie Chap. V.

3 Arbeitnehmer haben Informationsrechte derart, daß Arbeitgeber die Arbeitnehmervertreter in den Workplace Foren regelmäßig über aktuelle Geschäftsdaten informieren und ihnen die für die Erfüllung ihrer Beratungs- und Mitbestimmungsfunktion notwendigen Informationen zur Verfügung stellen müssen. Beratungsrechte sollen hinsichtlich Fragen der Produktion und Arbeitsplatzgestaltung, Mitbestimmungsrechte insbesondere hinsichtlich Fragen der Personalpolitik eingeführt werden. Allerdings werden im LRA nur Vorschläge bzgl. möglicher Beratungs- und Mitbestimmungsrechte unterbreitet. Eine endgültige Festlegung dieser Rechte soll in Verhandlungen zwischen Gewerkschaften, Arbeitgeberverbänden und Regierung erfolgen.

4 Vgl. Adam/Moodley (1993), S. 347, Anstey (1995a), S. 34 f., Bendix (1996), S. 565, Boase (1996), S. 27 sowie Nxumalo (1997a).
Diese Befürchtungen der Gewerkschaften lassen sich hauptsächlich aus dem histori-

Insgesamt zeigen die Reformen bzgl. der Arbeitsmarktordnungselemente „Arbeitnehmerschutznormen" und „Mitbestimmung" eine verstärkte staatliche Regulierung des Arbeitsmarktes und eine Stärkung der Arbeitnehmerrechte. Die erfolgten Reformen, die weniger allokativ als distributiv motiviert sind, stellen eine weitgehende Umsetzung der vor den Wahlen durch den ANC formulierten arbeitsmarktpolitischen Zielsetzungen dar. Inwiefern der Regulierungsumfang effizient ist, kann hier nicht abschließend beurteilt werden, da dies einer umfassenden Kosten-Nutzen-Analyse bedarf. Allerdings erscheinen die gesetzlich verankerten Schutzrechte relativ umfangreich. Die hieraus resultierende Kostenerhöhung und eingeschränkte Flexibilität am Arbeitsmarkt könnte dazu führen, daß insbesondere kleine Unternehmer aus dem Markt ausscheiden, wodurch sich die Arbeitsmarktlage tendenziell weiter verschlechtern könnte, so daß die Ausdehnung der Arbeitnehmerschutznormen letztlich eine ökonomische Rente der Insider zuungunsten der Outsider darstellt. Problematisch erscheint auch der ausgedehnte Mutterschaftsschutz, der die Arbeitsmarktchancen von Frauen verschlechtern und somit einer möglicherweise positiven Wirkung des Affirmative Action Programmes entgegenstehen dürfte. Einer verbesserten Allokation des Faktors Arbeit über eine Erhöhung der Transparenz und Mobilität am Arbeitsmarkt wird bisher kaum Rechnung getragen, diese könnte sich jedoch durch die Einführung der „Job Banks" in Zukunft erhöhen.

2.2. Das Lohnfindungssystem

Die Rahmenbedingungen des Lohnfindungssystems sind in Südafrika durch Art.17, 18 und 23 der Verfassung sowie den LRA (1995) festgelegt.[1] Die prinzipielle Sicherung eines kollektiven Lohnfindungssystems ist hierbei über die Anerkennung von Gewerkschaften und Arbeitgeberverbänden als

---

schen Kontext erklären, da sowohl „works committees" als auch „liaison committees", seitens des Staates und der Unternehmer zur Kontrolle der Arbeitnehmer und Schwächung der Gewerkschaften initiiert wurden (vgl. Anstey (1995b), S. 4 sowie Mapadimeng (1995), S. 62-64).

1 Art. 17 sichert Versammlungsfreiheit, Art. 18 Vereinigungsfreiheit. In Art. 23 wird konkret das Recht zur Bildung von Gewerkschaften und Arbeitgeberverbänden festgelegt sowie deren Recht auf eine Teilnahme an Lohnverhandlungen. Die im LRA im Detail geregelten gesetzlichen Rahmenbedingungen für den Ablauf von Lohnverhandlungen können daher als Ergänzung von Art. 23 der Verfassung verstanden werden.
Die Regelungen des LRA gelten für alle Beschäftigten mit Ausnahme der Streitkräfte und des Geheimdienstes (vgl. RSA (1995), Sec. 2).

rechtmäßige Vertreter von Arbeitnehmern und Arbeitgebern in Lohnverhandlungen gegeben.[1] Der Autonomie der Tarifparteien wird insofern Rechnung getragen, als keine Verpflichtung zu Tarifverhandlungen besteht, sondern diese nur auf freiwilligen Entschluß der Tarifparteien folgen können.[2]

Kernbestandteil des Lohnfindungssystems sind die Bargaining Councils,[3] in denen die Tarifverhandlungen stattfinden und die durch eine oder mehrere registrierte Gewerkschaften und Arbeitgeberverbände für einen spezifischen Sektor einer Region konstituiert werden können.[4] Die Gründung eines Bargaining Councils ist nur dann möglich, wenn dessen Satzung von Nedlac[5] anerkannt wird. In den Bargaining Councils sind Arbeitgeber und Ar-

---

1 Vgl. insbesondere RSA (1995), Chap. I, Sec. 1 Abs. c.

2 Vgl. hierzu Finnemore (1996), S. 183. Die Verpflichtung zu sektoralen Tarifverhandlungen war ein Ziel, das Cosatu während der Beratungen zum LRA nicht durchsetzen konnte (vgl. Finnemore (1996), S. 163). Allerdings wurde - um den Forderungen von Cosatu entgegenzukommen - für die Sektoren und Regionen, in denen keine Tarifverhandlungen in Bargaining Councils stattfinden, die Einrichtung von sog. „Statutory Councils" ermöglicht. Diese können entweder durch eine oder mehrere Gewerkschaften, die in einem Sektor einer Region mindestens 30% der Arbeitnehmer vertreten bzw. eine oder mehrere Arbeitgeberverbände, deren vertretende Firmen mindestens 30% der betroffenen Arbeitnehmer beschäftigen, beantragt werden. Die Befugnisse der Statutory Councils sind allerdings beschränkt, da sie vorwiegend über Sozialleistungen, nicht jedoch über Löhne verhandeln können (vgl. RSA (1995), Chap. III, Part E).

3 Derzeit existieren in Südafrika 61 Bargaining Councils, die für einzelne Sektoren auf nationaler oder regionaler Ebene organisiert sind (vgl. o. V. (1997g), S. 148-155).

4 Wird die Errichtung eines Bargaining Councils allein von Gewerkschaftsseite, nicht jedoch von Arbeitgeberseite gewünscht, so können Gewerkschaften lediglich versuchen, die Einrichtung eines Bargaining Councils im Rahmen des bisher existierenden Lohnfindungssystems ihres Sektors als Forderung durchzusetzen.

5 Im Rahmen des seit 1994 existierenden Nedlac werden Fragen der Wirtschafts- und Sozialpolitik beraten. Nedlac ist somit ein Versuch, über korporatistische Strukturen einen weitreichenden gesellschaftlichen Konsens in der Wirtschafts- und Sozialpolitik zu erzielen, wobei dem Forum gegenüber der Regierung eine beratende Funktion zukommt. Nedlac setzt sich aus 4 Kammern zusammen ((1) Finanz- und Geldpolitik, (2) Industrie- und Handelspolitik, (3) Arbeitsmarktpolitik, (4) Entwicklungspolitik), wobei sich die Kammern 1-3 paritätisch aus Vertretern der Arbeitnehmer, Arbeitgeber und der Regierung zusammensetzen, während in Kammer 4 darüber hinaus auch Vertreter der Kommunen sowie von Entwicklungsorganisationen zugelassen sind. Die Arbeitnehmerseite ist gegenwärtig durch die 3 Gewerkschaftsverbände Cosatu, Nactu und Fedsal vertreten, die Arbeitgeberseite durch die Arbeitgeberorganisation Business South Africa (vgl. Finnemore (1996), S. 138-141). Im Rahmen der 3. Kammer werden somit Arbeitsmarktfragen zwischen Arbeitgebervertretern und Gewerkschaften auf nationaler Ebene verhandelt, worin man eine verstärkte Zentralisierung des Lohnfindungssystems sehen kann, wenn man „Lohn" in einem weiten Sinn definiert.

beitnehmer paritätisch vertreten. Die Teilnahme einzelner Arbeitgeberverbände und Gewerkschaften an für ihre Mitglieder relevanten Bargaining Councils ist freiwillig. Die in Bargaining Councils ausgehandelten Tarifverträge sind für die beteiligten Parteien bindend. Darüber hinaus ist der Arbeitsminister i. d. R. verpflichtet, die Tarifverträge - wenn ein entsprechender Antrag des Bargaining Councils vorliegt - auch auf alle übrigen Arbeitnehmer des betroffenen Sektors einer Region auszudehnen, so daß ein hoher Verbindlichkeitsgrad existiert.[1]

2.2.1. Zentralisierungsgrad

Der Zentralisierungsgrad des bisherigen Lohnfindungssystems hat in Abhängigkeit der Sektoren und Regionen stark variiert, so daß eine einheitliche Einordnung schwierig ist.[2] Das Lohnfindungssystem konnte als eine Mischung aus sektoralen und dezentralen Lohnverhandlungen charakterisiert werden, wobei nach Ansicht der ILO insgesamt ausreichende Anhaltspunkte existierten, um von einem sektoral dominierten Lohnfindungssystem zu sprechen.[3] Das durch den LRA institutionalisierte System von Bargaining Councils baut prinzipiell auf dem bisherigen System der Industrial Councils auf,[4] wobei jedoch die Bedeutung sektoraler und nationaler Lohnverhandlungen gegenüber dezentralen Lohnverhandlungen in den Unternehmen gestärkt werden soll. Eine gewisse Zentralisierungstendenz kann hierbei zum einen durch die Einführung der Statutory Councils[5] und zum anderen durch die Verhandlungen in Nedlac vermutet werden. Zudem impliziert der, im Vergleich zur vorangegangenen Gesetzgebung, weitgehende Zwang des

---

1 Der Arbeitsminister muß den Tarifvertrag ausdehnen, wenn bei einer Ausdehnung (1) die Mehrheit aller Arbeitnehmer des relevanten Tarifbereiches Mitglieder der verhandelnden Gewerkschaft(en) sind, (2) die Mehrheit aller Arbeitnehmer in den Betrieben der verhandelnden Arbeitgeber beschäftigt ist. Wenn (3) der Bargaining Council ein unabhängiges Organ einsetzt, das aufgrund im voraus festgelegter Kriterien Ausnahmen für Nichtmitglieder des Bargaining Councils gewähren kann und (4) im Tarifvertrag keine Diskriminierung von Nichtmitgliedern des Bargaining Councils enthalten ist (vgl. RSA (1995), Chap. III, Part C, Sec. 32).

2 Vgl. Baskin/Satgar (1995), S. 5.

3 Vgl. Standing/Sender/Weeks (1996), S. 194.

4 Zum System der Industrial Councils vgl. ausführlich Standing/Sender/Weeks (1996), S. 14 und 146-153.

5 Statutory Councils bewirken eine Stärkung der sektoralen Verhandlungsebene, da sie im Vergleich zu Bargaining Councils relativ einfach von Gewerkschaften auch gegen den Willen der Arbeitgeber durchgesetzt werden können.

Arbeitsministers zur Ausdehnung der Tarifverträge auf Nichtmitglieder des Bargaining Councils eine zusätzliche Zentralisierungstendenz.

Ebenso wie die formale Lohnfindungsstruktur, variiert auch die Kooperation zwischen und innerhalb der Tarifparteien stark. Teilweise kann sowohl auf Arbeitgeber- als auch auf Gewerkschaftsseite im Vorfeld von Tarifverhandlungen eine Abstimmung des Verhandlungsspielraums bzw. der Verhandlungsstrategie festgestellt werden.[1] Ein relativ hoher Abstimmungsgrad erfolgt innerhalb der einzelnen Gewerkschaftsverbände, nicht jedoch zwischen diesen. Generell bleibt der Kooperationsgrad innerhalb der Tarifparteien schwer einzuschätzen, wird im internationalen Vergleich jedoch als eher gering angenommen.[2] Es kann allerdings vermutet werden, daß die Kooperation innerhalb der Tarifverbände aufgrund der gemeinsam zu vertretenden Interessen in Nedlac sowie der notwendigen Zusammenarbeit in Bargaining Councils, Statutory Councils und Workplace Foren in Zukunft eher zunehmen wird.

Insgesamt ist durch den LRA kurzfristig keine grundlegende Veränderung des gegebenen Zentralisierungsgrades zu erwarten, da die Gründung von bzw. Teilnahme an Bargaining Councils freiwillig bleibt, so daß diese im Fall einer Ablehnung sektoraler Lohnverhandlungen durch die Arbeitgeber von Gewerkschaften lediglich mittel- bis langfristig im Rahmen der gegebenen Lohnverhandlungsstrukturen durchgesetzt werden kann.[3] Langfristig kann jedoch sowohl eine zunehmende Kooperation als auch eine verstärkte formale Zentralisierung zu sektoralen Verhandlungen vermutet werden, da der LRA durch die Institutionalisierung sektoraler Verhandlungsstrukturen sowie spezifischer Institutionen wie Statutory Councils oder Nedlac einen impliziten Druck zu verstärkter Kooperation am Arbeitsmarkt ausübt. Dies impliziert, daß das Lohnfindungssystem Südafrikas bereits jetzt, aber noch verstärkt in Zukunft einen mittleren Zentralisierungsgrad aufweist, der bei Akzeptanz der Calmfors/Driffill-These einen negativen Einfluß auf die ma-

---

1 Vgl. Baskin/Satgar (1995), S. 5.

2 Vgl. Archer (1992), S. 215 f.

3 Vgl. Baskin/Satgar (1995), S. 5 f.

kroökonomische Stabilität[1] erwarten läßt.[2]

2.2.2. Fragmentarisierungsgrad

In Südafrika existieren elf Gewerkschaftsverbände, von denen fünf landesweit organisiert sind,[3] jedoch nur drei über mehr als 200.000 Mitglieder verfügen und somit als Arbeitnehmervertreter bei Nedlac zugelassen sind.[4] Die Zahl der Einzelgewerkschaften belief sich 1996 auf 254.[5] Den drei in Nedlac vertretenen Gewerkschaftsverbänden waren hiervon lediglich 63 Einzelgewerkschaften angeschlossen,[6] so daß 192 Gewerkschaften keinem oder lediglich einem kleinen Gewerkschaftsverband angehörten. Dieser formal hohe Fragmentarisierungsgrad relativiert sich jedoch, wenn nicht die Zahl der Einzelgewerkschaften, sondern die Mitgliederstärke der einzelnen Gewerkschaften bzw. Gewerkschaftsverbände betrachtet wird, da Cosatu allein 43% der gewerkschaftlich organisierten Arbeitnehmer vertritt und insgesamt 62% der Gewerkschaftsmitglieder den drei in Nedlac vertretenen Gewerkschaftsverbänden angehören.[7] Der dennoch verbleibende relativ hohe Fragmentarisierungsgrad hat ideologische, ethnische und berufsspezifische Ursachen.[8] Während Cosatu und Nactu mit dem ANC bzw. PAC unterschiedlichen politischen Parteien verbunden sind, hat sich Fedsal stets

---

1 Der Begriff makroökonomische Stabilität wird nachfolgend - der im theoretischen Abschnitt der Arbeit erfolgten Definition entsprechend - als hoher Zielerreichungsgrad hinsichtlich Preisniveaustabilität, Vollbeschäftigung und außenwirtschaftlichem Gleichgewicht interpretiert.

2 Vgl. Roux (1991), S. 112 sowie Baskin/Satgar (1995), S. 6.

3 Hierbei handelt es sich um die Gewerkschaftsverbände Cosatu, Nactu, Fedsal, Fitu, Cmbu und Sacol.
Für eine Darstellung der historischen Gewerkschaftsentwicklung in Südafrika vgl. Bendix (1996), S. 77-104 und 206-212.

4 Dies sind die Gewerkschaftsverbände Cosatu, Nactu und Fedsal, wobei Cosatu den bei weiten einflußreichsten Gewerkschaftsverband darstellt.
Für einen Überblick zu den südafrikanischen Gewerkschaftsverbänden vgl. Baskin (1994), S. 53-59, Finnemore (1996), S. 99 f. sowie Standing/Sender/Weeks (1996), S. 156.

5 Vgl. o. V. (1997g), S. 105-110.
SADWU wurde 1997 aufgelöst (vgl. Nyman (1997)).

6 Cosatu gehören 19 Einzelgewerkschaften an (vgl. Cosatu (1998), wozu die fünf mitgliederstärksten Einzelgewerkschaften zählen. Fedsal umfaßt 16, Nactu 19 Einzelgewerkschaften (vgl. o. V. (1997g), S. 105-110).

7 Vgl. Baskin (1996), S. 9.

8 Die folgende Analyse beschränkt sich auf die fünf nationalen Gewerkschaftsverbände.

als parteilos verstanden. Die ethnische Trennung der Gewerkschaften in „schwarze“ (Cosatu und Nactu) und „weiße“ (Fedsal, Cmbu und Sacol) Gewerkschaften läßt sich historisch durch das lange Verbot schwarzer und gemischter Gewerkschaften[1] sowie die Zulassung schwarzer Gewerkschaften ab 1981 erklären. Schließlich existiert eine Spaltung der Gewerkschaften anhand der Berufsfelder ihrer Mitglieder; denn während die Mitgliederstruktur der in Cosatu und Nactu eingegliederten Gewerkschaften durch Arbeiter dominiert werden, handelt es sich bei den Mitgliedern von Fedsal vorwiegend um höher qualifizierte Angestellte.[2]

Die Arbeitgeber werden seit 1994 auf nationaler Ebene durch die Arbeitgeberorganisation BSA vertreten. Diese stellt eine von 18 unabhängigen Arbeitgeberorganisationen[3] gegründete Mantelorganisation dar, die nach eigenen Angaben 80% der Arbeitgeber vertritt, welche wiederum 90% der Arbeitnehmer im formellen Sektor beschäftigen.[4] Trotz dieses einheitlichen nationalen Auftretens durch BSA sind auch die Arbeitgeberverbände in Südafrika relativ stark fragmentarisiert, wobei die Ursachen wiederum ideologisch und ethnisch bedingt, aber auch durch die unterschiedlichen Unternehmensgrößen gegeben sind. Ideologisch-historisch sind die Arbeitgeber insbesondere durch ihre aufgrund unterschiedlicher Interessenlagen abweichende Einstellung gegenüber der Apartheidsgesetzgebung am Arbeitsmarkt gespalten.[5] Eine weitere Trennungslinie existiert entlang der Zugehörigkeit zu einzelnen ethnischen Bevölkerungsgruppen.[6] Schließlich ist

---

1 Der Begriff bezieht sich wiederum auf Gewerkschaften, die Inder und Farbige, nicht jedoch Schwarze als Mitglieder zugelassen haben.

2 Daß die Mitglieder „weißer“ Gewerkschaften i. d. R. den höheren Gehaltsklassen angehören, ist jedoch wiederum Folge der Apartheidspolitik, insbesondere der Job-Rreservation-Politik. Vgl. zu den Ursachen des hohen Fragmentarisierungsgrades Slabbert et al. (1994), S. 4.42-4.50, Cunningham/Slabbert/Villiers (1994), Bendix (1996), S. 227-230 sowie Standing/Sender/Weeks (1996), S. 157.

3 Für 1996 wird die Zahl der Arbeitgeberverbände mit 170 angegeben (vgl. o. V. (1997g), S. 136-144). Von der Vielzahl der sektoralen Arbeitgeberverbände sind jedoch nur fünf landesweit organisiert (vgl. Finnemore (1996), S. 131 f.).

4 Vgl. Standing/Sender/Weeks (1996), S. 172. Da es sich hierbei um ungeprüfte Angaben der Organisation handelt, dürften diese Zahlen jedoch zu hoch liegen (vgl. Standing/Sender/Weeks (1996), S. 172). Ausführlich zu BSA vgl. Dowie (1994), S. 5.9-5.12.

5 Vgl. Standing/Sender/Weeks (1996), S. 167.

6 Vgl. Standing/Sender/Weeks (1996), S. 167 sowie S. 173.

das Arbeitgeberlager entlang der verschiedenen Unternehmensgrößen gespalten, da diese jeweils unterschiedlichen Rahmenbedingungen ausgesetzt sind und infolgedessen abweichende Zielsetzungen verfolgen.[1]

Insgesamt ist das südafrikanische Lohnfindungssystem gegenwärtig durch einen relativ hohen Fragmentarisierungsgrad geprägt, wobei jedoch auf Gewerkschaftsseite Cosatu eine dominierende Rolle einnimmt. Die bereits in den letzten Jahren zu verzeichnende Abnahme des Fragmentarisierungsgrads dürfte sich durch den LRA sowie die politische Entwicklung vor allem auf Gewerkschaftsseite in Zukunft weiter verstärken. Der LRA fördert große Gewerkschaften nämlich insofern, als für die Teilnahme an Nedlac bzw. die Einberufung von Workplace Foren, Bargaining Councils sowie Statutory Councils stets eine relativ hohe Arbeitnehmervertretung notwendig ist. Darüber hinaus dürften die durch den LRA institutionalisierten Verhandlungsstrukturen in Nedlac, Workplace Foren, Bargaining Councils und Statutory Councils die Kooperation zwischen den Gewerkschaften unterstützen.

Empirische Untersuchungen zeigen, daß sowohl die ethnische Fragmentarisierung als auch die Fragmentarisierung entlang von Einkommensklassen infolge der allgemeinen politischen Neuorientierung derzeit abnimmt, da Cosatu immer mehr Einzelgewerkschaften hinzugewinnt,[2] bei deren Mitgliedern es sich häufig um weiße, höher qualifizierte Arbeitnehmer handelt.[3] Darüber hinaus ist ein Trend zu abnehmender Fragmentarisierung innerhalb von Cosatu durch den Zusammenschluß von bisher konkurrierenden Einzelgewerkschaften zu erkennen,[4] so daß neben einer stärkeren Ko-

---

1 Als besonders schwierig erweist sich die Abstimmung zwischen den Unternehmern dabei in den Bargaining Councils, die wie z. B. in der Automobilindustrie, nicht über Mindestbedingungen, sondern Realbedingungen verhandeln.

2 Als hauptsächlicher Grund für diese Entwicklung kann ausgemacht werden, daß sich Arbeitnehmer aufgrund der starken Rolle von Cosatu und deren engen Verbindung zum ANC durch Cosatu die effektivste Interessensvertretung erwarten.

3 Vgl. Crankshaw (1997). 1996 haben sich Sasbo, Ips und Popcru Cosatu angeschlossen (vgl. Filita (1997), S. 36 f.).
Bei Popcru handelt es sich allerdings um eine Gewerkschaft, deren Mitglieder vorwiegend schwarz sind und über einen relativ geringen Ausbildungsgrad verfügen.

4 Vgl. Filita (1997), S. 39.

operation der Gewerkschaften langfristig sowohl ein abnehmender Fragmentarisierungsgrad der Gewerkschaftsverbände infolge eines Ausbaus der dominierenden Rolle von Cosatu als auch eine abnehmende Fragmentarisierung innerhalb von Cosatu zu erwarten ist. Diese sowohl auf die allgemeinen politischen Veränderungen, aber auch auf den LRA zurückzuführende abnehmende Fragmentarisierung der Gewerkschaften läßt eine Abnahme von Verteilungskämpfen erwarten, die sich auch positiv auf die makroökonomische Stabilität auswirken dürfte.

2.2.3. Organisationsdichte

Seit der uneingeschränkten Zulassung von Gewerkschaften im Jahr 1981 hat sich deren Mitgliederzahl von ca. 1,4 Mio. auf ca. 3 Mio. erhöht.[1] Dies bedeutet, daß sich der gewerkschaftliche Organisationsgrad im formellen Sektor auf etwa 40% beläuft und somit im internationalen Vergleich relativ hoch ausfällt.[2] Die gegenwärtige Entwicklung[3] zeigt vor allem eine Veränderung der Mitgliederstruktur, da im verarbeitenden Gewerbe aufgrund des dort stattfindenden Arbeitsplatzabbaus stagnierende Mitgliederzahlen zu verzeichnen sind, während im öffentlichen Sektor ein starker Zuwachs des

1 Vgl. Baskin (1996), S. 9. Dieser Mitgliederzuwachs, der im Gegensatz zu einem eher rückläufigen gewerkschaftlichen Organisationsgrad der Industriestaaten steht (vgl. Berthold/Fehn (1996), S. 59-61), läßt sich in Südafrika vorwiegend politisch, nicht ökonomisch erklären (vgl. Archer (1992), S. 212).
Daten zum gewerkschaftlichen Organisationsgrad können wiederum nur unter Vorbehalt gelten, da Erhebungen, infolge der problematischen Bestimmung von Beschäftigungszahlen, von unterschiedlichen Grundgesamtheiten ausgehen bzw. auf unkontrollierten Gewerkschaftsangaben basieren (vgl. Standing/Sender/Weeks (1996), S. 156).

2 Nimmt man den Agrarsektor sowie die Gruppe der Hausangestellten von dieser Betrachtung aus, da beide kaum gewerkschaftlich organisiert sind, so steigt der Organisationsgrad sogar auf 50% (vgl. Abb. 13a und 13b im Anhang).
Insgesamt zeigen sich starke Schwankungen des gewerkschaftlichen Organisationsgrades nach Sektoren, Regionen und ethnischer Zugehörigkeit. Bei einer sektoralen Aufspaltung zeigt der Agrarsektor den geringsten, der Bergbau den höchsten Organisationsgrad. Im Rahmen einer regionalen Betrachtung fällt der gewerkschaftliche Organisationsgrad in Gauteng am höchsten und in Northern Province am geringsten aus. Eine Aufgliederung nach Rassen zeigt, daß Schwarze am stärksten und Weiße am geringsten gewerkschaftlich organisiert sind (vgl. ausführlich zu diesen Erhebungen Baskin (1996), S. 10-13).

3 Die folgenden Ausführungen beziehen sich auf Cosatu, da diese einerseits von dominierender Bedeutung ist und andererseits als einzige Gewerkschaft über fundiertes Datenmaterial bzgl. ihrer Mitglieder verfügt.

gewerkschaftlichen Organisationsgrades erkennbar ist.[1] Insgesamt läßt sich als Entwicklung seit 1993 festhalten, daß der gewerkschaftliche Organisationsgrad stagniert, Cosatu, aufgrund des Beitritts von bisher eigenständigen Einzelgewerkschaften, jedoch steigende Mitgliederzahlen und eine sich verschiebende Mitgliederstruktur von Arbeitern zu Angestellten aufweist.[2]

Allerdings ist der hohe, wenn auch stagnierende gewerkschaftliche Organisationsgrad in seiner Bedeutung zu relativieren, da er sich lediglich auf den formellen Sektor bezieht, so daß die hohe Zahl der im informellen Sektor Beschäftigten unberücksichtigt bleibt. Stremlau/Zille schätzen den gewerkschaftlichen Organisationsgrad bzgl. des gesamten Arbeitspotentials daher auf lediglich 17%.[3] Während dieser geringe Organisationsgrad prinzipiell eine niedrige Insider-Outsider-Problematik vermuten läßt, ergibt sich für die südafrikanische Arbeitsmarktordnung dennoch eine starke Insider-Outsider-Problematik zwischen den in Gewerkschaften organisierten und in die aufgrund des LRA neugeschaffenen Lohnverhandlungsstrukturen integrierten Beschäftigten des formellen Sektors einerseits sowie den Arbeitslosen bzw. im informellen Sektor Beschäftigten andererseits,[4] da letztere infolge geringer beruflicher Qualifikation sowie mangelndem politischen Einfluß keine starke Substitutionskonkurrenz für die Beschäftigten des formellen Sektors darstellen.

2.2.4. Kampfdisparität

Für die Beurteilung der Kampfdisparität im südafrikanischen Lohnfindungssystem werden im folgenden die Ausgestaltung des Rechts auf Streik und Aussperrung, das Verhältnis der Tarifparteien zur Regierung sowie die Ausgestaltung von Mitbestimmungsregelungen betrachtet.

---

1 Vgl. Baskin (1994), S. 14, ders. (1996), S. 11 sowie Filita (1997), S. 38.
Der steigende gewerkschaftliche Organisationsgrad im öffentlichen Sektor läßt sich vor allem durch die verbesserten Rahmenbedingungen für Gewerkschaftsarbeit im öffentlichen Sektor, aber auch durch die Unsicherheit der Staatsangestellten infolge des politischen Umbruchs erklären (vgl. Baskin (1994), S. 12, ders. (1996), S. 11 sowie Filita (1997), S. 38).

2 Vgl. Baskin (1994), S. 10 sowie Filita (1997), S. 39. Vgl. auch Abb. 13a, 13b und 14 im Anhang.

3 Vgl. Stremlau/Zille (1997), S. 31.

4 Vgl. auch Hofmeyr (1996), S. 231 und 240f.

Zwar sind sowohl das Recht auf Streik, als auch das Recht auf Aussperrung durch Kapitel IV des LRA gesetzlich gesichert,[1] jedoch genießt lediglich das Recht auf Streik auch verfassungsrechtlichen Schutz.[2] Die Voraussetzungen für die Anwendung von Arbeitskampfmaßnahmen sind in der Ausgestaltung für Gewerkschaften und Arbeitgeber identisch,[3] ebenso die Einschränkungen des allgemeinen Rechts auf Streik und Aussperrung.[4]

Betrachtet man den Einfluß der gesetzlichen Regelungen zu Streik und Aussperrung auf das Drohpotential der Tarifparteien, so ist zunächst eine einseitige Stärkung der Gewerkschaften durch den verfassungsrechtlichen Schutz des Rechts auf Streik, nicht jedoch auf Aussperrung zu erkennen. Darüber hinaus werden die Gewerkschaften durch die im LRA festgeschriebene Zulassung von Streikposten sowie Sympathiestreiks und politische Streiks deutlich gestärkt.[5] Da alle übrigen Regelungen zu Arbeitskampfmaßnahmen in gleichem Maße für Arbeitgeber und Gewerkschaften gelten, kann aus den gesetzlichen Regelungen zu Streik und Aussperrung eine Kampfdisparität zugunsten der Gewerkschaften abgeleitet werden.

Das Verhältnis der Regierung zu den Tarifparteien ist durch die historisch

---

1 Vgl. RSA (1995), Chap. IV, Sec. 64, Abs. 1. Die gesetzliche Verankerung dieser Rechte bedeutet vor allem eine Stärkung der Gewerkschaften, da sich diese bisher auf kein gesetzlich geschütztes Streikrecht berufen konnten.

2 Vgl. RSA (1996c), Art. 23, Abs. 2c.

3 Bevor Arbeitskampfmaßnahmen ergriffen werden können, muß der jeweilige Konflikt bereits zuvor durch einen Bargaining Council oder das CCMA behandelt worden sein; es muß eine Erklärung abgegeben werden, daß sich der Konflikt im Rahmen dieser Verhandlungen als unlösbar erwiesen hat; diese Erklärung kann frühestens 30 Tage nach Beginn der Verhandlungen abgegeben werden, und sowohl Streik als auch Aussperrung müssen 48 Stunden vorher (7 Tage im öffentlichen Dienst) angekündigt werden (vgl. RSA (1995), Chap. IV, Sec. 64, Abs. 1(a) und 1(b). Abweichungen von den gesetzlichen Regelungen sind möglich, wenn sie in einem durch Nedlac genehmigten Bargaining Council Statut festgelegt sind).

4 Das Recht auf Streik/Aussperrung ist nicht geschützt, wenn dies für das betreffende Problem durch einen gültigen Tarifvertrag untersagt ist; wenn es sich um einen Konflikt handelt, der aufgrund gesetzlicher oder vertraglicher Vorschriften durch Schlichtung zu lösen ist; die jeweilige Partei die Möglichkeit besitzt das Problem durch Schlichtung zu lösen oder dem Labour Court vorzutragen oder wenn es sich um einen Sektor handelt, der grundlegende Serviceleistungen bereitstellt, wobei durch den LRA nicht endgültig festgelegt wird, welche Bereiche hierunter fallen. Dies soll durch eine unabhängige Kommission entschieden werden (vgl. RSA (1995), Chap. IV, Sec. 70 und 71).

5 Vgl. Baskin/Satgar (1995), S. 2.

enge Verbindung zwischen ANC und Cosatu bestimmt,[1] die aus dem gemeinsamen Antiapartheidskampf folgt und sich auch in personellen Verflechtungen widerspiegelt, da zahlreiche ehemalige Gewerkschaftsvertreter heute in ihrer Funktion als ANC-Mitglieder der Regierung oder dem Parlament angehören.[2] Im Wahlkampf 1994 spiegelte sich die enge Verbindung auch darin wider, daß das weitghend von Cosatu entwickelte RDP als Parteiprogramm des ANC fungierte.[3] Dennoch zeigten sich bereits vor den Wahlen 1994 Abweichungen in den wirtschaftspolitischen Konzeptionen von ANC und Cosatu, die sich nach der Regierungsübernahme durch das Abrücken der Regierung vom RDP infolge der Verabschiedung von Gear weiter verschärft haben.[4] Die Zunahme an wirtschaftspolitischen Regierungsentscheidungen, die der gewerkschaftlichen Position widersprechen, zeigen, daß der Einfluß von Cosatu auf die Regierung begrenzt ist.[5] Trotzdem ist derzeit nicht mit einem Bruch der Dreierallianz zu rechnen, so daß ein Einfluß von Cosatu auf den ANC auch mittelfristig weiterbestehen wird, wodurch die Kampfdisparität zu ungunsten der Arbeitgeber weiter verstärkt wird.

Gesetzliche Mitbestimmungsmöglichkeiten existieren im Rahmen der

---

1 Der ANC und Cosatu sind gegenwärtig in einer Drei-Parteien-Allianz, die als dritten Partner die SACP einschließt, miteinander verbunden. Die Dreierallianz basiert vorrangig auf der engen Zusammenarbeit der Partner im Apartheidskampf. Infolge des Verbots von ANC und SACP kam den Gewerkschaften ab Anfang der 80er Jahre die zentrale Rolle in der Organisation des politischen Widerstandes in Südafrika zu. Auch nach der Wiederzulassung von ANC und SACP blieben diese infolge des langjährigen Verbotes organisatorisch geschwächt und waren in den ersten freien Wahlen 1994 stark auf die organisatorische Unterstützung durch Cosatu angewiesen (vgl. auch Terreblanche (1996), S. 61). Andererseits sicherte die Dreierallianz für Cosatu eine Integration in die politischen Verhandlungen zwischen ANC und der Regierung de Klerks ab Ende der 80er Jahre (vgl. auch Beck (1996), S. 47 f.). Eine Spaltung der Dreierallianz ist trotz zunehmender politischer Gegensätze vor den Wahlen 1999 nicht zu erwarten.

2 Vgl. Kentridge (1993), S. 7, Ottaway (1993), S. 138, Baskin (1994), S. 1, Torres (1995), S. 35 sowie Dekker (1996), S. 2.

3 Vgl. Baskin (1994), S. 1, Nattras (1994), S. 358 sowie Bendix (1996), S. 225.

4 Vgl. Nattras (1994), S. 358. Diese Entwicklung zeigt sich bspw. in der gegensätzlichen Einstellung von ANC und Cosatu zu Fragen der Privatisierung sowie in der Diskussion über die zu verfolgende makroökonomische Strategie (vgl. Kentridge (1993), S. 10). Als weiteres Anzeichen für die Spannungen zwischen ANC und Cosatu kann die Tatsache gesehen werden, daß Arbeitskämpfe derzeit vorwiegend im öffentlichen Sektor ausgetragen werden (vgl. Finnemore (1996), S. 242).

5 Vgl. auch Adam/Slabbert/Moodley (1997), S. 210.

Workplace Foren. Deren Institutionalisierung kann zwar implizit in einem verstärkten Druck auf Arbeitgeber zur einvernehmlichen Lösung von Arbeitskonflikten resultieren, dürfte jedoch nicht zu einer direkten Einschränkung des Drohpotentials auf Arbeitgeberseite führen, da keine institutionalisierte Mitbestimmung in Form von Arbeitnehmervertretern in unternehmerischen Entscheidungsgremien existiert. Darüber hinaus scheint sich abzuzeichnen, daß Gewerkschaften die mögliche Einflußnahme auf Arbeitgeber über die Workplace Foren zumindest kurz- bis mittelfristig nicht wahrnehmen,[1] weshalb die Institutionalisierung der Workplace Foren durch den LRA nur wenig Einfluß auf die Ausgestaltung der Kampfparität der Tarifparteien haben dürfte.

Insgesamt haben die neue Verfassung und der LRA die Stellung der Gewerkschaften im Rahmen der Arbeitsmarktordnung gestärkt. Allerdings stellt dies zum Teil eine Machtangleichung dar, da die Arbeitsmarktordnung vor 1994 - insbesondere aufgrund des Fehlens eines gesetzlich gesicherten Streikrechts - tendenziell eine Kampfdisparität zugunsten der Arbeitgeber aufgewiesen hat. Dennoch dürften die erfolgten Reformen am Arbeitsmarkt, insbesondere jedoch die historische Verbindung von Cosatu und ANC, in der Summe nicht nur zu einer Machtangleichung, sondern darüber hinausgehend zu einer Kampfdisparität zugunsten der Gewerkschaften geführt haben.

2.2.5. Systemopposition

Sowohl Gewerkschaften als auch Arbeitgeberorganisationen in Südafrika sind infolge der historischen Entwicklung des Landes stark politisiert.[2] Während des Antiapartheidskampfes, in dem Cosatu eine zentrale Rolle spielte, war der marxistische Einfluß innerhalb des Gewerkschaftsverbandes sehr hoch.[3] Diese marxistische Orientierung dominiert nach wie vor sowohl

---

[1] Vgl. Nxumalo (1997a) sowie Smith (1998).

[2] Vgl. Archer (1992), S. 216, Torres (1995), S. 44 und S. 50 f., Bendix (1996), S. 215-218 sowie Finnemore (1996), S. 76.

[3] Dies steht in Einklang mit internationalen Beobachtungen, die insbesondere in Ländern, die sich noch in einem relativ frühen ökonomischen Entwicklungsprozeß befinden, häufig einen hohen marxistischen Einfluß in Gewerkschaften erkennen lassen. Allerdings war die sozialistische Orientierung in Südafrika häufig auch Ausdruck der Ablehnung

in der offiziellen Rhetorik von Cosatu als auch auf den unteren gewerkschaftlichen Organisationsebenen,[1] wird jedoch vermehrt durch weniger ideologische Begriffe wie „Armutsbekämpfung“ abgelöst.[2] Daneben zeigt auch die Ablehnung der Workplace Foren durch die Gewerkschaften, daß diese noch immer durch einen hohen Grad an Skepsis gegenüber Unternehmern und einer kooperativen Zusammenarbeit mit diesen innerhalb der neuen Arbeitsmarktordnung geprägt sind.[3] Andererseits hat die ab Mitte der 80er Jahre vermehrt auf einen friedlichen Machtwechsel zielende Reformorientierung von ANC und SACP in Verbindung mit dem weltweiten Zusammenbruch kommunistischer Systeme dazu geführt, daß die Option einer kommunistischen Revolution in Südafrika außer Reichweite rückte. Die Verhandlungsführer von Cosatu mußten, um einer politischen Marginalisierung zu entgehen, daher eine neue Konzeption entwickeln. Diese wird seit 1994 zunehmend in einem sozialdemokratischen System gesehen, wobei, hinsichtlich der Interpretation des Begriffs, jedoch weitgehende Orientierungslosigkeit herrscht. Infolge dieser ideologischen Orientierungslosigkeit haben die Verhandlungsführer von Cosatu seit 1994 eine weitgehend pragmatische Politik verfolgt, die eine tendenziell abnehmende Systemopposition der Gewerkschaften vermuten läßt.[4] Als Indiz hierfür können auch die zahlreichen Gründungen gewerkschaftlicher Investmentgesellschaften[5] interpretiert werden, die letztlich eine de facto-Akzeptanz des marktwirt-

---

des Apartheidssystems und keine bewußte, ideologisch fundierte Entscheidung zugunsten eines planwirtschaftlichen Wirtschaftssystems.

1 Vgl. Adam/Moodley (1993), S. 346, Kentridge (1993), S. 11 sowie Boase (1996), S. 13. Adam/Moodley verweisen darauf, daß in südafrikanischen Gewerkschaften im Gegensatz zu europäischen die Gewerkschaftsführer weniger sozialistisch orientiert sind als die Mehrzahl der Mitglieder.
Die marxistische Orientierung zeigte sich auch an dem, auf der Hauptversammlung von Cosatu im Oktober 1997 beschlossenen stärkeren organisatorischen und finanziellen Zusammenschluß von Cosatu und SACP (vgl. Haffajee/Ka'Nkosi (1997), S. 34).

2 Vgl. Baskin (1996), S. 15 sowie Cosatu (1996), S. 11.

3 Vgl. auch Adam/Moodley (1993), S. 347.

4 Vgl. bereits Adam/Moodley (1993), S. 348 und Kentridge (1993), S. 16 und 18.
Neben dem weltweiten Zusammenbruch sozialistischer Planwirtschaften kann als Ursache für die abnehmende Systemopposition von Cosatu vermutet werden, daß die Gewerkschaft durch ihre Nähe zum ANC Vertrauen in die zukünftige wirtschaftspolitische Entwicklung setzt und von der Berücksichtigung der Arbeitnehmerinteressen in Zukunft überzeugt ist (vgl. in diesem Zusammenhang (Nelson (1991), S. 50 und 53).

5 Die Gründung dieser Investmentgesellschaften ist innerhalb der Gewerkschaften jedoch stark umstritten, wie die Diskussion im South African Labour Bulletin zeigt (vgl. hierzu o. V. (1996b), Collins (1997) sowie Copelyn (1997)).

schaftlichen Systems implizieren. Offensichtlich erachtet die Führung von Cosatu eine Machtentfaltung innerhalb korporatistischer Arbeitsmarktstrukturen als politische Second-Best-Lösung.[1] Zwar bleibt Cosatu langfristig dem Ziel eines sozialistischen Staates verhaftet; da der zeitliche Begriff hierbei jedoch nicht konkretisiert wird, erscheint diese Aussage zunehmend von rein rethorischer Bedeutung, so daß keine grundlegende Ablehnung des gegenwärtigen Gesellschafts- und Wirtschaftssystems durch Cosatu angenommen werden kann.

Ist - wenn auch in abnehmendem Ausmaß - die offizielle Rhetorik der Gewerkschaften kommunistisch geprägt, so spiegelt die der Arbeitgeberverbände eine neoliberale Laissez-Faire-Einstellung wider, die jede Form staatlicher Eingriffe in den Markt ablehnt und einen Mangel an Kooperationsbereitschaft erkennen läßt.[2] Aufgrund dieser antagonistischen Positionen der Tarifparteien und der historischen Entwicklung war und ist das Verhältnis zwischen den Tarifparteien gespannt und wenig kooperativ. Dennoch ist hier wiederum darauf zu verweisen, daß die starke offizielle Rhetorik auf beiden Seiten seit 1994 durch pragmatisches Verhalten begleitet ist. Zudem ist eine abnehmende Zahl von Arbeitskämpfen im privaten Sektor zu verzeichnen, die als Indiz für eine generelle Verbesserung des Verhältnisses zwischen Arbeitgebern und Arbeitnehmern gelten kann.[3]

2.3. Clusterzuordnung und Beurteilung

Das südafrikanische Lohnfindungssystem war bis 1995 durch einen mittleren Zentralisierungsgrad, hohe Fragmentarisierung, eine seit 1981 stark ansteigende, insgesamt aber dennoch mäßige Organisationsdichte, Kampfdis-

---

1 Vgl. Desai/Habib (1997), S. 500.

2 Vgl. Archer (1992), S. 216, Adam/Moodley (1993), S. 347, Bendix (1996), S. 574 sowie in diesem Sinn auch Dekker (1996), S. 53.
Diese Einstellung ist weitgehend durch die individualistische Philosophie begründet, die insbesondere in der weißen Mittelschicht fast dogmatische Bedeutung hat (vgl. hierzu Terreblanche (1996), S. 57). Allerdings ist hier insofern eine gewisse Inkonsistenz festzustellen als viele Weiße die Einschränkungen des marktwirtschaftlichen Systems im Rahmen der Apartheidpolitik nicht ablehnten.

3 Die hohe Anzahl an Streiktagen in den 80er Jahren war auch Ausdruck eines politischen Protests (vgl. Barker (1992), S. 130 f. sowie Finnemore (1996), S. 242) und ist demzufolge seit den Wahlen 1994 stark zurückgegangen.

parität zugunsten der Arbeitgeber sowie eine hohe Systemopposition der Gewerkschaften geprägt. Infolge der gegenwärtigen Reformen der Arbeitsmarktordnung sind für die Zukunft folgende Veränderungen im Lohnfindungssystem zu erwarten: Der Zentralisierungsgrad dürfte langfristig etwas zunehmen, tendenziell jedoch auf mittlerem Niveau verharren; darüber hinaus kann eine (weiter) abnehmende Fragmentarisierung, ein, bezogen auf die im formellen Sektor Beschäftigen, hoher, aber stagnierender Organisationsgrad sowie eine abnehmende Systemopposition angenommen werden. Die Kampfdisparität hat sich infolge des LRA sowie durch die politisch enge Verbindung von ANC und Cosatu zugunsten der Gewerkschaften verschoben.

Versucht man eine Beurteilung dieser Entwicklung anhand der von Schmidt vorgenommenen Clusteranalyse, so läßt sich das bisher existierende Lohnfindungssystem tendenziell am ehesten als zentrifugal charakterisieren.[1] Durch die gesetzlichen Reformen seit 1994 wurde die institutionelle Grundlage für eine Sozialpartnerschaft gelegt, die in der Tendenz zu einem korporatistisch geprägten Lohnfindungssystem führen soll. Problematisch erscheint hierbei jedoch, daß die für ein korporatistisches System grundlegende Zentralität der Lohnverhandlungen für Südafrika auch mittelfristig nicht erreichbar sein dürfte. Betrachtet man mögliche Auswirkungen des Lohnfindungssystems auf die makroökonomische Stabilität, so ist aufgrund der abnehmenden Fragmentarisierung und Systemopposition eine generelle Verbesserung gegenüber dem bisherigen Lohnfindungssystem zu erwarten. Andererseits dürften sich der mittlere Zentralisierungsgrad sowie die Kampfdisparität zugunsten der Gewerkschaften negativ auf die makroökonomische Stabilität auswirken.

Die Annäherung an ein korporatistisches Lohnfindungssystem impliziert eine Umsetzung der arbeitsmarktpolitischen Zielsetzungen des ANC, die eine gewerkschaftliche Stärkung im Lohnfindungsprozeß im Rahmen eines korporatistischen Systems beinhalten. Sie ist als kongruent mit der allgemein zunehmenden Reglementierung des Arbeitsmarktes zu betrachten, da

---

[1] Als einziges abweichendes Kriterium ist die Kampfdisparität zugunsten der Arbeitgeber zu nennen.

sie die weitgehende Ablehnung des Marktmechanismus und die Stärkung von Verhandlungslösungen am Arbeitsmarkt reflektiert. Korporatistische Strukturen, die sich in Südafrika nicht allein auf den Arbeitsmarkt beschränken, sondern das gesamte Spektrum wirtschaftspolitischer Entscheidungen umfassen, werden von der Regierung hierbei bewußt als Konfliktlösungsmechanismus angestrebt. Während die Regierung bereit ist im Rahmen des Korporatismus einen Teil ihres politischen Entscheidungsmonopols abzutreten, erwartet sie von den einbezogenen Interessensgruppen im Gegenzug eine Akzeptanz des neuen Gesellschaftssystems. Korporatistische Strukturen sollen somit zur Sicherung des sozialen Friedens während des mit hoher politischer und ökonomischer Unsicherheit verbundenen gesellschaftlichen Transformationsprozesses beitragen.[1]

Angesichts der angestrebten Entwicklung in Richtung eines korporatistisch geprägten Lohnfindungssystems stellt sich die Frage, ob die für die Funktionsfähigkeit eines derartigen Systems notwendigen Rahmenbedingungen in Südafrika gegeben sind. Empirische Untersuchungen zeigen, daß sich Länder, in denen korporatistische Lohnfindungssysteme erfolgreich existieren, dadurch auszeichnen, daß die wichtigsten Interessengruppen durch jeweils eine oder wenige zentrale Organisationen vertreten werden, diese Organisationen insgesamt die breite Mehrheit der jeweils relevanten Bevölkerungsgruppen vertreten, die einzelnen Organisationen einflußreich genug sind, im Rahmen korporatistischer Gremien getroffene Entscheidungen innerhalb ihrer Mitglieder durchzusetzen und Vertreter dieser Organisationen aktiv in Regierungsentscheidungen miteinbezogen werden.[2] Nach Trebilcock ist für den Erfolg korporatistischer Systeme darüber hinaus eine Akzeptanz sozialen Pluralismuses in Form gegenseitiger Anerkennung und Respekts der Verhandlungspartner sowie eine grundlegende Akzeptanz des gegebenen Gesellschaftssystems notwendig.[3]

Für Südafrika treffen diese Kriterien nur bedingt zu. Der hohe Fragmentarisierungsgrad auf Arbeitgeber- und Gewerkschaftsseite widerspricht der

---

[1] Vgl. auch Beck (1996), S. 3 sowie Desai/Habib (1997), S. 499.

[2] Vgl. Nelson (1991), S. 40 sowie Trebilcock (1994), S. 7-9.

[3] Vgl. Trebilcock (1994), S. 7.

Forderung nach einer Interessenvertretung durch wenige zentrale Organisationen. Da auf Arbeitnehmerseite durch die tendenzielle Abnahme der bestehenden gewerkschaftlichen Fragmentarisierung und die dominierende Rolle von Cosatu eine zunehmende Erfüllung dieser Vorbedingung zu verzeichnen ist, erscheint hierbei insbesondere die nach wie vor starke Fragmentarisierung der Arbeitgeberorganisationen als problematisch.

Auch die Bedingung einer umfangreichen Interessenvertretung kann für Südafrika nur als bedingt erfüllt gelten, da der gewerkschaftliche Organisationsgrad im formellen Sektor zwar relativ hoch ist, die große Zahl der im informellen Sektor Beschäftigten bzw. Arbeitslosen jedoch keine angemessene Vertretung findet.[1] Folglich ergibt sich eine starke Insider-Outsider-Problematik, die einerseits zu einer ineffizienten Faktorallokation führt und andererseits in sozialen Spannungen resultieren kann.[2] Darüber hinaus sind kleine Unternehmen in Arbeitgeberverbänden zumeist unterrepräsentiert, weshalb deren Verhandlungsstrategie zumeist durch große, kapitalintensive Unternehmen dominiert wird.[3]

Die innerverbandliche Stärke der existierenden Interessensgruppen am Arbeitsmarkt muß sich erst noch erweisen. Hierbei erscheint insbesondere Cosatu durch die Verlagerung der Verhandlungen auf nationale Ebene geschwächt, da diese mit der basisdemokratischen Struktur des Gewerkschaftsverbandes nicht in Einklang zu bringen ist, eine stärkere hierarchische Struktur jedoch auf heftigen Widerstand der Gewerkschaftsbasis stößt und zu zunehmenden Differenzen zwischen Gewerkschaftsspitze und Basis führt, wodurch Cosatu intern stark geschwächt wird.[4] Zudem erschwert die hohe Streikbereitschaft der südafrikanischen Arbeitnehmer den Gewerkschaften eine Disziplinierung ihrer Mitglieder, so daß sich eine Einhaltung gemeinschaftlich getroffener Entscheidungen auf nationaler Ebene für die Gewerkschaften schwierig gestalten dürfte.[5] Auch scheint fraglich, ob die

---

1 Vgl. auch Ottaway (1993), S. 139.

2 Vgl. in diesem Sinn Nelson (1991), S. 41, Anstey (1995b), S. 24 sowie Nattras/Seekings (1996), S. 71.

3 Vgl. auch Presidential Commission (1996), Abs. 187 und 188.

4 Vgl. auch Beck (1996), S. 69f.

5 Vgl. Beck (1996), S. 71.

organisatorisch schwachen und in ihren Mitgliederinteressen stark heterogenen Arbeitgeberverbände in ihrer Struktur gefestigt genug sind, um in Nedlac oder in Bargaining Councils getroffene Entscheidungen bei ihren Mitgliedern durchsetzen zu können.[1]

Schließlich muß auch das Kriterium einer umfangreichen Einbeziehung der Interessensparteien am Arbeitsmarkt in wirtschaftspolitische Entscheidungen für Südafrika als problematisch erachtet werden. Korporatistische Lohnfindungssysteme implizieren durch die Zentralisierung der Verhandlungen eine Erweiterung der behandelten Themenbereiche, eine Verlängerung des Zeithorizontes sowie eine Komplexitätssteigerung der zu treffenden Entscheidungen.[2] Dies stellt erhöhte Anforderungen an die Verhandlungsführung der Tarifparteien, denen insbesondere die Gewerkschaftsverbände in Südafrika aufgrund interner Probleme derzeit nicht Rechnung tragen können. Insbesondere Cosatu ist nämlich personell geschwächt, da zahlreiche Gewerkschaftsführer in den letzten Jahren ihre Gewerkschaftsfunktion gegen Positionen in Politik und Wirtschaft eingetauscht haben. Darüber hinaus verfügt der Gewerkschaftsverband infolge finanzieller Probleme über keinen ausreichenden wissenschaftlichen Apparat, um aktive Reformvorstellungen auszuarbeiten und ist in Nedlac somit zumeist auf eine passive Rolle begrenzt. Nicht zuletzt ist der Gewerkschaftsverband durch seine unklare ideologischen Vorstellungen und die hiermit verbundenen internen Spannungen geschwächt.[3]

Um die mögliche positive Wirkung eines korporatistisch orientierten Lohnfindungssystems auf die makroökonomische Stabilität sowie eine konfliktfreie Lösung von Verteilungsfragen in Südafrika zu erzielen, scheint deshalb insbesondere eine interne Stärkung der Interessensvertretungen am Arbeitsmarkt notwendig. Denn die gegenwärtige Struktur der Tarifparteien läßt die Funktionsfähigkeit eines korporatistisch orientierten Lohnfindungssystems für Südafrika eher fraglich erscheinen. Dies gilt um so mehr, als auch die von Trebilcock geforderte Akzeptanz eines sozialen Pluralismus

---

[1] Vgl. ähnlich Anstey (1995b), S. 24 sowie Adam/Slabbert/Moodley (1997), S. 149.

[2] Vgl. Nelson (1991), S. 41.

[3] Vgl. Kentridge (1993), S. 15-18, Baskin (1994), S. 34-39, Baskin/Satgar (1995), S. 11, Baskin (1996), S. 15, Bendix (1996), S. 227 sowie Finnemore (1996), S. 103.

nur begrenzt gegeben scheint, da das Verhältnis zwischen Arbeitgebern und Gewerkschaften nach wie vor wenig kooperativ und durch geringe gegenseitige Anerkennung geprägt ist. Darüber hinaus lassen beide Tarifparteien einen Traditionsmangel an demokratischer Streitkultur am Arbeitsmarkt erkennen.[1]

Zwar versucht die Arbeitsmarktordnung die Bildung einer Sozialpartnerschaft durch die Institutionalisierung korporatistischer Strukturen auf nationaler Ebene wie Nedlac sowie ein System von Schlichtungsmechanismen im Rahmen des CCMA oder dem Labour Court,[2] aber auch durch Workplace Foren und Bargaining Councils zu unterstützen. Allerdings können diese Institutionen nur in dem Maße zu vermehrter Kooperation führen, als sie von beiden Tarifparteien als fair und positiv eingeschätzt und infolgedessen akzeptiert werden.[3] Erste empirische Erfahrungen wie die Verhandlungen über den LRA und den BCEA in Nedlac sind hierbei eher negativ. Denn zum einen waren Gewerkschaften und Arbeitgeber nicht aus eigener Kraft zu Kompromissen fähig,[4] und zum anderen zeigt sich seit 1996 die Tendenz, daß beide Tarifparteien versuchen, in Umgehung von Nedlac, direkten Einfluß auf die Regierung zu nehmen.[5] Diese Umgehung der neu geschaffenen korporatistischen Strukturen kann letztlich zu einem Scheitern der angestrebten korporatistischen Arbeitsmarktstrukturen führen. Auch das weitgehend ungenutzte Initiativrecht zur Bildung von Workplace Foren durch die Gewerkschaften verdeutlicht, daß die Vorstellung einer Kooperation am Arbeitsmarkt bisher in den Konzeptionen der Tarifparteien noch wenig ausgeprägt ist.[6] Andererseits zeigt sich eine weitreichende Akzeptanz des CCMA, dessen Vermittlungsbemühungen ersten Studien zufolge 1996 zu einem deutlichen Rückgang an Streiktagen geführt haben,[7] worin sich die mögliche positive Wirkung eines korporatistischen Lohnfindungssystems

---

1 Vgl. hierzu auch Adam/Moodley (1993), S. 346 f., Bendix (1996), S. 243 f. und 565 sowie Adam/Slabbert/Moodley (1997), S. 149 f.

2 Zur rechtlichen Grundlage des Labour Courts vgl. RSA (1995), Chap. VII, Part D und Part E.

3 Vgl. in diesem Sinn auch Dekker/van Lingen (1996/97), S. 19 f.

4 Vgl. in diesem Sinn Anstey (1995b), S. 17.

5 Vgl. Dekker/van Lingen (1996/97), S. 17-19.

6 Vgl. in diesem Sinn auch Anstey (1995b), S. 35.

7 Vgl. Nxumalo (1997b).

auf die konfliktfreie Lösung von Verteilungsfragen widerspiegelt.

Die Einführung einer korporatistisch orientierten Arbeitsmarktordnung in Südafrika erscheint problematisch, weil die notwendigen Voraussetzungen für die Funktionsfähigkeit einer derartigen Arbeitsmarktordnung nur unzureichend erfüllt sind und somit die möglichen positiven Effekte eines korporatistischen Lohnfindungssystems wohl nicht oder nur begrenzt erreicht werden können. Insbesondere festigt bzw. verstärkt die neue Gesetzgebung die in Südafrika vorhandene Insider-Outsider-Problematik zwischen den Beschäftigten des formellen Sektors einerseits und den Arbeitslosen und Beschäftigten des informellen Sektors andererseits. Dies dürfte tendenziell zu einer ineffizienten Faktorallokation führen und zudem die vorhandene Ungleichverteilung weiter verstärken, da der ungleiche Zugang zu formeller Beschäftigung die wichtigste Ursache der hohen Ungleichverteilung in der südafrikanischen Gesellschaft darstellt.[1] Da die angestrebten und zum Teil bereits verwirklichten korporatistischen Strukturen lediglich von den am besten organisierten Gruppen zur Interessensvertretung genutzt werden können, resultiert das gegenwärtige System in einem „Elitekonsens",[2] der weite Teile der Bevölkerung marginalisiert. Zwar wäre eine Entschärfung dieser Problematik möglich, indem der Staat die Interessen der Outsider wahrnimmt, jedoch ist dies infolge der Heterogenität dieser Gruppe und deren folglich geringen politischen Einflusses nicht zu erwarten.

Angesichts der aufgezeigten Defizite ist zu vermuten, daß das angestrebte korporatistische Lohnfindungssystem gegenüber einer atomistischen Verhandlungsstruktur mit Effizienzverlusten verbunden ist. Da letztere aufgrund der historischen Entwicklung und gegenwärtigen politischen Struktur Südafrikas politisch jedoch nicht durchsetzbar erscheint, sollte die Arbeitsmarktpolitik auf eine Reduzierung der gegebenen Defizite innerhalb des jetzigen Lohnfindungssystems hinwirken, um somit einen möglichst hohen makroökonomischen Stabilitätsgrad sowie eine konfliktfreie Lösung von Verteilungsfragen zu ermöglichen.

---

1 Vgl. Leibbrandt/Woolard/Woolard (1996), S. 19, Nattras/Seekings (1996), S. 66-68 sowie Stremlau/Zille (1997), S. 32.

2 Beck (1996), S. 77.

IV. Das Sozialsystem

Staatliche Sozialpolitik[1] auf nationaler Ebene setzte in Südafrika mit der Unionsbildung 1910 ein.[2] Eine verstärkte Koordination vorhandener sozialpolitischer Strukturen und Leistungen begann jedoch erst mit der Gründung eines nationalen Sozialministeriums (Department of Welfare) im Jahr 1937.[3] Charakteristisch für das System Sozialer Sicherung in seiner Ausgestaltung zu Beginn der 90er Jahre[4] waren die Trennung nach Rassen und der hieraus folgende hohe Fragmentarisierungsgrad staatlicher Sozialeinrichtungen[5] sowie die nach Rassen differierende und diskriminierende Ausgestaltung der einzelnen Sozialleistungen.

Gegenwärtig stellt das Soziale Sicherungssystem Südafrikas eine Mischung aus staatlichen Leistungen und privater Vorsorge dar.[6] Das staatliche Sicherungssystem besteht primär aus bedürftigkeitsabhängigen Steuer-Transfer-

---

1 Die folgende Analyse beschränkt sich, entsprechend der im theoretischen Teil zugrundegelegten Definition von Sozialpolitik, auf staatliche Handlungen. Daneben existieren in Südafrika zahlreiche private Wohlfahrtsorganisationen, auf die hier jedoch nicht weiter eingegangen wird (zur Struktur privater Wohlfahrtsorganisationen in Südafrika vgl. ausführlich Patel (1991), S. 144-172).

2 Für einen Überblick zu sozialpolitischen Maßnahmen zwischen 1652 und 1910 vgl. McKendrick (1987a), S. 5-12 sowie Kruger (1992), S. 108-123.

3 Vgl. Patel (1992), S. 37. Bromberger und Kruger unterscheiden vier Phasen staatlicher Sozialpolitik in Südafrika: (1) 1934-1948: Schaffung einer begrenzten allgemeinen Armutssicherung, (2) 1948-1961 Apartheidsära: Fragmentarisierung des Systems und Diskriminierung nicht-weißer Bürger, (3) 1961-1971 „Tauwetter": Ende einer weiteren Institutionalisierung von Apartheidsregelungen im Rahmen des Sozialsystems, (4) 1971-1990: Erste Anzeichen einer langsamen Verminderung existierender Ungleichheit und Diskriminierung (vgl. Bromberger (1982), S. 172-189 sowie Kruger (1992), S. 154-184).

4 Reformen im Rahmen des Sozialsystems setzten bereits 1992/93, also noch vor dem Regierungswechsel 1994, mit der formalen Gleichstellung aller Rassen hinsichtlich des Bezugs von Steuer-Transfer-Leistungen ein.

5 Infolge der nach Rassen getrennten Sozialsysteme und eigenständiger Institutionen in den Homelands und TBVC-Staaten existierten 17 Sozial- und 14 Gesundheitsministerien, deren Politik kaum koordiniert war (vgl. Lund (1992), S. 4 sowie Ardington/Lund (1995), S. 3).
Im Gegensatz zu den übrigen Homelands hatten die TBVC-Staaten die Möglichkeit staatlicher Souveränität im Rahmen der Apartheidpolitik angenommen und sich als selbständige Staaten erklärt. Von der internationalen Völkergemeinschaft wurden sie jedoch nie als eigenständige Staaten anerkannt.

6 Vgl. Lund-Committee (1996), S. 66.

leistungen,[1] die in Form von Altersrente, Behindertengeld, Kinder- und Familienunterstützung sowie Armutshilfe existieren. Zudem beinhaltet der staatliche Sozialhaushalt[2] Ausgaben für „welfare services", worunter hauptsächlich finanzielle Leistungen für staatliche Altersheime sowie die Ausgaben für Sozialarbeiter fallen.[3] Lediglich die Absicherung gegen Arbeitsunfälle und Berufskrankheiten sowie gegen Arbeitslosigkeit sind als beitragsfinanzierte Versicherungen organisiert.[4]

Die rassische Diskriminierung ist der primäre Grund, weshalb infolge des Regierungswechsels 1994 eine Reform des gegebenen Sozialsystems zu erwarten war.[5] Die Notwendigkeit struktureller Reformen resultiert hierbei hauptsächlich aus der Tatsache, daß eine reine Angleichung der staatlichen Leistungen für alle Bevölkerungsgruppen an das Niveau der Weißen aufgrund fiskalischer Zwänge nicht möglich ist.[6] Darüber hinaus ist das System Sozialer Sicherung durch die in den letzten Jahren in allen ethnischen Gruppen zunehmende Armut mit neuen Anforderungen konfrontiert, die eine Reform notwendig erscheinen lassen. Schließlich haben gesellschaftliche Veränderungen, wie z. B. familienauflösende Tendenzen, die Leistungsfähigkeit traditioneller sozialer Netze in Form von Familien- und Stammesunterstützung verringert, wodurch eine stärkere staatliche Absiche-

---

1 Diese werden im Sozialhaushalt als „social security" bezeichnet.

2 Der Begriff des Sozialhaushalts wird in Bezug auf Südafrika uneinheitlich verwendet, da er teilweise für alle sozialen Leistungen des Staates, inklusive der Ausgaben für Bildung, Gesundheit und Wohnungsbau, teilweise dagegen lediglich für den Haushalt des Sozialministeriums verwendet wird (dieser Unterschied wird anhand der Ausgabenaufstellung im Rahmen des Staatshaushaltes deutlich, vgl. Department of Finance (1997a), B.63). Im folgenden bezieht sich der Begriff, sofern keine weiteren Erläuterungen erfolgen, auf den Haushalt des Sozialministeriums, der die Leistungen des Sozialen Sicherungssystems mit Ausnahme des Gesundheitssektors umfaßt.

3 Vgl. Lund (1992), S. 29, Lund-Committee (1996), S. 67f sowie Department of Welfare (1996), S. 64.
Aufgrund der dominierenden Bedeutung der Social Security Ausgaben, die ca. 88% des Sozialhaushaltes ausmachen (vgl. Department of Welfare (1996), S. 64 und S. 74), werden die Welfare Services im folgenden außer acht gelassen.

4 Vgl. McKendrick (1987b), S. 27 sowie Kruger (1992), S. 202 und 206.

5 Diese Reform ist nicht allein aus ethischen Gründen zu erwarten, sondern auch verfassungsrechtlich notwendig, da bereits die Übergangsverfassung von 1993 eine Gleichbehandlung aller Bürger forderte.

6 Vgl. hierzu Lachman/Bercuson (1992), S. 22-25, van der Berg (1992a), S. 133 sowie Nattras/Seekings (1996), S. 68.

rung notwendig wird.[1]

Die sozialpolitische Konzeption des ANC betont die Wechselwirkungen zwischen Sozialsystem und volkswirtschaftlicher Entwicklung, wobei zum einen auf die Voraussetzung von Wirtschaftswachstum für die Bereitstellung sozialer Leistungen verwiesen wird und zum anderen der positive Effekt, den Sozialpolitik durch die Förderung des psychischen und physischen Wohlbefindens auf Humankapitalbildung und Produktivität haben kann, herausgestellt wird.[2] Die Notwendigkeit einer staatlichen Sozialpolitik begründet der ANC vorrangig mit einer fehlenden Versicherungsmöglichkeit für schwache Personengruppen wie Arbeitslose, Kinder oder Behinderte am privaten Versicherungsmarkt,[3] weshalb diese Gruppen einer zusätzlichen staatlichen Unterstützung bedürfen.[4] Zentraler Bestandteil der sozialpolitischen Konzeption ist das Prinzip der Eigenverantwortung,[5] das durch die distributive Zielsetzung der Armutsvermeidung ergänzt wird.[6] Die staatliche Verpflichtung zur Armutsvermeidung wird hierbei aus dem afrikanischen Gesellschaftsprinzip „Ubuntu" abgeleitet, das einerseits das Recht jedes Bürgers auf eine menschenwürdige Lebensführung und andererseits die Verpflichtung des einzelnen gegenüber der Gesellschaft beschreibt.[7] Reformvorschläge bzgl. des in Südafrika vorhandenen Sicherungssystems be-

---

1 Vgl. van der Berg (1994), S. 1.

2 Vgl. ANC (1994b), Abs.3.12. sowie Department of Welfare (1996), S. 8, 10 und 24.

3 Vgl. Department of Welfare (1996), S. 6.

4 Vgl. Department of Welfare (1996), S. 8.

5 Daher soll auch die Ausgestaltung des Sozialen Sicherungssystems insbesondere kleine Sozialgebilde wie bspw. Familien fördern (vgl. Department of Welfare (1996), S. 88).

6 Die Sicherung eines Mindesteinkommens, das dem einzelnen eine menschenwürdige Lebensführung ermöglicht, ist explizit ein sozialpolitisches Ziel des ANC (vgl. Department of Welfare (1996), S. 18 und 80).

7 „Ubuntu" wird zumeist mit „people are people through other people" umschrieben. Es betont die gegenseitige Abhängigkeit von Mitgliedern einer Gesellschaft und impliziert - ähnlich dem deutschen Solidaritätsprinzip - die Verpflichtung zu gesellschaftlicher Solidarität (vgl. Department of Welfare (1996), S. 18).
Das „Ubuntu"-Prinzip ist nicht expliziter Bestandteil der südafrikanischen Verfassung; die Rechte der Bürger, die sich aus „Ubuntu" ableiten lassen, sind jedoch in Form von Art. 10, 26(1) und Art. 27(1) der Bill of Rights, die das Recht auf Menschenwürde, das Recht auf einen angemessenen Wohnraum bzw. das Recht auf ausreichende Gesundheitsversorgung und Nahrung sowie auf eine staatliche Unterstützung bei Bedürftigkeit garantieren, geschützt.

ziehen sich vorrangig auf eine Effizienzsteigerung des Leistungssystems[1] sowie eine Aufhebung formaler und realer Diskriminierungen.[2] Zudem wird eine Umstrukturierung des Gesundheitssektors gefordert, die allen Bürgern die gleiche Zugangsmöglichkeit zu Gesundheitsgütern sichern soll, also am Konzept des gutspezifischen Egalitarismus orientiert ist.[3]

Um eine Analyse der allokativen und distributiven Effekte des südafrikanischen Sozialsystems vornehmen zu können, erfolgt nachfolgend zunächst eine Beschreibung des derzeitigen Systems Sozialer Sicherung. In diesem Zusammenhang wird auch untersucht, inwieweit sich die Ausgestaltung der einzelnen Sicherungsbereiche seit Anfang der 90er Jahre verändert hat. Abschließend wird analysiert, in welchem Ausmaß die sozialpolitische Zielsetzungen des ANC durch die gegenwärtige Form der Sozialen Sicherung - unter Berücksichtigung der bisher umgesetzten Reformen - erreicht werden.

1. Formen Sozialer Sicherung in Südafrika

1.1. Unfallversicherung

Der „Compensation for Occupational Injuries and Diseases Act" (1993) stellt die rechtliche Grundlage für die staatliche Unfallversicherung dar, in deren Rahmen Arbeitnehmer gegen Arbeits- und Erwerbsunfähigkeit infolge von Arbeitsunfällen und Berufskrankheiten versichert sind.[4] Die Mitgliedschaft der Arbeitnehmer in einer Unfallversicherung ist obligato-

---

1 Vgl. Department of Welfare (1996), S. 66, 68 f. sowie 82.

2 Vgl. Department of Welfare (1996), S. 19.
Auf die einzelnen Formen existierender Diskriminierung wird detailliert im Rahmen der Analyse einzelner Sicherungszweige eingegangen.

3 Vgl. Department of Health (1997), S. 12, 14 und 48. Der Anspruch auf einen Zugang zu primären medizinischen Leistungen ist auch verfassungsrechtlich geschützt (vgl. RSA (1996c), Art. 27(1)(a)).

4 Die Anerkennung von Berufskrankheiten im Bergbau ist gesondert durch den „Occupational Diseases in Mines and Work Act" (1973) geregelt. Als Ergänzung zu beiden Gesetzen können der „Occupational Health and Safety Act" (1993) sowie der „Mine Health and Safety Act" (1996) gesehen werden, die Vorschriften über Sicherheit und Hygiene am Arbeitsplatz enthalten und somit Arbeitsunfälle und Berufskrankheiten bereits im Vorfeld verhindern sollen. Ein Überblick über die historische Entwicklung der gesetzlichen Unfallschutzregelungen am Arbeitsplatz in Südafrika findet sich bei Budlender (vgl. Budlender (1984)).

risch, allerdings kann der Arbeitgeber als Beitragszahler zwischen der staatlichen Unfallkasse und zwei privaten Versicherungsgesellschaften wählen.[1] Pflichtversichert sind alle Arbeitnehmer, deren Jahreseinkommen R 42.000 nicht überschreitet, ausgenommen Soldaten und Polizisten, die einer gesonderten gesetzlichen Regelung unterliegen sowie Hausangestellte.[2] Finanziert wird die Unfallversicherung durch Arbeitgeberbeiträge, die im Durchschnitt ca. 1% der Lohnsumme entsprechen, jedoch aufgrund einer Risikoprämie individuell variieren.[3] Anspruch auf Versicherungsleistungen hat jeder Arbeitnehmer im Sinn des Gesetzes, der infolge seiner Beschäftigung einen Unfall oder eine gesetzlich anerkannte Berufskrankheit erleidet.

Der Versicherungsschutz umfaßt die infolge des Arbeitsunfalls bzw. der Berufskrankheit verursachten medizinischen Kosten bis zu einer max. Behandlungsdauer von zwei Jahren. Die übrigen Versicherungsleistungen variieren mit der Dauer und Höhe der jeweiligen Arbeits- bzw. Erwerbsunfähigkeit/-minderung, wobei jedoch Höchst- und Mindestsätze festgelegt sind.[4]

---

1 Vgl. Ehrlich (1992), S. 3 sowie o. V. (1997g), S. 20.
Die Leistungen der Kassen sind jedoch einheitlich, da gesetzlich festgesetzt.

2 Vgl. o. V. (1997g), S. 19.

3 Vgl. Luiz (1993), S. 85.

4 Bei einer vorübergehenden Arbeitsunfähigkeit hat der Arbeitnehmer für max. 12 Monate Anspruch auf 75% seines Bruttoeinkommens, höchstens jedoch auf R 7.345 pro Monat.
Liegt eine dauerhafte Erwerbsminderung vor (Erwerbsminderungsgrad von max. 30%), so erhält der Arbeitnehmer eine Pauschalzahlung, die bei einer Erwerbsminderung von 30% dem 15fachen des Bruttomonatslohnes entspricht und bei einem geringeren Erwerbsminderungsgrad entlang einer gleitenden Skala reduziert wird. Als monatliches Gehalt werden hierbei höchstens R 4.114 anerkannt, mindestens jedoch R 550 zugrundegelegt (vgl. o. V. (1997g), S. 29).
Bei Erwerbsunfähigkeit (= dauerhafte Erwerbsminderung von 100%) erhält der Arbeitnehmer eine monatliche Rente, die 75% seines zuletzt erhaltenen Bruttolohnes entspricht, höchstens jedoch R 7.345, mindestens R 550 pro Monat beträgt. Bei einer Erwerbsminderung zwischen 100% und 30% erfolgt eine Reduzierung dieser Leistungen entlang einer gleitenden Skala.
Der prozentuale Erwerbsminderungsgrad, der einzelnen Verletzungen zugeordnet wird, ist im Gesetz aufgelistet (für eine Übersicht vgl. auch o.V (1997g), S. 24 f.).
Im Fall eines tötlichen Berufsunfalls wird den Familienmitgliedern von der Unfallversicherung ein Hinterbliebenengeld ausgezahlt (vgl. hierzu ausführlicher o. V. (1997g), S. 21).
Zur allgemeinen Ausgestaltung der Unfallversicherung vgl. Vermeulen (1986), S. 12,

Kritisiert wird die Unfallversicherung aufgrund der restriktiven Anerkennung von Berufskrankheiten außerhalb des Bergbausektors[1] sowie der langwierigen Genehmigungsverfahren für Kompensationszahlungen,[2] weshalb die sozialpolitische Zielsetzung eines kontinuierlichen Einkommensbezugs[3] nur bedingt erfüllt wird. Auch werden die rechtlichen Möglichkeiten für den einzelnen Arbeitnehmer, seinen Anspruch einzuklagen, als zu gering erachtet.[4] Beide Problembereiche wurden durch den „Compensation for Occupational Injuries and Diseases Act" nicht gelöst. Das Defizit einer aufgrund niedriger Löhne für den Lebensunterhalt unzureichend bemessenen Kompensation[5] wurde dagegen durch die Einführung von Mindestsätzen verringert. Dies ist insbesondere deshalb wichtig, als eine Erwerbsminderung auf dem, durch ein Überangebot an Arbeit geprägten, südafrikanischen Arbeitsmarkt häufig zu dauerhafter Arbeitslosigkeit führt, die Möglichkeiten für den Bezug von Arbeitslosengeld jedoch sehr begrenzt sind und eine subsidiär greifende allgemeine Armutshilfe nicht existiert.

Der „Compensation for Occupational Injuries and Diseases Act" (1993) unterscheidet sich gegenüber dem zuvor gültigen „Workmen's Compensation Act" (1941) vor allem durch den erweiterten Versichertenkreis, da nach dem neuen Gesetz auch Vertragsarbeiter integriert sind. Darüber hinaus wirkt die Einführung von Mindestleistungen einer arbeitsunfallbedingten Armut entgegen und impliziert leichte Umverteilungseffekte. Die Gesetzesreform dient somit hauptsächlich dem Ziel einer verbesserten Armutsvermeidung.

1.2. Arbeitslosenversicherung

Die Ausgestaltung der gesetzlichen Arbeitslosenversicherung (Unemployment Insurance Fund) basiert auf dem „Unemployment Insurance Act" von

---

Ehrlich (1992), S. 4-6, Luiz (1993), S. 85, Lund (1993), S. 8 f. sowie Luiz (1995), S. 589 f. Für die aktuellen Daten vgl. o. V. (1997g), S. 28 f.

1 Vgl. Ehrlich (1992), S. 7.

2 Vgl. Luiz (1993), S. 86 sowie ders. (1995), S. 590.

3 Vgl. Department of Welfare (1996), S. 72.

4 Vgl. Benjamin (1992), S. 6 f.

5 Vgl. Ehrlich (1992), S. 5.

1966.[1] Die Finanzierung erfolgt durch Beiträge von Arbeitnehmern und Arbeitgebern (derzeit je 1% des Bruttolohnes) sowie einen staatlichen Zuschuß, der 25% der Beiträge, höchstens jedoch R 7 Mio. beträgt.[2] Die versicherte Personengruppe umfaßt i. d. R. Arbeitnehmer im privaten Sektor,[3] deren Jahreseinkommen R 69.420 nicht übersteigt.[4] Anspruch auf Arbeitslosengeld hat jeder Arbeitslose im Sinn des Gesetzes, der sich beim nächstgelegenen Arbeitsamt (Department of Labour Office) arbeitslos meldet, arbeitsfähig sowie arbeitswillig ist[5] und für den während mindestens 13 der vorangegangenen 52 Wochen Beiträge entrichtet wurden.[6] Ein versicherter Arbeitnehmer hat im Fall von Arbeitslosigkeit nach Ablauf einer 7tägigen

---

1 Die erste Form einer Arbeitslosenversicherung wurde in Südafrika durch den „Unemployment Benefit Act“ (1937) eingeführt, der eine Reaktion auf die hohe konjunkturelle Arbeitslosigkeit in den 30er Jahren darstellte. Die heutige Form der Arbeitslosenversicherung geht auf den „Unemployment Insurance Act“ (1966) zurück (vgl. de Gasparis (1987), S. 19 sowie Best/Ferndale/van der Walt (1991), S. 1).
Neben Arbeitslosengeld wird durch den Unemployment Insurance Fund auch eine Hinterbliebenenrente, Kranken- und Mutterschaftsgeld ausgezahlt. Diese Leistungen werden aufgrund ihres relativ geringen Umfangs sowie der Tatsache, daß es sich um Leistungen handelt, die nicht der Absicherung im Fall von Arbeitslosigkeit dienen, hier nicht weiter beachtet.

2 Vgl. Naidoo/Wagenstroom (1995), S. 9 sowie Standing/Sender/Weeks (1996), S. 435. Die jährlichen Staatszuschüsse beschränken sich seit 1977 auf R 7 Mio. Dieser Betrag unterschreitet infolge einer fehlenden Indexierung inzwischen deutlich die 25%-Grenze der Beiträge; der reale Staatsanteil an der Finanzierung der Arbeitslosenversicherung hat daher seit 1977 kontinuierlich abgenommen (vgl. Naidoo/Wagenstroom (1995), S. 9 f.).

3 Trotz einer seit 1979 erfolgenden ständigen Erweiterung des versicherten Personenkreises - so wurden bspw. 1981 Minenarbeiter und 1993 Beschäftigte in der Landwirtschaft in die Arbeitslosenversicherung integriert - bleiben Saisonarbeiter, geringfügig Beschäftigte und Hausangestellte weiterhin ausgenommen (vgl. Naidoo/Wagenstroom (1995), S. 3 sowie o. V. (1997g), S. 64).
Ausgeschlossen sind auch Beamte, Angestellte der Provinzverwaltungen, Postangestellte und Bedienstete des staatlichen Transportwesens. Dies wird damit begründet, daß für diese Gruppen angesichts der Arbeitsplatzsicherheit im öffentlichen Dienst keine Arbeitslosenversicherung notwendig sei (vgl. Best/Ferndale/van der Walt (1991), S. 81 sowie Naidoo/Wagenstroom (1995), S. 3). Inwieweit die Beschäftigten im Transportwesen und Postsektor bei einer Privatisierung dieser Sektoren in Zukunft in die Arbeitslosenversicherung miteinbezogen werden, ist zum gegenwärtigen Zeitpunkt noch unklar.

4 Vgl. Standing/Sender/Weeks (1996), S. 435 sowie o. V. (1997g), S. 64.

5 Zu den Bestimmungen über die Annahme einer angemessenen Beschäftigung vgl. ausführlich Cooper (1984), S. 13f.

6 Vgl. de Gasparis (1987), S. 22, Barker (1992), S. 97 sowie Luiz (1995), S. 590. Der Anspruch bleibt bestehen, wenn ein Arbeitnehmer im folgenden aufgrund eines oberhalb der Versicherungsgrenze liegenden Einkommens nicht mehr in die Arbeitslosenversicherung einzahlt (vgl. Best/Ferndale/van der Walt (1991), S. 109 sowie o. V. (1997g), S. 64).

Wartefrist Anspruch auf je eine Woche Arbeitslosengeld für 6 Wochen Beitragszahlungen bis zu einer maximalen Bezugszeit von 26 Wochen,[1] wobei das Arbeitslosengeld 45% des Durchschnittsbruttolohnes der letzten 13 Wochen beträgt.[2]

Die gegenwärtige Ausgestaltung der Arbeitslosenversicherung ist sowohl durch strukturelle als auch durch organisatorische Probleme gekennzeichnet. Angesichts des teilweise sehr niedrigen Lohnniveaus sind 45% des Bruttolohnes häufig nicht ausreichend, um das Existenzminimum zu sichern.[3] Neben dem niedrigen Niveau des Arbeitslosengeldes wird die relativ kurze Bezugszeit von 26 Wochen als problematisch erachtet, da sie angesichts der Dominanz struktureller Arbeitslosigkeit meist zu kurz ist, um eine neue Beschäftigung zu finden und nach Ablauf der Arbeitslosenversicherung keine subsidiäre staatliche Unterstützung greift.[4] Darüber hinaus ist aufgrund der relativ großen Bedeutung des informellen Sektors und der hohen Zahl derjenigen, die ohne vorherige Tätigkeit im formellen Sektor arbeitslos sind, aber auch aufgrund der expliziten Ausnahme bestimmter Tätigkeitsbereiche und höherer Einkommensklassen nur ein geringer Teil der Erwerbsfähigen gegen den Einkommensverlust im Fall von Arbeitslosigkeit gesichert.[5] Schließlich scheint die gegebene Finanzierungsstruktur und -organisation nicht geeignet, die steigende Belastung der Arbeitslosenversicherung zu decken.[6] Neben diesen strukturellen Problemen zeigen sich organisatorische Schwierigkeiten, da die Auszahlung des Arbeitslosengeldes häufig mit zeitlicher Verzögerung erfolgt oder ein falscher Betrag gewährt

1 Vgl. Luiz (1993), S. 87. Als Beginn der Arbeitslosigkeit wird das Datum der Antragstellung auf Arbeitslosengeld gerechnet (vgl. o. V. (1997g), S. 65). Zum organisatorischen Ablauf des Arbeitslosengeldbezugs vgl. ausführlich de Gasparis (1987), S. 20.

2 Vgl. Cooper (1984), S. 9.

3 Vgl. Naidoo/Wagenstroom (1995), S. 4 sowie Standing/Sender/Weeks (1996), S. 445.

4 Vgl. Vermeulen (1986), S. 9, Patel (1991), S. 248 sowie Luiz (1993), S. 87 f.

5 Vgl. Vermeulen (1986), S. 8 f., Patel (1991), S. 248, Kruger (1992), S. 198 f., Luiz (1993), S. 88 sowie Lund (1993), S. 8. Neben dem formalen Ausschluß vieler Arbeitsmarktgruppen stellt die häufig nachlässige Registrierung der Arbeitnehmer durch ihre Arbeitgeber ein Problem dar (vgl. Cooper (1984), S. 16). Für 1990 wurde geschätzt, daß ca. 70% der im formellen Sektor Beschäftigten gegen Arbeitslosigkeit versichert waren; bezogen auf das gesamte Arbeitspotential entspricht dies jedoch lediglich einer Versicherungsrate von 40% (vgl. van der Berg (1994), S. 40).

6 Vgl. Lewis-Committee (1996), S. 124 sowie Standing/Sender/Weeks (1996), S. 446 f.

wird.[1] Auch existiert ein Informationsdefizit in dem Sinn, daß viele Arbeitnehmer über die Leistungen der Arbeitslosenversicherung sowie deren Beantragung unzureichend informiert sind[2] bzw. Arbeitgeber aufgrund mangelnder Informationen die Beitragskarten ihrer Angestellten oftmals falsch oder unvollständig ausfüllen.[3] Infolge fehlender Daten über die Zahl der Versicherten sowie deren Einkommens- und somit Beitragshöhe eröffnet die Arbeitslosenversicherung zudem weitreichende Betrugsmöglichkeiten.[4]

Seit Einführung der Arbeitslosenversicherung wurden sowohl deren Versichertenkreis[5] als auch der Versicherungsumfang[6] sukzessive erweitert. Die prinzipielle Struktur der Arbeitslosenversicherung ist jedoch seit 1966 unverändert, und auch die neue Regierung hat bisher keine grundlegenden Reformpläne zur Arbeitslosenversicherung vorgelegt.

1.3. Absicherung gegen das allgemeine Lebensrisiko Alter

1.3.1. Staatliche Altersrenten

Staatliche Renten existieren in Südafrika in Form einer Kriegsveteranenrente sowie einer Altersrente.[7] Institutionalisiert ist die gesetzliche Alterssicherung durch den „Social Assistance Act“ (1992). Die Rentenzah-

---

1 Vgl. Cooper (1984), S. 19, Vermeulen (1986), S. 9, de Gasparis (1987), S. 29 f. sowie Best/Fendale/van der Walt (1991), S. 142.

2 Vgl. de Gasparis (1987), S. 33, Best/Ferndale/van der Walt (1991), S. 20-23 und 26 sowie Patel (1991), S. 247.

3 Vgl. de Gasparis (1987), S. 32.

4 Vgl. Presidential Commission (1996), Abs. 384.

5 Zu nennen sind hierbei die Abschaffung einer Mindesteinkommensregelung (1979) sowie die Einbeziehung von Minenarbeitern (1981) und Beschäftigten der Landwirtschaft (1993).

6 Eingeführt wurden Krankengeld (1952), Mutterschaftsgeld (1954) sowie ein Hinterbliebenengeld (1957).

7 Aufgrund der untergeordneten Bedeutung der Kriegsveteranenrente sowie der Tatsache, daß sich die vorliegende Arbeit mit der Absicherung allgemeiner Lebensrisiken beschäftigt, wird im folgenden lediglich auf die Ausgestaltung der Altersrente eingegangen.
Neben diesen Formen von staatlichen Renten existiert die Möglichkeit für den Bezug eines staatlichen Pflegegeldes für pflegebedürftige Rentner. Aufgrund der marginalen Bedeutung dieser finanziellen Leistung (vgl. Lund (1992), S. 40) wird diese im folgenden jedoch außer acht gelassen.

lungen sind Bestandteil des jährlichen Sozialhaushalts[1] und werden aus allgemeinen Steuermitteln finanziert. Anspruch auf eine staatliche Altersrente haben Frauen ab 60, Männer ab 65 Jahren,[2] die im Besitz der südafrikanischen Staatsbürgerschaft sind und im Sinn des Rentengesetzes als bedürftig gelten.[3] Anspruch auf den Höchstbetrag staatlicher Altersrenten (R 500 pro Monat) besteht bei einem Jahreseinkommen unter R 1.548. Dieser Anspruch wird für den Einkommensbereich zwischen R 1.548 und R 13.416 entlang einer gleitenden Skala bis auf Null reduziert.[4]

Problematisch erweist sich das staatliche System der Altersrenten aufgrund des Bedürftigkeitstests und des mangelhaften Verwaltungsablaufs. Die Existenz eines Bedürftigkeitstests wird insofern kritisiert, als dieser negative Anreize für die private Ersparnisbildung setzt[5] und aufgrund der Anrechnung von Einkommens- und Vermögenswerten für den einzelnen die Gefahr

---

1 Altersrenten stellen mit 60% der Social Security Ausgaben (vgl. Department of Welfare (1996), S. 64) den größten Posten im Sozialhaushalt dar.

2 Es wird jedoch damit gerechnet, daß aufgrund des verfassungsrechtlichen Gleichheitsgrundsatzes in Zukunft das allgemeine Bezugsalter für Frauen und Männer auf 63 Jahre festgesetzt wird.

3 Grundlage für den Bedürftigkeitstest ist die Offenlegung aller Einkommens- und Vermögenswerte, die durch einen Dritten bestätigt werden müssen (vgl. van der Berg (1996), S. 3).
Eine 1992 veröffentliche Studie ergab, daß 85,5% der Farbigen, 77,3% der in Städten lebenden Schwarzen, 70,8% der am Land lebenden Schwarzen, 69,6% der Asiaten und 26,2% der Weißen eine staatliche Altersrente beziehen (vgl. Ferreira et al. (1992), S. 76). Diese hohe Bezugsrate einer bedürftigkeitsabhängigen Transferleistung läßt sich zum einen damit begründen, daß i. d. R. lediglich die im formellen Sektor Beschäftigten private Altersvorsorge treffen und auch diese häufig unzureichend ist (vgl. van der Berg (1994), S. 27 sowie Smith-Committee (1995), S. 18). Zum anderen ist die Inanspruchnahme von Altersrenten im Gegensatz zu anderen Sozialleistungen relativ hoch. Schätzungen gehen davon aus, daß über 80% der Berechtigten auch einen Antrag auf Altersrente stellen (vgl. Ardington/Lund (1995), S. 21).

4 Vgl. van der Berg (1996), S. 8.
Seit 1993 sind die Regelungen für den Bezug von Altersrenten sowie deren Höhe für alle Rassen vereinheitlicht. Die Bemessung der Rentenhöhe im gleitenden Bereich erfolgt anhand einer Rentenformel, nach der vom Höchstbetrag der Rente 50% des Bruttoarbeitseinkommens sowie 100% des geschätzten Einkommens aus Vermögen abgezogen werden, wobei pauschal 8% des Vermögenswertes als potentielles Einkommen aus Vermögen unterstellt werden (vgl. van der Berg (1997), S. 17). Allerdings wird generell ein Freibetrag von 30% der Höchstrente hinzugerechnet (für eine ausführliche Analyse der Rentenformel und des zugrundegelegten Bedürftigkeitstests vgl. van der Berg (1996)).

5 Vgl. le Roux (1990), S. 90 sowie ders. (1991), S. 2 f.

einer Armutsfalle[1] impliziert.[2] Zudem wird der Bedürftigkeitstest in der Praxis häufig falsch und uneinheitlich angewendet, da lokale Beamte in die relativ komplexe Berechnung der entlang einer gleitenden Skala variierenden Rentenhöhen nicht ausreichend eingewiesen sind.[3] In organisatorischer Hinsicht stellt sich zum einen das Problem einer hohen Korruption im Verwaltungssektor[4] und zum anderen das eines korrekten Rentenbezugs von Schwarzen, insbesondere in ländlichen Gebieten, infolge von unzureichenden Informationen, mangelnder Infrastruktur und bewußtem Mißbrauch.[5]

Die Ausgestaltung des staatlichen Rentensystems hat sich seit Beginn der 90er Jahre im wesentlichen durch die Angleichung der Leistungen für alle ethnischen Bevölkerungsgruppen (1993) und die Reform des Bedürftigkeitstests (1996) verändert. Letztere hat Auswirkungen für Rentner mit einem Jahreseinkommen zwischen R 1.548 und R 13.416, da zum einen die Gruppe der Bezugsberechtigten erweitert[6] und zum anderen die Anrechnung persönlichen Einkommens verringert wurde.[7] Der Haupteffekt dieser

---

1 Von einer Armutsfalle spricht man, wenn Einkommensbezieher nicht in der Lage sind, ihr Nettoeinkommen zu steigern, da der Bezug zusätzlichen Einkommens mit einem Anspruchsverlust auf staatliche Leistungen verbunden ist, so daß der Grenzsteuersatz einer zusätzlichen Einheit privaten Einkommens 100% oder mehr beträgt (vgl. ausführlich Barr (1987), S. 243-251).

2 Vgl. le Roux (1990), S. 90 f. sowie ders. (1991), S. 2 f. Mit der Reduzierung des Anrechnungsfaktors von 100% auf 50% im Rahmen der neuen Rentenformel wurde das Problem einer Armutsfalle jedoch erheblich gemindert (zur Reform der Rentenformel vgl. van der Berg (1996), S. 3-10).

3 Vgl. van der Berg (1994), S. 38.
Prinzipiell kann in Anlehnung an Ardington/Lund die Aussagekraft von Bedürftigkeitstests in Entwicklungsländern in Frage gestellt werden, da dort zum einen ein Großteil der Bevölkerung nicht in den formellen Sektor integriert ist und die Einkommensfeststellung aufgrund von Analphabetentum und fehlender Erhebung persönlicher Daten nur sehr unzureichend möglich ist (vgl. Ardington/Lund (1995), S. 22).

4 Vgl. le Roux (1991), S. 3, Ardington/Lund (1995), S. 23 sowie Luiz (1995), S. 588. Zwar führt die derzeitige Computerisierung der für die Rentenzahlungen verantwortlichen Verwaltungsbüros zu einem Rückgang der Mißbrauchsmöglichkeiten (vgl. Lund (1992), S. 38), dennoch stellt die Korruption des Verwaltungsapparates nach wie vor ein dringendes Problem dar, wie eine neue Studie der Public Service Commission zeigt (vgl. Greybe (1998)).

5 Vgl. ausführlich Lund (1992), S. 14-19 sowie Crichton (1993), S. 28 f.

6 Die Bedürftigkeitsgrenze für Rentner wurde von R 6.708 auf R 13.416 angehoben (vgl. van der Berg (1996), S. 8).

7 Im Bereich zwischen R 1.548 und R 6.708 wird eigenes Einkommen nach der neuen Rentenformel nur noch zu 50% im Gegensatz zu den zuvor geltenden 100% angerechnet.

Reform liegt in der Abminderung der Gefahr einer Armutsfalle bzw. in einem verstärkten Anreiz zum Bezug eigenen Einkommens und dürfte somit hauptsächlich zu einer höheren allokativen Effizienz führen.

1.3.2. Private Altersversorgung

Neben der Gewährung staatlicher Altersrenten greift der Staat auch regulierend und subventionierend in den privaten Markt zur Alterssicherung ein. Gesetzliche Grundlagen hierfür sind der „Pensions Fund Act“ (1956) und der „General Pensions Act“ (1979), so daß seit 1994 keine strukturellen Veränderungen des Systems privater Altersvorsorge erfolgt sind.

Für 1993 wurde die Zahl der im formellen Sektor Beschäftigten, die über eine private Altersversorgung verfügten, auf etwa 74% geschätzt.[1] Aufgrund der geringen Beschäftigungsrate im formellen Sektor entspricht dies jedoch nur etwa 40% der erwerbsfähigen Bevölkerung.[2] Dieser Personenkreis ist zumeist Mitglied einer unternehmensbezogenen Versicherung, die zwar nicht gesetzlich vorgeschrieben, jedoch häufig tarifvertraglich vereinbart ist. Unternehmensbezogene Altersversicherungen existieren in Form von Pension Funds, die mindestens zwei Drittel der Leistungen als monatliche Rente auszahlen,[3] und Provident Funds, die bei Eintritt des Rentenalters eine einmalige Zahlung leisten.[4] Die Finanzierung der Rentenfonds erfolgt durch Arbeitgeber- und Arbeitnehmerbeiträge, deren Höhe je nach Fond variieren kann. In der Mehrzahl der Fälle liegen Arbeitnehmer- und Arbeit-

---

1 Vgl. Smith-Committee (1995). Dieser Prozentsatz kann weiterhin als Richtlinie angenommen werden.

2 Vgl. Kruger (1992), S. 215. Dabei nimmt der Versicherungsgrad aufgrund der steigenden Arbeitslosenrate tendenziell ab.

3 Vgl. Smith-Committee (1995), S. 25.

4 Vgl. van der Berg (1994), S. 21-23 sowie Smith-Committee (1995), S. 25.
Innerhalb dieser Gruppen existieren wiederum Versicherungen mit differierendem Versicherungsumfang.
Für Angestellte im öffentlichen Dienst wurde 1996 per Gesetz („Government Employees Pension Law“) der Government Employees Pensions Fund gegründet, der verschiedene zuvor existierende Sicherungsformen für Staatsangestellte ablöste. Die Finanzierung erfolgt auch hier über Arbeitgeber- und Arbeitnehmerbeiträge. Gegenwärtig ist der staatliche Rentenfonds gegenüber privaten Fonds steuerlich bevorzugt, eine Gleichstellung soll jedoch demnächst erfolgen (vgl. Manuel (1997), S. 16).

geberbeiträge jeweils bei etwa 7,5% des Bruttolohnes.[1] Private Lebensversicherungen werden vorrangig von Selbständigen abgeschlossen, so daß sich die Finanzierung i. d. R. nicht in Arbeitgeber- und Arbeitnehmeranteile gliedert.[2]

Die steuerliche Behandlung von Pension und Provident Funds unterscheidet sich.[3] Im Fall der Pension Funds sind die Arbeitnehmerbeiträge[4] in bestimmtem Umfang steuerlich abzugsfähig,[5] die monatlichen Rentenleistungen unterliegen jedoch der regulären Einkommensteuer. Bei Provident Funds sind die Beiträge nicht steuerlich abzugsfähig, dafür ist die einmalige Auszahlung weitgehend steuerfrei.[6] Die steuerliche Behandlung von privaten Lebensversicherungen entspricht im wesentlichen der der Pension Funds.[7] Der Fiskaleffekt der steuerlichen Abzugsfähigkeit ist nur schwer zu ermessen; Vittas schätzt ihn für das Jahr 1990 auf 4-6% des BSP.[8] Dieser Betrag würde für das betreffende Jahr deutlich höher liegen als der der direkten Zahlungen in Form staatlicher Altersrenten[9] und somit eine relativ

---

1 Vgl. Sephton/Cooper/Thompson (1990), S. 6-10 sowie van der Berg (1997), S. 12.

2 Vgl. Sephton/Cooper/Thompson (1990), S. 38, van der Berg (1994), S. 18 und 20 sowie ders. (1997), S. 12.

3 Zur steuerlichen Behandlung von Pension Funds und Provident Funds vgl. ausführlich Sephton/Cooper/Thompson (1990), S. 21-27 sowie van der Berg (1994), S. 22 f.

4 Die steuerliche Abzugsfähigkeit von Arbeitgeberbeiträgen unterliegt der Einzelfallregelung; im Durchschnitt wird jedoch ein Arbeitgeberbeitrag von bis zu 20% des Bruttolohnes - unabhängig von der gewählten Fondsform - als steuerlich abzugsfähig anerkannt (vgl. Sephton/Cooper/Thompson (1990), S. 21 sowie Mouton-Committee (1992), S. 602). Darüber hinaus sind monatliche Zahlungen einer Firmenrente vom Arbeitgeber als Kosten steuerlich abzugsfähig.

5 Abzugsfähig sind Beiträge bis zu 7,5% des Bruttolohnes oder höchstens R 17.500, wobei der jeweils höhere Betrag angesetzt werden kann (vgl. Sephton/Cooper/Thompson (1990), S. 21 sowie Mouton-Committee (1992), S. 604 f.).

6 Steuerfrei ist eine Auszahlung von höchstens R 120.000 oder wahlweise R 4.500 x Beitragsjahre zuzüglich der geleisteten Arbeitnehmerbeiträge, mindestens jedoch ein Betrag von R 24.000 (zur genauen Berechnungsformel vgl. Sephton/Cooper/Thompson (1990), S. 26 f. sowie Mouton Committee (1992), S. 604 f.).

7 Vgl. Sephton/Cooper/Thompson (1990), S. 38.

8 Vgl. Vittas (1994), S. 20.

9 Vgl. Kruger (1992), S. 215.
Zu einem ähnlichen Ergebnis kommt le Roux, der sich auf Angaben des Finanzministeriums bezieht, nach denen der Staat durch die Abzugsfähigkeit privater Rentenbeiträge jährliche Steuermindereinnahmen von etwa R 14 Mrd. hat, was deutlich über den Direktzahlungen im Rahmen der staatlichen Rentenversicherung von etwa R 2 Mrd. liegt (vgl. le Roux (1991), S. 13).

stärkere Entlastung von Beziehern hoher Einkommen implizieren.

Das gegenwärtige System der Alterssicherung wird hauptsächlich aufgrund der mangelhaften Abstimmung zwischen privater und staatlicher Vorsorge kritisiert.[1] Die Anrechnung privater Rentenzahlungen auf das Einkommen im Rahmen des Bedürftigkeitstests für staatliche Renten kann für den einzelnen in einer Armutsfalle resultieren und setzt negative Sparanreize.[2] Darüber hinaus werden berufsbezogene Altersrenten häufig zweckentfremdet, da der einzelne Arbeitnehmer bei einem Arbeitsplatzwechsel oder Arbeitsplatzverlust Anspruch auf die von ihm geleisteten Einzahlungen zuzüglich einer gewissen Verzinsung hat.[3] Im Fall des Arbeitsplatzverlustes dient dieser Anspruch vielen Arbeitnehmern angesichts einer unzureichenden Arbeitslosenversicherung als Einkommensersatz.[4] Auch kann ein vorzeitiger Konsum für den einzelnen angesichts der Gefahr einer Armutsfalle rational sein.[5] Schließlich führt die Tatsache, daß die Alterssicherung an den Arbeitsplatz gebunden und nicht übertragbar ist, zu einer reduzierten Arbeitsplatzmobilität insbesondere älterer Arbeitnehmer und somit zu einer suboptimalen Allokation des Faktors Arbeit.[6]

---

1 Vgl. Kruger (1992), S. 214. Darüber hinaus wird kritisiert, daß sich die derzeitige Ausgestaltung privater Altersvorsorge für die Bedürfnisse der schwarzen Bevölkerungsmehrheit als inadäquat erweist (vgl. ausführlich hierzu Geary (1992), S. 1-3).

2 Vgl. le Roux (1990), S. 90 f., ders. (1991), S. 2 f. sowie o. V. (1991b), S. 3.

3 Die Regelungen bzgl. des Anspruchsniveaus variieren je nach Versicherungsvertrag (vgl. ausführlich hierzu o. V. (1991), S. 3 sowie Smith-Committee (1995), S. 15-17).

4 Vgl. Vermeulen (1986), S. 5, Kruger (1992), S. 212, Ardington/Lund (1995), S. 31 sowie Department of Welfare (1996), S. 78.

5 Vgl. auch le Roux (1990), S. 90.

6 Vgl. le Roux (1991), S. 1 sowie o. V. (1991), S. 3.

1.4. Absicherung gegen das allgemeine Lebensrisiko Krankheit[1]

Südafrika verfügt über keine allgemeine staatliche Krankenversicherung.[2] Der medizinische Sektor teilt sich in einen privaten und einen staatlichen Gesundheitssektor. Ersterer wird vorwiegend von den ca. 20% der Bevölkerung in Anspruch genommen, die privat versichert sind.[3] Hierbei handelt es sich im wesentlichen um Beschäftigte des formellen Sektors, für die eine Krankenversicherung zwar nicht obligatorisch, häufig jedoch tarifvertraglich vereinbart ist.[4] Personen, die über keine Krankenversicherung verfügen, sind zumeist auf die Leistungen des staatlichen Gesundheitssektors angewiesen. Der Staat interveniert im Gesundheitssektor somit nicht nur durch Regulierung und Finanzierung, sondern tritt auch als Produzent von medizinischen Leistungen auf.

1.4.1. Staatlicher Gesundheitssektor

Leistungen des staatlichen Gesundheitssektors, gesetzlich durch den „Health Act" (1977) geregelt, werden vorrangig aus allgemeinen nationalen Steuermitteln finanziert.[5] Die für den Gesundheitssektor ausgegebenen

---

[1] Absicherung gegen das allgemeine Lebensrisiko Krankheit umfaßt zwei Aspekte, da Krankheit zum einen direkte Kosten infolge medizinischer Behandlung verursacht und zum anderen einen Einkommensausfall impliziert. Die vorliegende Arbeit konzentriert sich im folgenden auf den ersten Aspekt. Um dem Einkommensausfall infolge von Krankheit entgegenzuwirken, hat jeder Arbeitnehmer in Südafrika im Laufe von jeweils 3 Jahren Anspruch auf 6 Wochen Krankengeld in Höhe seines aktuellen Bruttolohnes (vgl. RSA (1997b), Abs. 22). Hierbei handelt es sich um die gesetzliche Mindestleistung, die der Arbeitgeber zu leisten hat. Viele Arbeitnehmer haben aufgrund tariflicher Regelungen einen längeren Anspruch auf Krankengeld. Die Bestimmungen des BCEA gelten jedoch nicht für Arbeitnehmer mit unregelmäßiger Beschäftigung, d. h. insbesondere für Saisonarbeiter und Teilzeitkräfte, so daß diese über keinen gesetzlich gesicherten Anspruch auf Krankengeld verfügen. Erhält ein Arbeitnehmer ein Krankengeld, das weniger als einem Drittel seines Bruttolohnes entspricht, so kann er für höchstens 26 Wochen ein zusätzliches Krankengeld im Rahmen des UIF beantragen (vgl. Naidoo/Wagenstroom (1995), S. 4 f.).

[2] Eine Darstellung der historischen Entwicklung des Gesundheitssektors in Südafrika bis 1990 findet sich bei van Rensburg/Fourie/Pretorius (1992), S. 36-91.

[3] Vgl. van Rensburg/Fourie/Pretorius (1992), S. 204 sowie Donaldson (1993), S. 291. Als Trend läßt sich hierbei aufzeigen, daß der Versicherungsgrad der weißen Bevölkerung, der mit ca. 69% der privat Versicherten am höchsten liegt, abnimmt, der der übrigen Bevölkerungsgruppen dagegen ansteigt (vgl. McIntyre (1993), S. 10).

[4] Vgl. Kruger (1992), S. 199.

[5] Im Haushaltsjahr 1992/93 erfolgte die Finanzierung zu 94% aus allgemeinen nationalen Steuern, 1,5% aus lokalen Steuern und 4,5% aus Gebühren (vgl. McIntyre et al.

Steuermittel betrugen im Haushalt 1996/97 3,3% des B.S.P bzw. 10,4% des Staatshaushaltes, womit sie nach den Bildungsausgaben den zweitgrößten Posten für soziale Ausgaben im Staatshaushalt darstellt.[1]

Prinzipiell können die medizinischen Leistungen des staatlichen Sektors von allen Personen in Anspruch genommen werden. Die zu entrichtende Gebühr für medizinische Behandlung in staatlichen Krankenhäusern variiert jedoch mit dem Einkommen des Patienten, wobei insgesamt vier Einkommensklassen unterschieden werden.[2] Privat versicherte Patienten dürften im Rahmen des staatlichen Gesundheitssektors hauptsächlich stark spezialisierte Leistungen der Universitätskliniken in Anspruch nehmen, die von den privaten Krankenhäusern nicht geleistet werden können.

Abgesehen von den allgemeinen strukturellen Problemen des Gesundheitssektors infolge von Marktversagen und Marktmängeln[3] wird das Gesundheitswesen in Südafrika zusätzlich durch die aufgrund einer stark fragmentarisierten Verwaltung verursachten Ineffizienzen[4] und die mangelhafte Ab-

---

(1995), S. 32). Diese Aufteilung ist bisher im wesentlichen beibehalten worden.

1 Vgl. Department of Finance (1997a), B.64. Im HH 1997/98 ist der Anteil nochmals angestiegen (vgl. Abb. 10 im Anhang).
77% der Ausgaben entfielen hierbei auf die Finanzierung von Krankenhäusern (vgl. Department of Health (1997), S. 11).

2 Eine weitgehende Vereinheitlichung des Gebührensystems für staatliche Krankenhäuser ist seit Mai 1992 erreicht (vgl. McIntyre (1994), S. 20). Das Gebührensystem staatlicher Krankenhäuser unterscheidet seither vier Einkommensklassen.
Bezugsberechtigte einer staatlichen Altersrente haben Anspruch auf kostenlose medizinische Behandlung. Kinder unter 6 Jahre sowie Schwangere erhalten seit 1994 grundsätzlich eine kostenlose Behandlung (vgl. McIntyre et al. (1995), S. 63 sowie Fajgenbaum et al. (1996), S. 18). Zudem sind bestimmte Krankheitsbehandlungen generell gebührenfrei (vgl. ausführlich hierzu McIntyre (1994), S. 22 f. sowie McIntyre et al. (1995), S. 34).

3 Der Gesundheitssektor stellt keinen vollkommenen Markt dar. Ursachen hierfür sind u. a. das Principal Agent-Verhältnis zwischen Arzt und Patient sowie der eingeschränkte Wettbewerb zwischen Ärzten, der insbesondere durch die geringen Möglichkeiten zur Qualitätsbeurteilung medizinischer Leistungen und einen medizinischen Ehrenkodex bedingt ist. Darüber hinaus sind ansteckende Krankheiten mit negativen Externalitäten verbunden; medizinische Forschung hat vielfach einen Öffentlichen Gut-Charakter (vgl. auch Melamet-Commission (1994), S. 34-44).

4 Infolge der durch die Apartheidsgesetzgebung verursachten Segregation existieren in Südafrika 14 verschiedene Gesundheitsministerien, deren Abstimmung untereinander mangelhaft ist. Im Rahmen der derzeitigen Reform soll diese Anzahl in Zukunft auf ein nationales und 9 regionale Gesundheitsministerien beschränkt werden. Diese Reformen

stimmung zwischen öffentlichem und privatem Gesundheitssektor[1] belastet. Zudem ist das System wegen des starken Gegensatzes zwischen guter medizinischer Versorgung in den Städten und mangelhafter medizinischer Infrastruktur in ländlichen Gebieten problematisch. Die oft hohen Opportunitätskosten, die eine medizinische Behandlung für die ländliche Bevölkerung in Form von Zeitaufwand verursacht,[2] implizieren einen ungleichen Zugang zu medizinischer Versorgung, der dem Gleichheitsprinzip im Sinn eines gutspezifischen Egalitarismus widerspricht. Auch führt das gegenwärtige System zu einer großen finanziellen Belastung des staatlichen Haushaltes, da es weder einen starken Anreiz zum Abschluß einer privaten Krankenversicherung[3] noch für Krankenhäuser einen Anreiz zur Gebührenerhebung enthält.[4]

Eine Neuorganisation des Gesundheitssektors hat im Rahmen der politischen Konzeptionsprogramme des ANC sozialpolitische Priorität.[5] Zur Konkretisierung dieser Zielsetzung hat die Regierung im April 1997 ein

---

sind gegenwärtig jedoch noch nicht abgeschlossen. Zur Problematik des hohen Fragmentarisierungsgrades im südafrikanischen Gesundheitssektor vgl. ausführlich De Beer (1988).

1 Vgl. ausführlich Luiz (1993), S. 110f.

2 Vgl. u. a. Savage/Benater (1990), S. 152, van Rensburg/Fourie/Pretorius (1992), S. 242 und 256-260, McIntyre et al. (1995), S. 38, Saldru (1995), S. 22 sowie Department of Health (1997), S. 152.

3 Vgl. Department of Health (1997), S. 45.

4 Nach Schätzungen des South African Institute of Race Relations haben in Natal 1990 ca. 25% der in staatlichen Krankenhäusern behandelten Patienten keine Gebühren und lediglich 4% kostendeckende Gebühren entrichtet. 71% der Patienten zahlten nur einen geringen Beitrag (vgl. South African Institute of Race Relations (1990), S. 396). Die Erhebung war auf Natal beschränkt, die Gebührenpraxis in anderen Provinzen wird jedoch als vergleichbar eingeschätzt (vgl. South African Institute of Race Relations (1990), S. 394).
Zwar fallen die erhobenen Gebühren seit kurzem dem jeweiligen Krankenhaus zu, werden jedoch von der Höhe der staatlichen Zuschüsse abgezogen, so daß gegenüber dem zuvor geltenden System einer völligen Abgabe der erhobenen Gebühren an einen zentralen Fonds lediglich die administrativen Kosten reduziert wurden, nicht jedoch der Anreiz zur Gebührenerhebung verstärkt wurde (vgl. McIntyre (1994), S. 24 f. und S. 29 sowie Department of Health (1997), S. 44).
Eine ausführliche ökonomische Analyse möglicher Gebührensysteme im Gesundheitswesen und ihrer allokativen und distributiven Wirkungen findet sich bei McIntyre (1994), S. 3-19.

5 So bezieht sich das RDP im Abschnitt zur Sozialpolitik vorrangig auf den Gesundheitssektor (vgl. ANC (1994a), S. 42-51).

White Paper zur Gesundheitspolitik vorgelegt, nach dem die genannten Probleme durch die Einführung einer staatlichen Krankenversicherung, eine striktere Anwendung des Bedürftigkeitstests und infolgedessen eine verstärkte Gebührenerhebung der Krankenhäuser sowie eine Umstrukturierung der Ausgaben zugunsten grundlegender medizinischer Versorgung in bisher benachteiligten Regionen[1] gemindert werden sollen. Die Vorschläge des White Papers bauen im wesentlichen auf den RDP-Forderungen auf, bleiben jedoch wenig detailliert und stehen derzeit noch in der politischen Diskussion, so daß zum gegenwärtigen Zeitpunkt keine abschließende Aussage über die zukünftigen Strukturen des staatlichen Gesundheitswesens erfolgen kann.

1.4.2. Privater Gesundheitssektor

Private Krankenversicherungen werden durch den Staat gesetzlich reglementiert[2] und subventioniert. Dominierend im Rahmen der privaten Absicherung sind sog. Medical Schemes[3], die für Beschäftigte des formellen Sektors häufig als Bestandteil des Arbeitsvertrages angeboten werden. Die Finanzierung erfolgt in diesem Fall durch Beiträge der Arbeitgeber und Arbeitnehmer,[4] wobei der Anteil der Arbeitnehmerbeiträge, der 5% des Einkommens überschreitet, sowie die Arbeitgeberbeiträge steuerlich abzugsfähig sind.[5] Die Beitragshöhe[6] variiert i. d. R. mit dem Versicherungsum-

1 Vgl. Department of Health (1997), u.a. S. 12, 41 f., 45, 47, 51 und 174.

2 Gesetzliche Grundlage für private Krankenversicherungen sind der „Medical Schemes Act“ (1967) und der „Medical Schemes Amendment Act“ (1993).

3 Medical Schemes existieren in drei verschiedenen Formen, wobei innerhalb dieser Gruppen wiederum Versicherungen mit verschiedenem Sicherungsumfang angeboten werden, so daß ein extrem weites Spektrum möglicher Krankenversicherungen besteht (vgl. Dorrington (1985), S. 107-111, Naylor (1988), S. 1158 f., Broomberg/De Beer/ Price (1990), S. 139 f., van Rensburg/Fourie/Pretorius (1992), S. 220 sowie McIntyre (1993), S. 9).

4 Dabei kann der Arbeitgeberanteil an der Finanzierung höchstens 50% betragen (vgl. van Rensburg/Fourie/Pretorius (1992), S. 222).

5 Vgl. Price/De Beer (1988), S. 68, Katz-Commission (1994), S. 93 sowie Melamet-Commission (1994), S. 44.
Für Personen über 65 Jahre sind medizinische Kosten voll steuerlich abzugsfähig (vgl. Katz-Commission (1994), S. 93).

6 Die durchschnittliche Höhe der monatlichen Beitragszahlungen lag 1995 bei R 510,59 (vgl. Registrar of Medical Schemes (1996), Annexure A).

fang, dem Einkommen sowie der Anzahl der Familienangehörigen.[1] Die Versicherung im Rahmen eines Medical Schemes kann bei Eintritt des Rentenalters aufrechterhalten werden. Dies war lange zu vergünstigten Beiträgen möglich, aufgrund finanzieller Probleme haben die Medical Schemes die Beiträge für Rentner in den letzten Jahren jedoch mehrheitlich auf das Niveau der Beschäftigten angehoben,[2] so daß die Umverteilung zugunsten von Rentnern stark reduziert wurde. Abgesehen von den nicht gewinnorientierten Medical Schemes existiert ein Markt privater Krankenversicherer, der hauptsächlich Ergänzungsversicherungen zu den existierenden Medical Schemes anbietet, um die Differenz zwischen medizinischen Kosten und den von den Medical Schemes getragenen Tarifen zu decken.[3]

Die Trennung in einen privaten und einen staatlichen Gesundheitssektor führt zunehmend zu einer Zwei-Klassen-Gesellschaft, da sich formell Beschäftigte private Versicherungen und qualitativ hochwertige medizinische Behandlung leisten können, wohingegen Personen, die mangels formeller Beschäftigung keinen Zugang zum privaten Gesundheitssektor haben, auf das staatliche Gesundheitswesen angewiesen sind.[4] Dies bedeutet eine Verletzung des Gleichheitsprinzips im Sinne gleicher Behandlung bei gleichen Bedürfnissen.[5] Problematisch an der gegenwärtigen Ausgestaltung des privaten Gesundheitssektors ist die Anbindung von Unternehmen an bestimmte Medical Schemes, da sich dies negativ auf die Arbeitsplatzmobilität und somit eine effiziente Faktorallokation auswirken kann.[6]

Mit der Verabschiedung des „Medical Schemes Amendment Act“ (1993) ist einerseits eine Deregulierung im privaten Krankenversicherungsbereich

---

1 Vgl. McIntyre et al.(1995), S. 21.
Allerdings ist es den Medical Schemes seit 1993 möglich, auch Risikofaktoren in die Berechnung der Beiträge miteinzubeziehen (vgl. McIntyre et al.(1995), S. 79).

2 Vgl. Melamet-Commission (1994), S. 54.

3 Vgl. McIntyre (1993), S. 12.

4 Vgl. in diesem Sinn van Rensburg/Fourie (1988), S. 5 sowie Benatar (1991), S. 30.

5 Aus der Aufteilung in einen privaten und einen staatlichen Gesundheitssektor folgt ein stark ungleicher Bezug medizinischer Leistungen. Für 1987 bspw. betrugen die Pro-Kopf-Ausgaben im öffentlichen Gesundheitssektor R 159, im privaten Sektor dagegen R 555 (vgl. McIntyre/Dorrington (1990), S. 128).

6 Vgl. Melamet-Commission (1994), S. 50.

verbunden, die für die Zukunft eine größere Vielfalt der angebotenen Leistungen erwarten läßt.[1] Dies kann zu einem positiven Wohlfahrtseffekt führen, wenn die angebotenen Leistungen den Präferenzen der Arbeitnehmer besser angepaßt werden können. Da Versicherer aufgrund der Gesetzesänderung die Beitragserhebung nicht nur anhand des Versicherungsumfangs und der Familiengröße, sondern auch anhand der Risikofaktoren des Versicherten variieren können, dürfte die Gesetzesreform aber auch zu einer weiteren Verminderung des Risikoausgleichs und der Umverteilung von geringeren zu höheren Risikogruppen führen.[2]

Eine prinzipielle Veränderung des arbeitsplatzgebundenen Sicherungssystems ist bisher nicht erfolgt. Inwieweit die im Rahmen des White Paper geplante Einführung einer allgemeinen staatlichen Krankenversicherung zu einer strukturellen Veränderung des privaten Gesundheitssektors führen kann, ist bisher nicht abzusehen.

1.5. Staatliche Armutshilfe

Ein Rechtsanspruch auf eine allgemeine staatliche Unterstützung im Fall von Bedürftigkeit besteht in Südafrika nicht. Im Sozialhaushalt existiert ein Posten für „social relief", der Leistungen umfaßt, die nach Einzelprüfung im Fall von Bedürftigkeit für einen begrenzten Zeitraum gewährt werden können.[3] Social Relief Leistungen werden zumeist nicht als Geldzahlungen, sondern in Form von Lebensmittelgutscheinen oder direkter Finanzierung von Miete, Strom und Wasser gewährt,[4] so daß das Prinzip der Konsumentenfreiheit zugunsten paternalistischer Hilfe eingeschränkt wird. Derartige gebundenen Leistungen können im Vergleich zu ungebundenen Leistungen

---

[1] Vgl. McIntyre (1993), S. 12.

[2] Vgl. Broomberg (1991), S. 416 sowie McIntyre et al. (1995), S. 79.
Nach einem im Februar 1998 von der Regierung eingebrachten Gesetzesvorschlag soll die Möglichkeit, Beitragszahlungen nach Risikoabhängigkeit zu variieren jedoch wieder abgeschafft werden (vgl. Mvoko (1998)).

[3] I. d. R. werden diese im Fall unvorhersehbarer Notsituationen (emergency relief) oder zur Überbrückung der Wartezeit auf beantragte sonstige staatliche Unterstützung, gewährt.

[4] Vgl. Burman/Barrat (1993), S. 9-11, Lund (1993), S. 13, Department of Welfare (1996), S. 78 sowie Lund-Committee (1996), S. 70.

paretoinferior sein;[1] soll jeder Bürger jedoch Anspruch auf bestimmte Grundleistungen wie Nahrung oder Wohnraum haben, um seine Menschenwürde zu sichern, so können gebundene Leistungen im Sinn eines gutspezifischen Egalitarismus gerechtfertigt werden. Für Südafrika scheint eine derartige Argumentation aufgrund des verfassungsrechtlich garantierten Anspruches auf angemessenen Wohnraum sowie ausreichende Nahrung[2] durchaus gerechtfertigt. Eine grundlegende Änderung des Systems der Armutshilfe ist derzeit nicht zu erkennen.

1.6. Staatliche Unterstützung für Behinderte und Kinder als Besonderheiten der Sozialen Sicherung in Südafrika

Staatliche Unterstützung für Behinderte ist im Rahmen des „Blind Persons Act" (1968) und des „Disability Grants Act" (1968) geregelt.[3] Die Finanzierung der gewährten Leistungen erfolgt aus allgemeinen Steuermitteln. Anspruch auf finanzielle Hilfe haben südafrikanische Staatsbürger zwischen dem 16. Lebensjahr und dem Bezugsalter einer staatlichen Altersrente, die als bedürftig gelten[4] und aufgrund ärztlicher Gutachten als behindert eingestuft werden. Die Höhe staatlicher Unterstützung ist vom Behinderten- und Bedürftigkeitsgrad abhängig, wobei der monatliche Höchstsatz derzeit R 500 beträgt.

Problematisch in Hinblick auf die Gewährung der Behindertenunterstützung wird erachtet, daß die geforderten medizinischen Nachweise so komplex sind, daß sie von der Bevölkerung in ländlichen Gebieten aufgrund der dor-

---

1 Hauptsächlich wird hierbei kritisiert, daß gebundene Leistungen zumeist einen Substitutionseffekt implizieren, der zu einer ineffizienten Allokation führt. Existiert kein Substitutionseffekt, so sind gebundene Leistungen aufgrund des - im Vergleich zu reinen Geldleistungen - meist höheren Verwaltungsaufwands häufig ineffizient. Auch widerspricht der Eingriff in die Konsumentensouveränität dem Grundsatz individueller Planung im Rahmen marktwirtschaftlicher Systeme.

2 Vgl. RSA (1996c), Art. 26(1) und 27(1).

3 Zur Ausgestaltung dieser Leistungen vgl. Lund (1992), S. 12, van der Berg (1994), S. 42 sowie Lund-Committee (1996), S. 70.
Zusätzlich existiert eine staatliche Unterstützung für behinderte Kinder in Form der Care Dependancy Grant, deren Ausgestaltung durch die Kindergesetzgebung „Children's Act" (1960) und „Child Care Act" (1983) abgedeckt ist.

4 Der Bedürftigkeitstest ist mit dem für Altersrenten identisch.

tigen medizinischen Infrastruktur kaum zu erbringen sind.[1] Effizienzmindernd wirkt zudem - ähnlich wie bei der staatlichen Alterssicherung - die hohe Korruption im Verwaltungssektor. Seit 1994 ist keine wesentliche strukturelle Veränderung der Transferleistungen an Behinderte erfolgt.

Staatliche Unterstützung zum Unterhalt von Kindern existiert gegenwärtig in Form einer Unterhaltsbeihilfe (State Maintenance Grant), die sich in eine Elternzulage (Parent Allowance) und eine Kinderzulage (Child Allowance) gliedert, eines Pflegekindergeldes (Foster Grant) sowie einer Sonderzulage für behinderte Kinder (Care Dependancy Grant).[2] Finanziert werden diese Zahlungen aus allgemeinen Steuermitteln. Die Unterstützung kann von alleinerziehenden Eltern[3] südafrikanischer Staatsbürgerschaft für höchstens zwei Kinder bis zum Alter von 18 Jahren[4] bezogen werden. Als Voraussetzung für die Leistungsgewährung muß neben dem Bedürftigkeitstest ein Nachweis erbracht werden, daß der Versuch, private Unterhaltszahlungen zu erhalten, gescheitert ist oder die bezogene Summe unter der Bedürftigkeitsgrenze bleibt. Schließlich muß der Antragsteller nachweisen, daß er sich aktiv um einen Arbeitsplatz bemüht; wird eine angebotene Arbeitsstelle ausgeschlagen, so verfällt der Unterstützungsanspruch, dagegen bleibt er bestehen, wenn der Lohn die Bedürftigkeitsgrenze nicht überschreitet. Die Elternzulage beträgt gegenwärtig R 500, die Kinderzulage R 150 im Monat.

Die Unterhaltsbeihilfe zur Kindererziehung war ursprünglich als Unterstüt-

---

1 Vgl. Lund-Committee (1996), S. 81.

2 Im folgenden wird lediglich auf die Unterhaltsbeihilfe in Form von Eltern- und Kinderzulage eingegangen, da diese mit ca. 84% den Hauptbestandteil der staatlichen finanziellen Unterstützung für Kinder ausmacht (vgl. Lund-Committee (1996), S. 77). Gesetzliche Grundlagen für die staatlichen Leistungen zur Kindererziehung sind der „Children's Act" (1960), der „Child Care Act" (1983) sowie der „Social Assistance Act" (1992), der die Grundlage für die Vereinheitlichung der staatlichen Leistungen für alle Rassen darstellt.

3 Seit 1992 können auch Väter die Kinderzulage (nicht aber die Elternzulage) beantragen, i. d. R. handelt es sich jedoch um alleinerziehende Mütter. Als alleinerziehend gilt, wer ledig, geschieden oder verwitwet ist. Zudem wird eine Mutter dann als alleinerziehend betrachtet, wenn der Vater nicht auffindbar ist oder seit mehr als 6 Monaten im Gefängnis oder einer medizinischen Anstalt ist (vgl. ausführlich Burmann/Barratt (1993), Kruger (1996), S. 22 f. sowie Lund-Committee (1996), S. 78).

4 Wenn sich die Kinder noch in der schulischen Ausbildung befinden, wird die Unterstützung bis zum 21. Lebensjahr gewährt (vgl. Lund-Committee (1996), S. 79).

Die Unterhaltsbeihilfe war ursprünglich als Unterstützung in Ausnahmefällen gedacht. Aufgrund der gesellschaftlichen Entwicklung in Südafrika, die auch infolge der Apartheidspolitik starke familienauflösende Tendenzen aufweist, stellen alleinerziehende Eltern jedoch keine Seltenheit mehr dar, weshalb die derzeitige Ausgestaltung der Kinder- und Familienhilfe häufig als inadequat gesehen wird. Konkret wird an der Ausgestaltung zum einen kritisiert, daß sie weitere familienauflösende Tendenzen induzieren und somit dem sozialpolitischen Ziel einer Stärkung niedriger Sozialgebilde im Rahmen des Eigenverantwortungsprinzips entgegen wirken kann. Zum anderen birgt der Bedürftigkeitstest auch hier die Gefahr einer Armutsfalle und kann zu negativen Arbeitsanreizen führen.[1]

Im Rahmen des „Social Assistance Act" ist 1992 eine formale Angleichung der Leistungen zur Kinderbeihilfe für alle ethnischen Gruppen erfolgt.[2] Darüber hinaus befindet sich die Ausgestaltung der staatlichen Unterhaltsbeihilfe derzeit im Reformprozeß. Die von der Regierung eingesetzte Lund-Kommission hat Vorschläge zur Reform der Unterhaltsbeihilfe erarbeitet, nach denen ein Auslaufen der Elternzulage vorgesehen ist, so daß in Zukunft wohl nur noch eine pauschale Kinderzulage an Alleinerziehende gezahlt wird.[3] Höhe und genaue Ausgestaltung dieser Leistung sind derzeit jedoch noch Bestandteil der politischen Diskussion, so daß zum gegenwärtigen Zeitpunkt hierzu keine Aussage erfolgen kann.

2. Effekte der Sozialen Sicherung in Südafrika

Sozialsysteme können allokative und/oder distributive Ziele verfolgen. Im folgenden wird daher zum einen untersucht, inwieweit die staatlichen Eingriffe im Rahmen des südafrikanischen Sozialsystems zu allokativer Effizienz beitragen und somit wohlfahrtssteigernd wirken können, zum anderen wird darauf eingegangen, ob das gegebene System Sozialer Sicherung Um-

---

1 Vgl. van der Berg (1994), S. 11 f.

2 Aufgrund von Informationsdefiziten und Infrastrukturmängeln wird die Unterstützung derzeit von der schwarzen Bevölkerung noch unterproportional in Anspruch genommen; allerdings läßt sich eine steigende Antragstellung durch die schwarze Bevölkerung feststellen.

3 Für eine detaillierte Darstellung der Reformvorschläge vgl. Lund-Committee (1996), S. 85-97.

verteilungswirkungen aufweist. Als Grundlage für diese Analyse erfolgt zunächst eine Einordnung des beschriebenen sozialen Sicherungssystems in Südafrika anhand der im theoretischen Teil erarbeiteten Kriterien Umfang der versicherten Risiken, versicherter Personenkreis, Umfang an Versicherungsleistungen, Voraussetzungen für einen Leistungsbezug sowie Finanzierung des Sicherungssystems.

2.1. Einordnung des „Systems"

Formen sozialer Sicherung existieren in Südafrika für alle vier im theoretischen Abschnitt genannten allgemeinen Lebensrisiken. Darüber hinaus werden mit Behinderten und Kindern zwei als besonders schwach angesehene Personengruppen durch den Staat unterstützt.

Die Risikoabsicherung ist jedoch äußerst selektiv in bezug auf den versicherten Personenkreis. Leistungen der Unfall- und Arbeitslosenversicherung sind an zuvor entrichtete Beiträge gebunden. Darüber hinaus sind einzelne Berufsgruppen sowie Bezieher hoher Einkommen explizit von diesen Versicherungszweigen ausgenommen. Dies führt dazu, daß für eine relativ große Zahl der Erwerbsfähigen kein Versicherungsschutz bzgl. der Risiken einer Erwerbsunfähigkeit bzw. Arbeitslosigkeit besteht. Staatliche Leistungen im Fall von Alter und Krankheit sowie zur Unterstützung von Behinderten und Kindern sind an einen Bedürftigkeitstest gebunden. Neben diesen institutionalisierten Selektionskriterien erfolgt in der Realität ein zusätzlicher Ausschluß insbesondere großer Teile der schwarzen Landbevölkerung von staatlichen Sozialleistungen infolge mangelhafter Infrastruktur, einer korrupten staatlichen Verwaltung sowie unzureichender Informationen.[1] Die meisten Formen privater Alters- und Krankensicherung sind von einer Beschäftigung im formellen Sektor abhängig, wodurch aufgrund der hohen Arbeitslosigkeit bzw. der großen Zahl derer, die im informellen Sektor beschäftigt sind, weite Bevölkerungsteile von diesen Versicherungsmöglichkeiten ausgeschlossen sind.

Soziale Sicherungsleistungen in Südafrika sind teils am Ziel der Lebens-

---

1 Vgl. in diesem Sinn Patel (1991), S. 191 sowie Kruger (1992), S. 200.

standardsicherung, teils am Ziel einer Armutsvermeidung orientiert. Ersteres ist im Rahmen der Unfallversicherung und der Ausgestaltung des Krankengeldes zu erkennen, da sich beide Leistungen am bisher erzielten Einkommen orientieren. Dies gilt zwar auch für die Leistungen der Arbeitslosenversicherung, allerdings kann bei einem Arbeitslosengeld, das 45% des zuvor erzielten Bruttolohnes entspricht, zumindest mit bezug auf niedrige, steuerbefreite Einkommen nicht von einer lebensstandardsichernden Leistung gesprochen werden. Auch die relativ kurze Bezugsdauer des Arbeitslosengeldes widerspricht dieser Zielsetzung. Familien- und Behindertenunterstützung sind deutlich am Ziel einer Armutsvermeidung orientiert. Prinzipiell gilt dies auch für die staatliche Altersrente, da die Renten faktisch jedoch häufig von Personen in Anspruch genommen werden, die zuvor über keine formelle Beschäftigung und somit i. d. R. lediglich über ein sehr geringes Einkommen verfügten, führt der Altersrentenbezug in der Realität häufig zu einer Lebensstandardsicherung bzw. sogar einer Lebensstandardsteigerung von Rentnern.[1] Die direkten Leistungen des staatlichen Gesundheitswesens zielen - aufgrund der derzeitigen Umstrukturierung des Etats - vermehrt auf eine medizinische Grundversorgung, die allen Bürgern gemäß der Zielsetzung eines gutspezifischen Egalitarismus offenstehen soll. Insgesamt zeigt sich somit eine dominierende Orientierung am Ziel der Armutsvermeidung und Mindestsicherung.

Allgemeine Grundleistungen werden im Rahmen der Sozialen Sicherung in Südafrika nicht bereitgestellt. Der Bezug von staatlichen Leistungen ist stets an zuvor entrichtete Beiträge oder an einen Bedürftigkeitsnachweis gebunden, wobei bedürftigkeitsabhängige Leistungen dominieren. Allerdings existieren Überlegungen, den Bedürftigkeitstest aufgrund der impliziten allokativen Ineffizienzen im Rahmen der Alterssicherung abzuschaffen, so daß die staatliche Altersrente in Zukunft eventuell als allgemeine Grundleistung bereitgestellt wird.

---

1 Vgl. van der Berg (1994), S. 50 f.
Die häufig faktische Lebensstandardsicherung staatlicher Renten ist jedoch lediglich ein zynisches Ergebnis des extrem niedrigen Lebensstandards großer Teile der Bevölkerung und verdeutlicht somit die Notwendigkeit wirtschaftlicher Entwicklung sowie einer verbesserten allgemeinen Armutsicherung.

Hinsichtlich der Finanzierung der Sozialen Sicherung ist zwischen der als Versicherung organisierten Absicherung gegen Berufsunfälle und Arbeitslosigkeit sowie der staatlichen Hilfe im Fall von Krankheit und Alter zu unterscheiden. Erstere ist beitragsfinanziert, wobei die Beiträge der Unfallversicherung lediglich von Arbeitgebern, die der Arbeitslosenversicherung zu gleichen Teilen von Arbeitgebern und Arbeitnehmern getragen werden. Auch berufsbezogene Renten- und Krankenversicherungen werden i. d. R. je zur Hälfte aus Arbeitgeber- und Arbeitnehmerbeiträgen finanziert,[1] wobei jedoch eine staatliche Subventionierung in Form von Steuererleichterungen erfolgt. Die Finanzierung staatlicher Gesundheitsleistungen und Altersrenten erfolgt ebenso wie die Unterstützung von Behinderten und Kindern durch allgemeine Steuern, so daß das System Staatlicher Sicherung in der Summe durch Steuer-Transferleistungen dominiert wird.

Die Soziale Sicherung in Südafrika umfaßt alle im theoretischen Teil der Arbeit für relevant erachteten Lebensrisiken; die Absicherung erfolgt jedoch nicht im Rahmen eines in sich geschlossenen Systems, sondern erweist sich vielmehr als Summe wenig aufeinander abgestimmter „Einzelsysteme", so daß nicht von einem System im eigentlichen Sinn gesprochen werden kann.[2] Das Sicherungssystem weist Merkmale eines „liberalen" Systems auf, da es auf dem Prinzip der Eigenverantwortung aufbaut und zumeist nur bedürftigkeitsabhängige staatliche Leistungen gewährt, so daß zur Absicherung gegen die meisten Lebensrisiken eine eigenverantwortliche Vorsorge über private Versicherungsmärkte notwendig ist. Daneben existieren mit der Unfall- und Arbeitslosenversicherung Elemente eines staatlichen Versicherungssystems. Die Bedeutung des Versicherungsprinzips wird zudem durch die beitragsfinanzierten berufsbezogenen Alters- und Krankenversicherungen gestärkt. Schließlich sind große Teile staatlicher Leistungen im Rahmen eines Steuer-Transfersystems organisiert; diese sind allerdings im Gegensatz zum Modell des Versorgungssystems nicht als allgemeine Grundleistungen, sondern als bedürftigkeitsabhängige Leistungen ausgestaltet. Somit umfaßt die Soziale Sicherung in Südafrika Elemente eines „liberalen"

---

1 Diese zumeist tariflich verankerte Form Sozialer Sicherung ist deshalb, obwohl sie weder gesetzlich vorgeschrieben noch staatlich organisiert ist, hinzuzurechnen, wenn der Umfang sozialer Absicherung in Südafrika ermittelt werden soll (vgl. in diesem Sinn van der Berg (1994), S. 18).

2 Vgl. van der Berg (1992b), S. 14.

Sozialsystems sowie eines Versicherungssystems,[1] weshalb eine eindeutige Zuordnung zu einem Idealmodell nicht möglich ist.[2] Dennoch sind staatlich gewährte Sozialleistungen vorrangig bedürftigkeitsabhängig. Das staatliche Sicherungssystem greift zumeist erst bei einem Versagen von individueller, familiärer oder gemeinschaftlicher Versorgung. Daher kann die Soziale Sicherung in Südafrika - auch unter Einbeziehung der in den 90er Jahren erfolgten Reformen - prinzipiell als residual eingestuft werden[3] und steht somit einem „liberalen" Sozialsystem tendenziell am nächsten.[4]

2.2. Allokative Effizienz[5]

Das Soziale Sicherungssystem in Südafrika dürfte insbesondere durch die Bereitstellung einer staatlichen Versicherung für Arbeitslosigkeit, die Versicherungspflicht bei Berufsunfällen sowie die Subventionierung privater Sicherung gegen Krankheit und Alter zu einer höheren Effizienz beitragen. Im Fall von Arbeitslosigkeit kommt ein privater Versicherungsmarkt aufgrund korrelierter Risiken nicht zustande, weshalb eine staatliche Versicherung wohlfahrtssteigernd wirken kann. Für die Arbeitslosenversicherung in Südafrika dürfte diese Wirkung insbesondere auch deshalb bestehen, da die Versicherungsbeiträge relativ gering sind, so daß ein die Präferenzen der Versicherten übersteigender Versicherungsumfang nicht gegeben sein dürfte. Auch die Versicherungspflicht im Fall der Unfallversicherung sowie die Subventionierung privater Kranken- und Rentenversicherungen kann zu einer allokativen Effizienzsteigerung beitragen, da - sofern eine Unterschätzung zukünftiger Bedürfnisse in diesen Bereichen angenommen wird - ein fehlender Versicherungsschutz in Verbindung mit der in Südafrika existierenden staatlichen Grundversorgung, annahmegemäß zu Free Rider-Verhal-

---

1 Sollte die Altersrente in Zukunft als allgemeine Grundleistung bereitgestellt werden, so käme zusätzlich ein Element eines Versorgungssystems hinzu.

2 Vgl. Kruger (1992), S. 217.

3 Vgl. McKendrick (1987b), S. 22 und 36, Kruger (1992), S. 217, Luiz (1993), S. 41 und 88 sowie Lund (1993), S. 6.

4 Vgl. in diesem Sinn Luiz (1993), S. 41 f.

5 Im folgenden kann keine abschließende Effizienzanalyse des Systems Sozialer Sicherung in Südafrika vorgenommen werden; hier sind weitere detailliertere Studien notwendig. Es soll jedoch auf wichtige strukturelle Merkmale des Systems, die als Ursachen allokativer Ineffizienz ausgemacht werden können, verwiesen werden.

ten und negativen Externalitäten führen würde.[1] Ein Versicherungsschutz dagegen kann bei risikoaversen Individuen eine verstärkte Ausschöpfung des gegebenen Produktionspotentials bewirken und somit die volkswirtschaftliche Effizienz steigern.

Allerdings enthält das Sicherungssystem in Südafrika auch strukturelle Elemente, die dem vom ANC in seiner sozialpolitischen Konzeption betonten Ziel einer effizienten Allokation entgegenwirken. Im staatlichen Sektor wirkt sich die apartheidsbedingte Fragmentarisierung staatlicher Institutionen, die in einer mangelnden Abstimmung einzelner Elemente der Sozialpolitik sowie hohen administrativen Kosten resultiert, effizienzmindernd aus. Jedoch dürfte die gegenwärtige Vereinheitlichung des staatlichen Systems Sozialer Sicherung sowie die hiermit verbundene Zentralisierung der Organisation in Zukunft zu einer Verringerung der Fragmentarisierung sowie der hierdurch bedingten Ressourcenverschwendung führen.

Mangelhafte Kontrollmechanismen haben insbesondere in der Arbeitslosenversicherung, dem System staatlicher Altersrenten sowie der Behindertenunterstützung zu hohem Mißbrauch und Transfers in falscher Höhe geführt. Auch in dieser Hinsicht kann für die Zukunft jedoch mit einer verbesserten Faktorallokation gerechnet werden, da die Regierung derzeit das System staatlicher Sozialleistungen durch Computersysteme vereinheitlicht sowie die Einführung eines einheitlichen Sozialausweises mit persönlichem Fingerabdruck plant.[2] Beide Initiativen dürften den Spielraum für bewußten Mißbrauch, aber auch die Gefahr fehlerhafter Handhabung durch Verwaltungsbeamte reduzieren.

Auch der Bedürftigkeitstest im Rahmen der Altersversorgung, der Kinder- und Familien- sowie Behindertenunterstützung vermindert die allokative Effizienz des staatlichen Sicherungssystems, da er in Verbindung mit der

---

1 Werden Kranken- und Altersversicherung dagegen nicht als meritorische Güter betrachtet, so führt die steuerliche Abzugsfähigkeit privater Beiträge zur Kranken- und Rentenversicherung zu einer erhöhten Nachfrage nach diesen Versicherungen und somit zu einer Fehlallokation privater Ersparnis.

2 Vgl. Department of Welfare (1996), Abs.38(a) sowie Fajgenbaum et al. (1996), S. 17 f.

mangelnden Abstimmung zwischen privatem und staatlichem Sicherungssektor für den einzelnen die Gefahr einer Armutsfalle impliziert und negative Spar- bzw. Arbeitsanreize setzt. Insbesondere durch die Rentenreform von 1996 ist auch hier eine erhöhte Effizienz zu erwarten

Schließlich dürfte das Fehlen einer allgemeinen Versicherungspflicht bzgl. Krankheit und Alter - trotz der bestehenden staatlichen Subventionierung privater Vorsorge - bei der Existenz bedürftigkeitsabhängiger Grundleistungen in diesen Bereichen zu Free Rider-Verhalten führen. Auch impliziert der fehlende Versicherungszwang in Verbindung mit einem in Südafrika nicht existenten Kontrahierungszwang eine starke Adverse Selection-Problematik im Bereich privater Alters- und Krankenversicherungen. Darüber hinaus birgt das gegenwärtige System der arbeitsplatzbezogenen Renten- und Krankenversicherung die Gefahr einer verminderten Faktormobilität und ineffizienten Faktorallokation.

Das gegenwärtige System Sozialer Sicherung in Südafrika enthält somit strukturelle Elemente, die die allokative Effizienz mindern können, so daß das Ziel allokativer Effizienz durch die staatliche Sozialpolitik derzeit nur eingeschränkt erreicht wird. Die seit 1994 durchgeführten Reformen dürften jedoch durchweg zu einer Verbesserung der allokativen Effizienz führen und sind somit als zielkonform zu werten.

2.3. Distributive Effekte[1]

Studien, die sich mit Verteilungsfragen in Südafrika beschäftigen, stellen zumeist die Verteilung zwischen den einzelnen Rassen in den Vordergrund ihrer Betrachtungen.[2] Aufgrund der zunehmenden Ungleichverteilung innerhalb der einzelnen ethnischen Bevölkerungsgruppen[3] sowie der Überlegung, daß in einem demokratischen Staat die ethnische Gruppenzugehö-

---

[1] Auch hinsichtlich der distributiven Effekte des Systems Sozialer Sicherung in Südafrika kann hier keine abschließende Beurteilung erfolgen. Die folgenden Ausführungen versuchen keine Quantifizierung einzelner Effekte, sondern verweisen lediglich auf strukturelle Besonderheiten der einzelnen Sicherungszweige und deren distributive Relevanz.

[2] Vgl. Janisch (1996), S. 23 f. und 36.

[3] Vgl. McGrath/Whiteford (1994), insbesondere S. 8 f. und 11-14.

rigkeit kein Maßstab für Verteilungspolitik sein kann, wird im folgenden jedoch ausschließlich auf Verteilungseffekte zwischen Einkommensgruppen, nicht zwischen ethnischen Gruppen Bezug genommen.

Die distributiven Effekte der Sozialversicherungen gegen Erwerbsminderung bzw. -unfähigkeit sowie Arbeitslosigkeit implizieren kaum interpersonelle Umverteilungseffekte. Die Beitragsberechnung im Fall der Unfallversicherung ist aufgrund der erhobenen Risikoprämie weitgehend am Äquivalenzprinzip orientiert. Gewisse Umverteilungseffekte zugunsten niedriger Einkommensbezieher können durch die Einführung von Höchst- und Mindestsätzen vermutet werden, generell sind diese jedoch als marginal einzustufen. Die Beitragserhebung im Rahmen der Arbeitslosenversicherung ist einkommensabhängig, weshalb bei tendenziell höherem Risiko niedriger Einkommensgruppen eine Umverteilung zwischen niedrigen und hohen Einkommensgruppen zu vermuten ist. Die potentielle Risikodiversifikation ist jedoch durch den expliziten Ausschluß besonders niedriger Risikogruppen (Bezieher hoher Einkommen und Staatsangestellte) sowie besonders hoher Risikogruppen (Hausangestellte und Saisonarbeiter) stark eingeschränkt, so daß insgesamt nur geringe Umverteilungseffekte existieren dürften. Dem Prinzip der Eigenverantwortung wird grundsätzlich Rechnung getragen.

Die Finanzierung aller übrigen staatlichen Sozialleistungen erfolgt durch allgemeine Steuern, weshalb zunächst die Verteilungswirkungen des Steuersystems zu betrachten sind. Hierbei stützt sich die Arbeit auf eine Untersuchung von Janisch, die die Verteilungswirkungen des Steuersystems für das Steuerjahr 1993/94 analysiert hat.[1] Danach waren die Wirkungen des Steuersystems 1993/94 teilweise regressiv, da der prozentuale Steuerbeitrag der untersten Einkommensgruppe über ihrem Einkommensanteil lag, so daß eine Umverteilung von der höchsten, aber auch von der niedrigsten Einkommensklasse zu den mittleren Einkommensklassen erfolgte.[2] Zu einem ähnlichen Ergebnis führte die Betrachtung des prozentualen Anteils der

1 Zur unterstellten Steuerinzidenz vgl. Janisch (1996), S. 28 f. und 58-61.
Für eine ausführliche Darlegung der verwendeten Daten vgl. Janisch (1996), S. 39-55.

2 Vgl. Janisch (1996), S. 65.

Steuerbelastung am Einkommen, der für die niedrigste Einkommensklasse wiederum höher ausfiel als für die drei darüberliegenden Einkommensklassen.[1] Insgesamt ermittelte Janisch, daß das Steuersystem 1993/94 die Ungleichverteilung in Südafrika verstärkt und somit regressiv wirkte.[2]

Die Ausgabenseite des Sozialhaushaltes[3] war dagegen progressiv gestaltet, da der Anteil der Sozialleistungen, bezogen auf das Einkommen für die niedrigste Einkommensklasse, am höchsten ausfiel und in den folgenden Einkommensklassen kontinuierlich sank.[4] Im Gesamtergebnis ergab sich eine progressive Wirkung des Sozialhaushaltes, da die Progression der Ausgabenseite den regressiven Effekt auf der Einnahmenseite überwog. Gemindert wird die Progression durch die staatliche Subventionierung privater Sicherung gegen die Risiken Alter und Krankheit sowie die steuerliche Berücksichtigung von Kosten der Kindererziehung und -ausbildung, da sich die Subventionshöhe hier nach dem marginalen Steuersatz richtet und somit für Bezieher hoher Einkommen nicht nur absolut, sondern auch relativ größer ist.[5]

Im Rahmen privater Krankenversicherungen hat infolge der einkommensorientierten Gebührengestaltung bisher in begrenztem Umfang eine Subventionierung von Beziehern niedrigerer Einkommen existiert. Aufgrund der im Rahmen des „Medical Schemes Amendment Act" (1993) zugelassenen risikoorientierten Gebührengestaltung sowie die reduzierte Subventionierung von Rentnern durch begünstigte Gebühren hat dieser Umverteilungseffekt in den letzten Jahren an Bedeutung verloren, so daß sich die Gebührenberechnung der Medical Schemes derzeit weitgehend am Äquivalenzprinzip orientiert und keine nennenswerte interpersonelle Umverteilung mehr beinhaltet.[6] Allerdings könnte die geplante Abschaffung risikoorientierter Bei-

1 Vgl. Janisch (1996), S. 68.

2 Vgl. Janisch (1996), S. 70.

3 Janisch definiert den Begriff des Sozialhaushaltes in einem weiteren Sinn und bezieht sowohl Bildungs- als auch Gesundheitsausgaben mit ein.

4 Vgl. Janisch (1996), S. 82-84.

5 Vgl. Donaldson (1993), S. 288 f. und 299.

6 Zwar existiert nach wie vor eine gewisse Bevorzugung von Rentnern, da diese im Gegensatz zu allen anderen Personen sämtliche Ausgaben für Gesundheitsgüter steuerlich absetzen können. Allerdings ist der fiskalische Effekt hier wohl eher als gering einzu-

tragszahlungen in Zukunft wieder zu verstärkten Umverteilungseffekten führen.

Verwendet man die absolute Höhe der Sozialleistungen als Bezugsgröße, so entfällt der größte Anteil an staatlichen Pro-Kopf-Leistungen auf die höchste Einkommensgruppe.[1] Zudem kann für alle staatlichen Sicherungszweige angenommen werden, daß die schwarze Landbevölkerung infolge einer mangelhaften Infrastruktur in ländlichen Gebieten unterproportional von den staatlichen Sozialleistungen profitiert, obwohl es sich hierbei um eine Bevölkerungsgruppe mit sehr niedrigem Einkommen handelt.[2] Besonders deutlich wird der ungleiche Leistungsbezug im staatlichen Gesundheitssektor, da hier die Pro-Kopf-Leistungen von der höchsten zur niedrigsten Einkommensklasse kontinuierlich abnehmen, wobei der Leistungsumfang der obersten Einkommensklasse den der niedrigsten um mehr als das dreifache übersteigt.[3] Ein gutspezifischer Egalitarismus kann im Gesundheitssektor daher nicht als erreicht gelten. Die geplante Ausgabenreform mit Priorität auf medizinischer Grundversorgung in bisher benachteiligten Gebieten sowie die Modernisierung des Verwaltungssektors lassen für die Zukunft jedoch tendenziell eine Abnahme der Leistungsdifferenzen im Gesundheitswesen erwarten.

Empirische Untersuchungen zeigen, daß die gewährten staatlichen Sozialleistungen - und hierbei in besonderem Maße die staatliche Rente - zu einer deutlichen Armutsminderung in Südafrika beitragen.[4] Zudem kommt die Untersuchung von Janisch zu dem Ergebnis, daß die Ungleichverteilung durch den Sozialhaushalt 1993/94 in Südafrika insgesamt gemindert wurde. Dennoch können sowohl in der Finanzierung als auch in der direkten und indirekten[5] Leistungsgewährung des Systems Sozialer Sicherung zahlreiche Elemente ausgemacht werden, die einer Umverteilung von hohen zu niedri-

schätzen, da nur ein geringer Prozentsatz der Rentner Steuern bezahlt.

1 Vgl. Janisch (1996), S. 78.

2 Vgl. McGrath/Whiteford (1994), S. 25 sowie Saldru (1995), S. 4 und 9.

3 Vgl. McIntyre et al.(1995), S. 59.

4 Vgl. Ardington/Lund (1995), bspw. S. 15 f.

5 Während sich der Begriff direkt auf staatliche Direktausgaben bezieht, weist die Bezeichnung indirekt auf die gewährten Steuererleichterungen hin.

gen Einkommensklassen entgegenwirken. Zwar kann dieser Effekt eventuell als inkonsistent kritisiert, im Rahmen des südafrikanischen Sozialsystems jedoch nicht prinzipiell negativ gewertet werden, da dieses keine interpersonelle Umverteilung anstrebt, sondern auf dem Prinzip der Eigenverantwortung aufbaut. Zu kritisieren ist dagegen, daß die Zielsetzung einer allgemeinen Armutsvermeidung aufgrund mangelhafter Infrastruktur und einer fehlenden subsidiär greifenden allgemeinen Armutshilfe nicht erreicht wird. Auch die bisher erfolgten Reformen haben hier keine Zielannäherung gebracht, da sie nicht vorrangig auf eine stärkere Armutsminderung im Rahmen des Sozialsystems, sondern primär auf eine Erhöhung der allokativen Effizienz ausgerichtet waren.

2.4. Beurteilung

Das südafrikanische Sozialsystem versucht der Zielsetzung allokativer Effizienz und in distributiver Hinsicht primär einer Armutsvermeidung[1] Rechnung zu tragen. Die gegenwärtige Ausgestaltung des Systems enthält zwar nach wie vor strukturelle Mängel, die zu allokativer Ineffizienz führen können; die seit 1994 durchgeführten Reformen dürften jedoch insgesamt zu einer Steigerung der allokativen Effizienz beigetragen haben und waren somit zielkonform. Eine Gleichstellung aller Bürger im Rahmen des Sozialsystems ist noch nicht realisiert, dennoch dürften sich die Reformen auch positiv auf die Zielsetzungen einer Gleichbehandlung aller Bürger im Rahmen der Sozialen Sicherung sowie eines gleichberechtigten Zuganges zu Gesundheitsgütern auswirken.

Keine grundlegenden Fortschritte haben die Reformen dagegen in Hinblick auf die distributive Zielsetzung eines verfassungsrechtlich garantierten Schutzes vor Armut erzielt, der als nicht erreicht gelten muß. Zurückzuführen ist dies - neben institutionellen Hindernissen in Form einer mangelhaften Infrastruktur - hauptsächlich auf das Fehlen einer subsidiär greifenden allgemeinen Armutshilfe für diejenigen, die keine Ansprüche im Rahmen der bestehenden Sicherung geltend machen können. Als besonders problematisch erweist sich hierbei die unzureichende Absicherung gegen das Ri-

1 Im Gesundheitssektor wird zudem ein gutspezifischer Egalitarismus verfolgt.

siko Arbeitslosigkeit, da die Möglichkeit einer langfristigen strukturellen Arbeitslosigkeit durch die Arbeitslosenversicherung in ihrer derzeitigen Ausgestaltung nicht berücksichtigt wird.[1] Infolge des Fehlens einer allgemeinen Armutshilfe kommt insbesondere den staatlichen Altersrenten, aber auch der Unterstützung von Behinderten und Kindern eine starke armutsmindernde Bedeutung zu; dem Ziel eines Schutzes von schwachen Personengruppen wie Rentnern, Kindern und Behinderten wird durch das existierende Sicherungssystem weitgehend Rechnung getragen. Diejenigen, die zu keiner dieser als schwach eingestuften Personengruppen gehören, bleiben jedoch ohne jede staatliche Unterstützung.[2]

Das Problem einer unzureichenden Armutsminderung im Rahmen des südafrikanischen Sozialsystems ist auch in der mangelhaften politischen Interessenvertretung der ärmsten Bevölkerungsschicht begründet. Diese setzt sich mehrheitlich aus Arbeitslosen zusammen,[3] die keine Vertretung durch die Gewerkschaftsverbände erfahren, aufgrund ihrer prinzipiellen Erwerbsfähigkeit und der Betonung der Eigenverantwortung im südafrikanischen Sozialsystem aber auch keinen Anspruch auf staatliche Unterstützung geltend machen können. Infolge der mangelnden organisatorischen Vertretung dieser breiten, heterogenen und somit schwer organisierbaren Bevölkerungsgruppe im politischen Willensbildungsprozeß sowie fiskalischer Zwänge ist auch für die nahe Zukunft keine prinzipielle Änderung dieses sozialpolitischen Defizits zu erwarten.[4]

---

1 Vgl. auch van der Berg (1994), S. 2.

2 Vgl. van der Berg (1997), S. 17 und 25.

3 Vgl. Nattras/Seekings (1996), S. 66 f.

4 Vgl. ähnlich auch Adam/Slabbert/Moodley (1997), S. 174 sowie Simkins (1996), S. 92 der darauf verweist, daß der Medianwähler in Südafrika seit 1994 als Mitglied der städtischen Arbeiterschicht mit geringem Einkommen definiert werden kann.

Kapitel 4

Das Wirtschaftssystem Südafrikas im Wandel: Eine abschließende Betrachtung zu Ursachen, Erscheinungsform und Folgen des bisherigen Prozesses

I. Zum Wandel der systempolitischen Grundsatzentscheidung des ANC

Vor 1990 war die wirtschaftspolitische Diskussion in Südafrika durch einen Streit um die systempolitische Grundsatzentscheidung zwischen einem marktwirtschaftlichen und einem planwirtschaftlichem System geprägt. Während NP, DP sowie IFP ein marktwirtschaftliches System für ein Post-Apartheid Südafrika forderten, präferierten der ANC und PAC ein durch staatliches Eigentum und staatliche Planung gekennzeichnetes zentralwirtschaftliches System. Zwischen 1990, dem Jahr des politischen Transformationsbeginns,[1] und 1994, dem Jahr erster uneingeschränkt demokratischer Wahlen in Südafrika, fand jedoch ein Wandel in der systempolitischen Grundsatzentscheidung des ANC statt, der sich vorrangig in einer veränderten Einstellung gegenüber den konstituierenden Systemelementen Eigentums- und Koordinationsordnung widerspiegelte und der letztlich zu einem weitreichenden Wertekonsens der politischen Eliten hinsichtlich des anzustrebenden Wirtschaftssystems führte.[2]

Am deutlichsten wird der Konzeptionswandel des ANC anhand der Aussagen zur Eigentumsordnung: Bereits ab 1990 forderte der ANC in seinen politischen Programmen keine Verstaatlichung von Boden mehr und gab somit ein zentrales Anliegen der Freedom Charta auf. Im Rahmen der Verhandlungen zur Übergangsverfassung akzeptierte er darüber hinaus, im Zuge für den politischen Verhandlungsprozeß notwendiger Kompromisse, die zentrale Forderung der NP nach einem verfassungsrechtlich geschützten Eigentumsrecht. Mit dieser Entscheidung wurde die

---

[1] Als Beginn der politischen Transformation wird hier die Parlamentseröffnungsrede von F. W. de Klerk vom 2. 2. 1990 angesehen.

[2] Vgl. auch Kotzé (1993).

Möglichkeit kompensationsloser Enteignungen ausgeschlossen und die in Südafrika gegebenen privaten Eigentumsrechte prinzipiell akzeptiert.[1] Darüber hinaus erfolgte nach 1990 eine Umorientierung hinsichtlich der Frage, welche Bedeutung kollektiven Eigentumsrechten in Form staatlicher Unternehmen im Rahmen eines zukünftigen Wirtschaftssystems zukommen sollte. Forderte Nelson Mandela bei seiner Freilassung noch die Verstaatlichung zentraler Wirtschaftssektoren, so diskutierte der ANC ab 1994 in zunehmendem Maße die Möglichkeit von Privatisierungsmaßnahmen.[2] Hinsichtlich dem als konstitutiv eingestuften Systemelement Eigentumsordnung fand somit zwischen 1990 und 1994 ein grundlegender Wandel in den wirtschaftspolitischen Aussagen des ANC statt, da die Forderung nach umfassenden kollektiven Eigentumsrechten, welche als zentrales Element der Freedom Charta lange die wirtschaftspolitischen Vorstellungen des ANC geprägt hatte, zugunsten einer umfassenden Akzeptanz bzw. einer Förderung privater Handlungsrechte aufgegeben wurde, da die Allokationsfunktion privater Handlungsrechte zunehmend als notwendige Voraussetzung für wirtschaftliches Wachstum erachtet wurde.

Hinsichtlich der Koordinationsordnung ist der Konzeptionswandel des ANC weniger deutlich sichtbar, jedoch fand auch hier eine Umorientierung statt: In den Policy Guidelines von 1992 forderte der ANC, daß die endgültige Planungs- und Koordinationskompetenz beim Staat liegen sollte.[3] Diese Aussage implizierte zwar die prinzipielle Existenz verschiedener Koordinationsmechanismen, ordnete diese jedoch explizit dem hierarchischen Prinzip unter und war somit nicht mit einem marktwirtschaftlichen System vereinbar. Dagegen implizierte die im RDP 1994 erhobene Forderung nach einer Kombination marktlicher und nichtmarktlicher Koordinationsmechanismen im Rahmen einer „mixed

---

1 Nach der Verfassung von 1996 sind Enteignungen nur gegen Kompensation und nur im Fall eines hohen öffentlichen Interesses möglich.

2 Deutlich wurde dies sowohl durch das Weißpapier zum RDP, als auch im Rahmen der ANC-Parteikonferenz sowie der Rede Mbekis als acting president am 29. 10. 1994.

3 „The democratic state will have the ultimate responsibility ... for coordinating, planning and guiding the development of the economy towards a sustainable economic growth pattern" (ANC (1992), S. 23).

economy" eine wesentlich höhere Bedeutung marktlicher Koordination.[1] Zwischen 1992 und 1994 vollzog sich somit ein Wandel von einer deutlichen Unterordnung des marktlichen Koordinationsmechanismus zu einer weitgehenden Gleichstellung der Bedeutung marktlicher und nicht-marktlicher Koordinationsmechanismen. Zwar wurde dem Staat auch weiterhin eine zentrale Rolle im Rahmen der Koordinationsordnung zugewiesen, jedoch erschienen die Aussagen nach 1992 - angesichts dessen, daß die Forderung nach einer grundsätzlichen Dominanz des hierarchischen Prinzips aufgegeben wurde und reale Wirtschaftssysteme stets Mischsysteme darstellen - nicht mehr prinzipiell unvereinbar mit einem marktwirtschaftlichen System.

Der Wandel in den wirtschaftspolitischen Aussagen des ANC zur Ausgestaltung der konstituierenden Systemelemente Eigentums- und Koordinationsordnung zwischen 1990 und 1994 implizierte eine Umorientierung in der systempolitischen Grundsatzentscheidung von einem planwirtschaftlichen zu einem marktwirtschaftlich orientierten System.[2] Im Rahmen dieses marktwirtschaftlichen Systems wurde von seiten des ANC ein „starker Staat" gefordert. Deutlich wurde diese Zielsetzung in den bereits dargestellten allgemeinen Aussagen zur Koordinationsordnung, aber auch in den konkreten wirtschaftspolitischen Forderungen nach einer strikten Antitrustpolitik mit Entflechtungsmöglichkeiten, einer starken Regulierung der Kapitalmärkte, einer makroökonomischen Globalsteuerung sowie einer distributiv orientierten sektoralen und regionalen Förderung. Zum Zeitpunkt der Wahlen 1994 konnte aus diesen wirtschaftspolitischen Forderungen die Vermutung abgeleitet werden, daß der ANC ein marktwirtschaftliches System mit hohem staatlichen Interventionsgrad anstrebte, wobei die umfangreiche staatliche Einflußnahme distributiv motiviert war und eine Verbesserung der Lebensverhältnisse der schwarzen Bevölkerungsmehrheit sichern sollte.

---

1 „We are conviced that neither a commandist central planning system nor an unfettered free market system can provide adequate solutions to the problems confronting us" (ANC (1994a), Abs. 4.2.1.).

2 Neben den Aussagen zur Eigentums- und Koordinationsordnung wurde dies auch darin deutlich, daß die in der Freedom Charta erhobene Forderung nach einem Recht auf Arbeit, welches nicht mit dem marktwirtschaftlichen Prinzip in Einklang zu bringen ist, keinen Eingang in die wirtschaftspolitischen Konzeptionspapiere ab 1990 fand.

Dennoch verblieb zum Zeitpunkt der Wahlen ein relativ hoher Unsicherheitsgrad hinsichtlich des vom ANC nach 1994 angestrebten Wirtschaftssystems. Vorrangig resultierte dieser aus der Unbestimmtheit der meisten wirtschaftspolitischen Aussagen des ANC, die insbesondere in den Bereichen Wettbewerbspolitik, Geldpolitik und Strukturpolitik sehr pauschal blieben, weshalb aus ihnen keine konkreten wirtschaftspolitischen Handlungen einer zukünftigen ANC-Regierung abgeleitet werden konnten. Auch war der im Rahmen des RDP aufgestellte Katalog an staatlichen Investitionsaufgaben derart umfangreich, daß er in seiner Gesamtheit nicht umsetzbar war, weshalb sich neben der allgemeinen Finanzierungsproblematik die Frage nach der Priorität zwischen den einzelnen Forderungen stellte. Verstärkt wurde die Unsicherheit hinsichtlich des zukünftigen Wirtschaftssystems schließlich dadurch, daß die systempolitische Diskussion innerhalb des ANC durch eine begriffliche Vielfalt charakterisiert war, die sich einerseits in unterschiedlichen Bezeichnungen des angestrebten Wirtschaftssystems und andererseits in abweichenden Interpretationen der einzelnen Begriffe widerspiegelte.[1] Insgesamt konnte zum Zeitpunkt der Wahlen 1994 somit angenommen werden, daß der ANC dem Grunde nach ein marktwirtschaftliches System für Südafrika anstrebte. Differenziertere Aussagen hinsichtlich des zu erwartenden Post-Apartheid-Wirtschaftssystems waren aufgrund der pauschalen und widersprüchlichen Formulierungen wirtschaftspolitischer ANC-Programme sowie einzelner ANC-Politiker jedoch nicht möglich.

II. Art und Umfang staatlicher Maßnahmen: Zur Einordnung des Wirtschafssystems in Südafrika

Aufgrund dieser Ungewißheit hinsichtlich der Wirtschaftskonzeption des ANC und folglich des zukünftigen Wirtschaftssystems in Südafrika hat die vorliegende Arbeit zum einen analysiert, wie sich die wirtschaftspolitischen Vorstellungen des ANC seit den Wahlen in den einzelnen Teilbereichen entwickelt haben. Zum anderen wurde der Frage nachgegangen, ob und in welcher Form sich das Wirtschaftssystem durch den politischen Wandel verändert hat. Im folgenden sollen die hierbei in den einzelnen Teilbereichen gewonnenen Erkenntnisse zu einer allgemeinen Bewertung zusammengefaßt werden.

---

[1] Vgl. hierzu auch die Einleitung dieser Arbeit.

1. Die Wirtschaftspolitik seit 1994 vor dem Hintergrund der Veränderungen in der ANC-Wirtschaftskonzeption

Mit der systempolitischen Grundsatzentscheidung zugunsten eines marktwirtschaftlichen Systems und der Integration in das Welthandelssystem steht Südafrika im Wettbewerb mit anderen Volkswirtschaften, weshalb nach 1994 die Zielsetzung, die Wettbewerbsfähigkeit Südafrikas zu erhöhen, im Rahmen der Wirtschaftspolitik des ANC, an Bedeutung gewonnen hat.[1] Dabei hat die verstärkte Berücksichtigung von Investitionsbedingungen insbesondere zu einer umfassenden Veränderung der makroökonomischen Konzeption geführt,[2] die 1996 im Rahmen des Gear-Programmes offiziell neu formuliert wurde. Hinsichtlich der Geldpolitik wurde hierbei die ablehnende Haltung gegenüber einer monetaristischen Politik aufgegeben und eine Fortsetzung der seit den 80er Jahren monetaristisch orientierten Politik der Notenbank befürwortet, so daß dem Ziel der Inflationsvermeidung zunehmende Bedeutung beigemessen wird. Im Rahmen dieser geldtheoretischen Umorientierung ist auch eine Liberalisierung der Kapitalmärkte erfolgt, da Devisenausfuhrbeschränkungen schrittweise aufgehoben wurden, der Financial Rand abgeschafft und die vollständige Konvertibilität des Randes hergestellt wurde. In bezug auf die Fiskalpolitik wurde die Forderung nach einer Politik des Deficit Spending zugunsten einer strikten Haushaltskonsolidierung und mittelfristigen Finanzplanung aufgegeben.

---

1 Der Begriff der internationalen Wettbewerbsfähigkeit wird in der Literatur nicht einheitlich definiert. In älteren Arbeiten wird er zumeist als die Wettbewerbsfähigkeit inländischer Unternehmen am Weltmarkt im Sinn einer „ability to sell" interpretiert. Neuere Ansätze interpretieren den Begriff demgegenüber zumeist als Summe der Investitionsbedingungen, also der Fähigkeit, den international mobilen Produktionsfaktor Kapital anzuziehen („ability to attract"). Die Wettbewerbsfähigkeit einer Volkswirtschaft wird demnach vorrangig durch die Qualität der immobilen Produktionsfaktoren und damit auch die Qualität des Wirtschaftssystems beeinflußt (vgl. zu diesem Ansatz Sinn (1989), S. 2-5).
Dieser neuere Ansatz wird hier zugrundegelegt, da er einerseits stärker als der „ability to sell"-Ansatz die Bedeutung des Wirtschaftssystems berücksichtigt und somit für die vorliegende Arbeit aussagekräftiger ist und andererseits auch die südafrikanische Regierung zumindest implizit diesen Ansatz zugrundelegt, da die Wirtschaftspolitik vorrangig auf eine Verbesserung der Investitionsbedingungen zielt.

2 Darüber hinaus impliziert die zunehmende Beachtung internationaler Wettbewerbsfähigkeit eine Umorientierung in der Industriepolitik, da die Auswahlkriterien für die Förderung einzelner Industriesektoren im Rahmen einer exportorientierten Wachstumsstrategie nur allokativ orientiert sein können.

Die Tatsache, daß die zunehmende Berücksichtigung internationaler Wettbewerbsfähigkeit insbesondere zu einer radikalen Veränderung in der makroökonomischen Konzeption des ANC geführt hat, legt die Vermutung nahe, daß angesichts der erreichten Globalisierung für Regierungen auf makroökonomischer Ebene derzeit kaum nationaler Handlungsspielraum verbleibt. Vielmehr scheint es eine notwendige, jedoch nicht hinreichende Voraussetzung für Investitionen, daß sich Regierungen in der makroökonomischen Politik der dominierenden Auffassung führender Industrieländer unterordnen. Dies dürfte in besonderem Maße für Länder wie Südafrika gelten, deren Standortattraktivität durch relativ unsichere politische und gesellschaftliche Rahmenbedingungen geschwächt ist.

Neben der Verbesserung internationaler Wettbewerbsfähigkeit verfolgt der ANC als zweite zentrale Zielsetzung die Anhebung der Lebensbedingungen für die schwarze Bevölkerung. Die Umsetzung dieser vor 1994 dominierenden Zielsetzung kann als primäre Erwartung der Mehrheit der ANC-Wählerschaft erachtet werden.[1] Dabei steht diese zweite Zielsetzung nicht zwingend in einem Widerspruch zur ersten, da die Verteilungsmechanismen der Apartheid nicht leistungsgerecht waren, sondern nicht-weiße Bevölkerungsgruppen diskriminiert haben. Eine Gleichstellung zwischen den verschiedenen Bevölkerungsgruppen kann somit zu allokativer Effizienz bzw. in distributiver Hinsicht zu einer leistungsgerechten Verteilung beitragen. Sofern die distributive Zielsetzung jedoch über eine staatliche Umverteilungspolitik und steigende Staatsausgaben zu erreichen versucht wird, resultiert hieraus ein Konflikt zwischen Effizienz und Gleichheit, der einen Zielkonflikt in der ANC-Politik induziert. Folglich stellt sich die Frage, wie der ANC in seiner Wirtschaftspolitik auf diesen potentiellen Zielkonflikt bisher reagiert hat.

Eine Analyse der Wirtschaftspolitik seit 1994 zeigt hierbei, daß die distributive Zielsetzung gegenwärtig der Förderung internationaler Wettbewerbsfähigkeit und in diesem Zusammenhang insbesondere dem makroökonomischen Stabilitätsziel untergeordnet wird. Deutlich wird dies bspw. daran, daß dem distributiven Aspekt im Rahmen des Haus-

[1] Vgl. auch Waldmeier (1992), S. 2.

halts hauptsächlich durch eine Umverteilung zwischen den Regionen bzw. innerhalb des Sozialhaushaltes Rechnung getragen wird, jedoch keine weitere Erhöhung von Sozialausgaben vorgesehen ist. Auch wurden frühere primär distributiv motivierte Forderungen, von denen ein starker negativer Investitionsanreiz zu erwarten war, aufgegeben. Zu nennen sind hier bspw. die Forderungen nach umfangreichen Verstaatlichungen, Entflechtungsmaßnahmen oder einer umfassenden Kontrolle der Kapitalmärkte.

Allerdings kann der ANC aufgrund der Erwartungen seiner Wählerschaft sowie der politischen Konstellation einer Drei-Parteien-Allianz mit der SACP und Cosatu die distributive Zielsetzung nicht vollständig einer Förderung der Investitionsrahmenbedingungen unterordnen. Ein Ausgleich zwischen beiden Zielen hat der ANC bisher hauptsächlich insofern gesucht, als distributive Überlegungen in wirtschaftspolitischen Bereichen Berücksichtigung finden, die die allgemeinen Investitionsbedingungen nicht in zentraler Weise beeinflussen, so bspw. im Rahmen der Regionalpolitik, der KMU-Politik sowie der Wettbewerbspolitik.[1] Darüber hinaus ist der ANC Cosatu in einigen stark konfliktreichen Themengebieten entgegengekommen, wodurch der gewerkschaftliche Widerstand gegenüber der makroökonomischen Politik zumindest zeitweise gemindert werden konnte. Als Beispiele hierfür können die politischen Zugeständnisse im Rahmen des NFA sowie die weitgehende Durchsetzung gewerkschaftlicher Forderungen im LRA erachtet werden. Allerdings erweist sich diese Politik des Ausgleichs in zweierlei Hinsicht als problematisch: Zum einen ist der Versuch eines Interessensausgleichs äußerst zeitaufwendig, so daß Reformansätze vielfach verzögert werden und die Regierung in der Öffentlichkeit häufig wie paralysiert erscheint, wodurch das Vertrauen von Investoren in die Reformbereitschaft der Regierung geschwächt wird. Zum anderen berücksichtigt die Konsensfindung zwischen ANC und Cosatu vorrangig die Interessen bereits priveligierter Bevölkerungsgruppen. Insbesondere die große Gruppe der

[1] Die Aufgabe der Forderung nach einer strukturorientierten Antitrustpolitik ist einerseits distributiv motiviert, da Black Empowerment Konglomerate häufig über Pyramidenstrukturen verfügen; andererseits entspricht die Abkehr von einer strikten Antitrustpolitik den Forderungen weiter Teile der Industrie.

Langzeitarbeitslosen wird in diesem politischen Verhandlungsprozeß dagegen zunehmend marginalisiert.

Die beiden wichtigsten Konzepte, die die Regierung zur Anhebung der Lebensverhältnisse der schwarzen Bevölkerung seit 1994 umgesetzt hat, sind Affirmative Action und Black Empowerment. Problematisch erscheinen beide Programme insofern, als sie derzeit vorrangig zur Förderung einer bereits privilegierten Schicht der schwarzen Bevölkerung führen. Langfristig könnte Affirmative Action jedoch durchaus über die vorgesehene Zunahme an Ausbildungsmaßnahmen für unterpriveligierte Bevölkerungsgruppen zu vermehrter Startchancengerechtigkeit und folglich zu allokativer Effizienz bzw. Leistungsgerechtigkeit beitragen. Das Black Empowerment-Programm ist dagegen auch insofern problematisch einzuschätzen, als die langfristige Rentabilität der Fonds fraglich ist, da dem Erwerb von Firmenanteilen teilweise eine unsolide Finanzplanung zugrundeliegt[1] bzw. Firmenanteile zu sehr hohen Aktienkursen erworben wurden.

In der Bevölkerung sind beide Programme stark umstritten, da sie von vielen Weißen und Farbigen nicht als Ausgleich historischer Diskriminierung und Stärkung von Starktchancengerechtigkeit, sondern als neue Formen der Diskriminierung empfunden werden. Dabei verweist die vielfache Ablehnung beider Programme auf einen Stimmungswandel in der Bevölkerung seit 1994. War die Mehrheit der nicht-schwarzen Bevölkerung angesichts der ungewissen politischen Zukunft über die Forderungen des RDP noch erleichtert, werden inzwischen auch weit schwächere Umverteilungsprogramme häufig abgelehnt. Dies deutet auf eine niedrige gesellschaftliche Solidarität bzw. geringe Einsicht vieler Bürger in die Notwendigkeit zur Schaffung nicht nur formaler, sondern auch materieller Startchancengerechtigkeit im Rahmen einer leistungsgerecht orientierten Gesellschaft, die sich angesichts der starken Ungleichvertei-

1 So hatte das Rethabile-Empowerment-Konsortium große Schwierigkeiten, die im Rahmen der Sun Air-Privatisierung eingegangenen Zahlungsverpflichtungen einzuhalten (vgl. auch Chalmers (1998b)).

lung[1] als problematisch für die weitere demokratische wie wirtschaftliche Entwicklung Südafrikas erweisen könnte.

Insgesamt läßt sich feststellen, daß die ANC-Rhetorik auch nach 1994 stark durch die Betonung der ethnisch-distributiven Zielsetzung geprägt ist; de facto jedoch distributive Zielsetzungen zunehmend allokativen Überlegungen im Rahmen der Zielsetzung einer verbesserten Wettbewerbsfähikgeit Südafrikas untergeordnet werden. Problematisch erscheint die gegenwärtige Politik insofern, als die Form der Wahrnehmung distributiver Interessen vorrangig zur Förderung einer relativ kleinen Gruppe bereits privilegierter Schwarzer führt, so daß die hohe gesellschaftliche Einkommensungleichverteilung nicht abnimmt, da sich zwar die Durchschnittseinkommen von Schwarzen und Weißen annähern, die Einkommensdisparität innerhalb der schwarzen Bevölkerung jedoch stark zunimmt.[2] Als besonders problematisch muß in diesem Zusammenhang die gewerkschaftliche Stärkung am Arbeitsmarkt erachtet werden.

Wurde bisher die relative Bedeutung allokativer und distributiver Elemente im Rahmen des Wirtschaftssystems untersucht, so soll - in Anlehnung an den im theoretischen Abschnitt der Arbeit formulierten Differenzierungsansatz marktwirtschaftlicher Systeme - im folgenden noch der Frage nachgegangen werden, ob und in welcher Weise die Einschätzung des ANC von Markt- und Staatsversagen als Kriterium für allokativ orientierte staatliche Maßnahmen hinsichtlich verschiedener Teilmärkte bzw. verschiedener wirtschaftspolitischer Ebenen variiert.

Die Analyse in Kapitel 3 hat gezeigt, daß die Wirtschaftspolitik des ANC seit 1994 insbesondere auf mesoökonomischer Ebene einen hohen staatlichen Interventionsgrad aufweist, der vermuten läßt, daß die Regierung die Staatsversagensproblematik in bezug auf eine selektive sektorale und regionale Förderung relativ gering schätzt. Dabei wurde in der vorlie-

---

[1] Vgl. Abb. 15 im Anhang.

[2] Allerdings hat dieser Prozeß einer Zunahme der Ungleichverteilung innerhalb der schwarzen Bevölkerung bereits vor 1994 eingesetzt (vgl. Abb. 16a-16d im Anhang); durch die Politik des ANC dürfte er jedoch weiter verstärkt werden.

genden Arbeit hinsichtlich dieser staatlichen Eingriffe im Rahmen der Strukturpolitik insbesondere kritisiert, daß die Vielzahl von strukturpolitischen Programmen, die seit 1994 von seiten des Department of Trade and Industry initiiert wurden, mit anscheinend wechselnden Prioritäten verfolgt wird und somit auf seiten der Unternehmen zu relativ hoher Unsicherheit führt.

Auch in Hinblick auf den Arbeitsmarkt zeigt die bisherige Politik eine weitgehende Ablehnung marktlicher Koordination, der die Überzeugung einer Machtasymmetrie zugunsten von Arbeitnehmern auf unregulierten Arbeitsmärkten zugrundeliegt. Die im Rahmen dieser Arbeit festgestellte, durch den LRA induzierte Machtasymmetrie am Arbeitsmarkt zugunsten von Gewerkschaften wird von Unternehmen jedoch als ein vorrangiges Investitionshemmnis für Südafrika bezeichnet.[1] Angesichts des Versuchs der Regierung, die Wettbewerbsfähigkeit Südafrikas zu verbessern, erscheint es deshalb konsequent, wenn diese im Gear-Programm auf die Notwendigkeit flexibler Arbeitsmarktstrukturen verweist. Aufgrund der hohen gewerkschaftlichen Präferenzintensität in bezug auf die Arbeitsmarktordnung und vor dem Hintergrund der gegenwärtigen politischen Konstellation ist jedoch ein Abweichen von den durch den LRA institutionalisierten korporatistischen Arbeitsmarktstrukturen nicht zu erwarten. Zur Förderung der Investitionsrahmenbedingungen bleibt somit vorrangig die Möglichkeit einer Verbesserung der für ein korporatistisches Lohnfindungssystem notwendigen Rahmenbedingungen.

Im Gegensatz zu den bisher genannten Bereichen ist die Politik auf makroökonomischer Ebene zunehmend durch eine Akzeptanz marktlicher Ergebnisse und eine hohe Problematisierung möglichen Staatsversagens gekennzeichnet. In zunehmendem Maße scheint dies auch für die Wettbewerbspolitik zu gelten, da die bisher veröffentlichten wettbewerbspolitischen Konzeptionspapiere die Vermutung nahelegen, daß der zunächst dominierende Strukturansatz inzwischen zunehmend zugunsten eines primär verhaltensorientierten Ansatzes aufgegeben wird. Insgesamt läßt sich das Wirtschaftssystem zum Ende der ersten Wahlperiode somit als marktwirtschaftliches System charakterisieren, in dem die marktliche

[1] Vgl. bspw. Barber (1998).

Koordination insbesondere auf mesoökonomischer Ebene und hinsichtlich des Arbeitsmarktes durch alternative Koordinationsmechanismen ergänzt wird.

2. Das Wirtschaftssystem vor und nach 1994: ein Vergleich

Mit den erstmals uneingeschränkt demokratischen Wahlen im Jahr 1994 begann für Südafrika ein neuer historischer Abschnitt, weshalb dieser Zeitpunkt zunächst auch als Trennlinie für einen vertikalen Wirtschaftssystemvergleich geeignet erscheint. Die Analyse in Kapitel 3 hat jedoch gezeigt, daß eine Reform des Wirtschaftssystems in vielen Teilbereichen bereits in den 80er Jahren einsetzt hat. Als zentrale Beispiele hierfür können die Aufgabe einer Politik staatlicher Unternehmensgründungen und erste Privatisierungsmaßnahmen, der Übergang zu einer monetaristisch orientierten Geldpolitik, die zunehmende Exportorientierung der Außenhandelspolitik, der Abbau von ethnisch motivierten Arbeitsmarktregulierungen sowie die sukzessive Ausdehnung von Sozialleistungen auf alle Bevölkerungsgruppen genannt werden. Ohne Einschränkung wurden diese Reformansätze von der ANC-Regierung nach 1994 fortgeführt, so daß der zentrale wirtschaftspolitische Wandel in den 90er Jahren nicht innerhalb des Wirtschaftssystems, sondern innerhalb der Wirtschaftskonzeption des ANC stattfand. Allerdings sollte hierbei nicht übersehen werden, daß, insofern ein elementarer Wandel erfolgte, als das Wirtschaftssystem vor 1990 durch die prinzipielle Akzeptanz des Apartheidsprinzips geprägt war, weshalb die wirtschaftspolitischen Veränderungen in den 80er Jahren nicht auf eine Abschaffung, sondern auf eine Reform des Apartheidssystems zielten. Die Reformen nach 1994 sind dagegen Bestandteil einer Politik, die nach der formalen Abschaffung der Apartheid auf die Beseitigung der materiellen Diskriminierung sowie der gesellschaftlichen Apartheidsfolgen zielt.

Der ANC setzt jedoch nicht nur bereits existierende Reformansätze fort, sondern stärkt durch seine Wirtschaftspolitik nach 1994 darüber hinausgehend in zunehmendem Maße marktliche Koordinationsmechanismen bzw. allokative Elemente. Als zentrale Beispiele hierfür können der Abbau von Preiskontrollen im Agrarsektor, Subventionskürzungen im Agrarsektor sowie im staatlichen Unternehmensbereich, eine umfassende

Liberalisierung der Kapitalmärkte, eine Politik strikter Haushaltsdisziplin, eine Umorientierung in der Industriepolitik von distributiven zu allokativen Förderkriterien sowie eine Stärkung allokativer Effizienz im Rahmen des Sozialsystems angeführt werden.

Insgesamt läßt sich nach 1994 somit gegenüber der Wirtschaftspolitik während der Hochphase der Apartheid in den 50er, 60er und 70er Jahren, eine deutliche Stärkung allokativer Elemente, marktlicher Koordination und privater Eigentumsrechte feststellen. Während die Wirtschaftspolitik der Apartheid auf die Förderung der weißen Bevölkerung im allgemeinen und der Buren im besonderen, die Umsetzung der Politik einer getrennten Entwicklung sowie ökonomische Autarkie zielte, ist die Wirtschaftspolitik seit 1994 trotz distributiver Rhetorik und budgetairer Umverteilungsmaßnahmen vorrangig durch die Stärkung allokativer Elemente geprägt. Auch im Vergleich zu den bereits durch Reformen charakterisierten 80er Jahren kann hierbei - trotz einzelner Ausnahmen, wie bspw. einer nach 1994 wiederum verstärkten regionalpolitischen Intervention - eine Stärkung marktlicher Koordination ausgemacht werden. Die nach wie vor häufig anzutreffende Ansicht, daß der ANC eine sozialistisch orientierte Wirtschaftspolitik verfolge, ist angesichts dieser Analyse als falsch abzulehnen.

III. Die Interdependenz der Teilsysteme als Ursache und Problematik des wirtschaftspolitischen Wandels

Der gesellschaftliche Wandel in Südafrika kann als Bestätigung der Interdependenzthese interpretiert werden, da die Abschaffung des „Ordnungs-prinzip Apartheid“ eine Transformation aller gesellschaftlichen Teilbereiche notwendig machte. Wesentliche Veränderungen im Rahmen des Wirtschaftssystems, wie die formale Gleichstellung am Arbeitsmarkt und im Rahmen des Sozialsystems sowie die Aufhebung diskriminierender Regulierungen für die nicht-weiße Bevölkerung bei Grunderwerb, der Gründung von Unternehmen sowie der Kapitalbeschaffung leiten sich somit in direkter Weise aus dem politischen Reformprozeß ab und können als Bestätigung der These gelten, daß grundlegende Wertvorstellungen in allen gesellschaftlichen Teilbereichen Berücksichtigung finden müssen.

Darüber hinaus können jedoch weitere Interdependenzen im Rahmen des südafrikanischen Transformationsprozesses festgestellt werden: Als grundlegende Voraussetzung für den politischen Wandel in Südafrika kann der Zusammenbruch der UdSSR und des Warschauer Pakts sowie in Verbindung hiermit der Ende der 80er Jahre einsetzende ökonomische Transformationsprozeß fast aller vormals planwirtschaftlich orientierten Wirtschaftssysteme erachtet werden. Diese Ereignisse schwächten nämlich zum einen die Angst der weißen Bevölkerung vor einer „kommunistischen Bedrohung" durch den ANC.[1] Zum anderen führten der Zusammenbruch der Sowjetunion und das Ende des kalten Krieges zu einem elementaren Umdenken innerhalb des ANC. Denn während Entwicklungsländer zur Zeit des Kalten Krieges bei der Verwirklichung sozialistischer Systeme auf finanzielle Unterstützung aus der UdSSR setzen konnten, entfiel diese Möglichkeit für eine ANC-Regierung in den 90er Jahren. Zudem bewirkte die weltweite Transformation planwirtschaftlicher Systeme eine ideologische Verunsicherung vieler ANC-Mitglieder. In Verbindung mit einer ab den 80er Jahren zunehmenden diplomatischen Einflußnahme westlicher Regierungen und internationaler Organisationen setzten beide Aspekte einen Wandel in der wirtschaftspolitischen Konzeption des ANC in Gang, der durch den politischen Verhandlungsprozeß mit der NP weiter verstärkt wurde, da beide Verhandlungspartner im Zuge eines politischen Wertfindungsprozesses Zugeständnisse machen mußten, so daß der ANC in Abweichungen zu früheren Aussagen im Rahmen der Verfassungsverhandlungen insbesondere den verfassungsrechtlichen Schutz privater Eigentumsrechte anerkannt hat. Diese Entwicklungen zeigen, daß sowohl grundlegende Veränderungen im Wirtschaftssystem Südafrikas als auch der Wandel in der wirtschaftspolitischen Konzeption des ANC maßgeblich auf Veränderungen im politischen Bereich zurückgeführt werden können.

Die Interdependenz zwischen politisch-rechtlichem und wirtschaftlichem Teilsystem zeigt sich in Südafrika jedoch nicht allein hinsichtlich der Ursachen des wirtschaftspolitischen Wandels, sondern auch in bezug auf

---

1 Die Perzeption des ANC als kommunistische Partei durch die weiße Bevölkerung ist teilweise auf staatliche Propaganda zurückzuführen, läßt sich aber auch aus den wirtschaftspolitischen Forderungen des ANC in der Freedom Charta sowie der Union zwischen ANC und SACP ableiten.

die Frage nach dominierenden Investitionshemmnissen, da hierbei sowohl von inländischen als auch von ausländischen Unternehmern die hohe Kriminalität zumeist als ein vorrangiger Negativfaktor angeführt wird.[1] Ein wesentliches Hindernis der wirtschaftspolitischen Zielsetzung verbesserter Investitionsbedingungen liegt somit nicht im ökonomischen, sondern im politisch-rechtlichen Teilsystem Südafrikas begründet.

Die hohe Kriminalität in Südafrika ist durch eine Vielzahl von Defiziten erklärbar. So ist sie zum Teil Folge einer institutionellen Schwäche, die durch ein temporäres bürokratisches Machtvakuum im Zuge des gesellschaftlichen Transformationsprozesses verursacht wird. Problematisch erweisen sich in diesem Zusammenhang insbesondere Defizite im Polizeiapparat, der sich immer wieder mit Korruptionsvorwürfen konfrontiert sieht und in dessen Reihen eine vielfach illoyale Haltung gegenüber der neuen Regierung vermutet wird.[2] Darüber hinaus hat die Tatsache, daß die Mehrzahl heutiger Regierungsmitglieder persönlich unter dem Polizei- und Justizapparat der Apartheid zu leiden hatte, zu einer extrem liberalen Strafgesetzgebung geführt,[3] die die Bekämpfung von Kriminalität deutlich erschweren dürfte. Schließlich mindert auch ein infolge der Apartheid mangelhaftes Rechtsbewußtsein weiter Bevölkerungsteile sowie ein aufgrund der historischen Entwicklung nur eingeschränktes Vertrauen in Polizei und Justiz die Möglichkeiten der Verbrechensbekämpfung.

Trotz dieser institutionellen und psychologischen Faktoren ist die hohe Kriminalität jedoch hauptsächlich Folge einer durch Arbeitslosigkeit und lückenhafte Soziale Sicherung verursachten hohen Armut weiter Teile der Bevölkerung und somit primär Symptom eines grundlegenden gesellschaftlichen Problems. Die gegenwärtige Wirtschaftspolitik des ANC

---

1 Vgl. u. a. Gütschleg (1997) und Mnyanda (1998). Als weitere Investitionshemmnisse werden zumeist die Arbeitsmarktordnung, das Steuersystem sowie Korruption genannt (vgl. Barber (1998)).

2 Der Vorwurf der Illoyalität gründet vorrangig auf dem Eindruck, daß polizeiliche Kräfte bei Verbrechen oder Unruhen innerhalb der schwarzen Bevölkerungsgruppe oftmals nur unzureichende Untersuchungen einleiten bzw. nur zögernd eingreifen.

3 Die hohe Priorität, die dem Schutz verhafteter Personen beigemessen wird, zeigt sich u. a. auch in der detaillierten Festsetzung von Rechten verhafteter und angeklagter Personen im Rahmen der Verfassung (vgl. RSA (1996a), Art. 35).

kann deshalb insofern kritisiert werden, als sie vielfach nicht zu einer Integration der unterprivilegierten Bevölkerungsgruppen führt, sondern diese im Gegenteil weiter marginalisiert. Insbesondere ist hierbei auf die Politik des Black Empowerment sowie die Stärkung von Insidern am Arbeitsmarkt zu verweisen, von denen vorrangig eine bereits privilegierte schwarze Mittelschicht profitieren dürfte. Diese Entwicklung erscheint insofern problematisch, als die politische Unzufriedenheit eines Großteils der ANC-Wählerschaft infolge einer zunehmenden Ungleichverteilung innerhalb der schwarzen Bevölkerung erheblich ansteigen dürfte.

Aufgrund dieser hinter dem Symptom Kriminalität stehenden gesellschaftlichen Problematik einer auch weiterhin hohen Ungleichverteilung sehen viele Investoren der politischen Stabilität des Landes eher skeptisch entgegen, wobei in Einklang mit der Interdependenzthese zumeist angenommen wird, daß eine verstärkte politische Instabilität auch zu einer vermehrten Berücksichtigung distributiver Elemente im Rahmen des Wirtschaftssystems führen würde. Dabei wird diese Einschätzung durch einen negativ wirkenden psychologischen „Afrika Faktor" weiter gestärkt, da aufgrund der generell geringen wirtschaftlichen Dynamik sowie der wenig stabilen politischen Systeme Afrikas eine grundlegende Skepsis gegenüber dem ökonomischen und demokratischen Entwicklungspotential Südafrikas existiert. Die von der Regierung angestrebten privaten Investitionen werden gegenwärtig somit in nicht unbedeutendem Maße durch die gesellschaftspolitischen Rahmenbedingungen Südafrikas behindert.

IV. Schlußbemerkung

Der von Nelson Mandela bei seiner Freilassung im Februar 1990 geforderte Umbau des politischen und wirtschaftlichen Systems in Südafrika ist am Ende der ersten Wahlperiode einer uneingeschränkt demokratisch gewählten Regierung in vielerlei Hinsicht erkennbar. Die Art der erfolgten Veränderungen im Rahmen des Wirtschaftssystems, die zu einer tendenziellen Stärkung allokativer Elemente geführt haben, dürfte allerdings - in Anbetracht der wirtschaftspolitischen Forderungen des ANC vor 1994 - von den wenigsten Beobachtern erwartet worden sein.

Angesichts der noch 1994 relativ hohen Ungewißheit hinsichtlich der Form des zukünftigen Wirtschaftssystems in Südafrika war es Ziel der vorliegenden Arbeit, die ANC-Wirtschaftskonzeption sowie Veränderungen im Wirtschaftssystem Südafrikas vor dem Hintergrund eines möglichen Differenzierungsansatzes marktwirtschaftlicher Systeme zu analysieren. Primäres Ziel der Arbeit war somit eine positive Analyse, deren Erkenntnisse zu einem besseren Verständnis der gesellschaftspolitischen Entwicklung in Südafrika beitragen sollen. Dagegen war die normative Bewertung des erfolgten wirtschaftspolitischen Wandels vor dem Hintergrund internationaler und südafrikanischer Rahmenbedingungen keine vorrangige Zielsetzung dieser Arbeit. Auch eine umfassende Bewertung der Investitionsbedingungen in Südafrika im Vergleich zu anderen Schwellenländern bzw. deren Veränderung seit 1994 war nicht Ziel dieser Arbeit. Allerdings erscheint ein derartiger Untersuchungsansatz angesichts der gegenwärtig dominierenden ökonomischen Zielsetzung einer verbesserten internationalen Wettbewerbsfähigkeit Südafrikas für zukünftige Arbeiten interessant.

Am Ende der ersten Wahlperiode eines Post-Apartheid Südafrika ist die Euphorie über den friedlichen Transformationsprozeß, der vielfach als „Wunder von Südafrika" bezeichnet worden ist, dem politischen Alltag gewichen. Die von Nelson Mandela geforderte gesellschaftliche Umstrukturierung hat hierbei nicht mit den Wahlen 1994 geendet, sondern ist lediglich in eine neue Phase eingetreten, deren Ausgang nach wie vor ungewiß bleibt. Entscheidend für die zukünftige politische wie wirtschaftliche Entwicklung wird hierbei sein, ob Südafrika die Transformation in einen uneingeschränkt demokratischen Staat vollenden kann oder ob das Land angesichts der zahlreichen Probleme einer stark fragmentarisierten Gesellschaft eine Umkehr in seiner gegenwärtigen Entwicklung erfährt.

Gegenwärtig wird der ANC weder durch Kritik der politischen Opposition, noch durch die Durchsetzung auch unpopulärer wirtschaftspolitischer Maßnahmen in seiner politischen Führungsrolle bedroht. Die Bewährung der derzeitigen demokratischen und marktwirtschaftlichen Politik wird daher erst bei zunehmendem politischen Druck auf den ANC erfolgen. Eine Vorhersage über den Ausgang dieser Bewährung wäre rein spekulativ, weshalb auf sie hier verzichtet werden soll. Möglich ist in diesem Zusammenhang jedoch ein Verweis auf einzelne gesellschaftliche Faktoren, die für die weitere politische und ökonomische Entwicklung bedeutsam erscheinen.

Im Sinn einer demokratischen und marktwirtschaftlichen Entwicklung positiv dürfte sich hierbei insbesondere die Existenz zahlreicher demokratischer und marktwirtschaftlicher Institutionen[1] erweisen, die, im Gegensatz zu den osteuropäischen Transformationsstaaten, somit nicht neu gegründet, sondern lediglich auf die gesamte Bevölkerung ausgedehnt werden müssen und eine gewisse - wenn auch eingeschränkte - demokratische und marktwirtschaftliche Tradition begründen.[2] In diesem Zusammenhang ist auch die Existenz einer ausgeprägten Zivilgesellschaft zu sehen, die sich durch eine Vielzahl organisierter Interessensgruppen in Form von Wohlfahrtsverbänden, kirchlichen Gruppen, Gewerkschaften und Unternehmensverbänden manifestiert.[3] Schließlich dürfte das marktwirtschaftliche System insofern gestärkt werden, als sich seit Ende der 80er Jahre durch alle Bevölkerungsgruppen eine Konsumentenkultur entwickelt hat, die auch als Grundlage eines gewissen Wertekonsens interpretiert werden kann.[4]

Negativ auf eine Weiterentwicklung demokratischer und marktwirtschaftlicher Strukturen könnte sich dagegen auswirken, daß beide auf der individualistischen Philosophie eines westlichen Liberalismus gründen, die in Konflikt mit dem insbesondere in ländlichen Regionen nach wie vor dominierenden Stammesdenken der südafrikanischen Gesellschaft steht.[5]

---

1 Als demokratische Institutionen sind hierbei insbesondere das parlamentarische und juristische System zu nennen; eine Verwirklichung der politischen Gewaltenteilung zwischen Exekutive, Legislative und Judikative ist hierbei gegeben. Als marktwirtschaftliche Institutionen sind primär das Bankensystem, Börsen, die Wettbewerbsbehörde sowie institutionalisierte Verhandlungsmechanismen am Arbeitsmarkt zu nennen.

2 Vgl. ähnlich auch Waldmeier (1992), S. 2.

3 Vgl. auch Waldmeier (1992), S. 4 f.

4 Vgl. Stremlau/Zille (1997), S. 8.

5 Vgl. in diesem Sinn Waldmeier (1992), S. 6.
Allerdings dürfte dieser Einwand für Südafrika in deutlich geringerem Maße als für andere afrikanische Staaten zutreffen, da der politische Medianwähler in Südafrika

Darüber hinaus wird die Verankerung demokratischer Strukturen durch eine während der Apartheid bewußt vernachlässigte politische Bildung weiter Teile der schwarzen Bevölkerung erschwert, da sich in den Townships infolge dieser Politik keine demokratische Streitkultur entwickeln konnte.[1] Die größte Gefahr für eine Destabilisierung des gegenwärtigen Reformprozesses ist jedoch in der Heterogenität des ANC zu sehen. Dieser ist durch eine Vielzahl gegensätzlicher Interessen u. a. zwischen traditionellen Führern und Demokraten, ethnisch orientierten Populisten und Liberalen sowie Befürwortern marktwirtschaftlicher und planwirtschaftlicher Wirtschaftssysteme geprägt. Mit Rücktritt der Integrationsfigur Nelson Mandela als Parteivorsitzender im Dezember 1997 dürfte sich der Spaltungsdruck innerhalb des ANC in Zukunft erhöhen, so daß ein Bruch der Partei nach den Wahlen 1999 durchaus möglich erscheint. Eine derartige Spaltung könnte einerseits zwar zu einer Ablösung des derzeitigen ethnisch orientierten durch ein anhand gesellschaftlicher Grundwerte differenzierbares Parteienspektrum führen und somit zur Weiterentwicklung der demokratischen Kultur in Südafrika beitragen. Auch dürfte eine Spaltung des ANC zu einer konsistenteren und effektiveren Wirtschaftspolitik führen, da die Notwendigkeit zur Konsensfindung zwischen konträren innerparteilichen Zielsetzungen entfallen würde, was über einen Abbau politischer Unsicherheit zu einer Verbesserung von Investitionsbedingungen führen könnte. Andererseits besteht jedoch die Gefahr, daß eine Spaltung des ANC den Demokratisierungsprozeß destabilisiert und zu einer Stärkung ethnisch-distributiver Elemente in der Wirtschaftspolitik führt. Eine derartige Entwicklung jedoch dürfte sich in hohem Maße negativ auf Investitionen und wirtschaftliches Wachstum auswirken.

Die Frage, ob der afrikanische Löwe - gemäß der primären wirtschaftspolitischen Zielsetzung der gegenwärtigen Regierung - im ökonomischen Kampf um Investitionen mit den asiatischen Tigern bestehen kann, wird somit auch in der nächsten Wahlperiode maßgeblich durch die gesellschaftspolitische Entwicklung Südafrikas im allgemeinen und die innerparteiliche Entwicklung des ANC im besonderen determiniert bleiben.

---

zur städtischen Bevölkerung zählt, in deren Lebensweise eine zunehmende Auflösung traditioneller Denkweisen erkennbar ist.

1 Vgl. auch Adam/Slabbert/Moodley (1997), S. 89 f.

Literaturverzeichnis

Aardt van, Carel (1994), *The Future South Africa: Issues, Options and Prospects*, van Schaik: Pretoria.

Abedian, I. und M. Biggs (1995), "Fiscal Drag in South Africa: 1972-1994", in: *The South African Journal of Economics* 63(3), S. 332-346.

Abel, Wilhelm und Hans-Günther Schlotter (1961), "Mittelstandspolitik", in: Erwin von Beckerath et al. (Hg.), *Handwörterbuch der Sozialwissenschaften*, Bd. 7, Gustav Fischer/J.C.B. Mohr (Paul Siebeck)/Vandenhoeck & Ruprecht: Stuttgart, Tübingen, Göttingen, S. 395-402.

Aberle, Gerd (1992), *Wettbewerbstheorie und Wettbewerbspolitik*, 2., überarbeitete Auflage, W. Kohlhammer: Stuttgart, Berlin, Köln.

Abramovitz, M (1981), "Welfare Quandaries and Productivity Concerns", in: *AER* 71, S. 1-17.

Adam, Heribert und Kogila Moodley (1993), "Comparing South Africa: Nonracialism versus ethnonationalist revival", in: *Third World Quarterly* 14(2), S. 339-350.

Adam, Heribert, Frederik van Zyl Slabbert und Kogila Moodley (1997), *Comrades in Business: Post-Liberation Politics in South Africa*, Tafelberg Publishers: Kapstadt.

Addleson, Mark (1989), *Evaluation of Monetary Policy in the Seventies and Eighties*, Working Paper 11, November 1989, Wits Business School: Johannesburg.

Aengenendt-Papesch, Renate (1962), *Die Funktionen der Klein- und Mittelbetriebe in der wettbewerblichen Marktwirtschaft*, in: Abhandlungen zur Mittelstandsforschung, Bd. 2, hg. von Institut für Mittelstandsforschung, Westdeutscher Verlag: Köln, Opladen.

Ahmad, Junaid et al. (1994), *Reducing Poverty in South Africa: Options for Sustainable Growth*, Informal Discussion Paper Juni 1994, The World Bank, Southern Africa Department: Washington D. C.

Akerlof, George (1970), "The Market for "Lemons": Quality Uncertainty and the Market Mechanism", in: *The Quarterly Journal of Economics* 84, S. 488-500.

Albach, Horst (1983), "Die Bedeutung mittelständischer Unternehmen in der Marktwirtschaft", in: *Zeitschrift für Betriebswirtschaft* 53(9), S. 870-888.

Alber, Jens (1982), *Vom Armenhaus zum Wohlfahrtsstaat: Analysen zur Entwicklung der Sozialversicherung in Westeuropa*, Campus Verlag: Frankfurt/Main, New York.

Alchian, Armen (1967), "How Should Prices Be Set?", in: *Il Politico* 32, S. 369-382.

Alchian, Armen (1987), "Property Rights", in: John Eatwell, Murray Milgate und Peter Newman (Hg.), *The New Palgrave*, Bd. 3, Macmillan Press/Stockton Press/Mauzen Company: London, New York, Tokyo, S. 1021-1034.

Aldrup, Dieter (1980), "Werturteilsstreit", in: Willi Albers et al. (Hg.), *Handwörterbuch der Wirtschaftswissenschaften*, Bd. 8, Gustav Fischer/J.C.B. Mohr (Paul Siebeck)/ Vandenhoeck & Ruprecht: Stuttgart et al., S. 659-666.

Alesina, Alberto (1991), *Political Models of Macroeconomic Policy*, Working Paper August/November 1991, World Bank: Washington D. C.

Alesina, Alberto und Roberto Perotti (1995), "Fiscal Expansions and Adjustments in OECD Countries", in: *Economic Policy* 21, S. 207-248.

Alesina, Alberto und Roberto Perotti (1996), *Fiscal Adjustments in the OECD Countries: Composition and Macroeconomic Effects*, NBER Working paper 5730, July, IMF: Washington D. C.

ANC (1955), *The Freedom Charta*, ANC: Johannesburg.

ANC (1991a), *Discussion Document: Economic Policy*, ANC: Johannesburg.

ANC (1991b), *Discussion Document: Nationalisation*, ANC: Johannesburg.

ANC (1992), *ANC Policy Guidelines for a Democratic South Africa*, ANC: Johannesburg.

ANC (1994a), *The Reconstruction and Development Programe: A policy framework*, März 1994, ANC: Johannesburg.

ANC (1994b), *White Paper on Reconstruction and Development*, 15.11.1994, ANC: Kapstadt.

Anstey, Mark (1995a), *Can South African Industrial Relations Move Beyond Adversarialism? Some comparative perspectives on the prospects of workplace forums in South Africa*, Industrial Relations Research and Topics Series 20, November 1995, Industrial Relations Unit, University of Port Elizabeth: Port Elizabeth.

Anstey, Mark (1995b), *The Move to Tripartism: Embryonic Social Concertation in South Africa*, Industrial Relations Research and Topics Series No.18, November 1995, Industrial Relations Unit: Port Elizabeth.

Apolte, Thomas (1992), *Zur Interdependenz von wirtschaftlicher und politischer Ordnung*, Diskussionsbeiträge des Fachbereichs Wirtschaftswissenschaften Nr. 169, Universität Duisburg Gesamthochschule: Duisburg.

Archer, Sean (1992), "Strategic choices in the labour market", in: Robert Schrire (Hg.), *Wealth or Poverty? Critical Choices for South Africa*, Oxford University Press: Kapstadt, S. 211-236.

Ardington, Elisabeth und Frances Lund (1995), *How the social security system can complement programmes of reconstruction and development*, Development Paper 61, Februar 1995, DBSA: Durban.

Arndt, Erich (1957), "Sozialpolitik und Lohnpolitik", in: Erik Boettcher (Hg.), *Sozialpolitik und Sozialreform*, J.C.B. Mohr (Paul Siebeck): Tübingen, S. 255-273.

Arrow, Kenneth J. (1951), "An Extension of the Basic Theorems of Classical Welfare Economics", in: Jerzy Newman (Hg.), *Proceedings of the Second Berkeley Symposium on Mathematical Statistics and Probability*: Berkeley, S. 507-532.

Arrow, Kenneth J. und Gerard Debreu (1954), "Existence of an Equilibrium for a Competitive Economy", in: *Econometrica* 22(3), S. 265-290.

Arrow, Kenneth J. (1962), "Economic Welfare and the Allocation of Resources for Invention: Economic and Social Factors", in: National Bureau of Economic Research (Hg.), *The Rate and Direction of Invention Activity*, Princeton University Press: New York, Princeton, S. 609-626.

Arrow, Kenneth J. (1963), "Uncertainty and the Welfare Economics of Medical Care", in: *AER* 53(5), S. 941-973.

Arrow, Kenneth J. (1967), *Social Choice and Individual Values*, Second Edition, Yale University Press: New Haven, London.

Arrow, Kenneth J. (1969), "The Organization of Economic Activity: Issues Pertinent to the Choice of Market Versus Nonmarket Allokation", in: Joint Economic Committee of U.S. Congress (Hg.), *The Analysis And Evaluation of Public Expenditures*, A Compendium of Papers Submitted to the Subcommittee on Economy in Government, Bd. 1: Washington D. C., S. 47-64.

Atkinson, Anthony B. (1988), "Sozialversicherung und Einkommenssicherung", in: Gabriele Rolf, Bernd Spahn und Gert Wagner (Hg.), *Sozialvertrag und Sicherung*, Campus Verlag: Frankfurt/Main, New York, S. 221-240.

Azar, Jammine (1990), "The Role of Monetary Policy", in: Robin McGregor (Hg.), *McGregor's Economic Alternatives: Thoughts on possible economic alternatives for a new South Africa*, Juta & Co: Kapstadt, S. 115-138.

Bannock, Graham und Alan Peacock (1989), *Governments and Small Business*, Paul Chapman Publishing: London.

Barber, Simon (1998), Corruption ranked the biggest threat to business, in: *Business Day* vom 6.2.1998, http:/www.bday.co.za/cgi-bin/post-query.perl.

Barker, Frans S. (1992), *The South African Labour Market: Critical issues for transition*, van Schaik: Pretoria.

Barr, Nicholas (1987), *The Economics of the Welfare State*, Weidenfeld & Nicolson: London.

Barr, Nicholas (1992), "Economic Theory and the Welfare State: A Survey and Interpretation", in: *Journal of Economic Literature* 30(Juni), S. 741-803.

Barzel, Yoram (1974), "A Theory of Rationing by Waiting", in: *Journal of Economics and Law* 17(1), S. 73-95.

Baskin, Jeremy (1994), "Unions in Transition. Cosatu at the dawn of democracy", National Labour & Economic Development Institute: Johannesburg.

Baskin, Jeremy und Vishwas Satgar (1995), *South Africa's new Labour Relations Act: a critical assessment and challenges for labour*, Discussion Paper September 1995, Naledi: Johannesburg.

Baskin, Jeremy (1996), "Unions at the crossroad: can they make the transition?", in: *South African Labour Bulletin* 20(1), S. 8-16.

Bator, Francis M. (1958), "The Anatomy of Market Failure", in: *The Quarterly Journal of Economics* 72, S. 351-379.

Baumol, William J. und David F. Bradford (1970), "Optimal Departures From Marginal Cost Pricing", in: *AER* 60, S. 265-283.

Baumol, William (1982), "Contestable Markets: An Uprising in the Theory of Industry Structure", in: *AER* 72(1), S. 1-15.

Baumol, William J., John C. Panzar und Robert D. Willig (1983), "Contestable Markets: An Uprising in the Theory of Industry Structure: Reply", in: *AER* 73, S. 491-496.

Beacham, A. (1974), "Competition Policy in Britain and South Africa", in: *The South African Journal of Economics* 42(2), S. 118-126.

Beck, Claudia (1996), *Korporatismus als Konfliktlösungsmodell für Südafrika: Eine Analyse aus der Sicht der Gewerkschaften*, Manuskripte 201, März 1996, Hans-Böckler-Stiftung: Düsseldorf.

Beckmann, Martin J. (1990), "The Meaning of General Equilibrium", in: Alfred Bosch, Peter Koslowski und Reinhold Veit (Hg.), *General Equilibrium or Market Process: Neoclassical and Austrian Theories of Economics*, J.C.B. Mohr (Paul Siebeck): Tübingen, S. 51-60.

Bekker, E. E. (1992), "Monopolies and the role of the competition board", in: *Journal of South African Law*, S. 618-644.

Bekker, E. E. (1993), "Monopolies. Review of the role of the Competition Board (continued)", in: *Journal of South African Law*, S. 77-90.

Bell, Trevor (1984), "The State, the Market and the Interregional distribution of Industry in South Africa", Carnegie Conference Paper No.243, in: (Hg.), *Second Carnegie Inquiry into Poverty and Development in Southern Africa*, Kapstadt.

Bell, Trevor (1990), *The Prospects for Industrialisation in the New South Africa*, Inaugural Lecture 17.10.1990, Rhodes University: Grahamstown.

Bell, Trevor (1993), "Should South Africa Further Liberalise its Foreign Trade?", in: Merle Lipton und Charles Simkins (Hg.), *State & Market in Post Apartheid South Africa*, Witwatersrand University Press/Westview Press: Johannesburg et al., S. 81-127.

Belli, Pedro, Michael Finger und Amparo Ballivian (1993), *South Africa: A Review of Trade Policies*, Informal Discussion Papers on Aspects of the Economy of South Africa 4, The World Bank, Southern Africa Department: Washington D.C.

Benatar, Solomon (1991), "Medicine and Health Care in South Africa - Five Years Later", in: *The New England Journal of Medicine* 325(1), S. 30-36.

Bendix, Sonia (1996), *Industrial Relations in South Africa*, 3. Auflage, Juta & Co.: Kapstadt.

Benjamin, P. (1992), "The reform of the Workmen's Compensation Act: The beginning of democratic Social Security?", in: G. J. Coetzer, J. Kinghorn und S. van der Berg (Hg.), *Social Safety Nets*, Working Documents on the Post-Apartheid Economy, Bd. 5, Centre for Contextual Hermeneutics. University of Stellenbosch: Stellenbosch.

Berg van der, Servaas (1992a), "Social reform and the reallocation of social expenditure", in: Robert Schrire (Hg.), *Wealth or Poverty? Critical Choices for South Africa*, Oxford University Press: Kapstadt, S. 123-142.

Berg van der, Servaas (1992b), "The South African Social Safety Net in development perspective", in: G. J. Coetzer, J. Kinghorn und S. van der Berg (Hg.), *Social Safety Nets*, Working Documents on the Post-Apartheid Economy, Bd. 5, Centre for Contextual Hermeneutics. University of Stellenbosch: Stellenbosch, S. 1-18.

Berg van der, Servaas (1994), *Issues in South African Social Security*, Background paper prepared for the Worldbank, August 1994, University of Stellenbosch: Stellenbosch.

Berg van der, Servaas (1996), *The means test for social assistance grants: Its application, fiscal risks and some recommendations*, Report prepared for the Department of Welfare Oktober 1996, Department of Economics, University of Stellenbosch: Stellenbosch.

Berg van der, Servaas (1997), *South Africa after apartheid: A welfare state in the making?*, Paper to the International Conference on Socio-Economics, 5.-7.7.1997: Montreal.

Berthold, Norbert (1988), "Marktversagen, staatliche Intervention und Organisationsformen Sozialer Sicherung", in: Gabriele Rolf, Bernd Spahn und Gert Wagner (Hg.), *Sozialvertrag und Sicherung. Zur Ökonomischen Theorie staatlicher Versicherungs- und Umverteilungssysteme*, Campus Verlag: Frankfurt/Main, New York, S. 339-369.

Berthold, Norbert und Rainer Fehn (1996), "Evolution von Lohnverhandlungssystemen - Macht oder ökonomisches Gesetz?", in: Werner Zohlnhöfer (Hg.), *Die Tarifautonomie auf dem Prüfstand*, Schriften des Vereins für Socialpolitik, Bd. 244, Duncker & Humbolt: Berlin, S. 57-94.

Best, Laura, Urin Ferndale und Sunette van der Walt (1991), *Perceptions of the functioning of the Unemployment Insurance Fund*, Co-operative Programme: Affordable Social Security Report ASS/BSS-12, HSRC: Pretoria.

Beuck, Heinz und Helmut Diederich (1980), "Öffentliche Produktion: Volkswirtschaftliche und betriebswirtschaftliche Probleme", in: Willi Albers et al. (Hg.), *Handwörterbuch der Wirtschaftswissenschaften*, Bd. 5, Gustav Fischer/J.C.B. Mohr (Paul Siebeck)/ Vandenhoeck & Ruprecht: Stuttgart et al., S. 431-457.

Bhorat, Haroon und Murray Leibbrandt (1996), "Understanding unemployment. The relationship between the employed and the jobless", in: Jeremy Baskin (Hg.), *Against the Current Labour and Economic Policy in South Africa*, Ravan Press: Johannesburg, S. 143-164.

Biggs, Michael (1997), *Budget Deficits and Economic Growth: Lessons from Developing Countries*, Draft Paper 16.7.1997, The Budget Project: School of Economics: University of Cape Town: Kapstadt.

Binswanger, Hans P. (1993), "The Political Economy of Alternative Modes of Compensation", in: Minnie Venter und Minna Anderson (Hg.), *Land, Property Rights and The New Constitution*, Sanbonani, S. 52-60.

Birch, David L. (1979), *The Job Generation Process*, Warren Demian Manshel: Cambridge (Mass.).

Birch, D.L. (1981), "Who Creates Jobs?", in: *The Public Interest* 65, S. 3-14.

Black, P. und A. Roux (1991), "The spatial dimension of regional policy selectivity versus uniformity", in: *Development Southern Africa* 8(4), S. 445-458.

Black, Anthony (1993), "The Role of the State in Promoting Industrialisation: Selective Intervention, Trade Orientation and Concessionary Industrial Finance", in: Merle Lipton und Charles Simkins (Hg.), *State & Market in Post Apartheid South Africa*, Witwatersrand University Press/Westview Press: Johannesburg et al., S. 203-234.

Blankart, Charles Beat (1979), "Die wirtschaftspolitische Bedeutung von Skalenerträgen öffentlicher Unternehmen", in: *Zeitschrift für öffentliche und gemeinwirtschaftliche Unternehmen* 2(1), S. 1-25.

Blaug, M. (1976, zuerst: 1958), *Ricardian Economics: A Historical Study*, Greenwood Press: Westport (Conn.).

Blaug, Mark (1980), *The methodology of economics*, Cambridge University Press: Cambridge et al.

Bletschacher, Georg und Henning Klodt (1992), *Strategische Handels- und Industriepolitik: theoretische Grundlagen, Branchenanalysen und wettbewerbspolitische Implikationen*, in: Kieler Studien, Bd. 244, J.C.B. Mohr (Paul Siebeck): Tübingen.

Blümel, Wolfgang (1983), *"Politikversagen" versus "Marktversagen" bei der Allokation öffentlicher Güter - ein Überblick*, Wirtschaftswissenschaftliche Diskussionsbeiträge Nr. 36-82, Dezember 1983, Universität Mannheim: Oldenburg.

BMI (1992), *A Profile of Small Business in South Africa and ways of stimulating the sector*, März 1992, BMI: Rivonia.

Boase, Nicola (1996), "General Trends within Cosatu and its Affiliates", in: SPA Research Team (Hg.), *Cosatu in 1996 - New Strategies for a New Era*, SPA Consultants: Rivonia, S. 13-31.

Bohnet, Armin (1980), "Ordnungspolitik", in: Werner Glastetter et al. (Hg.), *Handwörterbuch der Volkswirtschaft*, Gabler: Wiesbaden, S. 938-948.

Bohnet, Armin (1987), "Neuere Ansätze zur Wirtschaftsordnungstheorie", in: Gernot Gutmann (Hg.), *Methoden und Kriterien des Vergleichs von Wirtschaftssystemen*, Duncker & Humblot: Berlin, S. 91-130.

Boiteux, M (1956), "Sur La Géstion Des Monopoles Publics Astreints A L'Equilibre Budgetaire", in: *Econometrica* 24, S. 22-40.

Bombach, Gottfried (1959), "Quantitative und monetäre Aspekte des Wirtschaftswachstums", in: Walther G. Hoffmann (Hg.), *Finanz- und währungspolitische Bedingungen stetigen Wirtschaftswachstums*, Schriften des Vereins für Socialpolitik, Bd. N. F. 15, Duncker & Humblot: Berlin, S. 154-230.

Bonus, Holger (1978), "Ordnungspolitische Aspekte öffentlicher Güter", in: Ernst Helmstädter (Hg.), *Neuere Entwicklungen in den Wirtschaftswissenschaften*, Duncker & Humblot: Berlin, S. 51-73.

Bonus, Holger (1980), "Öffentliche Güter und Gefangenendilemma", in: *Die Zähmung des Leviathan. Neue Wege der Ordnungspolitik*, Nomos: Baden-Baden, S. 129-160.

Botha, P.W. (1988), *Opening of Parliament*, 5.-12.2.1988, RSA: Debates of Parliament: Sixth Session - Eighth Parliament: Kapstadt.

Boyd, Leslie (1996), State opens the Arteries, in: *Financial Mail* 141 (10), 16.8.1996, S. 77.

Böhm, Franz (1950), *Wirtschaftsordnung und Staatsverfassung*, in: Recht und Staat in Geschichte und Gegenwart, Bd. 153/154, J.C.B. Mohr (Paul Siebeck): Tübingen.

Böhm, Andreja (1981), "The Concept, Definition and Classification of Public Enterprises", in: *Public Enterprise* 1(4), S. 72-78.

Bös, Dieter (1981), "Öffentliche Unternehmungen", in: Fritz Neumark (Hg.), *Handbuch der Finanzwissenschaft*, Bd. 3, J.C.B. Mohr (Paul Siebeck): Tübingen, S. 3-60.

Brander, James A. und Barbara J. Spencer (1984), "Trade Welfare: Tariffs and Cartels", in: *Journal of International Economics* 16, S. 227-242.

Brander, James A. und Barbara J. Spencer (1985), "Export Subsidies and International Market Share Rivalry", in: *Journal of International Economics* 18, S. 83-100.

Bridge, Sherilee (1997), Struggling to stay afloat in the telecoms sea, in: *Cape Times Business Report* vom 11.12.1997, S. 19.

Bromberger, Norman (1982), "Government Policies Affecting the Distribution of Income: 1940-1980", in: R. Schrire (Hg.), *South Africa - Public policy perspectives*, Juta & Co: Kapstadt, Wetton, Johannesburg, S. 165-203.

Broomberg, J., C. De Beer und M. R. Price (1990), "The private health sector in South Africa - current trends and future developments", in: *South African Medical Journal* 78(4. August), S. 139-142.

Broomberg, Jonathan (1991), "The future of medical schemes in South Africa - towards national insurance or the American nightmare?", in: *South African Medical Journal* 79(20. April), S. 415-418.

Browne, G. W. G. (1983), "Fifty Years of Public Finance", in: *South African Journal of Economics* 51(1), S. 134-173.

Brunner, Karl (1970), "The "Monetarist Revolution" in Monetary Policy", in: *Weltwirtschaftliches Archiv* 105(1), S. 1-30.

Bruno, Michael und Jeffrey D. Sachs (1985), *Economics of Worldwide Stagflation*, Harvard University Press: Cambridge (Mass.).

Brynard, Petrus (1995), "Privatisation in South Africa", in: *Politeia* 14(2), S. 27-39.

Budlender, Debbie (1984), "The Workmens Compensation Act", in: *South African Labour Bulletin* 9(4), S. 22-41.

Buhbe, Matthes (1980), *Ökonomische Analyse von Eigentumsrechten*, in: Europäische Hochschulschriften, Peter Lang: Frankfurt/Main, Bern, Cirencester.

Burger, Delien (1996), "South Africa Yearbook", South African Communications Service: Pretoria.

Burman, Sandra und Amanda Barratt (1993), *Welfare Law and Bureaucracy in a Changing South Africa. A Case Study of State Maintenance Grants for the Illegitimate*, Working Paper 19, Februar 1993, Centre for Applied Legal Studies, University of Witwatersrand Socio-Legal Unit, University of Cape Town: Richmond.

Burns, Michael E. und Cliff Walsh (1978/79), *Market Provision of Price Excludable Public Goods: A General Analysis*, Seminar Paper 76, Monash University, Department of Economics: Melbourne.

Butcher, Carol (1996a), "Privatisation Update: Privatisation Advisor Appointed", in: *Industrial Democracy Review* 5(4), S. 54-59.

Butcher, Carol (1996b), "Privatisation and Restructuring State Assets NFA Update", in: *Industrial Democracy Review* 5(3), S. 49-55.

Butcher, Carol (1996c), "Transforming Government Structures: Privatisation and the Restructuring of State Assets", in: *Industrial Democracy Review* 5(1), S. 23-27.

Cagan, Phillip (1992), "Monetarism", in: Peter Newman, Murray Milgate und John Eatwell (Hg.), *The New Palgrave Dictonary of Money & Finance*, Bd. Band 2: London, New York, S. 719-724.

Calitz, E. (1988), "Public Expenditure in South Africa: An Assessment of Trends and the Process of Determining Priorities", in: *Journal of Studies in Economics and Econometrics* 12(2), S. 25-35.

Calitz, Estian (1997), "The South African Economy in an Integrated Global Economy: Features, Prospects and Implications", in: *Conference of the Centre for International and Comparative Politics of the University of Stellenbosch on a Future South Africa: Prospects for 1999 and Beyond*, Kapstadt.

Calmfors, Lars und John Driffill (1988), "Centralization of wage bargaining", in: *Economic Policy* 6, S. 13-61.

Cassel, Dieter (1988), "Wirtschaftspolitik als Ordnungspolitik", in: Dieter Cassel, Bernd-Thomas Ramb und H.-Jörg Thieme (Hg.), *Ordnungspolitik*, Franz Vahlen: München, S. 313-333.

Cawker, Gary und Andrew Whiteford (1993), *Confronting Unemployment in South Africa*, hg. von Human Sciences Research Council, HSRC Publishers: Pretoria.

Chalmers, Robyn und Reneé Grawitzky (1996), Privatisation process gains momentum, in: *Business Day* vom 24.10.1996,

Chalmers, Robyn (1996), Empowerment fund to play privatisation role, in: *Business Day* vom 22.10.1996, http://www.bday.co.za/96/1022/news/news4.htm.

Chalmers, Robyn und Reneé Grawitzky (1997), Sun Air sale raises crucial issues, in: *Business Day* vom 10.9.1997, http://www.bday.co.za/96/0910/comment/z1.htm.

Chalmers, Robyn (1997a), Telekom Malaysia, SBC get Telkom slice, in: *Business Day* vom 27.3.1997, http://www.bday.co.za/97/0327/news/news1.htm.

Chalmers, Robyn (1997b), Govt outlines strategy to privatise SAA, in: *Business Day* vom 4.4.1997, http://www.bday.co.za/97/0404/news/news1.htm.

Chalmers, Robyn (1997c), Land claims put the brakes on negotiations to sell state's Aventura, in: *Business Day* vom 5.5.1997, http://www.bday.co.za/97/0505/news/news3.htm.

Chalmers, Robyn und Reneé Grawitzky (1998), Land claims threaten privatisation process, in: *Business Day* vom 9.2.1998, http://www.bday.co.za/98/0209/cgi-bin/post-query.perl.

Chalmers, Robyn (1998a), Empowerment fund set to kick off with R 2bn, in: *Business Day* vom 24.2.1998, http:/www.bday.co.za/98/0224/news/news1.htm.

Chalmers, Robyn (1998b), Rethabile seeks to speed up Sun Air, Comair accord, in: *Business Day* vom 22.1.1998, http:/www.bday.co.za/98/0122/news/n24.htm.

Chang, Ha-Joon (1997), *Evaluating the Current Industrial Policy of South Africa*, Working Paper 1, März 1997, TIPS: Johannesburg.

Christodoulou, N.T., Marie Kirsten und Johan Badenhorst (1994), "Financing South African Micro-entrepreneurs", in: *International Council for Small Business Conference*, Las Vegas.

Claassens, Aninka (1993), "Compensation for Expropriation: The Political and Economic Parameters", in: Minnie Venter und Minna Anderson (Hg.), *Land, Property Rights and the New Constitution*, Sanbonani, S. 55-60.

Clark, Nancy (1988), *From Dependence to Defiance: South African State Corporations, 1920-1960*, Doctoral Thesis, Yale University.

Clark, Nancy (1994), *Manufacturing Apartheid: State Corporations in South Africa*, Yale University Press: New Haven, London.

Coase, R.H. (1937), "The Nature of the Firm", in: *Economica* 4(November), S. 386-405.

Coase, R.H. (1960), "The Problem of Social Cost", in: *The Journal of Law & Economics* 3(Oktober), S. 3-72.

Collins, Deanne (1997), "An open letter to Johnny Copelyn and Marcel Golding", in: *South African Labour Bulletin* 21(1), S. 79-80.

Conn, David (1977), "Toward a Theory of Optimal Economic Systems", in: *Journal of Comparative Economics* 1, S. 325-350.

Cook, Louise (1997), Commission recommends expropriation, in: *Business Day* vom 28.1.1997, http:/www.bday.co.za/97/0128/news/news1.htm.

Cooper, Carole (1984), "South Africa's unemployment fund. An inadequate cover for the unemployed", Conference Paper No.299, in: *Second Carnegie Inquiry into Poverty and Development in Southern Africa*, Kapstadt.

Copelyn, John (1997), "Seizing the moment: union investment companies", in: *South African Labour Bulletin* 21(2), S. 74-78.

Cosatu (1996), *A Draft Programme for the Alliance*, Discussion Paper 22.11.1996.

Cosatu (1998), *Cosatu-Affiliated Unions*, http:/www.cosatu.org.za/cosatuaf.htm.

Cox, Clifford et al. (1993), *The South African Government's Fiscal Policy from 1989 to Date: Aims, policy tools used and success/failure of the policy*, Juni 1993, Wits Business School: Johannesburg.

Crankshaw, Owen (1997), "Shifting sands: labour market trends and unionisation", in: *South African Labour Bulletin* 21(1), S. 28-35.

Craypo, Charles (1981), "The Decline of Union Bargaining Power", in: Michael J. Carter und William H. Leahy (Hg.), *New Directions in Labor Economics and Industrial Relations*, University of Notre Dame Press: Notre Dame, London, S. 107-166.

Craypo, Charles (1986), *The Economics of Collective Bargaining: Case Studies in the Private Sector*, The Bureau of National Affairs: Washington D. C.

Crichton, June (1993), "Parity and dignity: The human rights of pensioners", in: *SASH* Januar, S. 28-31.

Cross, Catherine (1997), Confusion over land rights destabilises SA: Government's rural land tenure reforms could take 20 years to implement., in: *Business Day* vom 3.10.1997, http://www.bday.co.za/97/1003/comment/c1.htm.

CSS (1996a), *October Household Survey 1995*, Statistical release P0317, 27.11.1996: Pretoria.

CSS (1996b), *Statistics in Brief: RSA 1995*: Pretoria.

CSS (1997), *Income and expenditure survey 1995*: Pretoria.

Cunningham, P. W., J. A. Slabbert und A. S. Villiers de (1994), "The Historic Development of Industrial Relations", in: J. A. Slabbert, J. J. Prinsloo und W. Backer (Hg.), *Managing Industrial Relations in South Africa*, Digma: Pretoria, S. 2.1-2.63.

Curwen, Peter (1986), *Public Enterprise*, Wheatsheaf Books: Brighton.

Dahl, Robert und Charles Lindblom (1976, zuerst: 1953), *Politics, Economics and Welfare*, 2. Auflage, The University of Chicago Press: Chicago, London.

Davis, Steven J., John Haltiwanger und Scott Schuh (1993), *Small Business and Job Creation: Dissecting the Myth and Reassessing the Facts*, Working paper 4492, National Bureau of Economic Research: Cambridge (Mass.)

De Beer, C. (1988), "Picking Up The Pieces - the present and future consequences of the fragmentation of South Africa's health care structures", in: C. P. Owen (Hg.), *NAMDA Annual Conference*, University of the Western Cape, S. 69-78.

Deaton, D. R. und P. B. Beaumont (1980), "The Determinants of Bargaining Structure: Some Large Scale Survey Evidence for Britain", in: *British Journal of Industrial Relations* 18, S. 202-216.

Debreu, Gerard (1951), "The Coefficient of Resource Utilization", in: *Econometrica* 19, S. 273-292.

Debreu, Gerard (1954), "Valuation Equilibrium and Pareto Optimum", in: *Proceedings of the National Academy of Sciences of the U.S.A.*, Bd. 40, S. 588-592.

Debreu, Gerard (1959), *Theory of Value: An Axiomatic Analysis or Economic Equilibrium*, John Wiley & Sons/Chapman & Hall: New York, London.

Debreu, Gerard (1982), "Existence of Competitive Equilibrium", in: K. J. Arrow und M. D. Intriligator (Hg.), *Handbook of Mathematical Economics*, Bd. 2, North-Holland Publishing Company: Amsterdam, New York, Oxford, S. 697-743.

Dekker, Loet Douwes (1996), *The Transformation of the Department of Labour*, Chapter Commissiones for the Interantional Labour Organisation Country Review on South Africa August 1996, Industrial Democracy Programme. Faculty of Management University of the Witwatersrand: Johannesburg.

Dekker, Loet Douwes und June van Lingen (1996/1997), "Managing Dilemmas - The Making of Labour Market Leaders", in: *The Industrial Democracy Review* 5(6), S. 17-26.

Demsetz, Harold (1964), "The Exchange and Enforcement of Property Rights", in: *The Journal of Law & Economics* 7, S. 11-26.

Demsetz, Harold (1967), "Toward a Theory of Property Rights", in: *AER* 57, S. 347-359.

Demsetz, Harold (1974), "Two Systems of Belief about Monopoly", in: Harvey J. Goldschmid, Michael H. Mann und Fred J. Weston (Hg.), *Industrial Concentration: The New Learning*, Little, Brown & Company: Boston, Toronto, S. 164-184.

Department of Labour and Mines (1979), *Report of the Commission of Inquiry into Labour Legislation*, Government Gazette: Pretoria.

Department of Labour (1997), *Employment Equity Bill*, Government Gazette: Pretoria.

Department of Finance (1996), *Growth, Employment and Redistribution: A Macroeconomic Strategy*: Pretoria.

Department of Finance (1997a), *Budget Review*: Pretoria.

Department of Finance (1997b), *The Medium Term Budget Policy Statement*: Pretoria.

Department, of Health (1997), *White Paper for the Transformation of the Health System in South Africa*, Government Gazette: Pretoria.

Department of Welfare (1996), *Draft White Paper for Social Welfare*, 2.2.1996, Government Gazette: Pretoria.

Desai, Ashwin und Adam Habib (1997), "Labour Relations in Transition: the Rise of Corporatism in South Africa's Automobile Industry", in: *Journal of Modern African Studies* 35(3), S. 495-518.

Dewar, David, Alison Todes und Vanessa Watson (1986), "Industrial Decentralization Policy in South Africa: Rhetoric and Practice", in: *Urban Studies* 23, S. 363-376.

DLA (1997), *White Paper on South African Land Policy*: Pretoria.

Dludlu, John (1998a), Govt falls behind in its schedule to reduce tariffs, in: *Business Day* vom 20.4.1998, http:/www.co.za/98/0420/news/news4.htm.

Dludlu, John (1998b), SA fends off attack on trade policies, in: *Business Day* vom 30.4.1998, http:/www.bday.co.za/98/0430/news/n18htm.

Dludlu, John (1998c), Initiatives "are bankable", in: *Business Day* vom 14.5.1998, http:/www.bday.co.za/98/0514/comment/e2.htm.

Doig, Luke (1994), *A Critique of Expected Competition Policy in the New South Africa*, Master Thesis, Rand Afrikaans University: Johannesburg.

Donaldson, Andrew R. (1993), "Basic Needs and Social Policy: The Role of the State in Education, Health and Welfare", in: Merle Lipton und Charles Simkins (Hg.), *State & Market in Post-Apartheid South Africa*, Westview Press/Witwatersrand University Press: Johannesburg et al., S. 271-320.

Donner, Hartwig (1980), "Wirtschaftsverfassung", in: Werner Glastetter et al. (Hg.), *Handwörterbuch der Volkswirtschaft*, Gabler: Wiesbaden, S. 1686-1705.

Dorrington, Rob (1985), "What are Medical Schemes and Why They Cannot Provide for our Health Care Needs?", in: Anthony B. Zwi und L. Duncan Saunders (Hg.), *Towards Health Care for All*, Johannesburg, S. 107-119.

Dowie, F. (1994), "Employers and their Organisations", in: J. A. Slabbert, J. J. Prinsloo und W. Backer (Hg.), *Managing Industrial Relations in South Africa*, Digma: Pretoria, S. 5.1.-5.13.

Drewes, J. E. und D. J. Bos (1995), "The Regional Industrial Development Programme: An Evaluation", in: *The South African Journal of Economics* 63(2), S. 247-271.

DTI (1995), *National Strategy for the Development and Promotion of Small Business in South Africa*, White Paper 20.3.1995, Government Gazette: Pretoria.

DTI (1997a), *Proposed Guidelines for Competition Policy: A Framework for Competition, Competitiveness and Development*, Government Gazette: Pretoria.

DTI (1997b), *Incentive Schemes*: Pretoria.

DTI (1997c), *Spacial Development Initiatives*: Pretoria.

DTI (1998), *Competition Bill*: Pretoria.

Du Plessis, P.G. (1978), "Concentration of Economic Power in the South African Manufacturing Industry", in: *The South African Journal of Economics* 46(3), S. 257-270.

Eckstein, Alexander (1973), "Introduction", in: Alexander Eckstein (Hg.), *Comparison of Economic Systems*, University of California Press: Berkeley, Los Angeles, London, S. 1-23.

Edmunds, Marion (1996), Bill of Rights emerges after a marathon of give-and-take, in: *Mail & Guardian* vom 29.3.1996,
http:/wn.apc.org/wmail/issues/900329/NEWS22.html.

Ehrenberg, Ronald G. und Robert S. Smith (1991), *Modern Labor Economics*, 4. Auflage, Scott, Foresman and Company: Glenview Illinois, Boston, London.

Ehrlich, R. (1992), "Workmen's compensation in South Africa - An Overview", in: G. J. Coetzer, J. Kinghorn und S. van der Berg (Hg.), *Social Safety Nets*, Working Documents on the Post-Apartheid Economy, Bd. 5, Centre for Contextual Hermeneutics. University of Stellenbosch: Stellenbosch.

Eickhof, Norbert (1984), "Zur Erhaltung und Förderung des Wettbewerbs", in: Hans Albert (Hg.), *Ökonomisches Denken und soziale Ordnung: Festschrift für Erik Boettcher*, J.C.B. Mohr (Paul Siebeck): Tübingen, S. 225-244.

Eickhof, Norbert (1986), *Marktversagen und Staatsaktivität*, Volkswirtschaftlicher Diskussionsbeitrag 30, Universität Bamberg: Bamberg.

Engelhardt, Gunther (1990), "Die Instrumentalthese in der wirtschaftswissenschaftlichen Diskussion - Ansätze einer institutionenökonomischen Reinterpretation", in: Theo Thiemeyer (Hg.), *Instrumentalfunktion öffentlicher Unternehmen*, Nomos: Baden-Baden, S. 17-57.

Ensor, Linda (1998a), Govt to set inflation targets and establish monetary policy board, in: *Business Day* vom 16.3.1998, http:/www.bday.co.za/98/0316/news/news.3htm.

Ensor, Linda (1998b), Exchange controls relaxed further, in: *Business Day* vom 12.3.1998, http:/www.bday.co.za/98/0312/news/news4.htm.

Esping-Andersen, Gosta (1990), *The Three Worlds of Welfare Capitalism*, Princeton University Press: Princeton New Jersey.

Eucken, Walter (1940), *Die Grundlagen der Nationalökonomie*, Gustav Fischer: Jena.

Eucken, Walter (1948), "Das ordnungspolitische Problem", in: *Ordo* 1, S. 56-90.

Eucken, Walter (1949), "Die Wettbewerbsordnung und ihre Verwirklichung", in: *Ordo* 2, S. 1-99.

Eucken, Walter (1990, zuerst: 1952), *Grundsätze der Wirtschaftspolitik*, 6., durchgesehene Auflage, J.C.B. Mohr (Paul Siebeck): Tübingen.

Fajgenbaum, J. et al. (1996), *South Africa - Selected Economic Issues*, IMF Staff Country Report 96/64, Juli 1996, IMF: Washington D. C.

Fallon, Peter R. (1992), *An Analysis of Employment and Wage Behavior in South Africa*, Informal Discussion Papers on Aspects of the Economy of South Africa 3, Oktober 1992, World Bank: Washington D. C.

Feix, Thorsten (1996), *Räumliche Wirtschaftsstruktur und Industriepolitik*, Gabler: Wiesbaden.

Felderer, Bernhard und Stefan Homburg (1991), *Makroökonomik und neue Makroökonomik*, 5., verbesserte Auflage, Springer: Berlin et al.

Feldman, Allan (1987), "Welfare Economics", in: John Eatwell, Murray Milgate und Peter Newman (Hg.), *The New Palgrave. A Dictionary of Economics,* Bd. 4, The Macmillan Press/The Stockton Press/Mauzen Company: London, New York, Tokyo, S. 889-895.

Ferreira, Monica et al. (1992), *Multi-dimensional Survey of elderly South Africans, 1990-91: Key Findings*, Human Sciences Research Council - Centre for Gerontology: Pretoria, Kapstadt.

Field, Graham (1995), *Investing in South Africa - A Market Profile*, Euromoney Publications: London.

Filita, Templeton (1997), "Cosatu: marching forward", in: *South African Labour Bulletin* 21(1), S. 36-41.

Fine, Ben (1995), "Privatisation and the RDP: a Critical Assessment", in: *Transformation* 27, S. 1-23.

Fine, Ben und Zavareh Rustomjee (1996), *The Political Economy of South Africa: From Minerals-Energy Complex to Industrialisation*, Witwatersrand University Press: Johannesburg.

Finnemore, Martheanne (1996), *Introduction to Labour Relations in South Africa*, Butterworth: Durban.

Fitzenberger, Bernd und Wolfgang Franz (1994), "Dezentrale versus zentrale Lohnbildung in Europa: Theoretische Aspekte und empirische Relevanz", in: Bernhard Gahlen, Helmut Hesse und Hans Jürgen Ramser (Hg.), *Europäische Integrationsprobleme aus wirtschaftswissenschaftlicher Sicht*, Wirtschaftswissenschaftliches Seminar Ottobeuren, Bd. 23, J.C.B. Mohr (Paul Siebeck): Tübingen, S. 321-364.

Fitzenberger, Bernd (1995), "Zentralisierungsgrad von Lohnverhandlungen und Lohnbildung in Ländern der Europäischen Union", in: Peter Oberender und Manfred E. Streit (Hg.), *Europas Arbeitsmärkte im Integrationsprozeß*, Contrubutiones Jenenses, Bd. 1, Nomos: Baden-Baden, S. 77-117.

Flassbeck, Heiner (1982), "Was ist Angebotspolitik?", in: *Konjunkturpolitik* 28(2/3), S. 75-138.

Flic, Wolfgang (1992), "Monetäre Fundierung einer angebotsorientierten Stabilitätspolitik", in: *Konjunkturpolitik* 38(5/6), S. 316-339.

Flora, Peter (1986), "Introduction", in: Peter Flora (Hg.), *Growth to limits: the Western European welfare states since World War II*, Ser.C, Political and social sciences, Bd. 2, de Gruyter: Berlin, New York,, S. xii-xxxvi

Fourie, F. C. v. N. (1987), "Issues and Problems in South African Competition Policy", in: *The South African Journal of Economics* 55(4), S. 333-354.

Fourie, F.C.v.N. und M.R. Smit (1989), "Trends in Economic Concentration in South Africa", in: *The South African Journal of Economics* 57(3), S. 241-256.

Fourie, F. C. v. N. (1993), "Economic Concentration: A Survey and Evaluation of Policy Options", in: *The South African Journal of Economics* 61(3), S. 134-152.

Fourie, C. v. N., David Lewis und Willem J. Pretorius (1995), *Towards Competition Policy in South Africa*, Background working paper Januar 1995, .

Franzsen, D. G. (1983), "Monetary Policy in South Africa 1932-82", in: *The South African Journal of Economics* 51(1), S. 89-133.

Frechen, Regine (1972), *Mittelstandspolitik als Wettbewerbs- oder Strukturpolitik?*, in: Schriften zur Mittelstandsforschung, Bd. 57, hg. von Institut für Mittelstandsforschung, Kölner Universitäts-Verlag: Köln.

Freeman, Richard B. und James L. Medoff (1981), "The Impact of the Percentage Organized on Union and Nonunion Wages", in: *The Review of Economics and Statistics* 63(1), S. 561-572.

Freeman, Richard B. (1988), "Labour market institutions and economic performance", in: *Economic Policy* 6(April), S. 63-80.

Freyn, Ulrich (1991), "Methodenstreit", in: Alfred Schüller und Hans-Günther Krüsselberg (Hg.), *Grundbegriffe zur Ordnungstheorie und Politischen Ökonomie*, Arbeitsberichte zum Systemvergleich: Marburg, S. 39.

Friedman, Milton (1968), "The Role of Monetary Policy", in: *AER* 63(1), S. 1-17.

Friedman, Milton (1969, zuerst: 1953), "The Case for Flexible Exchange Rates", in: Milton Friedman (Hg.), *Essays in Positive Economics*, The University of Chicago Press: Chicago, London, S. 157-203.

Friedman, Milton (1985), "Monetarism in Rhetoric and Practice", in: Alberto Ando et al. (Hg.), *Monetary Policy in Our Times*, MIT Press: Cambridge (Mass.), London, S. 15-28.

Fritsch, Michael (1993), *Markt, Marktversagen und die Evaluation technologiepolitischer Förderprogramme*, Discussion Paper November 1993, Bergakademie Freiberg: Freiberg.

Furubotn, Eirik und Svetozar Pejovich (1972), "Property Rights and Economic Theory: A Survey of Recent Literature", in: *Journal of Economic Abstracts* 10, S. 1137-1162.

Furubotn, Eirik und Svetozar Pejovich (1974), "Introduction", in: Eirik Furubotn und Svetozar Pejovich (Hg.), *The Economics of Property Rights*, Ballinger Publishing Company: Cambridge (Mass.)

Gasparis de, Priscilla (1987), *The functioning of the Unemployment Insurance Fund*, A SYNCOM Report, Human Sciences Research Council: Pretoria.

Gäfgen, Gérard (1970), "Strukturpolitik", in: Görres Gesellschaft (Hg.), *Staatslexikon*, Bd. 11, Herder: Freiburg,. Sp.386-414.

Gäfgen, Gérard (1990), *Ordnungstheorie: Grundlage einer rationalen Gestaltung der Wirtschaftsordnung?*, Diskussionsbeiträge Serie I - Nr. 247, April 1990, Fakultät für Wirtschaftswissenschaften und Statistik: Konstanz.

Geary, D. (1992), "The private pension system - some alternatives", in: G. J. Coetzer, J. Kinghorn und S. van der Berg (Hg.), *Social Safety Nets*, Working Documents on the Post-Apartheid Economy, Bd. 5, Centre for Contextual Hermeneutics. University of Stellenbosch: Stellenbosch.

Gellner, Berthold (1968), *Wird die kleine und mittlere industrielle Unternehmung diskriminiert?*, in: Volkswirtschaftliche Schriften, Bd. 126, hg. von J. Boermann, Duncker & Humblot: Berlin.

Geyer, Hermanus S. (1989), "Industrial Development Policy in South Africa - The Past, Present and Future", in: *World Development* 17(3), S. 379-396.

Giersch, Herbert (1961), *Allgemeine Wirtschaftspolitik*, Bd. 1, Gabler: Wiesbaden.

Giersch, Herbert (1963), "Das ökonomische Grundproblem der Regionalpolitik", in: *Jahrbuch für Sozialwissenschaft* 14, S. 386-400.

Giersch, Herbert (1964), "Aufgaben der Strukturpolitik", in: *Hamburger Jahrbuch für Wirtschafts- und Gesellschaftspolitik* 9, S. 61-90.

Glaser, Daryl (1987), "A Periodisation of South Africa's Industrial Dispersal Policies", in: Richard Tomlinson und Mark Addleson (Hg.), *Regional Restructuring under Apartheid: Urban and Regional Policies in Contemporary South Africa*, Ravan Press: Johannesburg, S. 28-54.

Goodhart, Charles A.E. (1994), "What Should Central Banks Do? What Should Be Their Macroeconomic Objectives and Operations?", in: *The Economic Journal* 104 (November), S. 1424-1436.

Goodin, Robert E. und Julian Grand Le (1987), "Introduction", in: Robert Goodin und Julian Grand Le (Hg.), *Not Only The Poor*, Allen & Unwin: London et al., S. 3-16.

Gouws, Rudolf (1992), "The Costs of State Intervention", in: Graham Howe und Pieter le Roux (Hg.), *Transforming the Economy: Policy Options for South Africa*, Indicator Project South Africa: University of Natal/Institute for Social Development: University of the Western Cape: Durban, Kapstadt, S. 25-34.

Görgens, Egon (1994), "Konjunktur- und Industriepolitik", in: Carsten Hermann-Pillath, Otto Schlecht und Horst Friedrich Wünsche (Hg.), *Marktwirtschaft als Aufgabe*, Grundtexte zur Sozialen Marktwirtschaft, Gustav Fischer: Stuttgart, Jena, New York, S. 401-417.

Graham, Frank (1923), "Some Aspects of Protection further Considered", in: *The Quarterly Journal of Economics* 37, S. 199-227.

Gramlich, Edward M. (1997), "How Does Social Security Affect the Economy?", in: Eric R. Kingson und James H. Schulz (Hg.), *Social Security in the 21st Century*, Oxford University Press: New York, Oxford, S. 147-155.

Grande, Edgar und Wolfgang C. Müller (1985), "(Neo-)Korporatismus: Verlauf und Ertrag einer politikwissenschaftlichen Diskussion", in: *Zeitgeschichte* 13, S. 66-78.

Grawitzky, Reneé (1997), Union agreement paves the way for Telkom sale, in: *Business Day* vom 11.3.1997, S. 3.

Gray, Clive (1984), "Toward a Conceptual Framework for Macroeconomic Evaluation of Public Enterprise Performance in Mixed Economies", in: Robert Floyd, Clive Gray und R. P. Short (Hg.), *Public Enterprise in Mixed Economies. Some Macroeconomic Aspects*, IMF: Washington D. C., S. 35-109.

Greybe, David (1998), Social security "racked with problems", in: *Business Day* vom 20.2.1998, http:/www.bday.co.za/98/0220/news/n10.htm.

Griliches, Zvi (1972), "Cost allocation in railroad regulation", in: *The Bell Journal of Economics and Management Science* 3(1), S. 26-41.

Grossekettler, Heinz (1987), *Der Beitrag der Freiburger Schule zur Theorie der Gestaltung von Wirtschaftssystemen*, Volkswirtschaftliche Diskussionsbeiträge Beitrag Nr. 90, Westfälische Wilhelms-Universität Münster: Münster.

Grossman, Gregory (1974), *Economic Systems*, in: Foundations of Modern Economics Series, 2. Auflage, Prentice-Hall: Englewood Cliffs New Jersey.

Grossman, Gene M. und Elhanan Helpman (1990), "Comparative Advantage and Long-Run Growth", in: *AER* 80(4), S. 796-815.

Gutmann, Gernot (1986), "Ordnungskonformität von Wirtschaftsordnungen in Marktwirtschaften und Zentralverwaltungswirtschaften", in: *Hamburger Jahrbuch für Wirtschafts- und Gesellschaftspolitik* 31, S.49-62.

Gütschleg, Dirk (1997), *Effects of crime on foreign investment in South Africa: results of a survey among German industrial companies*, März 1997, South African-German Chamber of Commerce & Industry/Universität Bayreuth: Johannesburg.

Haavelmo, Trygve (1945), "Multiplier Effects of a Balanced Budget", in: *Econometrica* 13(4), S. 311-318.

Haffajee, Ferial und Sechaba Ka'Nkosi (1997), Cosatu tightens links with SACP, in: *Mail & Guardian* vom 26.9.-2.10.1997, S. 34.

Haffner, Friedrich (1986), "Ökonomische Methoden der Systemanalyse und ihre Probleme", in: Gernot Gutmann (Hg.), *Probleme systemvergleichender Betrachtung*, Duncker & Humblot: Berlin, S. 83-109.

Halbach, Axel J. (1997), "Südafrika 1996/97: Politische und wirtschaftliche Perspektiven im dritten Jahr nach der Wende", in: *Ifo Schnelldienst*(4), S. 32-46.

Haldi, John (1970), "The Value of Output of the Post Office Department", in: Julius Mangolis (Hg.), *The Analysis of Public Output*, National Bureau of Economic Research: New York, S. 339-380.

Hamm, Walter (1977), "Strukturpolitik, sektorale", in: Willi Albers et al. (Hg.), *Handwörterbuch der Wirtschaftswissenschaft*, Bd. 7, Gustav Fischer/J.C.B. Mohr (Paul Siebeck)/Vandenhoeck & Ruprecht: Stuttgart et al., S. 479-491.

Hamm, Walter (1989), "Wirtschaftsordnungspolitik als Sozialpolitik", in: *Ordo* 40, S. 363-382.

Hammermesh, Daniel S. und Albert Rees (1988), *The Economics of Work and Pay*, Harper & Row: New York et al.

Hansen, Niles M. (1996), "Regional policies: past problems and future possibilities", in: *Canadian journal of regional science* 19(1), S. 107-118.

Hanusch, Horst (1981), "Äquivalenzprinzip und kollektive Güter - Allokationstheoretische Aspekte", in: Dieter Pohmer (Hg.), *Beiträge zum Äquivalenzprinzip und zur Zweckbindung öffentlicher Einnahmen*, Duncker & Humblot: Berlin, S. 37-91.

Hanusch, Horst (1984), "Zur Einbindung der Theorie der öffentlichen Güter in die Lehre von den öffentlichen Unternehmen", in: Karl Oettle (Hg.), *Öffentliche Güter und öffentliche Unternehmen*, Nomos: Baden-Baden, S. 59-71.

Hanusch, Horst und Uwe Cantner (1993), "Neuere Ansätze in der Innovationstheorie und der Theorie des Technischen Wandels - Konsequenzen für eine Industrie- und Technologiepolitik", in: Frieder Meyer-Krahmer (Hg.), *Innovationsökonomie und Technologiepolitik*, Physica-Verlag: Heidelberg, S. 11-46.

Harrison, Bennett (1994), "The Small Firms Myth", in: *California Management Review* 36(3), S. 142-158.

Hartley, Wyndham (1996), Huge land transfer for homelands, in: *Business Day* vom 30.12.1996, http:/www.bday.co.za/96/1230/news/news3.htm.

Hartley, Wyndham (1998), Department plans to proceed with land legislation, in: *Business Day* vom 28.4.1998, http:/www.bday.co.za/98/0428/news/n11.htm.

Hartwig, Karl-Hans (1988), "Ordnungstheorie und die Tradition des ökonomischen Denkens", in: Dieter Cassel, Bernd-Thomas Ramb und H.-Jörg Thieme (Hg.), *Ordnungspolitik*, Franz Vahlen: München, S. 31-51.

Harvey, Charles und Carolyn Jenkins (1992), *The Unorthodox Response of the South African Economy to Changes in Macroeconomic Policy*, Discussion Paper 300, Mai 1992, Institute of Development Studies: Brighton.

Haveman, Robert (1988), "Soziale Sicherungssysteme und Ihre Wohlfahrtseffekte", in: Gabriele Rolf, Bernd Spahn und Gert Wagner (Hg.), *Sozialvertrag und Sicherung*, Campus Verlag: Frankfurt, New York, S. 257-274.

Hayek von, F. A. (1945), "The Use of Knowledge in Society", in: *AER* 35(4), S. 519-530.

Hayek von, F. A. (1952a), "Wahrer und falscher Individualismus", in: F. A. von Hayek (Hg.), *Individualismus und wirtschaftliche Ordnung*, Eugen Rentsch: Erlenbach-Zürich, S. 9-48.

Hayek von, F. A. (1952b), "Wirtschaftstheorie und Wissen", in: F. A. von Hayek (Hg.), *Individualismus und wirtschaftliche Ordnung*, Eugen Rentsch: Erlenbach-Zürich, S. 49-77.

Hayek von, Friedrich A. (1959), "Liberalismus", in: Erwin von Beckerath et al. (Hg.), *Handwörterbuch der Sozialwissenschaften,* Bd. 6, Gustav Fischer/J.C.B. Mohr (Paul Siebeck)/Vandenhoeck & Ruprecht: Stuttgart, Tübingen, Göttingen, S. 591-596.

Hayek von, Friedrich A. (1963), "Arten der Ordnung", in: *ORDO* 14, S. 3-20.

Hayek von, F. A. (1969), "Der Wettbewerb als Entdeckungsverfahren", in: Walter Eucken Institut (Hg.), *Freiburger Studien. Gesammelte Aufsätze von F. A. von Hayek*, J.C.B. Mohr (Paul Siebeck): Tübingen, S. 249-265.

Hayek von, Friedrich A. (o. J. (ca.1945)), *Der Weg zur Knechtschaft*, Eugen Rentsch: Zürich.

Härtel, Hans-Hagen et al. (1986), *Neue Industriepolitik oder Stärkung der Marktkräfte? - Strukturpolitische Konzeptionen im Vergleich*, in: Spezialuntersuchung 1 im Rahmen der HWWA-Strukturberichterstattung, Weltarchiv: Hamburg.

Heerden van, H. J. O. (1995), *Unlawful Competition*, Butterworth: Durban.

Heitger, Bernhard (1987), "Corporatism, Technological Gaps and Growth in OECD Countries", in: *Weltwirtschaftliches Archiv* 123, S. 463-473.

Heller, Walter und David Starrett (1976), "On the Nature of Externalities", in: Steven Lin (Hg.), *Theory and Measurement of Economic Externalities*, Academic Press: New York, San Francisco, London, S. 9-22.

Helpman, Elhanan und Paul R. Krugman (1985), *Market Structure and Foreign Trade: Increasing Returns, Imperfect Competition and the International Economy*, Wheatsheaf Books: Brighton.

Hemmer, Hans-Rimbert (1983), "Typologie ordnungspolitischer Konzeptionen: marktkonforme und interventionistische Instrumente der Wirtschaftspolitik", in: Egon Görgens (Hg.), *Entwicklungshilfe und Ordnungspolitik*, Paul Haupt: Bern, Stuttgart, S. 91-111.

Hendricks, Wallace E. und Lawrence M. Kahn (1982), "The Determinants of Bargaining Structure in U.S. Manufacturing Industries", in: *Industrial and Labor Relations Review* 35(2), S. 181-195.

Henning, J. J. und M. F. R. Bleimschein (1990), "Die neue Unternehmensform der "Close Corporation" in Südafrika", in: *Recht der internationalen Wirtschaft*(8), S. 627-629.

Henrich, Sabine und Hanno Kirsch (1994), *Förderung und Hemmnisse mittelständischer Unternehmen durch öffentliche Institutionen*, in: Schriften zur öffentlichen Verwaltung und öffentlichen Wirtschaft, hg. von Peter Eichhorn und Peter Friedrich, Nomos: Baden-Baden.

Hensel, Paul (1959), "Über wirtschaftliche und wirtschaftspolitische Willensbildung und Willensverwirklichung in verschiedenen Ordnungen", in: Hans-Jürgen Seraphim (Hg.), *Probleme der Willensbildung und der wirtschaftspolitischen Führung*, Schriften des Vereins für Socialpolitik, N. F. Band 19, , Duncker & Humblot: Berlin, S. 11-48.

Hensel, Paul (1962), "Demokratie und Wirtschaftsordnungen", in: *Grundfragen der freiheitlichen Demokratie*, Schriftreihe Staat und Gesellschaft, Bd. 13: Frankfurt/Main, S. 25-38.

Hensel, Paul (1965), *Marktwirtschaft - Wirtschaftsordnungen bürgerlicher Planung*, hg. von Niedersächsische Landeszentrale für politische Bildung: Hanover.

Hensel, Paul (1970), "Das Verhältnis von Allokations- und Wirtschaftssystemen", in: Erik Boettcher (Hg.), *Beiträge zum Vergleich der Wirtschaftssysteme*, Duncker & Humblot: Berlin, S. 37-54.

Hensel, Paul (1974), *Grundformen der Wirtschaftsordnung. Marktwirtschaft - Zentralverwaltungswirtschaft*, 2., überarbeitete Auflage, C. H. Beck: München.

Herbst, Jeffrey (1994), "Populist Demands and Government Ressources in the New South Africa", in: *The Journal of Commonwealth & Comparative Politics* 32(2), S. 147-165.

Herdzina, Klaus (1988), *Möglichkeiten und Grenzen einer wirtschaftstheoretischen Fundierung der Wettbewerbspolitik*, J.C.B. Mohr (Paul Siebeck): Tübingen.

Herr, Hansjörg und Heinz-Peter Spahn (1989), *Staatsverschuldung, Zahlungsbilanz und Wechselkurs: aussenwirtschaftliche Spielräume und Grenzen der Finanzpolitik*, Transfer Verlag: Regensburg.

Herr, Hansjörg (1991), "External Constraints on Fiscal Policy: An International Comparison", in: Egon Matzner und Wolfgang Streeck (Hg.), *Beyond Keynesianism. The Socio-Economics of Production and Full Employment*, Edward Elgar Publishing Company: Aldershot, Brookfield, S. 161-181.

Hesse, Albert (1955), "Wirtschaftsform und Rechtsordnung", in: Karl Muhs (Hg.), *Wirtschaftsform und Rechtsordnung*: Berlin, S. 87-98.

Hetherington, Ian (1989), Small business: Another view - It is the economic structure which is wrong, in: *Africa Insight* 19 (4), S. 218.

Heuß, Ernst (1980), "Wettbewerb", in: Willi Albers et al. (Hg.), *Handwörterbuch der Wirtschaftswissenschaften*, Bd. 9, Gustav Fischer/J.C.B. Mohr (Paul Siebeck)/ Vandenhoeck & Ruprecht: Stuttgart et al., S. 679-697.

Hirsch, Alan (1993), *Trading Up: Towards a Trade Policy for Industrial Growth in South Africa*, Industrial Strategy Project - Draft Final Report August 1993, Development Policy Research Unit, University of Cape Town: Kapstadt.

Hirsch, Alan (1995), "From GATT to the WTO: The Global Trade Regime and its Implications for South Africa", in: Greg Mills, Alan Begg und Anthoni Van Nieuwkerk (Hg.), *South Africa in the Global Economy*, The South African Institute of International Affairs: Johannesburg.

Hirschler, Ben & Staff (1997), Telkom to get R 1bn from privatisation within weeks, in: *The Star Business Report* vom 13.5.1997, S.

Hlope, Ncaba (1997), Rough and bumpy trot to sell assets, in: *Cape Times Business Report* vom 10.12.1997, S. 23.

Hobbes, Thomas (1991, zuerst: 1651), *Leviathan*, Cambridge University Press: Cambridge et al.

Hofmeyr, Julian (1994), "Reform of the labour market in South Africa", in: *The South African Journal of Economics History* 9, S. 13-30.

Hofmeyr, Julian (1996), "The South African Labour Market", in: Gavin Maasdorp (Hg.), *Can South and Southern Africa become Globally Competitive Economies?*, Macmillan Press: Durban, S. 231-244.

Holden, Merle (1990), "The choice of trade strategy: past reflections and future prospects", in: Nicoli Nattras und Elisabeth Ardington (Hg.), *The Political Economy of South Africa*, Oxford University Press: Kapstadt, S. 260-274.

Honoré, A (1961), "Ownership", in: A. G. Guest (Hg.), *Oxford Essays in Jurisprudence*, Oxford University Press: Oxford.

Hoppmann, Erich (1980), "Koreferat - Wettbewerb und Wachstum in marktwirtschaftlichen Ordnungen", in: Erich Streissler und Christian Watrin (Hg.), *Zur Theorie marktwirtschaftlicher Ordnungen*, J.C.B. Mohr (Paul Siebeck): Tübingen, S. 240-248.

Höfer, Heinrich und Manfred Witte (1978), *Wozu privates Produktiveigentum?*, in: Grundlagen, Eigentum und Politik, hg. von Otto A. Friedrich-Kuratorium, Bachem: Köln.

Hutchison, T. W. (1964), *"Positive" Economics and Policy Objectives*, Harvard University Press: Cambridge (Mass.)

Hübner, Bernhard (1994), "Das Konzept einer "paretianischen Sozialpolitik"", in: Jürgen Wahl (Hg.), *Sozialpolitik in der ökonomischen Diskussion*, Metropolis Verlag: Marburg, S. 97-147.

IDC (1996), *Measures and Policies Impacting on South African Industry*, Staff Information Paper November 1996, IDC: Kapstadt.

ILO (1978, zuerst: 1973), *Collective bargaining in industrialised market economies*, ILO: Genf.

IMF (1985), *A Manual on government finance statistics*, IMF: Washington D. C.

IMF (1987), *International Financial Statistics Yearbook*, IMF: Washington D. C.

IMF (1995), *International Financial Statistics Yearbook*, IMF: Washington D. C.

IMF (1997), *International Financial Statistics Yearbook*, IMF: Washington D. C.

Issing, Otmar (1976), "Kleineres Eigentum - Grundlage unserer Wirtschaftsordnung", in: Otmar Issing und Walter Leisner (Hg.), *Kleineres Eigentum: Grundlage unserer Staats- und Wirtschaftsordnung*, Vandenhoeck & Ruprecht: Göttingen, S. 7-50.

Jaeger, Klaus (1980), "Gleichgewicht, ökonomisches", in: Willi Albers et al. (Hg.), *Handwörterbuch der Wirtschaftswissenschaften*, Bd. 3, Gustav Fischer/J.C.B. Mohr (Paul Siebeck)/ Vandenhoeck & Ruprecht: Stuttgart et al., S. 681-699.

Jaffee, Dwight und Thomas Russell (1976), "Imperfect Information, Uncertainty and Credit Rationing", in: *The Quarterly Journal of Economics* 90, S. 651-666.

Jafta, R. C. C. (1996), *South African Competiton Policy: Are There Lessons To Be Learnt From German and European Union Experiences?*, unveröffentlicht.

Janisch, Catherine Ann (1996), *An Analysis of the Burdens and Benefits of Taxes and Government Expenditure in the South African Economy for the Year 1993/94*, Master Thesis, University of Natal: Pietermaritzburg.

Janssen, Martin (1983), "Nutzenkalkül und Eigentumsrechte. Ein ökonomischer Ansatz zu einer positiven Theorie des Eigentums", in: Helmut Holzhey und Georg Kohler (Hg.), *Eigentum und seine Gründe*, Paul Haupt: Bern, Stuttgart.

Jeffery, Anthea (1998), New Law will force companies to become 75% black at all levels, in: *Sunday Independent* vom 4.1.1998, http:/www.inc.co.za/online/news1/politics/sa_law/ eq.htm.

Jenvey, Nicola, Greta Steyn und Farouk Chothia (1998), KwaZulu may sell assets to ease crisis, in: *Business Day* vom 16.2.1998, http:/www.bday.co.za/98/0216/news/news1.htm.

Joffe, Avril et al. (1995), *Improving Manufacturing Performance in South Africa: The Report of the Industrial Strategy Project*, UCT Press: Kapstadt.

Johnson, Harry G. (1960), "An Economic Theory of Protectionism, Tariff Bargaining, and the Formation of Customs Unions", in: *Journal of Political Economy* 98, S. 327-345.

Jones, Stuart und André Müller (1992), *The South African Economy, 1910-90*, Macmillan Press: Basingstoke, Hampshire.

Jourdan, Paul et al. (1996), *Spatial Development Initiatives (Development Corridors): Their Potential Contribution to Investment and Employment Creation*, Oktober 1996, Ministery of Trade & Industry/Department of Transport/DBSA.

Jöhr, Walter Adolf (1949), "Das Problem der Wirtschaftsordnung", in: Handelshochschule St. Gallen (Hg.), *Individuum und Gemeinschaft*, St. Galler Wirtschaftswissenschaftliche Forschungen, Bd. 7, Verlag der Fehr'schen Buchhandlung: St. Gallen, S. 231-262.

Kahn, Brian (1989), "Exchange Controls and Exchange Rate Policy in the South African Economy", in: Philip A. Black und Brian E. Dollery (Hg.), *Leading Issues in South African Macroeconomics: Selected Readings*, Southern Book Publishers: Johannesburg, S. 245-257.

Kahn, Brian, Abdel Senhadji und Michael Walton (1992), *South Africa: Macroeconomic Issues for the Transition*, Informal Discussion Paper 2, Mai 1992, World Bank, Southern Africa Department: Washington D. C.

Kantzenbach, E (1967), *Die Funktionsfähigkeit des Wettbewerbs*, 2., durchgesehene Auflage, Vandenhoeck & Ruprecht: Göttingen.

Kassai, László, Konstantin Koenigs und Richard Spies (1988), *Kleine und mittlere Unternehmen im Strukturwandel - Empirische Ergebnisse einer Effizienzanalyse*, Beitrag 55, März 1988, Institut für Volkswirtschaftslehre: Augsburg.

Katz, Harry (1993), "The Decentralization of Collective Bargaining: A Literature Review and Comparative Analysis", in: *Industrial and Labor Relations Review* 47(1), S. 3-22.

Katz-Commission (1994), *Interim Report of the Commission of Inquiry into certain aspects of the Tax Structure of South Africa*, November 1994: Pretoria.

Keeler, Theodore E. (1974), "Railroad Costs, Returns To Scale and Excess Capacity", in: *The Review of Economics and Statistics* 56, S. 201-208.

Keizer, Piet (1992), "Union Power in a Welfare State", in: *Labour* 6(3), S. 169-198.

Kentridge, Matthew (1993), "Economic policy in Cosatu: Socialism or social democracy?", in: *The Innes Labour Brief* 4(3), S. 7-21.

Kershoff, G. J. (1994), *Macroeconomic Stability within the Reconstruction and Development Programme*, Occasional Research Paper 1994/2, Bureau for Economic Research University of Stellenbosch: Stellenbosch.

Kershoff, George J. (1996), *The informal sector in South Africa*, Occasional Research Paper 1996/1, November 1996, Bureau for Economic Research: Stellenbosch.

Keynes, John Maynard (1952, zuerst: 1935), *Allgemeine Theorie der Beschäftigung, des Zinses und des Geldes*, Duncker & Humblot: Berlin.

Kimble, Helen (1996), "Prospects for Reconstruction and Development in the New South Africa", in: *Journal für Entwicklungspolitik* 12(1), S. 75-106.

Kirkpatrick, C. H., N. Lee und F. I. Nixson (1984), "Industrial Policies and Development", in: C. H. Kirkpatrick, N. Lee und F. I. Nixson (Hg.), *Industrial Structure and*

Policy in Less Developed Countries, George Allen & Unwin: London, Boston, Sydney, S. 192-232.

Kirzner, Israel M. (1978), *Wettbewerb und Unternehmertum*, J.C.B. Mohr (Paul Siebeck): Tübingen.

Kirzner, Israel M. (1988), *Unternehmer und Marktdynamik*, Philosophia Verlag: München, Wien.

Kirzner, Israel (1990), "The Meaning of Market Process", in: Alfred Bosch, Peter Koslowski und Reinhold Veit (Hg.), *General Equilibrium or Market Process*, J.C.B. Mohr (Paul Siebeck): Tübingen, S. 61-76.

Klanberg, Frank (1989), "Die ordnungspolitische Integration von Ökonomie und Sozialpolitik", in: Georg Voruba (Hg.), *Der wirtschaftliche Wert der Sozialpolitik*, Duncker & Humblot: Berlin, S. 175-193.

Kleinewefers, Henner (1980), "Eine Systematik der Eigentumsprobleme aus ökonomischer Sicht", in: Wirtschafts- und Sozialwissenschaftliche Fakultät der Universität Freiburg Rechts- (Hg.), *Mensch und Umwelt*: Fribourg, S. 331-364.

Kleinewefers, Henner (1988), *Grundzüge einer verallgemeinerten Wirtschaftsordnungstheorie*, in: Vorträge und Aufsätze, Bd. 117, hg. von Walter Eucken Institut, J.C.B. Mohr (Paul Siebeck): Tübingen.

Kleinhans, Ursula (1980), "Das Paradigma vom allgemeinen Gleichgewicht als Fundierung des Monetarismus", in: *Konjunkturpolitik* 26(4), S. 193-211.

Kleinhenz, Gerhard (1970), *Probleme wissenschaftlicher Beschäftigung mit der Sozialpolitik*, in: Sozialpolitische Schriften, Duncker & Humblot: Berlin.

Kleinhenz, Gerhard (1986), "Der wirtschaftliche Wert der Sozialpolitik", in: Helmut Winterstein (Hg.), *Sozialpolitik in der Beschäftigungskrise I*, Schriften des Vereins für Socialpolitik, Bd. N. F. Band 152/I, Duncker & Humblot: Berlin, S. 51-81.

Kleinhenz, Gerhard (1988), "Die Bedeutung einer Flexibilisierung auf dem Arbeitsmarkt für die Beziehungen der Tarifparteien", in: Theo Thiemeyer (Hg.), *Regulierung und Deregulierung im Bereich der Sozialpolitik*, Schriften des Vereins für Socialpolitik, Bd. N. F.177, Duncker & Humblot: Berlin, S. 199-217.

Kleinhenz, Gerhard (1989), "Das Elend der Nationalökonomie mit der Sozialpolitik", in: Georg Voruba (Hg.), *Der wirtschaftliche Wert der Sozialpolitik*, Sozialpolitische Schriften, Bd. 60, Duncker & Humblot: Berlin, S. 90-107.

Kleinhenz, Gerhard (1993), *Sozialpolitik in der Sozialen Marktwirtschaft*, Frühjahr 1993, Wirtschaftswissenschaftliche Fakultät und Institut für Höherqualifizierung der Lomonossow Universität Moskau: Moskau.

Kleu, S. J. (1973), "Industrial Policy", in: J. A. Lombard (Hg.), *Economic Policy in South Africa: Selected Essays*, Haum: Kapstadt, S. 98-137.

Kloten, Norbert (1955a), "Zur Typenlehre der Wirtschafts- und Gesellschaftsordnungen", in: *Ordo* 7, S. 123-143.

Kloten, Norbert (1955b), "Das Eigentum in der Wirtschaftsordnung", in: *Wirtschaftsdienst* 35, S. 76-83.

Klug, Heinz (1996), "Historical claims and the right to restitution", in: Johan van Zyl, Johann Kirsten und Hans P. Binswanger (Hg.), *Agricultural Land Reform in South Africa: Policies, Markets and Mechanisms*, Oxford University Press: Kapstadt, S. 390-412.

Knirsch, Peter (1970), "Bemerkungen zur Methodologie eines Vergleichs von Wirtschaftssystemen", in: Erik Boettcher (Hg.), *Beiträge zum Vergleich der Wirtschaftssysteme*, Schriften des Vereins für Socialpolitik, Bd. N. F. 57, Duncker & Humblot: Berlin, S. 13-34.

Kock, Heinz et al. (1977), *Konzepte der Konjunktursteuerung. Von der globalen zur strukturellen Orientierung*, Bund-Verlag: Köln.

Kock de, G. P. C. (1978), "Central Banking and Financial Markets in South Africa", in: *The South African Journal of Economics* 46(3), S. 197-212.

Kock de, Gerhard (1981), "Presidential Address: New Developments in Monetary Policy in South Africa", in: *The South African Journal of Economics* 49(4), S. 321-333.

Kokalj, Ljuba und Horst Albach (1987), *Industriepolitik in der Marktwirtschaft - Ein internationaler Vergleich*, in: Schriften zur Mittelstandsförderung, Nr.20, Poeschel: Stuttgart.

Kooy, Marcelle und Hector M. Robertson (1966), "The South African Board of Trade and Industries; The South African Customs Tariff and the Development of South African Industries", in: *The South African Journal of Economics* 34(3), S. 205-224.

Kotzé, Hennie (1993), "Attitudes in Transition Part II: Elites on Economy", in: *Indicator South Africa* 10(3), S. 23-28.

Kösters, Wim (1991), "Zur theoretischen Integration der Stabilitätspolitik in die Konzeption des ökonomischen Liberalismus", in: *Jahrbuch für Neue Politische Ökonomie* 10, S. 145-163.

Kösters, Wim (1992), "Freihandel versus Industriepolitik", in: *Wirtschaftsdienst* 72(1), S. 49-56.

Krause-Junk, Gerold (1977), "Abriß der Theorie von den öffentlichen Gütern", in: Willi Albers (Hg.), *Handbuch der Finanzwissenschaft*, Bd. 1, J.C.B. Mohr (Paul Siebeck): Tübingen, S. 687-711.

Kregel, J.A. (1985), "Budget Deficits, Stabilisation Policy and Liquidity Preference: Keynes's Post-War Policy Proposals", in: Fausto Vicarelli (Hg.), *Keynes's Relevance Today*, The Macmillan Press: London, Basingstoke, S. 28-50.

Krelle, W. (1973), "Dynamics of the Utility Funktion", in: J. R. Hicks und W. Weber (Hg.), *Carl Menger and the Austrian School of Economics*: Oxford, S. 92-128.

Krelle, Wilhelm (1976), *Preistheorie*, Bd. 1: Monopol- und Oligopoltheorie, J.C.B. Mohr (Paul Siebeck): Tübingen.

Krieger-Boden (1995), *Die räumliche Dimension in der Wirtschaftstheorie: Ältere und neuere Erklärungsansätze*, Institut für Weltwirtschaft an der Universität Kiel: Kiel.

Kruger, Johannes Jacob (1992), *State Provision of Social Security: Some Theoretical, Comparative and Historical Perspectives with Reference to South Africa*, Master Thesis, University of Stellenbosch: Stellenbosch.

Kruger, John (1996), *Supporting single-parent households: Situation and options with regard to state maintenance grants in South Africa*, Development Paper (unveröffentlicht) März 1996, DBSA.

Krugman, Paul (1987), "Is Free Trade Passé?", in: *Economic Perspectives* 1(2), S. 131-144.

Krugman, Paul (1991), *Geography and Trade*, Leuven University Press/MIT Press: Leuven, Cambridge (Mass.), London.

Kubista, Bernd (1975), *Unternehmensgrößenbezogene Strukturpolitik und Wettbewerb*, in: Beiträge zur Mittelstandsforschung, Bd. 6, hg. von Institut für Mittelstandsforschung, Verlag Otto Schwartz & Co: Göttingen.

Küng, Emil (1964), *Eigentum und Eigentumspolitik*, in: St. Gallener Wirtschaftswissenschaftliche Forschungen, Bd. 23, hg. von Hochschule St. Gallen für Wirtschafts- und Sozialwissenschaften, J.C.B. Mohr (Paul Siebeck)/Polygraphischer Verlag AG: Tübingen, Zürich.

Lachman, Desmond und Kenneth Bercuson (1992), *Economic policies for a new South Africa*, in: Occasional Papers, hg. von IMF, IMF: Washington D. C.

Lachmann, L. M. (1943), "The Role of Expectations in Economics as a Social Science", in: *Economica* 10, S. 12-23.

Lamberti, Taryn (1998), Telkom takes Satra ruling to court, in: *Business Day* vom 4.2.1998, http:/www.bday.co.za/cgi-bin/post-query.perl.

Lampert, Heinz (1975), "Wirtschaftsordnung", in: Herman Kunst, Roman Herzog und Wilhelm Schneemelcher (Hg.), *Evangelisches Staatslexikon*, Kreuz Verlag: Stuttgart, S. 2930-2940.

Lampert, Heinz (1990), *Die Wirtschafts- und Sozialordnung der Bundesrepublik Deutschland*, in: Geschichte und Staat, Bd. 278, 10., überarbeitete Auflage, Olzog Verlag: München.

Lampert, Heinz (1994), *Lehrbuch der Sozialpolitik*, 3., überarbeitete Auflage, Springer Verlag: Berlin et al.

Landman, Adolph (1995), "Unfair Dismissal: The new rules for capital punishment in the workplace (Part One)", in: *Contemporary Labour Law* 5(5), S. 41-50.

Layard, Richard, Stephen Nickell und Richard Jackman (1991), *Unemployment: Macroeconomic Performance and the Labour Market*, Oxford University Press: Oxford et al.

Legh, Robert Andrew (1994), *A Critical Review and Analysis of the Activities of the Competition Board*, Master Thesis, University of the Witwatersrand: Johannesburg.

Leibbrandt, Murray V., Christopher D. Woolard und Ingrid D. Woolard (1996), *The Contribution of Income Components to Income Inequality in South Africa: a decomposable Gini Analysis*, Living Standards Measurement Study, Working Paper 125, World Bank: Washington D. C.

Leipold, Helmut (1984a), "Eigentum und Wirtschaftsordnung", in: Hans Günter Krüsselberg (Hg.), *Vermögen im Systemvergleich*, Gustav Fischer: Stuttgart, S. 21-36.

Leipold, Helmut (1984b), "Neuere Ansätze der ökonomischen Theorie des Eigentums", in: Ludwig-Erhard-Stiftung (Hg.), *Eigentum als Grundrecht und Element der Ordnungspolitik*, Gustav Fischer: Stuttgart, New York, S. 21-38.

Leipold, Helmut (1988), *Wirtschafts- und Gesellschaftssysteme im Vergleich: Grundzüge einer Theorie der Wirtschaftssysteme*, 5., berarbeitete, Gustav Fischer: Stuttgart.

Leipold, Helmut (1991a), "Wirtschaftssystem", in: Alfred Schüller und Hans Günter Krüsselberg (Hg.), *Grundbegriffe zur Ordnungstheorie und Politischen Ökonomie*, Arbeitsberichte zum Systemvergleich, Bd. 7: Marburg, S. 11-12.

Leipold, Helmut (1991b), "Gemischte Wirtschaftsordnung", in: Alfred Schüller und Hans Günter Krüsselberg (Hg.), *Grundbegriffe zur Ordnungstheorie und Politischen Ökonomie*, Arbeitsberichte zum Systemvergleich, Bd. 7: Marburg, S. 13-14.

Leipold, Helmut (1993), "Wirtschaftssystem", in: Erwin Dichtl und Otmar Issing (Hg.), *Vahlens Großes Wirtschaftslexikon*, Bd. 2, C. H. Beck/Franz Vahlen: München, S. 2392-2393.

Leschke, Martin (1991), "Die Entstehung und Änderung von Property Rights", in: Jochen Schumann (Hg.), *Die Bedeutung der Eigentumsordnung für das Funktionieren einer Volkswirtschaft*, Bock und Herchen: Bad Honnef, S. 21-42.

Levy, Brian (1992), *How Can South African Manufacturing Efficiently Create Employment? An Analysis of the Impact of Trade and Industrial Policy*, Informal Discussion Papers on Aspects of the Economy of South Africa 1, Januar 1992, The World Bank, Southern Africa Department: Washington D. C.

Levy, Brian (1996), *The Business Environment for Industrial Small and Medium Enterprises*, Informal Discussion Paper 11, Februar 1996, The World Bank, Southern Africa Department: Washington D. C.

Lewis, Duncan (1994), *Anti Anti-Trust*, Wits Business School: Johannesburg.

Lewis-Committee (1996), *Restructuring the South African Labour Market*, RP 83/1996, Commission to Investigate the Development of a Comprehensive Labour Market Policy: Pretoria.

Leysens, Anthony und Lisa Thompson (1994), "A Paper Tiger? Political Implications of an Export-Led Growth Strategy for South Africa", in: *South African Journal of International Affairs* 1(2), S. 47-77.

Liefmann-Keil, Elisabeth (1961), *Ökonomische Theorie der Sozialpolitik*, in: Enzyklopädie der Rechts- und Staatswissenschaft, hg. von W. Kunkel, H. Peters und E. Preiser, Springer Verlag: Berlin, Göttingen, Heidelberg.

Lindbeck, Assar und Dennis J. Snower (1987), "Efficiency Wages versus Insiders and Outsiders", in: *European Economic Review* 31, S. 407-416.

Lipton, Merle und Charles Simkins (1993), "Introduction", in: Merle Lipton und Charles Simkins (Hg.), *State & Market in Post Apartheid South Africa*, Witwatersrand University Press: Johannesburg, S. 1-34.

Locke, John (1993, zuerst: 1689), *Two Treatises of Government*, Neuauflage, J. M. Dent, Charles Tuttle Co. Inc.: London, Rutland (Vermont).

Lombard, J. A. (1973), "Monetary Policy since 1965", in: J. A. Lombard (Hg.), *Economic Policy in South Africa: Selected Essays*, Haum: Kapstadt, S. 26-62.

Lombard, J. A., J. J. Stadler und E. J. Du Toit (1979), *Government Participation in the South African Economy*, Special Focus 1, 1979, Bureau for Economic Policy and Analysis: University of Pretoria: Pretoria.

Loxton, Lynda (1997), Call to subsidise small business loans, in: *Business Day* vom 28.2.1997, http:/viking.mweb.co.za.

Lösch, Dieter (1975), "Zur Ideologiekritik des traditionellen bipolaren Ordnungsdenkens", in: *Hamburger Jahrbuch für Wirtschafts- und Gesellschaftspolitik* 20, S. 87-109.

Lösch, Dieter (1978a), *Produktionsmitteleigentum und Wirtschafts- und Gesellschaftssystem*, hg. von HWWA-Institut für Wirtschaftsforschung Hamburg, Weltarchiv: Hamburg.

Lösch, Dieter (1978b), "Ordnungstheoretische Grundlegungen: die Wirtschaftsordnung als Organisationsproblem", in: Klaus Bolz (Hg.), *Wirtschaftssysteme: Marktwirtschaft, Kapitalismus; Planwirtschaft, Sozialismus*, Ehrenwirth: München, S. 19-52.

Lucas, G. H. G. (1992), *Defining a Small Business Enterprise in South Africa, 1992*, Research Report 191, Bureau of Market Research, University of South Africa: Pretoria.

Luckenbach, Helga (1986), *Theoretische Grundlagen der Wirtschaftspolitik*, Franz Vahlen: München.

Luiz, John Manuel (1993), *Transforming Social Welfare in South Africa: A Basic Needs Aproach to Poverty*, Master of Commerce, Witwatersrand: Johannesburg.

Luiz, J. M. (1995), "Welfare policy and the transformation of social security in South Africa", in: *Development Southern Africa* 12(4), S. 579-593.

Lukhele, Andrew Khehla (1990), *Stokvels in South Africa: Informal Savings Schemes by Blacks for the Black Community*, Amagi Book: Johannesburg.

Lund, Frances (1992), *The Way Welfare Works: Structures, spending, staffing and social work in the South African welfare bureaucracies*, Report ASS/BSS-32, Mai 1992, Human Sciences Research Council: Pretoria.

Lund, Frances (1993), "Leistungen der staatlichen sozialen Sicherheit in Südafrika", in: *Internationale Revue für Soziale Sicherheit* 46(1), S. 5-28.

Lund, Susan (1996), "An overview of the Land Reform Pilot Programme", in: Johan van Zyl, Johann Kirsten und Hans P. Binswanger (Hg.), *Agricultural Land Reform in South Africa: Policies, Markets and Mechanisms*, Oxford University Press: Kapstadt, S. 547-562.

Lund-Committee (1996), *Report of the Lund Committee on Child and Family Support*, August 1996: Pretoria.

Lüdeke, Reinar (1985), "Theorie der staatlichen Bildungsfinanzierung im Rahmen einer Theorie der Staatsaufgaben", in: Gerhard Brinkmann (Hg.), *Probleme der Bildungsfinanzierung*, Duncker & Humblot: Berlin, S. 57-156.

Lüdeke, Reinar (1991), "Externe Effekte, öffentliche Güter und optimale Besteuerung", in: *Das Wirtschaftsstudium* 20(10), S. 765-775.

Lüthje, Hans (1931), *Volkswirtschaftliches Interesse, Gesamtinteresse und Gemeinwohl*, Leopold Weiss: Berlin, Leipzig, Wien.

Maasdorp, G. (1990), "Introductury Survey", in: *The South African Journal of Economics* 58(2), S. 127-138.

Maasdorp, Gavin (1992), "Regional Policy", in: Philip Black und Brian Dollery (Hg.), *Leading Issues in South African Microeconomics: Selected Readings*, Southern Books: Johannesburg, S. 173-182.

Machlup, Fritz (1960/61), "Idealtypus, Wirklichkeit und Konstruktion", in: *Ordo* 12, S. 21-57.

MacPherson, C. B. (1978), "The Meaning of Property", in: C. B. MacPherson (Hg.), *Property: Mainstream and Critical Positions*, Basil Blackwell: Oxford, S. 1-13.

Mahadea, D. (1988), "Returning the State's assets to the private sector: A review of the case for privatisation", in: *Development Southern Africa* 5(2), S. 142-154.

Mahadea, Darma (1995), "Privatisation in South Africa", in: *Acta Academica* 27(3), S. 86-104.

Majumdar, Tapas (1975, zuerst: 1958), *The Measurement of Utility*, 2. Auflage, Greenwood Press: Westport (Conn.).

Makgetla, Neva und Ann Seidman (1980), *Outposts of Monopoly Capitalism: Southern Africa in the Changing Global Economy*, Lawrence Hill & Company/Zed Press: Westport (Conn.), London.

Manuel, Trevor A. (1997), *Budget Speech*, 12.3.1997, Ministry of Finance: Kapstadt.

Manuel, Trevor und Chris Stals (1997), *Statement on Exchange Control*, 12.3.1997: Pretoria.

Mapadimeng, Simon Mokong (1995), *The Changing Nature of Workplace Representation in South Africa*, Master Thesis, University of the Witwatersrand: Johannesburg.

Marais, G. (1981), "Structural Changes in Manufacturing Industry 1916 to 1975", in: *The South African Economic Journal* 49(1), S. 26-45.

Mayer, Thomas (1975a), "The Structure of Monetarism (I)", in: *Kredit und Kapital* 8, S. 191-218.

Mayer, Thomas (1975b), "The Structure of Monetarism (II)", in: *Kredit und Kapital* 8, S. 293-316.

Mbaku, John M. (1991), "Property Rights and Rent Seeking in South Africa", in: *Cato Journal* 11(1), S. 135-150.

Mbeki, Thabo (1994), *Statement by the Acting President*, 29.10.1994, Deputy President's Office: Kapstadt.

Mbongwa, Masiphula, Rogier van den Brink und Johan van Zyl (1996), "Evolution of the agrarian structure in South Africa", in: Johan van Zyl, Johann Kirsten und Hans P. Binswanger (Hg.), *Agricultural Land Reform in South Africa: Policies, Markets and Mechanisms*, Oxford University Press: Kapstadt, S. 36-63.

Mboweni, Tito (1992), "Growth through Redistribution", in: Graham Howe und Pieter le Roux (Hg.), *Transforming the Economy: Policy Options for South Africa*, Indicator Project South Africa: University of Natal/Institute for Social Development: University of the Western Cape: Durban, Kapstadt, S. 201-210.

McCarthy, Colin (1988), "Structural Development of South African Manufacturing Industry - A Policy Perspective", in: *The South African Journal of Economics* 56(1), S. 1-23.

McCarthy, Colin (1992), "Industrial development and distribution", in: Robert Schrire (Hg.), *Wealth or Poverty? Critical Choices for South Africa*, Oxford University Press: Kapstadt, S. 420-463.

McCarthy, Colin (1998), "South African Trade and Industrial Policy in a Regional Context", in: Lennart Petersson (Hg.), *Post-Apartheid Southern Africa - Economic challenges and policies for the future*, Routledge: London, S. 64-88.

McDermott, C. John und Robert F. Wescott (1996a), *Fiscal Reforms That Work*, in: Economic Issues, IMF: Washington D. C.

McDermott, C. John und Robert F. Westcott (1996b), *An Empirical Analyses of Fiscal Adjustments*, Working Paper WP/96/59, Juni, IMF: Washington D. C.

McGee, Robert (1992), *Property Rights in a Market Economy*, in: Rector's Lectures, Printing Centre of the Cracow Academy of Economics: Krakow.

McGrath, Michael und Andrew Whiteford (1994), *Inequality in the size distribution of income of South Africa*, Occasional Paper 10, Centre for Contextual Hermeneutics: Stellenbosch.

McGregor, Robin und Guy McGregor (1990), "Competition Policy", in: Anne McGregor (Hg.), *McGregor's Economic Alternatives: Thoughts on possible economic alternatives for a new South Africa*, Juta & Co: Kapstadt, S. 305-394.

McIntyre, D. E. und R. E. Dorrington (1990), "Trends in the distribution of South African health care expenditure", in: *South African Medical Journal* 78, S. 125-129.

McIntyre, Diane (1993), *Health sector financing and expenditure in South Africa*, Working Paper 4, November 1993, Department of Community Health University of Cape Town: Kapstadt.

McIntyre, Di (1994), *User fees for public health services in South Africa: Revenue generating potential and equity implications*, working paper Mai 1994, Health Economic Unit. University of Cape Town: Kapstadt.

McIntyre, Di et al. (1995), *Health Expenditure and Finance in South Africa*, Health Systems Trust/World Bank: Durban.

McKendrick, Brian (1987a), "The development of social welfare and social work in South Africa", in: Brian McKendrick (Hg.), *Introduction to social work in South Africa*, Owen Burgess Publishers: Pinetown, S. 5-19.

McKendrick, Brian (1987b), "The South African social welfare system", in: Brian McKendrick (Hg.), *Introduction to social work in South Africa*, Owen Burgess Publishers: Pinetown, S. 20-43.

Meijer, J. H. (1984/85), "Monetary Policy in South Africa: Notes on the New Monetary Control System", in: *Finance and Trade Review* 15(4), S. 1-22.

Melamet-Commission (1994), *Report of the Commission of Inquiry into the Manner of Providing for Medical Expenses*, April 1994: Johannesburg.

Meltzer, Allan H. (1995), "Monetary, Credit and (Other) Transmission Processes: A Monetarist Perspective", in: *Journal of Economic Perspectives* 9(4), S. 49-72.

Menger, Carl (1970, zuerst: 1884), "Die Irrtümer des Historismus in der deutschen Nationalökonomie", in: Friedrich von Hayek (Hg.), *Carl Menger: Gesammelte Werke*, Kleinere Schriften zur Methode und Geschichte der Volkswirtschaftslehre, Bd. III, J.C.B. Mohr (Paul Siebeck): Tübingen, S. 11-97.

Merewitz, Leonard (1971), "Costs and Returns to Scale in U.S. Post Offices", in: *Journal of the American Statistical Association* 66(335), S. 504-509.

Merwe van der, E. J. (1996), *Exchange rate management policies in South Africa: Recent experience and prospects*, Occasional Paper 9, März 1996, SARB: Pretoria.

Metcalf, D. (1987), "Labour market flexibility and jobs: A survey of evidence from OECD countries", in: R. Layard und L. Calmfors (Hg.), *The Fight against Unemployment*, MIT Press: Cambridge (Mass.)

Meyer, Dirk (1987/88), "Die Tarifautonomie - Bedingungen ihrer Funktionsfähigkeit und Grenzen", in: *List Forum* 14, S. 240-248.

Meyer, Wolfgang (1992), "Abschlußebene und Lohndynamik", in: *Zeitschrift für Wirtschafts- u. Sozialwissenschaften* 112, S. 59-74.

Meyer-Dohm, Peter (1965), "Wirtschaftsordnungsmodelle und Wirklichkeit", in: *Hamburger Jahrbuch für Wirtschafts- und Gesellschaftspolitik* 10, S. 141-154.

Michaelis, Elke und Arnold Picot (1987), "Zur ökonomischen Analyse von Mitarbeiterbeteiligungsrechten", in: Felix FitzRoy und Kornelius Kraft (Hg.), *Mitarbeiterbeteiligung und Mitbestimmung im Unternehmen*, Walter de Gruyter: Berlin, New York, S. 83-127.

Miksch, Leonhard (1947), *Wettbewerb als Aufgabe*, 2., erweiterte Auflage, Helmut Küpper: Godesberg.

Mills, Greg (1995), "Waiting for the Fig Leaf to Drop?", in: Greg Mills, Alan Begg und Anthoni van Nieuwkerk (Hg.), *South Africa in the Global Economy*, The South African Institute of International Affairs: Johannesburg, S. 1-24.

Ministry, for Public Enterprises (1995), *Discussion Document by the Government of National Unity on the Consultative and Implementation Framework for the Restructuring of the State Assets*, 25.7.1995: Pretoria.

Ministry, for Public Enterprises (1996), *National Framework Agreement (NFA)*, Februar 1996: Pretoria.

Minnaar, Anthony (1994), "The Dynamics of Land in Rural Areas: 1990 and onwards", in: Anthony Minnaar (Hg.), *Access to and affordability of land in South Africa: The challenge of land reform in the 1990s*, Human Sciences Research Council: Pretoria, S. 27-60.

Mirrlees, J. A. (1976), "Optimal Tax Theory: A Synthesis", in: *Journal of Public Economics* 6, S. 327-358.

Mishel, Lawrence (1986), "The Structural Determinants of Union Bargaining Power", in: *Industrial and Labor Review* 40(1), S. 90-104.

Mnyanda, Lukanyo (1997), Govt clinches Sun Air privatisation with R 50m deal, in: *Business Day* vom 2.9.1997, S. 1.

Mnyanda, Lukanyo (1998), Negative sentiment leaves confidence index unchanged, in: *Business Day* vom 6.3.1998, http:/www.bday.co.za/cgi-bin/post-query.perl.

Modigliani, Franco (1986), "First Lecture: Keynesianism, Monetarism, and the Case for and against Active Stabilization Policies", in: Franco Modigliani (Hg.), *The Debate over Stabilization Policy*, Cambridge University Press: Cambridge et al., S. 3-39.

Mohr, P. J. (1985), "Monetary Policy and Inflation in South Africa: Reflections on the Final Report of the de Kock Commission", in: *Journal for Studies in Economics and Econometrics* 23, S. 3-27.

Mohr, P. J. (1989), "Fiscal Policy in South Africa", in: Philip A. Black und Brian E. Dollery (Hg.), *Leading Issues in South African Macroeconomics: Selected Readings*, Southern Books: Johannesburg, S. 281-292.

Moll, T. (1991), "Growth through Redistribution: a Dangerous Fantasy?", in: *The South African Journal of Economics* 59(3), S. 313-330.

Moll, Terence (1993a), "Macroeconomic Policy in Turbulent Times: Apartheid and After", in: Merle Lipton und Charles Simkins (Hg.), *State & Market in Post-Apartheid South Africa*, Witwatersrand University Press/Oxford University Press: Johannesburg et al., S. 235-269.

Moll, Terence (1993b), *Monetary policy since 1989: is the "Stalsjacket" working?*: Kapstadt.

Moll, P.G. (1993c), "Black South African Unions: Relative Wage Effects in International Perspective", in: *Industrial and Labor Relations Review* 46(2), S. 245-261.

Monski, Eva-Maria (1967), *Die Eigentumslehre in der Nationalökonomie*, Dissertation, Staatswissenschaftliche Fakultät, Ludwig-Maximilians-Universität zu München: München.

Moor, G. M. und W. L. Nieuwoudt (1996), "The prospects for improving institutional arrangements and land use in Southern Africa", in: *Development Southern Africa* 13(1), S. 67-77.

Moritz, Lena (1994), *Trade and Industrial Policies in the New South Africa*, Research Report 97, November 1994, Nordiska Afrikainstitutet: Uppsala.

Mouton, D. J. und J. A. Lambrechts (1982), "Official Competition Policy in the Republic of South Africa", in: *Finance and Trade Review* (Juni), S. 1-23.

Mouton-Committee (1992), *The Mouton Report*, August 1992, Committee of Investigation into a Retirement Provision System for the Republic of South Africa: Johannesburg.

Möller, Hans (1940), "Wirtschaftsordnung, Wirtschaftssystem und Wirtschaftsstil", in: *Schmollers Jahrbuch für Gesetzgebung, Verwaltung und Volkswirtschaft im Deutschen Reich* 64 - I. Halbband, S. 459-482.

Mugler, J (1980), "Risikopolitische Strategien im Grenzbereich des Versicherbaren", in: *Zeitschrift für die gesamte Versicherungswirtschaft* 69, S. 71-87.

Mulder, C. B. (1993), "Wage-Moderating Effects of Corporatism: Decentralized versus Centralized Wage Setting in a Union, Firm, Government Context", in: *The Manchester School of Economic and Social Studies* LXI(3), S. 287-301.

Musgrave, Richard (1959), *The Theory of Public Finance*, McGraw-Hill Book Company: New York, Toronto, London.

Musgrave, R. A. (1969), "Provision for Social Goods", in: J. Margolis und H. Guitton (Hg.), *Public Economics*, Macmillan/St Martin's Press: London et al., S. 124-144.

Mühlenkamp, Holger (1994), *Öffentliche Unternehmen*, Oldenbourg: München, Wien.

Müller, Udo (1980a), "Wettbewerbstheorie", in: Werner Glastetter et al. (Hg.), *Handwörterbuch der Volkswirtschaft*, Gabler: Wiesbaden, Sp.1550-1573.

Müller, Udo (1980b), "Wettbewerbspolitik", in: Werner Glastetter et al. (Hg.), *Handwörterbuch der Volkswirtschaft*, Gabler: Wiesbaden, Sp. 1524-1550.

Müller-Armack, Alfred (1990), *Wirtschaftslenkung und Marktwirtschaft*, Sonderausgabe, Kastell Verlag: München.

Mvoko, Vuyo (1998), Legislation will force medical schemes to accept sick and old members, in: *Business Day* vom 18.2.1998, http:/www.bday.co.za/98/0218/news/nes3.htm.

Naidoo, Ravi und Trudy Wagenstroom (1995), *Unemployment Insurance in South Africa*, Research Report Mai 1995, Naledi: Johannesburg.

Nattras, Nicoli (1994), "Politics and Economics in ANC Economic Policy", in: *African Affairs* 93, S. 343-359.

Nattras, Nicoli und Jeremy Seekings (1996), "The challenge ahead: unemployment and inequality in South Africa", in: *South African Labour Bulletin* 20(1), S. 66-72.

Naudé, S.J. (1986), "South African competition policy: challenges and pitfalls", in: *Modern Business Law* 8, S. 76-81.

Naylor, David C. (1988), "Private Medicine and the Privatisation of Health Care in South Africa", in: *Social Science and Medicine* 27(11), S. 1153-1170.

Nell-Breuning, Oswald (1956), *Wirtschaft und Gesellschaft Heute*, Herder: Freiburg.

Nelson, Joan M. (1991), "Organized Labor, Politics, and Labor Market Flexibility in Developing Countries", in: *The World Bank Research Observer* 6(1), S. 37-56.

Nemours de, Dupont (1910, zuerst: 1768), *De l'Origine et des Progrès d'une Science Nouvelle*, in: Collection des Economistes et des Reformateurs Sociaux de la France, Neuauflage, Librairie Paul Geuthner: Paris.

Neuberger, Egon und William Duffy (1976), *Comparative Economic Systems: A Decision-Making Approach*, Allyn and Bacon: Boston et al.

Neumann, Manfred J.M. (1994), Das Konzept der Geldmengenorientierung stößt in Europa auf wenig Gegenliebe, in: *Deutsche Bundesbank (Hrsg.): Auszüge aus Presseartikeln* (36), 25.5.1994, S. 10f.

Nichols, Albert L. und Richard J. Zeckhauser (1982), "Targeting Transfers through Restrictions on Recipients", in: *AER* 72(2), S. 372-377.

Noll, Werner (1984), "Die Relevanz der Theorie der öffentlichen Güter für öffentliche Unternehmen", in: Karl Oettle (Hg.), *Öffentliche Güter und öffentliche Unternehmen*, Nomos: Baden-Baden, S. 91-102.

Nutzinger, Hans (1982), "Die ökonomische Theorie der Eigentumsrechte - Ein neues Paradigma der Sozialwissenschaft?", in: Jürgen Backhaus und Hans Nutzinger (Hg.), *Eigentumsrechte und Partizipation*, Haag und Herchen: Frankfurt/Main, S. 43-71.

Nxumalo, Frank (1997a), Labour gives forums the beady eye, in: *Star Business Report* vom 29.7.1997, S. 9.

Nxumalo, Frank (1997b), CCMA helped reduce strikes, say consultants, in: *Cape Times Business Report* vom 30.9.1997, S.

Nyman, Roseline (1997), "The death of SADWU", in: *South African Labour Bulletin* 21(1), S. 34-38.

O'Meara, Dan (1983), *Volkskapitalisme: Class, capital and ideology in the development of Afrikaner nationalism, 1934-1948*, Cambridge University Press: Cambridge et al.

o.V. (1988), Embargo, in: *Leadership South Africa* 7 (3), S. 137.

o.V. (1991a), "Mittelstandspolitik", in: Peter Eichhorn et al. (Hg.), *Verwaltungslexikon*, Nomos: Baden-Baden, S. 555.

o.V. (1991b), Beware those "golden handcuffs", in: *Sunday Times* vom 14.7.1991, S. 3.

o.V. (1994a), Privatisation: Creating new horizons, in: *Financial Mail* 134(4), 28.10.1994, S. 32-33.

o.V. (1994b), "The Case for Privatising Public Utilities in South Africa", in: *Economic Focus*(138), S. 89-96.

o.V. (1995a), How the new deal will work, in: *Mail & Guardian* vom 31.3.1995, http:/wb.apc.org/wmail/issues/950331/wm960331-20.htm.

o.V. (1995b), Privatisation: Government advances cautiously, in: *Financial Mail* 139(1), 15.12.1995, S. 18-22.

o.V. (1995c), The darkening of white South Africa, in: *The Economist* 335(7915), 20.5.1995, S. 18-20.

o.V. (1996a), "Interview with IMSSA National Director, Thandi Orleyn", in: *South African Labour Bulletin* 20(2), S. 61-63.

o.V. (1996b), "Union investment: new opportunities, new threats", in: *South African Labour Bulletin* 20(5), S. 33-39.

o.V. (1997a), Selling the message of buying into private ownership, in: *Sunday Times Business Report* vom 13.7.1997, S. 10.

o.V. (1997b), Battling to uphold the profit priciple, in: *Sunday Times Business Report* vom 13.7.1997, S. 12.

o.V. (1997c), Catching on slowly to a growing idea, in: *Sunday Times Business Report* vom 13.7.1997, S. 10.

o.V. (1997d), ANC will have to speed up privatisation, in: *Southern Africa Report* vom 17.1.1997, S. 7-8.

o.V. (1997e), Public sector shies away from rivalry at any price, in: *Sunday Times: Business Report* vom 13.7.1997, S. 9.

o.V. (1997f), End of a see-saw era sees South Africans back in global markets, in: *Cape Times Business Report* vom 1.7.1997, S. 1.

o.V. (1997g), *Official South African Trade Unions Directory and Industrial Relations Handbook and Diary*, South African Trade Unions Library: Johannesburg.

Oberender, Peter (1987), "Industrieförderung - eine ordnungspolitische Betrachtung", in: *Wirtschaftsdienst*(10), S. 517-521.

Oberender, Peter und Frank Daumann (1995), *Industriepolitik*, Franz Vahlen: München.

Oberhauser, Alois (1987), "Kritische Thesen zu einer strikt potentialorientierten Geldmengenpolitik", in: Armin Gutwowski (Hg.), *Geldpolitische Regelbindung: theoretische Entwicklungen und empirische Befunde*: Berlin, S. 123-132.

Okun, Arthur (1975), *Equality and Efficiency. The Big Tradeoff*, in: The Godkin Lectures on the Essentials of Free Government and the Duties of the Citizen, hg. von Harvard Graduate School of Public Administration, The Brookings Institution: Washington D. C.

Osbild, Reiner (1994), *Staatliche Eingriffe in Arbeitsverhältnisse*, in: Trierer Schriften zur Wirtschaftstheorie und Wirtschaftspolitik, Bd. 3, hg. von El Shagi El-Shagi, Eckhard Knappe und Hellmuth Milde, Centaurus: Pfaffenweiler.

Ottaway, Marina (1993), *South Africa: The Struggle for a New Order*, The Brookings Institution: Washington D. C.

Padayachee, Vishnu (1995), "Foreign Capital and Economic Development in South Africa: Recent Trends and Postapartheid Prospects", in: *World Development* 23(2), S. 163-177.

Paloheimo, Heikki (1990), "Between Liberalism and Corporatism: The Effect of Trade Unions and Governments on Economic Performance in Eighteen OECD Countries", in: Renato Brunetto und Carlo Dell'Aringa (Hg.), *Labour Relations and Economic Performance*, Houndsmill: London, S. 114-136.

Papandreou, Andreas (1994), *Externality and Institutions*, Clarendon Press: Oxford.

Patel, Leila (1991), *Social Welfare Options for South Africa*, Doctoral Thesis, University of the Witwatersrand: Johannesburg.

Patel, Leila (1992), *Restructuring Social Welfare: Options for South Africa*, Ravan Press: Kapstadt.

Pay de, Diana und Friedrich Kaufmann (1988), *Mittelstandspolitik als Strukturpolitik ohne Unternehmenssubventionen*, ifm-Materialien 63, Institut für Mittelstandsforschung: Bonn.

Payze, Catherine (1994), "Land and Politics: Policy Viewpoints", in: Anthony Minnaar (Hg.), *Access to and affordability of land in South Africa: The challenges of land reform in the 1990s*, HSRC: Pretoria, S. 1-11.

Peters, Hans-Rudolf (1973a), "Ordnungstheoretische Ansätze zur Typisierung unvollkommener Wirtschaftsordnungen", in: *Hamburger Jahrbuch für Wirtschafts- und Gesellschaftspolitik* 18, S. 47-77.

Peters, Hans-Rudolf (1973b), "Hauptsächliche Determinanten von Wirtschaftsordnungen", in: *Zeitschrift für Wirtschafts- und Sozialwissenschaften* 93, S. 385-409.

Peters, Hans-Rudolf (1981), *Grundlagen der Mesoökonomie und Strukturpolitik*, Paul Haupt: Bern, Stuttgart.

Pfaff, Martin (1989), "Zur Ökonomischen Bedeutung der Sozialen Sicherung", in: Georg Voruba (Hg.), *Der wirtschaftliche Wert der Sozialpolitik*, Sozialpolitische Schriften, Bd. 60, Duncker & Humblot: Berlin, S. 125-147.

Philippovich, Eugen (1919), *Grundriß der politischen Ökonomie*, 14., unveränderte Auflage, J.C.B. Mohr (Paul Siebeck): Tübingen.

Pleitner, Hans Jobst (1995), "Die Klein- und Mittelunternehmen zwischen Chancen und Risiken", in: Josef Mugler und Karl-Heinz Schmidt (Hg.), *Klein- und Mittelunternehmen in einer dynamischen Wirtschaft. Ausgewählte Schriften von Hans Jobst Pleitner*, Duncker & Humblot: Berlin, München, St. Gallen, S. 43-58.

Popper, Karl (1992, zuerst: 1957), *Die offene Gesellschaft und ihre Feinde*, Bd. 1 und 2, 7. Auflage, J.B.C. Mohr (Paul Siebeck).

Posel, Deborah (1991), *The Making of Apartheid 1948-1961: Conflict and Compromise*, Clarendon Press: Oxford.

Posner, Richard (1968/69), "Natural Monopoly and Its Regulation", in: *Stanford Law Review* 21, S. 548-643.

Presidential, Commission (1996), *Restructuring the South African Labour Market: Report of the Presidential Commission to Investigate Labour Market Policy*, Juni 1996: Pretoria.

Pretorius, F., M. Addleson und R. Tomlinson (1986a), "History of industrial decentralization in South Africa (part I)", in: *Development Southern Africa* 3(1), S. 37-49.

Pretorius, F., M. Addleson und R. Tomlinson (1986b), "History of industrial decentralization in South Africa (part II)", in: *Development Southern Africa* 3(2), S. 236-252.

Price, Max und Cedric De Beer (1988), "Can privatisation solve the problems in the health sector?", in: The Centre for the Study of Health Policy (Hg.), *A National Health Service for South Africa. Part I: The Case for Change*, The Centre for the Study of Health Policy University of the Witwatersrand: Johannesburg, S. 59-88.

Price, Robert M. (1994), "South Africa: The Political Economy of Growth and Democracy", in: Stephen John Stedman (Hg.), *South Africa: The Political Economy of Transformation*, SAIS African Studies Library, Lynne Rienner Publishers: Boulder, London, S. 181-198.

Primeaux, Walter J. (1975), "A Reexamination of the Monopoly Market Structure for Electric Utilities", in: Almarin Phillips (Hg.), *Promoting Competition in Regulated Markets*, Studies in Regulation of Economic Activity, The Brooking Institution: Washington D. C., S. 175-200.

Pryor, Frederic (1978), "Public Ownership: Some Quantitative Dimension", in: William Shepherd (Hg.), *Public Enterprise: Economic Analysis of Theory and Practice*, Lexington Books: Lexington (Mass.), Toronto, London, S. 3-22.

Pütz, Theodor (1960), "Die wirtschaftspolitische Konzeption", in: Hans-Jürgen Seraphim (Hg.), *Zur Grundlegung wirtschaftspolitischer Konzeptionen*, Schriften des Vereins für Socialpolitik N. F. Band 18, , Duncker & Humblot: Berlin, S. 9-21.

Pütz, Theodor (1979), *Grundlagen der theoretischen Wirtschaftspolitik*, in: Grundlagen und Hauptgebiete, Bd. 1, hg. von Theodor Pütz, Gustav Fischer: Stuttgart, New York.

Raiser, Ludwig (1961), "Eigentum", in: Erwin von Beckerath et al. (Hg.), *Handwörterbuch der Sozialwissenschaften,* Bd. 3, Gustav Fischer/J.C.B. Mohr (Paul Siebeck)/Vandenhoeck & Ruprecht: Stuttgart, Tübingen, Göttingen, S. 39-44.

Ramser, Hans J. (1978), "Die Kontrakttheorie als Beitrag zu einer ökonomischen Theorie des Arbeitsmarktes", in: *Zeitschrift für die gesamte Staatswissenschaft* 134(4), S. 628-659.

Ramsey, F. P. (1927), "A Contribution to the Theory of Taxation", in: *The Economic Journal* 37, S. 47-61.

Randall, Estelle (1994), Bill Cuts the Wait for Land, in: *Mail & Guardian* vom 26.8.1994, http:/wn.apc.org/wmail/issues/940826/wm940826-11.htm.

Rangasamy, J. (1990), "Economic Sanctions and South Africa: A Review", in: *Economic outlook* 7(1), S. 5-13.

Ratcliffe, Anne E. (1979), "Industrial Development Policy: Changes During the 1970s", in: *The South African Journal of Economics* 47(4), S. 397-421.

Recktenwald, Horst Claus (1980), *Markt und Staat. Fundamente einer freiheitlichen Ordnung in Wirtschaft und Politik*, Vandenhoeck & Ruprecht: Göttingen.

Reddy, P. S. und D. Moodley (1993), "Privatisation of public corporations in South Africa: the issue re-examined", in: *Africanus* 23(1 & 2), S. 72-79.

Reekie, W. D. (1995), "Industrial Policy: A Critique", in: *The South African Journal of Economics* 63(4), S. 521-540.

Registrar of Medical Schemes (1996), *Annual Report*: Pretoria.

Rensburg van, H. C. J. und A. Fourie (1988), "Privatisation of South African Health Care: In Whose Interest?", in: *Curationis* 11(3), S. 1-6.

Rensburg van, H. C. J., A. Fourie und E. Pretorius (1992), *Health care in South Africa: Structure and dynamics*, Academica: Pretorius.

Reynders, H. J. J. und J. C. van Zyl (1973), "Foreign Trade Policy", in: J. A Lombard (Hg.), *Economic Policy in South Africa*, Haum: Kapstadt, S. 63-97.

Richardson, Harry W. (1980), "Polarization Reversal in Developing Countries", in: *Papers of the Regional Science Association* 45, S. 67-85.

Riese, Hajo (1972), "Ordnungsidee und Ordnungspolitik - Kritik einer wirtschaftspolitischen Konzeption", in: *Kyklos* 25, S. S.24-48.

Riley, Thyra A. (1993), *Characteristics of and Constraints Facing Black Business in South Africa: Survey Results*, Discussion Paper 5, November 1993, The World Bank, Southern Africa Department: Washington D. C.

Rimscha von, Robert (1994), "Der tatsächliche Umbau und seine Schranken: Chaos umd Umbrüche im Bildungssystem Südafrikas", in: Michael Behrens und Robert von Rimscha (Hg.), *Südafrika nach der Apartheid: Aspekte des politischen, sozioökonomischen und kulturellen Wandels in der Ära de Klerk*, Nomos: Baden-Baden, S. 121-134.

Ritschl, Hans (1954), *Grundlagen der Wirtschaftsordnung*, J.C.B. Mohr (Paul Siebeck): Tübingen.

Ritschl, Hans (1965), "Wirtschaftsordnung", in: Erwin Beckerath von, et al. (Hg.), *Handwörterbuch der Sozialwissenschaft*Bd. 12, Gustav Fischer/J.C.B. Mohr (Paul Siebeck)/Vandenhoeck & Ruprecht: Stuttgart, Tübingen, Göttingen, S. 189-203.

Rix, Stephen und Conrad Jardine (1996), "Privatisation: The debate over restructuring of state assets", in: Jeremy Baskin (Hg.), *Against the current: Labour and economic policy in South Africa*, Ravan Press: Johannesburg, S. 62-79.

Rolf, Gabriele, Bernd Spahn und Gert Wagner (1988), "Wirtschaftstheoretische und Sozialpolitische Fundierung Staatlicher Versicherungs- und Umverteilungspolitik", in: Gabriele Rolf, Bernd Spahn und Gert Wagner (Hg.), *Sozialvertrag und Sicherung*, Campus Verlag: Frankfurt, New York, S. 13-42.

Rolf, Gabriele (1988), "Kontroversen über Begründung und Ausgestaltung staatlicher Versicherungs- und Umverteilungspolitik", in: Gabriele Rolf, Spahn, Bernd, Wagner, Gert (Hg.), *Sozialvertrag und Sicherung*, Campus Verlag: Frankfurt/Main, New York, S. 515-541.

Romer, Paul M. (1986), "Increasing Returns and Long-Run Growth", in: *Journal of Political Economy* 94(5), S. 1002-1037.

Rosen, Sherwin (1985), "Implicit Contracts: A Survey", in: *Journal of Economic Literature* 23(September), S. 1144-1175.

Rothbard, Murray N. (1973), *For a New Liberty*, Macmillan: New York.

Rothschild, Kurt W. (1975), "Marktmechanismus und Arbeitsmarktpolitik", in: Felix Butschek (Hg.), *Die ökonomischen Aspekte der Arbeitsmarktpolitik*, Bohmann Verlag: Wien, S. 11-22.

Rothschild, Michael und Joseph Stiglitz (1976), "Equilibrium in Competitive Insurance Markets: An Essay on the Economics of Imperfect Information", in: *The Quarterly Journal of Economics* 90, S. 629-.

Rousseau, Jean-Jaques (1922, zuerst: 1762), *Du Contract Social ou Principes du Droit Politique*, in: Bibliothèque Francaise, Internationale Bibliothek: Berlin.

Roux, André (1991), "Options for employment creation", in: Moll Peter, Nicoli Nattrass und Lieb Loots (Hg.), *Redistribution. How can it work in South Africa*, David Philip: Kapstadt, S. 101-117.

Roux le, Pieter (1990), "Wither with pensions in a post-apartheid South Africa?", in: *Monitor (Journal of Human Rights Trust)*, S. 90-96.

Roux le, Pieter (1991), *Restructuring Pensions in a Post-Apartheid South Africa*, Conference Paper 24.2.-1.3.1991, University of the Western Cape: Kapstadt.

RSA (1979), *Maintenance and Promotion of Competition Act No. 96 of 1979*, 21.6.1979, Government Gazette.

RSA (1983a), *Investigation into the Existence of Restrictive Practices in the Supply and Distribution of Coal in the Republic of South Africa*, Report no.12, Competition Board: Pretoria.

RSA (1983b), *Basic Conditions of Employment Act*, no.3 of 1983, 1.6.1983, Government Gazette.

RSA (1985), *Report of the Committee for Economic Affairs on Strategy for Small Business Development and for Deregulation*, Presidents Council Report 4/1985, The Government Printer: Kapstadt.

RSA (1987), "White Paper on Privatisation and Deregulation in the Republic of South Africa", in: Robin McGregor und Anne McGregor (Hg.), *McGregor's Privatisation in South Africa*, Juta & Co: Kapstadt, Wetton, Johannesburg, S. 98-115.

RSA (1989), *South African Reserve Bank Act*, No. 90 of 1989, The Government Printer: Kapstadt.

RSA (1993), *Interim Constitution of the Republic of South Africa*, The Government Printer: Kapstadt.

RSA (1994), *Restitution of Land Rights Act*, 25.11.1994, The Government Printer: Kapstadt.

RSA (1995), *Labour Relations Act*, No. 66 of 1995, 29.11.1995, The Government Printer: Kapstadt.

RSA (1996a), *Land Reform (Labour Tenants) Act*, 22.3.1996, The Government Printer: Kapstadt.

RSA (1996b), *Telecommunications Act*, 15.11.1996, The Government Printer: Kapstadt.

RSA (1996c), *Constitution of the Republic of South Africa*, The Government Printer: Kapstadt.

RSA (1996d), *National Small Business Act*, 27.11.1996, The Government Printer: Kapstadt.

RSA (1997a), *Extension of Security of Tenure Act*, 28.11.1997, The Government Printer: Kapstadt.

RSA (1997b), *Basic Conditions of Employment Act*, 5.12.1997, The Government Printer: Kapstadt.

Rwigema, Henry B. (1995), "South Africa's Revised Industrial Incentives: An Assessment", in: *Regional Studies* 29(6), S. 519-531.

Sacob (1996), *Information Document on the Industrial Cluster Study Initiative*, 7.8.1996, SACB: Johannesburg.

Sadie, J. L., M. Comm und J. H. Martins (1994), *Projections of the South African Labour Force 1991-2011*, Research Report 208, Bureau of Market Research University of South Africa: Pretoria.

Saldru (1995), *Key Indicators of Poverty in South Africa*, Oktober 1995, Office of the RDP: Kapstadt.

SARB (1998), *Quarterly Economic Review*, 207, März 1998, SARB: Pretoria.

Savage, Michael und Solomon R. Benatar (1990), "An analysis of health and health services", in: Robert A. Schrire (Hg.), *Critical Choices for South Africa. An agenda for the 1990s*, Oxford University Press: Kapstadt, S. 147-167.

Schenk, Karl-Ernst (1988), "Die ordnungspolitische Funktion des Rechts in der modernen Wirtschaftstheorie", in: Hans-Günther Zempelin (Hg.), *Das Recht in einer freiheitlichen Industriegesellschaft*, Bachem: Köln, S. 179-201.

Schlecht, Otto (1968), *Strukturpolitik in der Marktwirtschaft*, in: FIW-Schriftenreihe, Bd. 46, hg. von Forschungsinstitut für Wirtschaftsverfassung und Wettbewerb, Carl Heymanns Verlag: Köln et al.

Schlecht, Otto (1986, zuerst: 1950), *Die Vereinbarkeit von politischer und wirtschaftlicher Ordnung*, in: Vorträge und Aufsätze, Bd. 106, hg. von Walter Eucken Institut, J.C.B. Mohr (Paul Siebeck): Tübingen.

Schluep, Walter (1978), "Wirtschafts- und Sozialverfassung", in: *Zeitschrift für Schweizerisches Recht* N. F. 97(I. Halbband), S. 335-377.

Schmähl, Winfried (1988), "Die Finanzierungsstruktur in der Sozialversicherung", in: Gabriele Rolf, Bernd Spahn und Gert Wagner (Hg.), *Sozialvertrag und Sicherung*, Campus Verlag: Frankfurt/Main, New York, S. 465-489.

Schmidbauer, Heribert (1974), *Allokation, technischer Fortschritt und Wettbewerbspolitik*, J.C.B. Mohr (Paul Siebeck): Tübingen.

Schmidt, Ingo (1973), *US-amerikanische und deutsche Wettbewerbspolitik gegenüber Marktmacht*, Duncker & Humblot: Berlin.

Schmidt, Axel (1996), "Der überproportionale Beitrag kleiner und mittlerer Unternehmen zur Beschäftigungsdynamik: Realität oder Fehlinterpretation von Statistiken?", in: *Zeitschrift für Betriebswirtschaft* 66(5), S. 537-557.

Schmidt, Paul-Günther (1996), "Strukturmerkmale des Arbeitsmarktes und gesamtwirtschaftliche Stabilität", in: Werner Zohlnhöfer (Hg.), *Die Tarifautonomie auf dem Prüfstand*, Schriften des Vereins für Socialpolitik, Bd. 244, Duncker & Humblot: Berlin, S. 95-148.

Schmidtchen, Dieter (1983), *Property Rights, Freiheit und Wettbewerbspolitik*, J.C.B. Mohr (Paul Siebeck): Tübingen.

Schmoller, Gustav (1883), "Zur Methodologie der Staats- und Socialwissenschaften", in: *Jahrbuch für Gesetzgebung, Verwaltung und Volkswirtschaft im Deutschen Reich* 7(3), S. S.239-258.

Schumann, Jochen (1992), *Grundzüge der mikroökonomischen Theorie*, 6. Auflage, Springer: Berlin et al.

Schumpeter, Joseph (1964), *Theorie der wirtschaftlichen Entwicklung*, 6. Auflage, Duncker & Humblot: Berlin.

Schumpeter, Joseph (1970, zuerst: 1908), *Das Wesen und der Hauptinhalt der theoretischen Nationalökonomie*, 2., unveränderte Auflage, Duncker & Humblot: Berlin.

Schüller, Alfred (1983), "Einführung", in: Alfred Schüller (Hg.), *Property Rights und ökonomische Theorie*, Franz Vahlen: München, S. vii-xxi.

Schüller, Alfred (1988), "Ökonomik der Eigentumsrechte in ordnungstheoretischer Sicht", in: Dieter Bender et al. (Hg.), *Ordnungspolitik*, Franz Vahlen: München, S. 155-183.

Schüller, Alfred (1991), "Wirtschaftsordnung - Ordnungstheorie", in: Alfred Schüller und Hans-Günter Krüsselberg (Hg.), *Grundbegriffe zur Ordnungstheorie und Politischen Ökonomie*, Arbeitsberichte zum Systemvergleich: Marburg, S. 1-6.

Schwartz, Marius und Robert J. Reynolds (1983), "Contestable Markets: An Uprising in the Theory of Industry Structure: Comment", in: *AER* 73, S. 488-490.

Scott, Thomas George (1988), *Exchange rate policy in South Africa: 1979-1985*, Master Thesis, University of South Africa: Pretoria.

Seade, J. K. (1977), "On the Shape of Optimal Tax Schedules", in: *Journal of Public Economics* 7, S. 203-235.

Seidman-Makgetla, Neva (1995), *The New Privatisation Debate*, Research Report PR 03/95, Januar 1995, Naledi: Johannesburg.

Sephton, Brian, Di Cooper und Clive Thomson (1990), *A guide to pension and provident funds: Legal and policy considerations*, Labour Law Unit University of Cape Town: Kapstadt.

Sharkey, William (1982), *The Theory of Natural Monopoly*, Cambridge University Press: Cambridge et al.

Shepherd, William G. (1984), "Contestability vs. Competition", in: *AER* 74, S. 572-587.

Short, R. P. (1984), "The Role of Public Enterprises: An International Statistical Comparison", in: Robert Floyd, Clive Gray und R. P. Short (Hg.), *Public Enterprise In Mixed Economies*, IMF: Washington D. C., S. 110-196.

Shuttleworth, A.B. (1989), "The Mechanics of the Financial Rand Market", in: Philip A. Black und Brian E. Dollery (Hg.), *Leading Issues in South African Macroeconomics: Selected Readings*, Southern Books: Johannesburg, S. 229-233.

Siebert, Horst (1988), "Strategische Handelspolitik. Theoretische Ansätze und wirtschaftspolitische Empfehlungen", in: *Aussenwirtschaft* 47(4), S. 549-584.

Siebert, Horst (1992), *Einführung in die Volkswirtschaftslehre*, 11., überarbeitete und erweiterte Auflage, W. Kohlhammer: Stuttgart, Berlin, Köln.

Sigcau, Stella (1997), *Address by the Minister of Public Enterprises, Stella Sigcau, MP, National Assembly: Vote 24, 05. May 1997*, 5.5.1997.

Silva da, L. Pereira (1996), *Higher growth and employment for South Africa: The options*, Report presented to Workshop on Macroeconomic Policy Coordination Februar 1996, Reserve Bank of South Africa: Pretoria.

Simkins, Charles (1996), "The New South Africa: Problems of Reconstruction", in: *Journal of Democracy* 7(1), S. 82-95.

Sinn, Stefan (1989), *Internationale Wettbewerbsfähigkeit von immobilen Faktoren im Standortwettbewerb*, Arbeitspapier 361, März 1989, Institut für Weltwirtschaft an der Universität Kiel: Kiel.

Slabbert, J. A. et al. (1994), "Trade Unions", in: J. A. Slabbert, J. J. Prinsloo und W. Backer (Hg.), *Managing Industrial Relations in South Africa*, Digma: Pretoria, S. 4.1-4.81.

Smit, B. W. und B. A. Mocke (1991), "Capital Flight from South Africa: Magnitude and Causes", in: *The South African Journal of Economics* 59(2), S. 101-117.

Smit, Ben (1992), "Secular trends in South African macroeconomic data", in: Robert Schrire (Hg.), *Wealth or Poverty? Critical Choices for South Africa*, Oxford University Press: Kapstadt, S. 39-58.

Smith, Adam (1776), *An Inquiry into the Nature and Causes of the Wealth of Nations*, : London.

Smith, Andrew (1992), "Income redistribution and competition policy", in: Robert Schrire (Hg.), *Wealth or Poverty? Critical Choices for South Africa*, Oxford University Press: Kapstadt, S. 464-480.

Smith, Charlene (1998), Giving employers the labour they want, in: *Mail & Guardian* vom 16.1.1998, http:/www.mg.98jan2/16jan-labour.html.

Smith-Committee (1995), *Strategy and Policy Review of Retirement Provision in South Africa*, Dezember 1995, Committee on Strategy and Policy Review of Retirement Provision in South Africa: Johannesburg.

Smolensky, Eugene, T. Nicolaus Tideman und Donald Nichols (1972), "Waiting Time as a Congestion Charge", in: Selma Mushkin (Hg.), *Public Prices For Public Products*, The Urban Institute: Washington, S. 95-108.

Sohmen, Egon (1976), *Allokationstheorie und Wirtschaftspolitik*, J.C.B. Mohr (Paul Siebeck): Tübingen.

Solomon, Vivian (1992), "Fiscal Policy, 1974 - 89", in: Stuart Jones (Hg.), *Financial Enterprise in South Africa since 1950*, The Macmillan Press: Houndmills, London, S. 20-32.

Soltwedel, Rüdiger et al. (1990), *Regulierungen auf dem Arbeitsmarkt der Bundesrepublik*, in: Kieler Studien: Institut für Weltwirtschaft an der Universität Kiel, hg. von Horst Siebert, J.C.B.Mohr (Paul Siebeck): Tübingen.

Sombart, Werner (1925), *Die Ordnung des Wirtschaftslebens*, in: Enzyklopädie der Rechts- und Staatswissenschaft. Abteilung Staatswissenschaft, hg. von Arthur Spiethoff, Springer: Berlin.

Sombart, Werner (1929), *Die drei Nationalökonomien*, Duncker & Humblot: München, Leipzig.

Sombart, Werner (1969), *Der moderne Kapitalismus*, Bd. 1, Duncker & Humblot: Berlin.

Soskice, D. (1990), "Wage determination: The changing role of institutions in advanced industrialized countries", in: *Oxford Review of Econonic Policy* 6, S. 36-61.

South, African Institute of Race Relations (1990), *Race relations yearbook 1989/90*, South African Institute of Race Relations: Johannesburg.

South, African Foundation (1996), *Growth for all: an economic strategy for South Africa*, Februar 1996: Johannesburg.

Spandau, Arnt (1975), "Competition Policy in South Africa: Further Comments", in: *The South African Journal of Economics* 43(3), S. 322-339.

Spandau, A. (1977), "Towards a New South African Competition Policy", in: *The South African Journal of Economics* 45(3), S. 299-308.

Spence, Michael (1974), *Market Signaling: Informational Transfer in Hiring and Related Screening Processes*, Harvard University Press: Cambridge (Mass.)

Spencer, Barbara J. und James A. Brander (1983), "International R&D Rivalry and Industrial Strategy", in: *Review of Economic Studies* 50, S. 707-722.

Spengler, Joseph (1960), "The problem of order in economic affairs", in: Joseph Spengler und W. Allen (Hg.), *Essays in Economic Thought*: Chicago.

Spiethoff, Arthur (1932), "Die allgemeine Volkswirtschaftslehre als geschichtliche Theorie. Die Wirtschaftsstile", in: *Schmollers Jahrbuch für Gesetzgebung, Verwaltung und Volkswirtschaft im Deutschen Reich* 56(2. Halbband), S.891-924.

Stals, Chris (1993), "The Reserve Bank and its functions", in: *South African Reserve Bank Quarterly Bulletin* März, S. 31-35.

Stals, Chris (1997a), Govenor's Address at the seventy-seventh Ordinary General Meeting of shareholders of the Bank on 26 August 1997, in: *Cape Times Business Report* vom 27.8.1997, S. 34-35.

Stals, Chris (1997b), *The functions of the South African Reserve Bank*, 28.2.1997, Notes for Presentation to the Nedlac Executive Council: Johannesburg.

Stals, Chris (1998), "Monetary Policy in South Africa", in: Faculty of Commerce and Administration of the University of Durban-Westville (Hg.), *South Africa and the Emerging Markets*, Sandton.

Standing, Guy, John Sender und John Weeks (1996), *Restructuring the labour market: The South African challenge. An ILO Country Review*, in: ILO Country Review, ILO: Genf.

Steiner, Peter (1957), "Peak Loads and Efficient Pricing", in: *The Quarterly Journal of Economics* 71, S. 585-610.

Stewart, John (1996), "End of the Club", in: *Enterprise* (Juli), S. 68-70.

Steyn, Greta (1995), Moderate economic reform paper signals start of new debate, in: *Business Day* vom 24.4.1995, S. 10.

Steyn, Greta (1998), Key questions remain over fiscal policy, in: *Business Day* vom 16.2.1998, http:/www.bday.co.za/98/0216/comment/c5.htm.

Stigler, George (1957), "Perfect Competition, Historically Contemplated", in: *The Journal of Political Economy* 65(1), S. 1-17.

Streit, Manfred (1984), "Innovationspolitik zwischen Unwissenheit und Anmaßung von Wissen", in: *Hamburger Jahrbuch für Wirtschafts- und Gesellschaftspolitik* 29, S. 35-54.

Streit, Manfred E. (1987), "Industriepolitik - eine ordnungspolitische Herausforderung", in: Gerhard Fels und Otto Vogel (Hg.), *Brauchen wir eine neue Industriepolitik?*, DIV Sachbuchreihe, , Deutscher Instituts-Verlag: Köln, S. 131-150.

Stremlau, John und Helen Zille (1997), "Pursuit of Growth and Equity", in: Carnegie Commission on Preventing Deadly Conflict (Hg.), *A House No Longer Divided: Progress and Prospects for Democratic Peace in South Africa*, Kapstadt.

Ter-Minassian, Teresa (1997), "Intergovernmental Fiscal Relations in a Macroeconomic Perspective: An Overview", in: Teresa Ter-Minassian (Hg.), *Fiscal Federalism in Theory and Practice*, IMF: Washington D. C., S. 3-24.

Terreblanche, S. J. (1996), *Empowerment in Context: the Struggle for Hegemony in South Africa*, unveröffentlicht: Stellenbosch.

Terreblanche, S. J. (1997), *Testimony before the TRC during the Special Hearing on the Role of the Business Sector*, 11.11.1997: Johannesburg.

Thalheim, Karl (1969), "Systemtypische Merkmale von Wirtschaftsordnungen", in: Helmut Arndt und Hans Achinger (Hg.), *Sozialwissenschaftliche Untersuchungen*, Duncker & Humblot: Berlin, S. 329-341.

Thieme, H. Jörg (1993), "Wirtschaftsordnung", in: Erwin Dichtl und Otmar Issing (Hg.), *Vahlens Großes Wirtschaftslexikon*, Bd. 2, C. H. Beck/Franz Vahlen: München, S. 2376-2377.

Thiemeyer, Theo (1973), "Öffentliche Unternehmen", in: Gert von Eynern (Hg.), *Wörterbuch zur politischen Ökonomie*, Westdeutscher Verlag: Opladen, S. 255-260.

Thomas, Wolfgang (1992), "Supporting job creation : Small business and informal sector development", in: Robert Schrire (Hg.), *Wealth or Poverty? Critical Choices for South Africa*, Oxford University Press: Kapstadt, S. 481-494.

Thomas, Wolfgang (1995), "The SMME White Paper - beginning of a new era?", in: *South African Journal of Entrepreneurship & Small Business* 7(1), S. 12-28.

Tietzel, Manfred (1986), "Zur Entstehung des Privateigentums", in: *Ordo* 37, S. 105-124.

Tinbergen, Jan (1977), *On the Theory of Economic Policy*, in: Contributions to Economic Analysis, Bd. I, hg. von J. Johnston et al., 7. Auflage, North-Holland Publishing Company: Amsterdam, New York, Oxford.

Torres, Liv (1995), "South African Unions", in: *Journal of contemporary African Studies* 13(1), S. 35-56.

Trebilcock, A (1994), "Tripartite consultation and cooperation in national-level economic and social policy-making: an overview", in: A. Trebilcock (Hg.), *Towards Social Dialogue: Tripartite cooperation in national economic and social policy-making*, ILO: Genf, S. 3-63.

Tregenna-Piggott, John (1980a), "Competition Policy in South Africa", in: *Finance and Trade Review* (November), S. 62-85.

Tregenna-Piggott, J. V. (1980b), *An Assessment of Competition Policy in South Africa*, Occasional paper 8, Economic Research Unit-Department of Economics-University of Natal: Durban.

Tregenna-Piggott, J. V. (1982), "Aquisitions and the Public Interest", in: *The South African Journal of Economics* 50(3), S. 253-262.

Truu, M.L. (1992), "Economics of Privatisation", in: Philip A. Black und Brian E. Dollery (Hg.), *Leading Issues in South African Microeconomics: Selected Readings*, Southern Book Publishers: Johannesburg, S. 91-107.

Tuchtfeld, Egon (1957), "Das Instrumentarium der Wirtschaftspolitik", in: *Hamburger Jahrbuch für Wirtschafts- und Gesellschaftspolitik* 2, S. 52-64.

Turvey, Ralph (1968), "Peak-Load Pricing", in: *Journal of Political Economy* 76, S. 101-113.

UN (1968), *A System of National Accounts*, in: Studies in Methods, hg. von Department of Economic and Social Affairs. Statistical Office of the United Nations, UN Publication: New York.

Varian, Hal (1991), *Grundzüge der Mikroökonomik*, 2., überarbeitete und erweiterte Auflage, Oldenbourg: München, Wien, Oldenbourg.

Veit, Reinhold (1990), "Neo-Classical and Austrian Theory of Economic Policy: Differences in Process Policies", in: Alfred Bosch, Peter Koslowski und Reinhold Veit (Hg.), *General Equilibrium or Market Process*, J.C.B. Mohr (Paul Siebeck): Tübingen, S. 99-121.

Vermeulen, Annatjie (1986), *Affordable social security: A literature study*, HSRC: Pretoria.

Vittas, Dimitri (1994), *Policy Issues in Contractual Savings in South Africa*, hg. von Financial Sector Development Department, World Bank: Washington D. C.

Vosgerau, H.-J. (1978), "Konjunkturtheorie", in: Willi Albers et al. (Hg.), *Handwörterbuch der Wirtschaftswissenschaft*, Bd. 4, Gustav Fischer/J.C.B. Mohr (Paul Siebeck)/ Vandenhoeck & Ruprecht: Stuttgart et al., S. 478-507.

Vosloo, W.B. (1988), "Evolution/Revolution - Social Perspectives: Deregulation and the Informal Sector", in: *Journal of Public Administration* 23(2), S. 61-65.

Waldmeier, Patti (1992), "Is Democracy Achievable in Russia and/or South Africa?", in: *CSIS Africa Notes*(139), S. 1-8.

Walras, Léon (1981, zuerst: 1874), *Elements of Pure Economics - or the Theory of Social Wealth*, 4. Auflage, Richard Irwin: Homewood Illinois.

Walsh, A. E. und J. Paxton (1975), *Competition Policy*, McMillan Press: London.

Walt van der, A. J. und G. J. Pienaar (1996), *Introduction to the Law of Property*, Juta & Co: Kapstadt.

Weber, Max (1988a, zuerst: 1922), "Der Sinn der "Wertfreiheit" der soziologischen und ökonomischen Wissenschaft", in: Johannes Winckelmann (Hg.), *Gesammelte Aufsätze zur Wissenschaftslehre*, J.C.B. Mohr (Paul Siebeck): Tübingen, S.489-540.

Weber, Max (1988b, zuerst: 1922), "Die "Objektivität" sozialwissenschaftlicher und sozialpolitischer Erkenntnis", in: Johannes Winckelmann (Hg.), *Gesammelte Aufsätze zur Wissenschaftslehre*, J.C.B. Mohr (Paul Siebeck): Tübingen, S.146-214.

Weddigen, Walter (1933), "Die Wirtschaftsverfassung zwischen Individualismus und Kollektivismus", in: Artur Spiethoff (Hg.), *Festgabe für Werner Sombart*: München, S. 1154-1169.

Weippert, Georg (1949), *Das Jahrhundert zwischen Individualismus und Kollektivismus*, Dipax-Verlag: Erlangen.

Weitzman, Martin L. (1983), "An Uprising in the Theory of Industry Structure: Comment", in: *AER* 73, S. 486-487.

Weizsäcker von, Carl Christian (1975), "Grenzen der traditionellen Globalsteuerung", in: *Jahrbuch für Nationalökonomie und Statistik* 189, S. 1-41.

Wellings, Paul und Anthony Black (1986), "Industrial Decentralization under Apartheid: The Relocation of Industry to the South African Periphery", in: *World Development* 14(1), S. 1-38.

Wilensky, H. L. und W. Lebeaux (1965), *Industrial Society and Social Welfare*, The Free Press: New York.

Willeke, Eduard (1956), "Arbeitsmarkt", in: Erwin von Beckerath et al. (Hg.), *Handwörterbuch der Sozialwissenschaften*, Bd. 1, Gustav Fischer/J.C.B. Mohr (Paul Siebeck)/Vandenhoeck & Ruprecht: Stuttgart, Tübingen, Göttingen, S. 321-332.

Willgerodt, Hans (1980), "Eigentumsordnung", in: Willi Albers et al. (Hg.), *Handwörterbuch der Wirtschaftswissenschaft*, Bd. 2. Band, Gustav Fischer/J.C.B. Mohr (Paul Siebeck)/Vandenhoeck & Ruprecht: Stuttgart et al., S. 175-189.

Williamson, Oliver E. (1966), "Peak-Load Pricing and Optimal Capacity Under Indivisibility Constraints", in: *AER* 56, S. 810-827.

Willms, Manfred (1992), "Strukturpolitik", in: Dieter Bender et al. (Hg.), *Vahlens Kompendium der Wirtschaftstheorie und Wirtschaftspolitik*, Bd. 2, Franz Vahlen: München, S. 373-403.

Wilsenach, A. und A. A. Ligthelm (1993), "A preliminary evaluation of the new RIDP and its impact on regional development in South Africa", in: *Development Southern Africa* 10(3), S. 361-381.

Wohlmuth, Karl (1996), *Employment and Labour Policies in South Africa*, in: Berichte aus dem Weltwirtschaftlichen Colloquium der Universität Bremen, Bd. 40, hg. von Lemper Alfons, Sell Axel und Wohlmuth Karl, Instiut für Weltwirtschaft und Internationales Management: Bremen.

Wolf, Charles (1988), *Markets or Governments. Choosing between Imperfect Alternatives.*, The MIT Press: Cambridge (Mass.), London.

Woll, Artur (1981), "Marktordnung", in: Willi Albers, et al. (Hg.), *Handwörterbuch der Wirtschaftswissenschaften*Bd. 3, Gustav Fischer/J.C.B. Mohr (Paul Siebeck)/ Vandenhoeck & Ruprecht: Stuttgart et al., S. 127-139.

Wood, Duncan (1995), "Framing the Economic Future: South Africa's Relations with the IMF", in: Greg Mills, Alan Begg und Anthoni Van Nieuwkerk (Hg.), *South Africa in the Global Economy*, The South African Institute of International Affairs: Johannesburg, S. 74-87.

Yellen, Janet L. (1984), "Efficiency Wage Models of Unemployment", in: *AER* 74, S. 200-205.

Zarenda, Harry (1977), *The Policy of State Intervention in the Establishment and Development of Manufacturing Industry in South Africa*, Master Thesis, Unitversity of the Witwatersrand: Johannesburg.

ANHANG

Südafrika: politische Karten, Einteilung nach Provinzen

Abb. 1: Provinzen, Homelands und TBVC-Staaten vor 1994

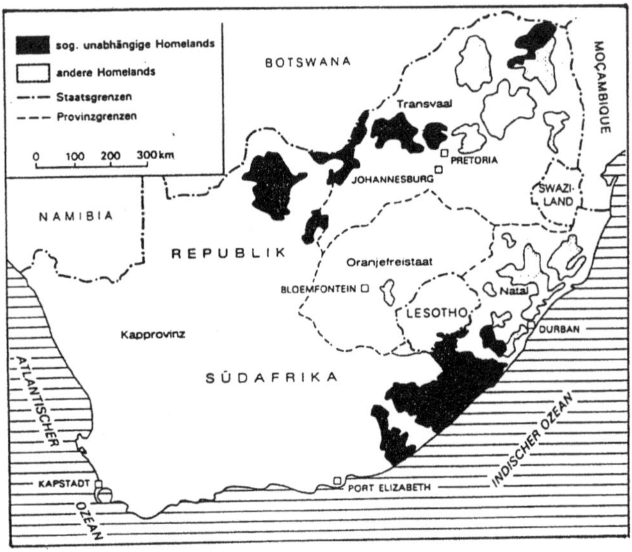

Abb. 2: Provinzen seit 1994

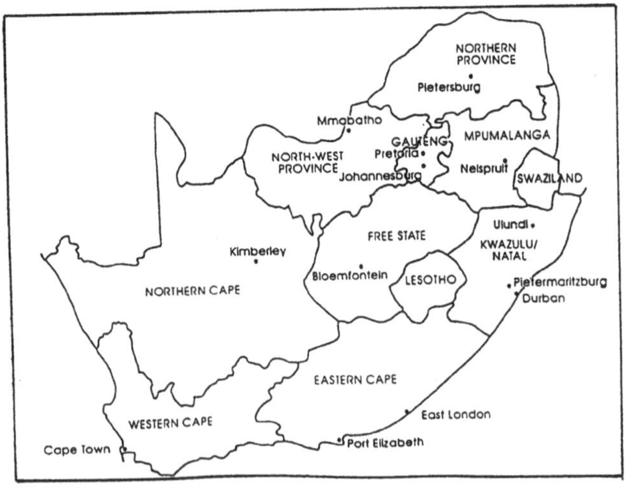

Geographische, politische und gesellschaftliche Rahmendaten

Bevölkerung:	37 859 000
Fläche:	1 227 200 qkm
Breitengrad:	22° bis 35° Süd
Längengrad:	17° bis 33° Ost
Nachbarstaaten:	Namibia, Botswana, Zimbabwe, Mozambique, Swaziland, Lesotho
Hauptstadt:	Pretoria ist Hauptstadt und Regierungssitz; wobei die Regierung zwischen Januar und Juni nach Kapstadt verlagert wird; Kapstadt ist Parlamentssitz.
Provinzen:	Gauteng, Kwazulu-Natal, Northern Province, North West, Mpumalanga, Free State, Northern Cape, Western Cape, Eastern Cape
Staatspräsident:	Nelson Mandela
Vizepräsident:	Thabo Mbeki
Politisches System:	Parlament setzt sich aus der Nationalversammlung und dem Senat zusammen. Nationalversammlung: 400 Mitglieder, die nach proportionalem Wahlsystem gewählt werden. Senat: je 10 Mitglieder, die von Provinz-parlamenten bestimmt werden. Normale Gesetze werden mit einfacher Mehrheit beider Kammern beschlossen.
Religion:	Christen (ca 80%), Hindu (ca. 1,7%), Muslims (ca. 1,1%), Juden (0,4%)
Amtssprachen:	Afrikaans, Englisch, Ndedebele, sePedi, seSotho, siSwati, xiTsonga, seTswana, uVenda, isiXhosa, isiZulu

Zeittafel[1]

1652	Als erste weiße Siedlung gründet Jan van Riebeck eine Proviantstation der VOC am Kap; Ziel ist hierbei nicht die Kolonialisierung Südafrikas, sondern lediglich die Sicherung des Handelsweges nach Asien.
1657	Um die Lebensmittelversorgung der VOC zu sichern wird einer begrenzten Zahl sog. „Freibürger“ (europäische Auswanderer, die keine Angestellten der VOC sind) die Ansiedlung als Bauern erlaubt.
18. Jh.	Aufgrund von Überproduktion und fester Abnahmepreise der VOC wird Weizen- und Weinanbau zunehmend unrentabel, weshalb sich die Bauern vermehrt auf Viehzucht verlegen - auf der Suche nach Weideräumen ziehen immer mehr Europäer ostwärts (Trekburen).
1779	Infolge von Wanderbewegungen der Europäer wie auch der Xhosas kommt es zu einem ersten Grenzkrieg zwischen Xhosas und der holländischen Obrigkeit (erster von neun Kriegen).
1795-1806	Im Zuge der europäischen Revolutionskriege wechselt die Kapkolonie an England (1795), Holland (1803) und wiederum England (1806).
1836	Beginn des „Großen Treks“ (mehrere Treks nach Norden in Richtung Transvaal und nach Osten in Richtung Natal) dessen zumeist burischen Teilnehmer (sog. Voortrekker) der britischen Herrschaft entgehen wollen.

[1] Die nachfolgende Zeittafel enthält historische Daten, die nach Ansicht der Verfasserin, das Verständnis der vorliegenden Arbeit erleichtern. Sie erhebt somit in keinerlei Weise Anspruch auf Vollständigkeit. Auch beruht die Selektion der Daten nicht auf einer historischen Methodik.

1852/54	Von Voortrekkern ausgerufene Republiken Transvaal und Oranje-Freistaat werden von England anerkannt.
1860	Unabhängige Burenstaaten schließen sich zur Republik Südafrika zusammen.
1867-1886	Entdeckung riesiger Diamantenminen und Goldfelder bei Kimberly und im Witwatersrand; Gründung von Johannesburg.
1880/81	1. „Burenkrieg", der durch die Besetzung Transvaals durch die Briten ausgelöst wird. Die Besetzung dient - unter innen- und außenpolitischen Vorwänden - dem Ziel der Sicherung der Gold- und Diamantenvorkommen. Im Frieden von Pretoria bekommt Transvaal die Selbstverwaltung zugesprochen bleibt aber unter britischer Oberhoheit.
1899-1902	2. „Burenkrieg", nachdem unter Cecil Rhodes die Idee eines vereinten Südafrika in Großbritannien wiederbelebt wurde. Im Frieden von Vereeniging werden die beiden ehemals unabhängigen Burenrepubliken Oranje und Transvaal zu britischen Kolonien erklärt.
1910	Gründung der Südafrikanischen Union: Transvaal, Oranje-Freistaat, Natal und das Kapland werden Provinzen. Der burische General Louis Botha wird erster Ministerpräsident. In der Verfassung bleibt das Wahlrecht den Weißen vorbehalten.
1912	Gründung des ANC.
1913	„Native Land Act": Schwarzen wird der Besitz von Grund außerhalb besonders ausgewiesener Gebiete untersagt (Beginn der Homeland Politik).
1914	Gründung der NP.

1923	„Natives Urban Act“: gesetzliche Grundlage zur Trennung städtischer Wohngebiete nach Rassen (Beginn der Townshippolitik).
1927	„Immorality“-Gesetze: außerehelicher Geschlechtsverkehr zwischen Weißen und Schwarzen wird unter Strafe gestellt.
1948	Wahlsieg der NP - Beginn der offiziellen Apartheidspolitik; diese stellt jedoch keine neue Entwicklung dar, sondern lediglich eine konsequente Weiterentwicklung bereits existierender rassischer Diskriminierung.
1949	Mischehen zwischen Weißen und anderen Rassen werden untersagt.
1952	„Abolition of Passes Act“ und „Native Laws Amendment Act“: praktisch die gesamt erwachsene schwarze Bevölkerung wird verpflichtet einen Paß zu führen, in dem auch der Besitz eines Arbeitsplatzes vermerkt wird - lediglich Schwarze mit einer Beschäftigung dürfen sich länger als 72 Stunden in Städten aufhalten.
1953	„Seperate Amenities Act“: Grundlage für die sog. „kleine“ Apartheid, die Rassentrennung in Krankenhäusern, Schulen, öffentlichen Verkehrsmitteln, kulturellen Veranstaltungen etc. verankert.
	„Bantu Education Act“: Institutionalisierung eines gesonderten Schulwesens für die schwarze Bevölkerung. Schwarzen ist nachfolgend nur noch der Erwerb rudimentärer Bildung möglich.
1959	Schwarzen wird der Besuch „weißer“ Universitäten untersagt.
	Gründung von PAC, durch ehemalige ANC-Mitglieder, denen der ANC zu gemäßigt erscheint.
1960	Bei einer friedlichen Demonstration gegen das Paßgesetz schießt die Polizei in die Menge und tötet 69 Menschen, darunter viele Frauen und Kinder.

	Der Vorfall löst internationale Proteste aus. In seiner Folge werden die sog. Notstandsgesetze verabschiedet, in denen ANC und PAC verboten werden.
60er Jahre	Weitere Einschränkung der Rechtsstaatlichkeit durch die Einführung von „Bannungen", eine Verschärfung des Prozeßrechtes sowie die Zunahme polizeilicher Vollmachten.
1961	Südafrika wird Republik und verläßt den Commonwealth.
	Der ANC Vorsitzende Albert Luthuli erhält den Friedensnobelpreis.
1963	Nelson Mandela wird wegen Sabotage zu lebenslanger Haft verurteilt.
1972	ANC und PAC erhalten Beobachterstatus der UNO.
1974	Südafrika wird aus der UNO ausgeschlossen.
1976	Aufstand von Soweto: Wirtschaftskrise und zunehmende Politisierung der schwarzen Bevölkerung führen zu einer explosiven Stimmung; Auslöser des Aufstandes wird eine Demonstration von Schülern gegen die Verordnung Afrikaans verpflichtend als Unterrichtssprache in schwarzen Schulen einzuführen. Als während der Demonstration zwei Schüler erschossen werden, brechen landesweite Proteste aus, die sich über mehrere Monate hinziehen und ca. 600 Todesopfer sowie weit über 2000 Verletzte fordern.
1976-1981	Im Rahmen der „großen" Apartheid, die auf eine völlige räumliche Trennung der Rassen zielt, erhalten die TBVC-Staaten ihre „Unabhängigkeit"; international wird keiner der vier Staaten anerkannt.
nach 1976	Wird die Situation der Schwarzen im Rahmen der Arbeitsmarkt- und Sozialordnung langsam verbessert; Ziel dieser Politik ist einerseits eine stärkere Trennung der Rassen im Rahmen der Homeland-

	politik, andererseits jedoch eine Besserstellung der Schwarzen mit festem Aufenthaltsrecht in den Städten, um somit die explosive Lage in den städtischen Ballungszentren zu entspannen.
1984	Neue Verfassung: Farbige und Asiaten erhalten Wahlrecht für je eine Parlamentskammer, die jedoch in ihren Beschlüssen einem Veto der weißen Parlamentskammer unterliegen.
	Desmond Tutu erhält Friedensnobelpreis.
1984-1986	Der deutliche Ausschluß der schwarzen Bevölkerung im Rahmen der neuen Verfassung führt zu landesweiten, blutigen Unruhen.
1985	Verbot gemischt-rassischer Ehen wird aufgehoben.
1986	Paßgesetz wird aufgehoben.
	Gleichzeitig wird aufgrund der Unruhen der Ausnahmezustand ausgerufen und bis 1990 beibehalten. Dieser geht mit der Verhaftung von schwarzen Führern, der Bombardierung von ANC Quartieren und einem Versammlungs- und Tätigkeitsverbot für anti-Apartheidorganisationen einher. Zeitgleich werden Sicherheitsgesetze und Pressezensur verschärft.
1989	Am 2. 2. wird F. W. de Klerk Vorsitzender der NP.
1990	Am 2. 2.: Parlamentseröffnungsrede von F. W. de Klerk: Aufhebung des Ausnahmezustandes, Wiederzulassung verbotener politischer Organisationen, Ankündigung der Freilassung schwarzer politischer Führer.
	Am 11. 2.: Freilassung von Nelson Mandela.
	Aufhebung der „kleinen“ Apartheid.
Dez. 1991	Codesa tritt mit dem Auftrag zur Erarbeitung einer Übergangsverfassung in Kraft.

1992	In einem Referendum am 17. 2. entscheiden sich 68,7% der weißen Wähler für die Fortsetzung des Reformprozesses.
6. 12. 1993	Übergangsverfassung tritt in Kraft.
27. 4. 1994	Erste freie Wahlen (ANC (62,7%), NP (20,4%), IFP (10,5%)).
9. 5. 1994	Nelson Mandela wird ohne Gegenstimme vom Parlament zum neuen Präsident gewählt.
Mai 1994	UNO hebt verbleibende Sanktionen gegen Südafrika auf.
1. 11. 1995	Erste allgemeine Kommunalwahlen.
8. 5. 1996	Verfassung wird verabschiedet.
10. 5. 1996	NP tritt aus der, nach den Wahlen mit dem ANC und der IFP gebildeten, Regierung der Nationalen Einheit aus.

Demographische Daten
1995

Abb. 3: Bevölkerungsstruktur

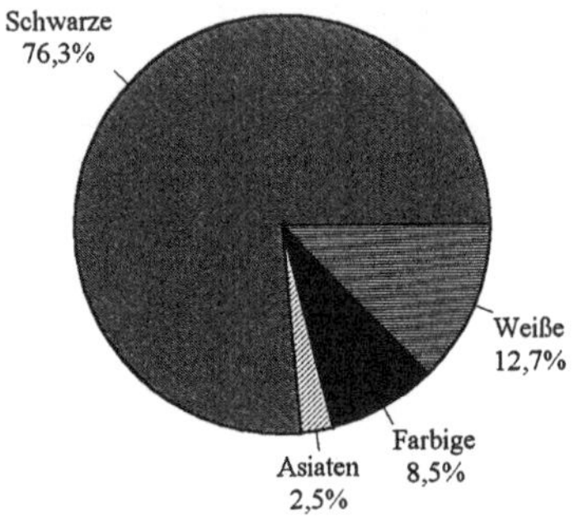

Quelle: CSS (1996b).

Abb. 4: Sprachzugehörigkeit

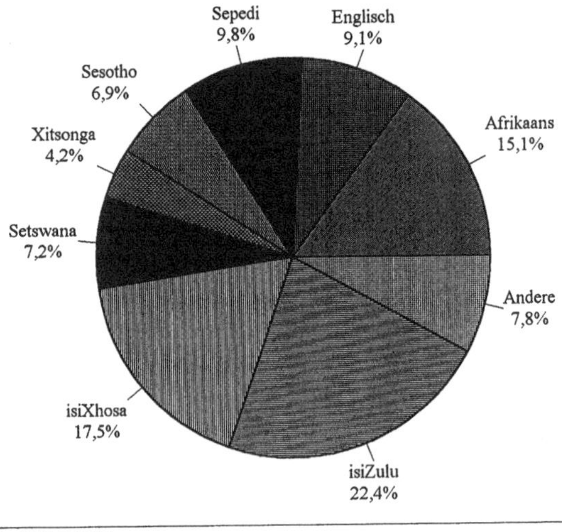

Quelle: CSS (1996b).

Abb. 5: Jährliche Wachstumsraten des B.S.P.: 1968-1996

(konstante Preise von 1990)

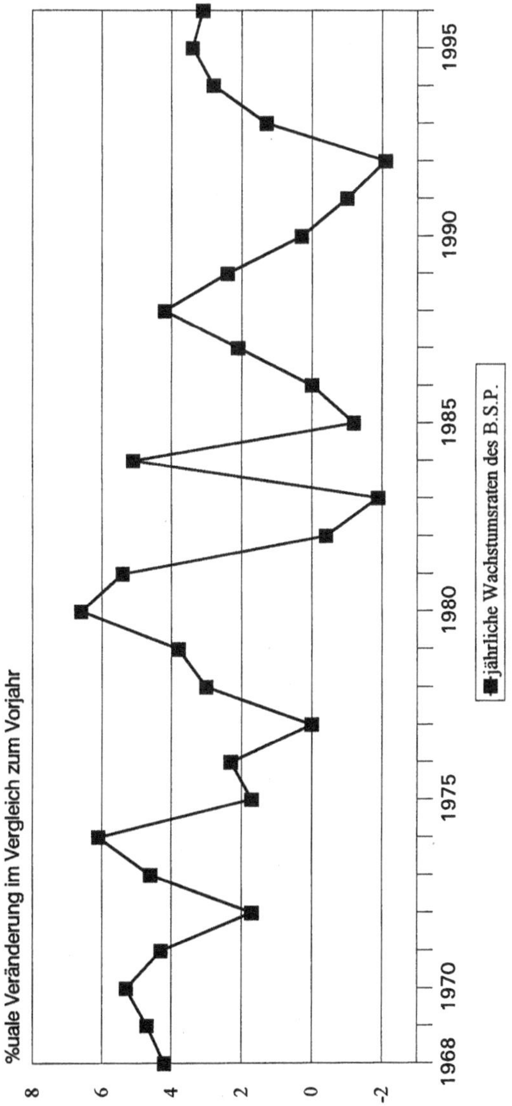

Quelle: IMF (1997) sowie eigene Berechnungen.

Abb. 6: Leistungsbilanzsaldo in US-Dollar
1960-1995

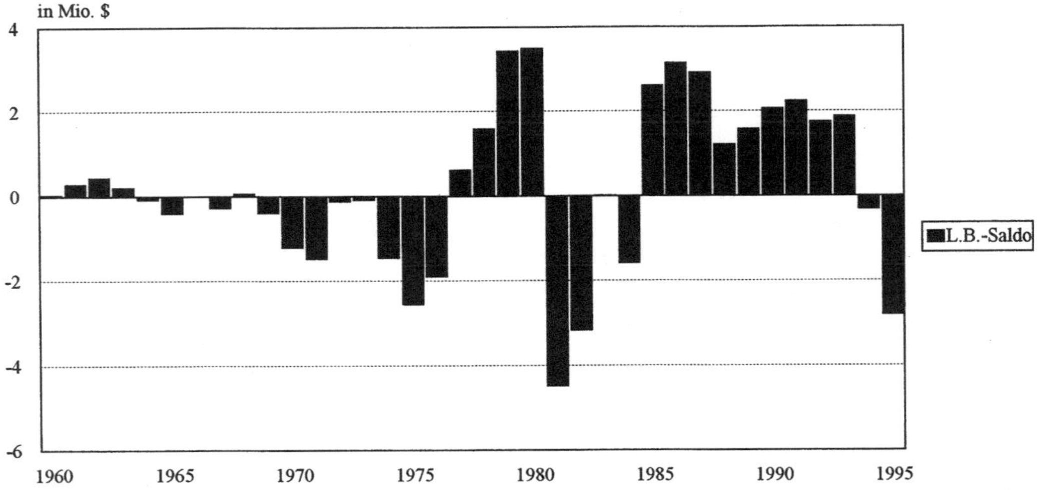

Quelle: IMF (1987) sowie ders. (1997).

Der Außenhandel von Botswana, Lesotho, Swaziland und Namibia ist in den Daten für Südafrika enthalten.
Seit Jannuar 1973 werden einzelne Mineralöle nicht mehr in Exportdaten berücksichtigt; vor 1980 wurden Petroleumprodukte und Waffen nicht berücksichtigt.

Innen- und Außenwert des Rand

Abb. 7: Verbraucherpreise 1966-1996
Veränderung im Vergleich zum Vorjahr

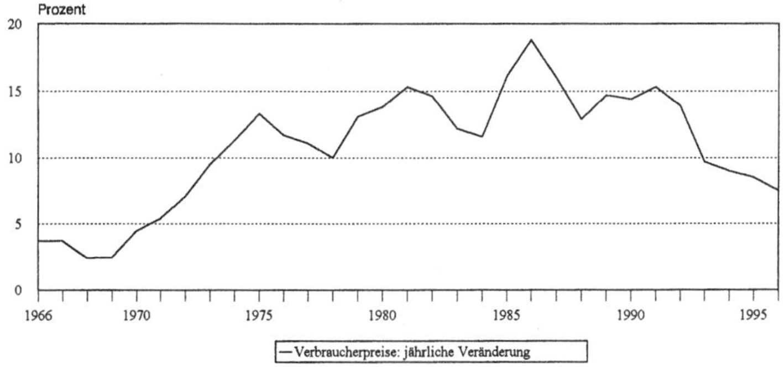

Quelle: IMF (1997), ders. (1995) sowie eigene Berechnungen.

Abb. 8: Nomineller und realer effektiver Wechselkurs des Rand: 1979-1996
(Index: 1990=100)

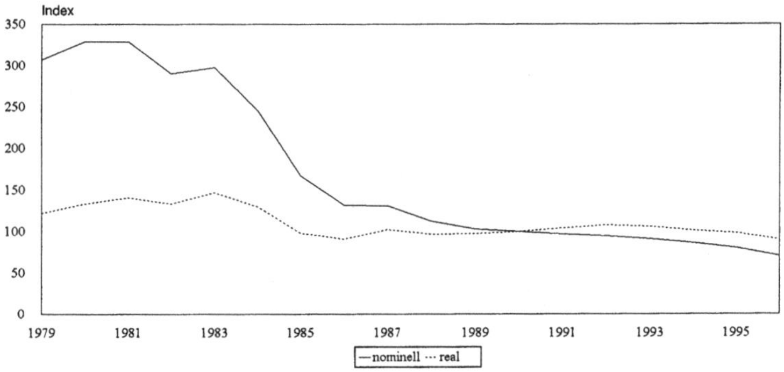

Quelle: IMF (1997).

Staatshaushalt

Abb. 9: Anteil der Staatsausgaben am B.S.P.
1960-1996

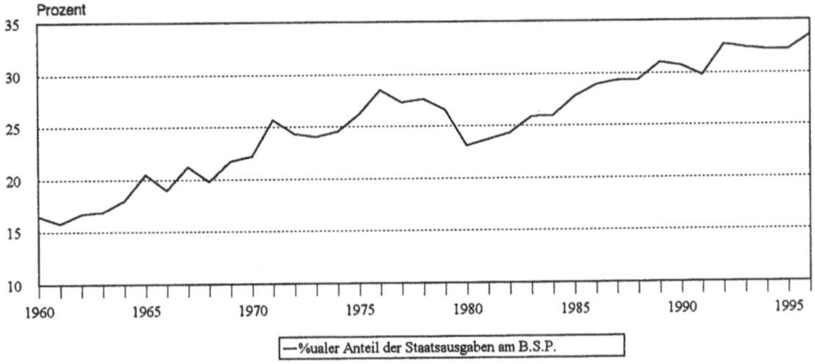

Quelle: IMF (1987), ders. (1997) sowie eigene Berechnungen.

Abb. 10: Ausgabenstruktur im H.H. 1997/98

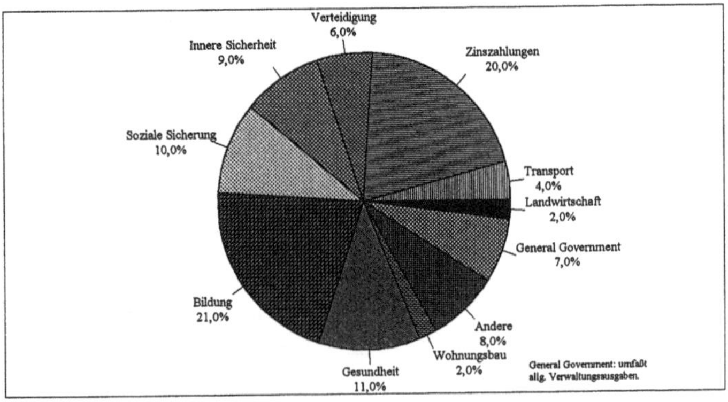

Quelle: Department of Finance (1997a).

Industrialisierung

Abb. 11a: Industriestruktur - Produktionsanteil

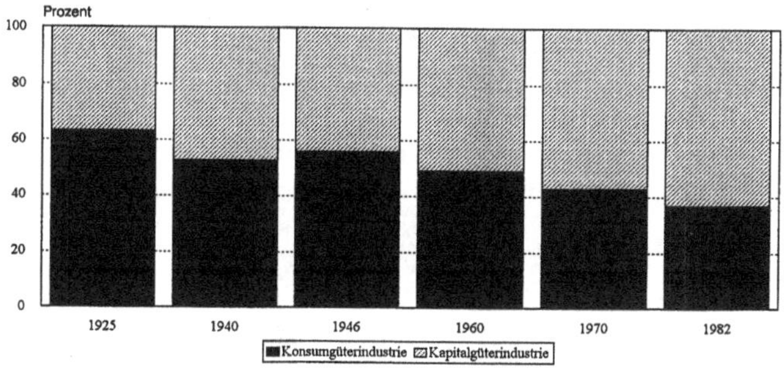

Quelle: McCarthy (1988).

Abb. 11b: Industriestruktur - Beschäftigungsanteil

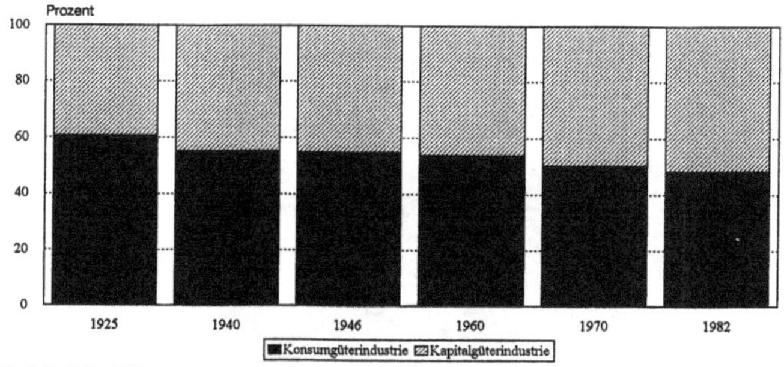

Quelle: McCarthy (1988).

Nach 1982 schwächt sich die Produktions- und Beschäftigungsverschiebung zugunsten von Kapitalgütern deutlich ab. Aufgrund fehlender einheitlicher Datenreihen kann dies jedoch nicht in den obigen Graphiken abgebildet werden.

Abb. 12: Anteil der Einkommensgruppen - nach Provinzen

1996

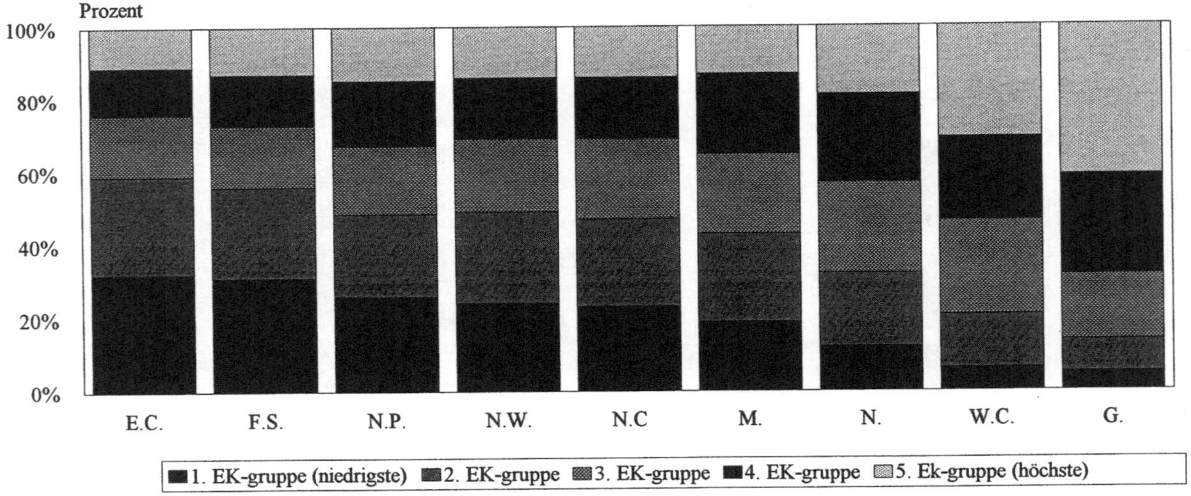

Quelle: CSS (1997).

Folgende Abkürzungen für die Provinzen wurden verwendet: E.C. = Eastern Cape, F.S. = Free State, N.P. = Northern Province, N.W. = North West, M. = Mpumalanga, N. = Natal, W.C. = Western Cape, G. = Gauteng

Gewerkschaftliche Organisationsdichte

Abb. 13a: Gewerkschaftlicher Organisationsgrad der formell Beschäftigten
1985-1995

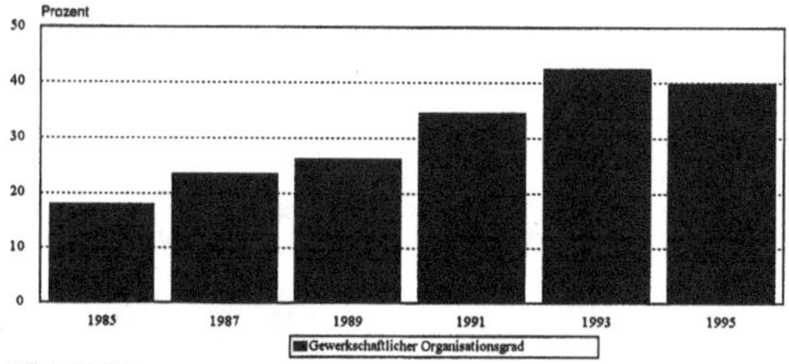

Quelle: Baskin (1996).

Abb. 13b: Gewerkschaftlicher Organisationsgrad der formell Beschäftigten (ohne Landwirtschaft und Hausangestellte)
1985-1995

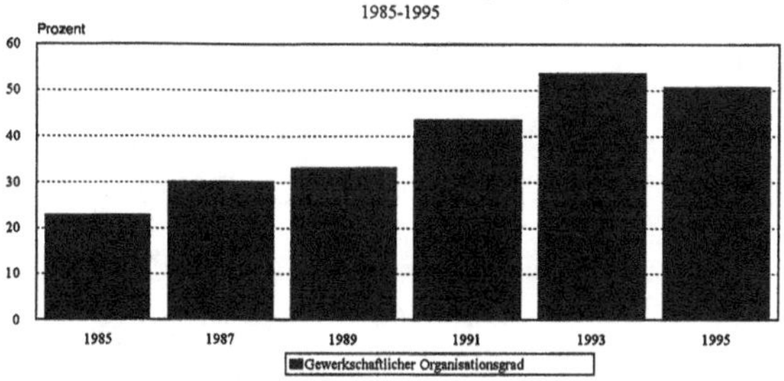

Quelle: Baskin (1996).

Abb. 14: Anteil der in Cosatu organisierten Gewerkschaftsmitglieder
1985-1995

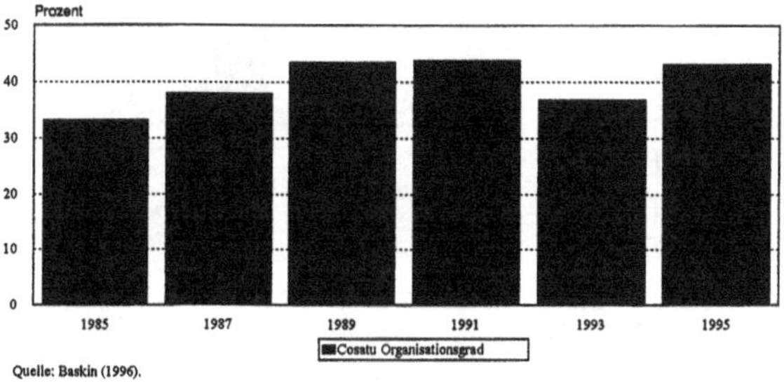

Quelle: Baskin (1996).

Abb. 15: Anteile am Volkseinkommen nach ethnischen Gruppen
1960-1991

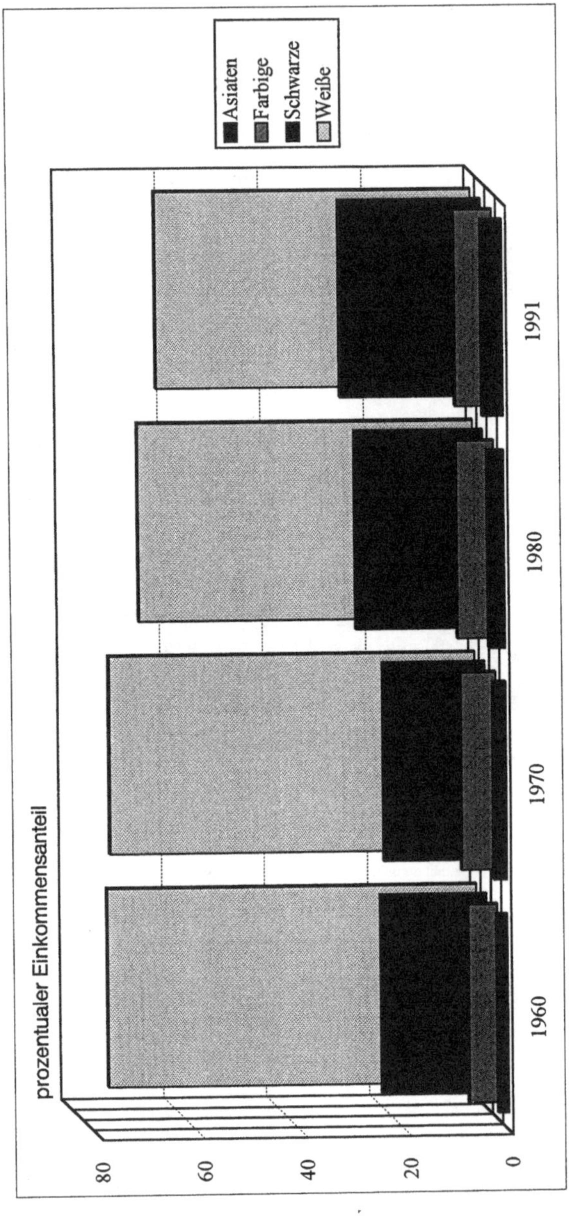

Quelle: McGrath/Whiteford (1994).

Veränderung des prozentualen Einkommensanteils einzelner Einkommensklassen innerhalb der ethnischen Gruppen

Abb. 16a: Veränderung des Einkommensanteils: Schwarze
1975-1991

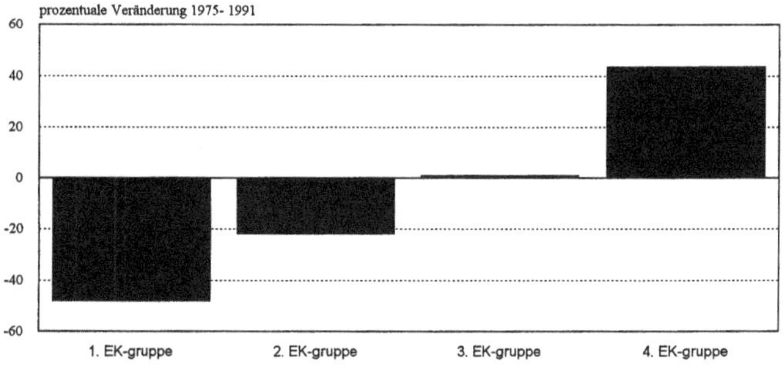

Quelle: McGrath/Whiteford (1994).

Die EK-gruppen sind nach der Höhe der Einkommen der Haushalte gegliedert:
1. EK-gruppe: niedrigsten 40%; 2. EK-gruppe: nächsten 40%;
3. EK-gruppe: nächsten 10%; 4. EK-gruppe: obersten 10%.

Abb. 16b: Veränderung des Einkommensanteils: Weiße
1975-1991

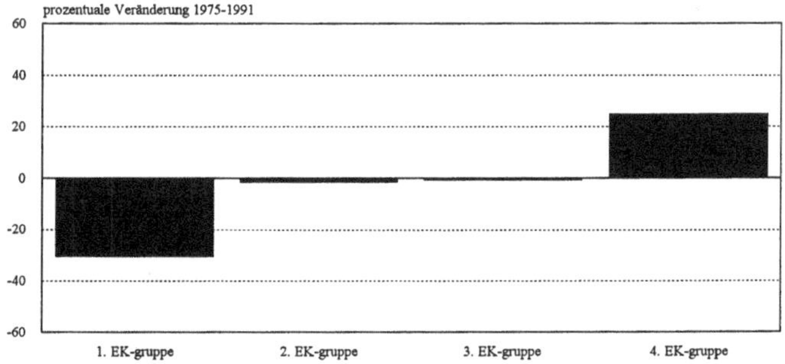

Quelle: McGrath/Whiteford (1994).

Die EK-gruppen sind nach der Höhe der Einkommen der Haushalte gegliedert:
1. EK-gruppe: niedrigsten 40%; 2. EK-gruppe: nächsten 40%;
3. EK-gruppe: nächsten 10%; 4. EK-gruppe: obersten 10%.

Abb. 16c: Veränderung des Einkommensanteils: Farbige
1975-1991

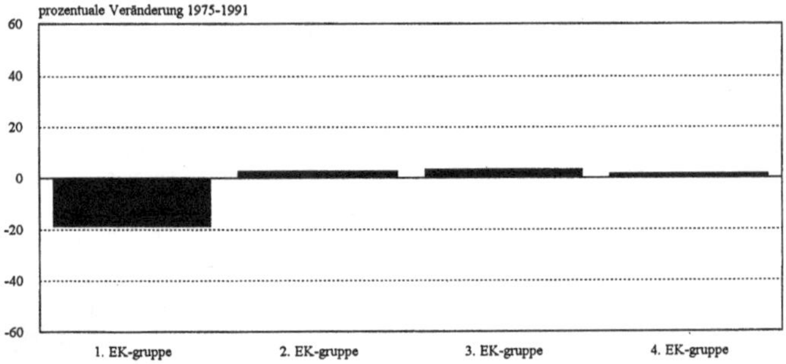

Quelle: McGrath/Whiteford (1994).

Die EK-gruppen sind nach der Höhe der Einkommen der Haushalte gegliedert:
1. EK-gruppe: niedrigsten 40%; 2. EK-gruppe: nächsten 40%;
3. EK-gruppe: nächsten 10%; 4. EK-gruppe: obersten 10%.

Abb. 16d: Veränderung des Einkommenanteils: Asiaten
1975-1991

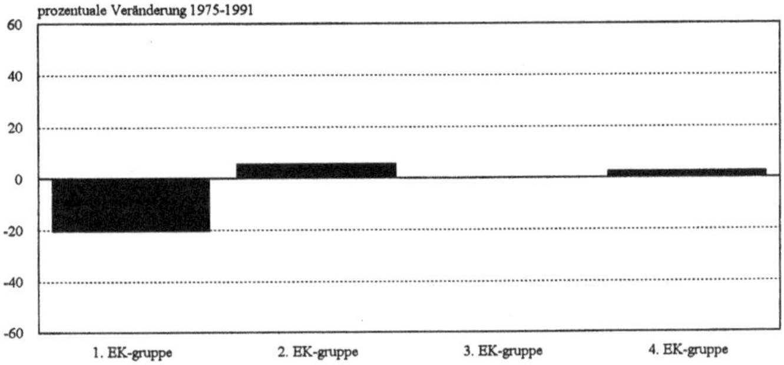

Quelle: McGrath/Whiteford (1994).

Die EK-gruppen sind nach der Höhe der Einkommen der Haushalte gegliedert:
1. EK-gruppe: niedrigsten 40%; 2. EK-gruppe: nächsten 40%;
3. EK-gruppe: nächsten 10%; 4. EK-gruppe: obersten 10%.